ज्ञान गरिमा के

68 वर्ष

भारतीय ज्ञानपीठ

AF632975

णाणं पयासयं

वीर नि.स 2470

ई.सन् 1944

भारतीय ज्ञानपीठ

बस का टिकट

(हास्य-व्यंग्य)

बस का टिकट

गंगाधर गाडगिल

सम्पादक
डॉ. सुधा जोशी

भारतीय ज्ञानपीठ

राष्ट्रभारती/लोकोदय ग्रन्थमाला : ग्रन्थांक 520

ग्रन्थमाला सम्पादक

रवीन्द्र कालिया

सह-सम्पादक

गुलाबचन्द्र जैन

ISBN 978 - 81 - 263 - 4001 - 9

प्रकाशक :
भारतीय ज्ञानपीठ
18, इन्स्टीट्यूशनल एरिया, लोदी रोड
नयी दिल्ली-110 003

मुद्रक : बालाजी ऑफसेट, नवीन शाहदरा, दिल्ली-110032

आवरण : पुष्पकणा मुखर्जी

तीसरा संस्करण : 2012

मूल्य : 200 रुपये

© गंगाधर गाडगिल

BUS KA TIKAT
(Satire)
by Gangadhar Gadgil

Published by
Bharatiya Jnanpith
18, Institutional Area, Lodi Road
New Delhi-110 003

Website : www.jnanpith.net
e-mail : Jnanpith@satyam.net.in, sales@jnanpith.net

Third Edition : 2012
Price : Rs. 200

मनोगत

(सम्पादकीय)

मराठी के प्रसिद्ध साहित्यकार श्री गंगाधर गाडगिल अपने साहित्यिक कर्तृत्व के पचास साल पूरे कर चुके हैं। उन्होंने मराठी में नयी कहानी का प्रवर्तन किया। इसी नयी कहानी का सुवर्णमहोत्सव तथा मराठी कहानी की शताब्दी मनाने का आयोजन महाराष्ट्र में हो रहा है, इस सुचारु संयोग पर गाडगिल जी की चुनिन्दा हास्य-कहानियों और अन्य प्रातिनिधिक हास्य-व्यंग्य रचनाओं का संकलन भारतीय ज्ञानपीठ की ओर से प्रकाशित हो रहा है, इसे मेरे विचार से, सुखद संयोग ही मानना चाहिए।

गाडगिल जी ने हास्य-साहित्य अनेक विधाओं और आयामों में लिखा है। इसे विवरणात्मक (Narrative) और नाट्यात्मक (Dramatic) विधाओं में रखा जा सकता है। प्रस्तुत संकलन के लिए सिर्फ विवरणात्मक हास्य-साहित्य में से ही चयन किया जाय यह तय किया गया, इसलिए प्रहसनों तथा हास्य एकांकियों को इसमें स्थान नहीं मिल पाया। गाडगिल जी के हास्यप्रधान नाट्य-साहित्य को अलग से संकलित करना समीचीन होगा। लेकिन गाडगिल जी के हास्य-व्यंग्य साहित्य के सम्यक् विवेचन और प्रस्तुतीकरण के लिए इस संकलन की प्रस्तावना में उनकी हास्य-नाट्यधर्मिता की संक्षिप्त विवेचना करना आवश्यक प्रतीत होता है।

गाडगिल जी के विवरणात्मक हास्य-साहित्य में भी विविध प्रकार सहज ही देखे जा सकते हैं और जहाँ तक सम्भव हुआ वहाँ तक सभी प्रातिनिधिक प्रकारों का समावेश प्रस्तुत संकलन में किया गया है। दरअसल 'अगर सच कहना हो...' शीर्षक की फैण्टेसी को इस संकलन में शामिल करना अनिवार्य तो था लेकिन चूँकि भारतीय ज्ञानपीठ के ही 'सीधी-रेखा' नामक पूर्व प्रकाशन में इस कहानी का समावेश किया जा चुका है, इसलिए अब इस संकलन में उसे स्थान नहीं दिया गया है। लेकिन उक्त फैण्टेसी का समावेश आवश्यक समझा गया था, इतना भर दर्ज करना चाहिए।

यह सर्वविदित तथ्य है कि हास्य-व्यंग्य, विनोद जिस तरह सामाजिक और सांस्कृतिक परिवेश-विशेष से सम्बद्ध रहता है उसी तरह हर समाज में प्रचलित संकेत-विशेषों और खासकर भाषा-विशेष की प्रवृत्ति-विशेषों से भी सम्बद्ध रहता है। उक्त विचार स्थूलतः समूचे साहित्य पर लागू होता है। यही कारण है कि ललित साहित्य के अनुवाद के सम्बन्ध में उभरनेवाली समस्याएँ हास्य-साहित्य के सन्दर्भ

में अधिक पेचीदा बनती हैं। स्रोत-भाषा और लक्ष्य-भाषा दोनों ही यद्यपि एक ही देश की भाषाएँ हैं फिर भी एक भाषा की सांस्कृतिक रुचियों में रची-बसी हास्य-प्रवृत्तियों को दूसरी भाषा में संक्रान्त करना टेढ़ी खीर होती है। इस आह्वान का भान सम्बन्धित अनुवादकों ने लगातार रखा है और मराठी हास्य-अभिरुचि को अ-मराठी भारतीयों तक पहुँचाने का भरसक प्रयास किया है। विश्वास है कि अनुवादकों के परिश्रम को आस्था के साथ मार्मिक दाद दी जाएगी।

इस सिलसिले में यह कहना आवश्यक है कि गाडगिल जी के हास्य-व्यंग्य साहित्य का हिन्दी साहित्य संसार से सबसे पहला परिचय डॉ. धर्मवीर भारती ने कराया है। प्रसिद्ध पत्रिका 'धर्मयुग' में आपने गाडगिल जी के हास्य-व्यंग्य साहित्य का हिन्दी-अनुवाद प्रकाशित किया था। डॉ. भारती की यह मेहरबानी है कि उन्होंने प्रस्तुत संकलन के लिए गाडगिल जी के हास्य-साहित्य पर समीक्षात्मक लेख दिया है। डॉ. भारती के प्रति हार्दिक आभार।

इस संकलन के लिए अनुवाद का काम डॉ. हनुमान श्रीपाद साने, श्री विलास गिते और सुश्री रेखा देशपाण्डे जैसे अनुवादानुभवसमृद्ध अनुवादकों ने सिद्ध किया है। साहित्य अकादमी के श्री प्रकाश भातम्ब्रेकर ने भी यथासमय सहयोग प्रदान किया।

श्री गाडगिल जी ने अपनी असंगृहीत हास्य-रचनाएँ तथा समीक्षा-लेख उपलब्ध कराये हैं। इसके अलावा संकलन को प्रातिनिधिक बनाने की दृष्टि से मार्गदर्शक सहयोग भी उन्होंने दिया है।

भारत की विविध भाषाओं और साहित्यिक संस्कृतियों में सामंजस्य को बढ़ावा देने में भारतीय ज्ञानपीठ का योगदान महत्त्वपूर्ण रहा है, और इसके लिए ज्ञानपीठ सतत प्रयत्नशील रहा है। प्रस्तुत संकलन के सम्पादन का दायित्व मुझ पर सौंपकर ज्ञानपीठ ने मुझे अपने इन प्रयत्नों में सहयोग का अवसर दिया। इस उपलक्ष्य में मैं भारतीय ज्ञानपीठ की आभारी हूँ।

24, परमेश्वर कृपा, तिलक मार्ग,
घाटकोपर, मुम्बई-400 077

—सुधा जोशी

अनुक्रम

हास्य-व्यंग्यकार गंगाधर गाडगिल

मराठी के आला दर्जे के और बहुमुखी प्रतिभा के धनी के नाते गंगाधर गाडगिल प्रसिद्ध व्यक्तित्व का एक नाम है। विगत पचास वर्षों से आप समीक्षात्मक, समीक्षोत्तर वैचारिक और दलित सृजनात्मक लेखन से बराबर जुड़े हुए हैं। जिस तरह मराठी की नयी कहानी के प्रवर्तक के रूप में आप जाने जाते हैं उसी तरह अपनी बहुआयामी प्रतिभा से आपने यात्रा साहित्य, एकांकी, नाटक, उपन्यास, ललित निबन्ध साहित्य को भी समृद्ध किया है। इन सभी विधाओं को अपनी प्रयोगशील और प्रगल्भ कलात्मक प्रवृत्तियों से आपने समृद्ध बनाया है। गम्भीर और वैचारिक लेखन के साथ-साथ आपने हास्य-विनोद के साहित्य का सृजन भी काफी मात्रा में किया है। हास्य-विनोद के क्षेत्र में भी आपने अपनी मौलिक प्रतिभा की छाप छोड़ी है।

नयी समीक्षा के दूत के नाते भी गाडगिल मराठी समीक्षा में प्रसिद्ध हैं। आपने सैद्धान्तिक और व्यावहारिक समीक्षा को अपनी मौलिक सूझबूझ से नये आयाम दिये हैं। हास्यरस के साहित्य की कलात्मक मूल्यों के आधार पर समीक्षा करने का श्रेय आपका ही रहा है। मराठी साहित्य में निहित हास्यकारकों का सैद्धान्तिक विचार हास्यरसात्मक साहित्य के सन्दर्भ में करने का सफल प्रयास भी आपने किया है। प्रस्तुत समीक्षा के सहारे गाडगिल के उस समीक्षात्मक व्यक्तित्व से परिचित हुआ जा सकता है जो आन्तरिक सुसंगति के साथ हास्यरसात्मक साहित्य विषयक मान्यताओं और कलात्मक मूल्यों में सन्तुलित है। आपकी समीक्षा, मान्यताओं और सैद्धान्तिक मूल्यों तथा हास्यरसात्मक साहित्य सृजन का एकात्म मेल भी स्पष्टतः द्रष्टव्य है। हास्याभिरुचि और हास्यदृष्टि का अविच्छिन्न सम्बन्ध स्वतः स्पष्ट होता है।

गाडगिल के साहित्यिक व्यक्तित्व के मूल में निहित प्रवृत्तियों को ध्यान में रखते हुए मराठी हास्यरसात्मक साहित्य परम्परा में आपके योगदान को रेखांकित करने के उद्देश्य से इस प्रास्ताविक का उपोद्घात किया गया है।

प्राचीन मराठी साहित्य में कभी-कभी, यत्र-तत्र हास्य-विनोद के छींटे मिलते हैं परन्तु 'विनोद के लिए विनोद' को सिद्धान्त मानकर किया गया लेखन नहीं है। हास्य-व्यंग्य की साहित्य में स्वतन्त्र सत्ता आधुनिक युग की देन है। मराठी साहित्य में हास्य-व्यंग्य लेखन के प्रवर्तक श्रीपाद कृष्ण कोल्हटकर रहे हैं। 'सुदामा के पोहे'

(सुदाम्याचे पोहे) के रूप में उनके हास्य-व्यंग्यात्मक निबन्धों का संकलन 1910 में प्रकाशित हुआ। इस संकलन का मूल तत्त्व दोष-दर्शन का रहा। प्रस्तुत युग महाराष्ट्र में सांस्कृतिक संक्रमण का रहा है। अपने युग की सामाजिक प्रबोधन की प्रवृत्तियों के सुसंगत रूप में अपने हास्य-विनोद को ढालने के औचित्य का निर्वाह उक्त संकलन में किया गया है, और यही श्रीपाद कृष्ण कोल्हटकर के सृजन का प्रेरक विचार भी रहा है। सामाजिक और धार्मिक रूढ़ियों और रीति-रिवाजों के पाखण्ड की कलई खोलनेवाले लेखन में उपहास और व्यंग्य की मात्रा बहुत है। साहित्यिक संस्कृति में प्रचलित दोषों को उपहासास्पद सिद्ध करने का काम भी इस संकलन द्वारा हुआ है। समूचे संकलन का स्थायीभाव व्यंग्य रहा है जिसमें अतिशयोक्ति का अपना महत्त्वपूर्ण स्थान रहा है। इस संकलन का व्यंग्य बौद्धिक स्तर पर प्रभावशाली रहा है, शब्द और कल्पना-चमत्कार, उक्तिवैचित्र्य और अनेकार्थता इसके मुख्य आधार रहे हैं।

सुदामा, पाण्डुतात्या, बण्डूनाना जैसे हास्यरस के चरित्रों की निर्मिति कर इस तरह के चरित्रों की स्वतन्त्र सृष्टि का मराठी हास्यरसात्मक साहित्य में सूत्रपात करने का श्रेय श्रीपाद कृष्ण कोल्हटकर का रहा है। सुदामा तटस्थ निवेदक की भूमिका से है, रूढ़, सामाजिक दकियानूसी विचारों और कल्पनाओं के पाखण्ड को उक्ति-चमत्कार के सहारे बेनकाब करने का ढंग आपके व्यंग्य-लेखन का विशेष आयाम है। इसका यह अभिप्राय नहीं कि कोल्हटकर का समूचा व्यंग्य-साहित्य दोष-दर्शन के हेतु से निर्मित है, आपने 'विनोद के लिए विनोद' का निर्वाह भी किया है।

कोल्हटकर का अधिकांश व्यंग्य-लेखन निबन्धात्मक है। कोल्हटकर के व्यंग्यात्मक निबन्धों की विवेचना करते हुए गाडगिल लिखते हैं कि "कोल्हटकर के व्यंग्य-लेखन का मर्म तार्किकता में है, हास्यरस के किस्सों-प्रसंगों का बयान करते हुए लगे हाथों उपदेश और बोध दिलाने का ढंग नहीं है।" कोल्हटकर ने व्यंग्य को कथात्मक रूप में ढालने के छुट-पुट प्रयास भी किये हैं इसे भी नजरअन्दाज नहीं किया जा सकता। साथ ही यह भी ध्यान में रखना चाहिए कि अपने समूचे व्यंग्य-लेखन की प्रक्रिया में कोल्हटकर ने मराठी भाषा को वह लचीलापन प्रदान किया है जो व्यंग्य साहित्य के लिए हर भाषा में आवश्यक होता है। मराठी भाषा के इस विभ्रम को गढ़ने का काम बहुत ही महत्त्वपूर्ण है, इस मामले में कोल्हटकर अग्रदूत ही माने जाते हैं। कोल्हटकर ने सिर्फ व्यंग्य-लेखन ही नहीं किया, उन्होंने गम्भीर और वैचारिक, ललित लेखन भी किया है। एक निबन्धकार, नाटककार और समीक्षक के नाते भी उनकी अपनी साख है।

कोल्हटकर की प्रवर्तित हास्य-व्यंग्य परम्परा को राम गणेश गडकरी ने अधिक विकास दिया। दोनों के सृजन में कतिपय समान सूत्रों को सहज ही देखा जा सकता है, जैसे, हास्य की सोद्देश्यता, सामाजिक और सांस्कृतिक भदेसपन का उपहास,

व्यंग्यात्मकता, बौद्धिक चापल्य, उक्तिवैचित्र्य की आसक्ति और अतिशयोक्ति तथा प्रसंगनिष्ठ हास्य-विनोद आदि। गडकरी द्वारा हास्य निर्माण को कोल्हटकर की परम्परा में ढालने का यह अर्थ नहीं कि उन्होंने कोल्हटकर का अनुकरण मात्र किया है, काफी मात्राओं और दिशाओं में गडकरी का हास्य-व्यंग्य कोल्हटकर के हास्य-व्यंग्य से अपनी भिन्नता सिद्ध करता है। इस सिलसिले में समीक्षक रा.ग. जाधव की मान्यता पर गौर किया जाना चाहिए। श्री जाधव ने गडकरी की हास्य-रचनाओं में से झलकते युवा-सुलभ साहस, उद्दाम वृत्तियों और बेमुरव्वत प्रवृत्तियों का उल्लेख किया है। ('नववाङ्मयीन प्रवृत्ति और प्रमेय') गडकरी की उन्मुक्त हास्य-प्रतिभा की प्रवृत्ति भी अपने आपमें अलग ढंग की है। हास्य निर्मिति के लिए मराठी भाषा को व्यंजकता से मण्डित कराने में भी गडकरी का शब्द और भाषा पर प्रभुत्व पूर्णतः है। 'सुबह की पढ़ाई' (सकाळचा अभ्यास) एकांकी की रचना केवल इसलिए विशिष्ट नहीं है कि हास्य निर्मिति के लिए प्रयुक्त निबन्धात्मक प्रणाली इसमें नहीं अपनायी गयी है बल्कि इसलिए भी विशिष्ट है कि इसका निर्माण 'विनोद के लिए विनोद' के उद्देश्य को सिद्धि भी दिलाता है। इसीलिए 'सुबह की पढ़ाई' एकांकी को कसावपूर्ण निर्मिति माना जाता है। एकांकी के यथोचित प्रथम आविष्कार के नाते भी 'सुबह की पढ़ाई' का महत्त्व है। गडकरी ने दो व्यंग्य-नाटकों और कुछ व्यंग्य-कविताओं का सृजन भी किया है।

कोल्हटकर और गडकरी ने अपने गम्भीर नाटकों में भी हास्य प्रसंगों की रचना की है, इस सन्दर्भ में गडकरी का श्रेय विशेष रूप में रहा है। यद्यपि यह सही है कि गडकरी आनुपातिक विवेक और औचित्य का भान कई प्रसंगों में नहीं रख पाये हैं; किन्तु इसका यह अभिप्राय जरा भी नहीं कि उनके नाटकों में समाविष्ट हास्य-व्यंग्य का विचार अलग से न किया जाय। इस हास्य-व्यंग्य का अपना महत्त्व है। निबन्धात्मक लेखों की तुलना में नाटक में हास्य-व्यंग्य जिन व्यापक जीवन सन्दर्भों के साथ अंकित है उनके कारण भी नाटकीय हास्य-व्यंग्य का स्वतन्त्र विचार अनिवार्य हो जाता है।

कोल्हटकर और गडकरी की हास्य-व्यंग्य परम्परा को विकसित करने का काम प्र.के. अत्रे ने अपनी कविताओं, कहानियों, लेखों और नाटकों के माध्यम से किया है। 'झेंडूची फुले' (गेंदे के फूल) कविता संकलन व्यंग्य कविता के क्षेत्र में मील का पत्थर है। व्यंग्यपरक, पैरोडी और हास्य कविता के विविध रूपों के आविष्कार इस संकलन में द्रष्टव्य हैं। वाङ्मयीन और खासकर काव्य के क्षेत्र के दोषों का उपहास-परिहासात्मक अंकन करनेवाली कविता के रूप में इस संकलन की कविताएँ आदर्श रही हैं। श्री अत्रे यद्यपि गडकरी को अपना गुरु मानते थे तथापि उन्होंने भी अपने गुरु की भाँति हास्य-व्यंग्य और विनोद को अपने तईं नया मोड़ भी दिया है। 'मी कसा झालो' (मेरा गढ़ाव-जड़ाव) नामक आत्मकथा में सहायक हास्य प्रसंगों की

निर्मिति में प्रयुक्त नये मोड़ों की प्रतीति की जा सकती है। अत्रे के विनोद की सहज, स्वतन्त्र और बहुआयामी प्रवृत्तियों का अनुभव खासकर उनके नाटकों में किया जा सकता है। अत्रे ने सुखान्त नाटकों को प्रहसन का आयाम प्राप्त करा देने में सफलता पायी है। हास्य-व्यंग्यकार के नाते अत्रे ने फिल्मों में अपना अलग प्रभाव अंकित किया है। पत्रकारिता के क्षेत्र में उपहासप्रधान और आक्रामक विनोद की छाप छोड़ने में अत्रे अपना सानी नहीं रखते, हास्य-व्यंग्य के शस्त्र की पैनी धार का अत्रे के सम्पादकीय लेखों में भी अनुभव होता है।

मराठी हास्य-व्यंग्य की उपर्युक्त परम्परा के समानान्तर दूसरी परम्परा का निर्माण चि.वि. जोशी द्वारा किया गया। आरम्भिक काल में यद्यपि श्री जोशी कोल्हटकर-गडकरी के प्रभाव में लिखते दिखाई देते हैं तथापि तुरन्त ही उन्होंने अपना अलग रास्ता अपना लिया था। अपने स्वतन्त्र ढर्रे को उन्होंने उपहास से परिहास की ओर जानेवाला मार्ग कहा है। पूर्वोक्त हास्य-व्यंग्यकारों की तरह जोशी भी दोष-दर्शन के लिए हास्य-व्यंग्य का प्रयोग करते रहे परन्तु उनकी हास्य प्रतिभा के उन्मुक्त दर्शन तब हुए जब उन्होंने रोजमर्रा के जीवन में व्याप्त विसंगतियों, विलक्षणताओं, मनुष्य-स्वभाव की विशेषताओं और यथार्थ जीवन की घटनाओं को अपना लक्ष्य बनाया। इनके अंकन में जोशी का हास्य-व्यंग्य भी सहजभाव से साकार होता गया।

कोल्हटकर-गडकरी की भाँति जोशी ने भी हास्य रस के पात्रों की निर्मिति की, 'चिमणराव' को जोशी का मानसपुत्र कहा जाता है जो आपके समूचे हास्यरस के साहित्य में केन्द्रीय चरित्र रहा है। साधारण कनिष्ठ मध्यवर्ग के प्रतिनिधि चरित्र के रूप में 'चिमणराव' अंकित हुआ है। 'एक फीसदी मनुष्य की आत्मकथा' पर्यायी नाम है। उनकी 'चिमणरावचे च-हाट' (चिमणराव का बकवास) पुस्तक के शीर्षक से ही उसके कथ्य का अन्दाज किया जा सकता है।

जोशी की हास्य प्रवृत्ति का सहज धर्म है आसपास के सामाजिक और पारिवारिक जीवन और मानव-स्वभाव में निहित विसंगतियों को कलात्मक ताटस्थ्य के साथ परन्तु मजाकिया दृष्टि से देखना, उद्भूत हास्य तरंगों को सहज भाव से पकड़ना। जोशी की विशेषता है कि वे हास्यरस की निर्मिति में अतिशयोक्ति का नहीं बल्कि स्वभावोक्ति का उपयोग कर लेते हैं। बुद्धिचापल्य और कल्पना के चमत्कार का अभाव आपके हास्य में होता है परन्तु कथ्य की मार्मिकता और विलक्षणता से वह ओतप्रोत रहता है। जोशी के हास्य का अपना मिजाज है परन्तु उसमें पैना उपहास कतई नहीं। अपने सरल और सौम्य स्वभाव में ही उनके हास्य की शक्ति है।

कोल्हटकर-गडकरी परम्परा का विनोद जीवन के अंग-विशेषों में जकड़ा हुआ है परन्तु जोशी ने विशिष्ट सन्दर्भों के व्यूह में फँसे विनोद को मुक्ति दिलायी है।

इससे जोशी की हास्य-विनोद विषयक संकल्पना का संकेत प्राप्त होता है और वह है कि विनोद को सामाजिक और सांस्कृतिक दोषदर्शन तक ही सीमित न कर जीवन के खुले प्रांगण में उन्मुक्त संचार की खुली छूट देना।

जोशी के हास्य-व्यंग्य साहित्य में महाराष्ट्र के सामाजिक और पारिवारिक जीवन के बदलते आयामों के साकार रूपों के अंकन को अगर सम्यक् रूप में ग्रहण किया जाय तो निश्चय ही समूचे लेखन का प्रभाव उपन्यासात्मक प्रभाव दे जाता है। जोशी के समीक्षक भी उक्त राय पर अपनी सहमति रखते हैं। जोशी के व्यंग्य साहित्य को प्राप्त सामाजिक यथार्थ की पुख्ता बुनियाद और स्वभावोक्ति में साकार होनेवाली वर्णन शैली की सार्थकता को उक्त राय में देखा जा सकता है।

कोल्हटकर-गडकरी का हास्य-व्यंग्य प्रायः निबन्धात्मक रूप में अवतरित होता रहा परन्तु जोशी ने अपने हास्य-व्यंग्य को कहानी के रूप में ढाला है। जोशी के पहले भी कहानी के रूप में हास्य को गढ़ने के छुटपुट प्रयास हुए थे परन्तु इस विधा को निश्चितता और पूर्णता की प्राप्ति जोशी के हाथों सम्भव हुई। लेकिन इसका यह भी अभिप्राय नहीं कि जोशी ने कहानीतर व्यंग्य लेखन बिलकुल ही नहीं किया।

गाडगिल के पूर्व युग में व्यंग्य साहित्य-निर्मिति की उक्त दो परम्पराएँ थीं। कोल्हटकर और चि.वि. जोशी क्रमशः इन परम्पराओं के प्रवर्तक प्रतिनिधि रहे हैं। गाडगिल को दोनों परम्पराओं से प्रदेय प्राप्त हुआ है। उक्त दो परम्पराओं के अतिरिक्त अनुभव विश्व के अंग-विशेष के रूप में मराठी साहित्य में जिसका आयोजन हुआ उसका जिक्र भी इसी सिलसिले में किया जाना चाहिए। मराठी साहित्य में अभिजात हास्य-रचना परम्परा के प्रतिनिधि के नाते 'सौभद्र' नाटक के लेखक अण्णासाहब किर्लोस्कर और 'शारदा' नाटक के लेखक गो.ब. देवल का सादर उल्लेख होना चाहिए। स्वयं गाडगिल की उक्त गौरवपूर्ण मान्यता में दोनों महानुभावों की रचनाओं की सार्थकता है। अपनी सम्यक्ता में किर्लोस्कर-देवल के नाटकों में हास्य, शृंगार, करुण आदि भाव रूपों से एकात्म है और कुल मिलाकर अनुभव विश्व को समृद्ध करता है। इसे बौद्धिक रूप में नहीं आँका जा सकता, इसकी कलात्मक सहजता और सन्तुलन विशेष उल्लेखनीय है। अभिजात हास्य-परम्परा की एक कड़ी के रूप में लक्ष्मीबाई तिलक की पुस्तक 'स्मृतिचित्रे' आत्मकथा का उल्लेख किया जाना चाहिए। रूढ़ार्थ में अशिक्षित लक्ष्मीबाई ने अपने लेखन में सूक्ष्म, सौम्य परन्तु प्रगल्भ हास्य निर्मिति कर, साधारण जनों की इस गलतफहमी को हमेशा के लिए समाप्त कर दिया कि नारियों में अव्वल तो विनोद बुद्धि होती नहीं और कहीं दिखाई दे भी तो वह बहुत ही मोटी और स्थूल होती है। समूचे जीवनानुभव का अविभाज्य अंग बना, रोजमर्रा के प्रसंगों और मनुष्य-स्वभाव की विसंगतियों से उद्भूत खुशमिजाज और सहज हास्य न केवल गुदगुदाकर हँसाता है बल्कि जीवनबोध को संस्कारित भी करता है, चेतना को समृद्ध बनाता है।

गाडगिल-पूर्व विनोदी-साहित्य का यह सरसरी और स्थूल विवरण गाडगिल के विनोदी-साहित्य की पृष्ठभूमि के विवेचन में आवश्यक है। गाडगिल द्वारा प्रस्तुत हास्य-समीक्षा और निर्मित हास्य-व्यंग्य साहित्य के सहारे यह निष्कर्ष स्थूलतः निकाला जा सकता है कि मराठी हास्य-साहित्य के प्रवर्तक कोल्हटकर के साहित्यिक कर्तृत्व और मर्म को अचूक ग्रहण करते हुए गाडगिल ने इस परम्परा का अनुकरण मात्र नहीं किया। गाडगिल की पसन्दगी, अभिरुचि और मूल्यप्रवृत्तियों के अवलोकन के बाद स्वीकार किया गया कि गाडगिल की निर्मिति मात्र व्यंग्यात्मक उक्तिवैचित्र्य के कमजोर सहारे से नहीं हुई है। व्यंग्य और उक्तिवैचित्र्य विनोद की जड़ें जमाने के प्रारम्भिक काल की अवस्था में सार्थक था। गाडगिल की रचनाएँ एक साथ कई बातों का अहसास दिलाती हैं, उनकी विद्वत्ता और जानकारी की प्रतीति के साथ, सामाजिक दोष-दर्शन के कारण जीवन के विविधांगों से सम्बद्ध होने का अहसास भी होता है। परन्तु विशिष्ट सामाजिक जीवन की सम्बद्धता और बौद्धिक विशिष्टता की सीमाओं को न माननेवाली गाडगिल की हास्य प्रवृत्तियों ने इन घेरों को कभी नहीं माना। किर्लोस्कर-देवल की अभिजात हास्य साहित्य की परम्परा के कायल गाडगिल ने हमेशा अभिजात, मूल्ययुक्त और स्वाभाविक हास्य को तरजीह दी और लक्ष्मीबाई तिलक और जोशी के हास्य को अपना आदर्श माना है। इसका अभिप्राय यह भी नहीं कि गाडगिल अभिजात हास्य परम्परा की लकीर का अनुसरण करते हुए, अगली कड़ी भर रह गये। परम्परा की कतिपय प्रवृत्तियों और धर्म-विशेषों की समानता के बावजूद गाडगिल के हास्य-व्यंग्य की अपनी अलग अस्मिता रही है। परम्परा को नये आयाम दिलाने के साथ गाडगिल उन नवीन प्रवृत्तियों को भी गढ़ते हैं जिनका संकेत तक परम्परा में नहीं है। इस नवीनता की प्रेरणा गाडगिल को पाश्चात्य विनोदी-साहित्य-परम्परा से प्राप्त हुई है।

एक भेंट-वार्ता में गाडगिल ने स्वीकार किया है कि अपने आरम्भिक काल में हास्य लेखक के नाते वे चार्ल्स डिकन, मार्कट्रेन और पी.जी. वुडहाउस के हास्य साहित्य से बहुत प्रभावित थे और समय के बीतते वे आर्ट बुकवाल्ड के साहित्य से भी संस्कार पाते रहे हैं। आगे चलकर इन प्रभावों और संस्कारों की दिशाओं के निश्चित परिणामों का विवेचन किया जाएगा परन्तु यहाँ उनका उल्लेख मात्र किया गया है।

उक्त उल्लेख को संक्षेप में यों भी समझा जा सकता है कि हास्य परम्परा की पाश्चात्य धारा गाडगिल के स्वभाव के अनुकूल रही और अपनी रचनाओं में पाश्चात्य प्रभावों का समावेश वे करते रहे हैं। नयी कहानी के रचयिता के नाते गाडगिल ने जिस तरह पारम्परिक मराठी कहानी के ढाँचे को अस्वीकार किया उसी तरह वैश्विक कहानी-विधा से संस्कार पाकर मराठी कहानी-संकल्पना को विषय और शैली की दृष्टि से अधिक समावेशक, लचीला और खुला बनाने में अपना योगदान

दिया। हास्य-विनोद के विषय में भी यही हुआ। इसका यह मतलब नहीं कि भारतीय परम्परा को त्यागकर गाडगिल ने पाश्चात्य परम्परा का अनुकरण मात्र किया है। उन्हीं के शब्दों में इसका वर्णन है कि 'It was a two-way traffic'।

अपनी हास्यधर्मिता के अनुकूल पड़नेवाले मराठी और पाश्चात्य परम्परा के प्रभावों को आत्मसात् करते हुए गाडगिल की अस्मिता ने हमेशा नयी दिशाओं का अनुसन्धान किया है। इस प्रयास में कभी-कभी समकालीन मराठी विनोदाभिरुचि के विपरीत बातें कहनी पड़ीं, फिर भी आपने प्रयोगशीलता नहीं छोड़ी, हालाँकि यह सब अपने साहित्यिक व्यक्तित्व के अनुसार किया है। मराठी साहित्य में प्रस्थापित और जनप्रिय बने उपहासप्रधान व्यंग्यपरक विनोद परम्परा का मात्र अनुगमन न कर गाडगिल ने निश्छल, विशुद्ध और केवल विनोद के अनन्त रूपों को अंकित करने का भरसक प्रयास किया। विनोद की जिन सरल-सौम्य और सूक्ष्म छटाओं से मराठी विनोदाभिरुचि अपरिचित थी, उनसे अब वह परिचित हुई, इन छटाओं से मराठी अभिरुचि का सर्वप्रथम परिचय गाडगिल ने करवाया है। साथ ही प्रहसनात्मकता के विविध रूपों की सम्भावनाओं को उद्घाटित करने का श्रेय भी गाडगिल को ही है। आपने गाहे-ब-गाहे उपहासात्मक लेखन भी किया परन्तु ऐसे वक्त भी बहुविध जीवनांगों और सामाजिक अंगों को समाविष्ट करते हुए अपनी अस्मिता को बरकरार रखा। गाडगिल ने हास्य की निबन्ध विधा से होनेवाले अटूट सम्बन्ध को अस्वीकार कर कहानी, नाटक, ललित लेख और यात्रा-साहित्य जैसी विधाओं को हास्य का वाहक बनाया है और मराठी साहित्य में हास्य-विनोद को बहुआयामी व्यक्तित्व प्रदान किया। यह सही है कि गाडगिल की कहानियों की तरह उनके हास्य साहित्य की मार्मिकता को भी समय द्वारा निश्चित रूप में नहीं पहचाना जा सका, परन्तु इसमें दो राय नहीं है कि गाडगिल की नयी कहानी के कारण मराठी कथाभिरुचि भी समृद्ध हुई है। इसी तरह आपके हास्य साहित्य ने भी मराठी विनोदाभिरुचि का संस्कार कर उसे अधिकाधिक मुक्त और समावेशक भी बना दिया है और लगातार समावेशक बने रहने के लिए प्रेरित किया है। गाडगिल के इसी कर्तृत्व का विवेचन आगे विस्तार से किया जाएगा।

गाडगिल 1940 से लेखन-कार्य में जुटे हैं और गम्भीर विषयों पर लेखन के साथ-साथ खालिस हास्य-लेखन भी करते आये हैं। गम्भीर कहानी साहित्य और यात्रा-साहित्य तक में अनुभूति के अविभाज्य अंग के रूप में हास्यकारक घटकों का उपयोजन करने से गाडगिल चूके नहीं हैं। स्थूलतः कहा जा सकता है कि इस तरह से उपयोजित हास्य से हमारी मुलाकात कभी अनपेक्षित मोड़ों और स्थानों पर भी होती है तो कभी करुण के साथ सटकर वह हमें मानव-जीवन और स्वभाव में निहित अन्तर्विरोधों

और असंगतियों के दर्शन कराता है। ऐसे मोड़ों पर गाडगिल के व्यक्तित्व के व्यंग्यकार (Ironist) के आयाम के दर्शन हम करते हैं। इन्हीं मोड़ों पर हम पाते हैं कि कहानी को नाटकीय आख्यान का आयाम देने में गाडगिल सफल हुए हैं। सहानुभूतियुक्त एकात्मकता और उपहास-परिहास युक्त विनोद में गाडगिल कहानी के सन्तुलन विशेष को बरकरार रखते हैं। ('भागलेला चाँदोबा'–'चन्दा मामा दूर के') द्वन्द्वात्मक रचना द्वारा जिस तरह विनोद अपने आपको प्रभावशाली बनाता है उसी तरह संवादयुक्त रचना या परस्परानुकूल रचना द्वारा भी। गाडगिल की हास्य-कहानियों में ऐसी रचनाओं के परिणाम अनुभव में आते हैं। गाडगिल की कहानियों में विनोद का एक अन्य विभ्रम भी द्रष्टव्य है; कहानी की प्रसन्न और विश्रब्ध भावात्मकता में अपने सुर को मिलाकर वह भावात्मकता की लज्जत बढ़ाता है। बच्चों का भावसंसार चित्रित करनेवाली कहानियाँ भी द्रष्टव्य हैं। कभी बालकों की मानसिकता से उद्भूत भोलेभाले स्वर सहज ही विनोद का रूप धारण कर लेते हैं, ('बाईशाला सोडून जातात'–'शिक्षिका पाठशाला छोड़ चली जाती हैं') कभी शरारत और नटखटपन में डूबी निश्छलता विनोद के अनोखे आयाम को उद्घाटित करती है ('कबूतर'), तो कभी परस्परानुरक्त नव-विवाहितों के आपसी मिलन प्रसंग को अपने अनोखे रंगों से वह रंजित कर देता है। ('कड़ुवा और मीठा') परन्तु कभी-कभार गाडगिल का विनोद आक्रामक पाखण्डखण्डनात्मक अवतार भी ग्रहण करता दिखाई देता है। मनुष्यों के संकीर्ण और दरिद्र मनों, उनकी क्षुद्र जीवनासक्ति और कोताही का पर्दाफाश करते समय गाडगिल का विनोद पैने उपहास और कड़ुवे व्यंग्य की तेज धार की तरह लगता है। ('किडलेली माणसे'–'कीड़ लगे आदमी' और 'गुणाकार') अन्तर्मुख, काव्यात्म-स्तरीय लेखन में भी छद्मोक्ति ;प्तवदलद्ध की घनी छाया में उपहासयुक्त विनोद के उदाहरण भी बहुत हैं और आपके यात्रा साहित्य में इनका अनुभव किया जा सकता है, जिससे पाठक बहुत गहराई में जीवनानुभवों को समृद्ध कर पाता है। ('काप्ती,' 'तरंगता (तैरता) दिवस') इस तरह, संक्षेप में कहा जा सकता है कि गाडगिल के गम्भीर साहित्य में भी बहुरंगी, बहुढंगी हास्य अपनी रुचियों, सन्दर्भों और कलात्मक प्रयोजनों को सार्थकता प्रदान करता है। इस हास्य का सबसे महत्त्वपूर्ण पक्ष यह है कि यह विभिन्न भावात्मक स्थितियों से सहज ही मेल खाता है और रचना में निहित अनुभव को संश्लिष्टता और समृद्धि प्राप्त करा देता है।

गाडगिल के बहुआयामी साहित्यिक व्यक्तित्व की विशेषता इसी में है कि आपने एक साथ विविध प्रवृत्तियों का निर्वाह करनेवाली साहित्य विधाओं का सृजन किया है। परम अन्तर्मुखी, चिन्तनपरक और काव्यात्मक विधाओं के साथ परम बहिर्मुखी, प्रहसनात्मक, मौज और धमाल का तथा विक्षिप्त ढर्रे के हास्योत्पादक साहित्य का सृजन गाडगिल साथ-साथ करते रहे हैं। इससे एक विशेष बात स्पष्ट होती है कि गाडगिल सभी प्रसंगों-बातों और व्यक्ति, और वस्तुओं में आनन्दोत्सव

के तत्त्व को देखते हैं। जिस तरह आनन्दोत्सव की मर्मभेदक दृष्टि आपके हास्य की विशेषता है उसी तरह तार्किक तथा अन्य सन्दर्भों में निहित असंगतियों और असंबद्धताओं (Absurditico) का भान भी आपको लगातार रहता है और इसे दूसरी विशेषता कहना चाहिए। तीसरी विशेषता है कि हास्य निर्मिति करते समय आपको आनुपातिकता और सन्तुलनात्मकता का भान (Sense of proportion and Balance) भी सतत रहा है। संक्षेप में उक्त तीनों विशेषताएँ कलाकार गाडगिल के व्यक्तित्व की अभिन्न अंग रही हैं।

गाडगिल की प्रथम प्रकाशित कहानी 'प्रिया आणि मांजर' ('प्रिया और बिल्ली') (1941) आपकी पहली हास्य कहानी है। कहानी का नायक कनिष्ठ मध्यमवर्ग का एक साधारण स्कूल मास्टर है। घर और समाज द्वारा दमित होने से उसमें जो हीनता-ग्रन्थि और भय का आतंक बैठ गया है वह इस कहानी का कथ्य भी है और विनोद निर्मिता मूलसूत्र भी। अभिप्राय यह है कि जिस तरह आपकी गम्भीर कहानियों का केन्द्रीय विचार मानव-मन और स्वभाव-विशेष रहा है उसी तरह हास्य-कहानियों का भी। मानव-मन की सूक्ष्मातिसूक्ष्म लहरों को दोनों प्रकार की कहानियों में समान रूप में देखा जा सकता है। अगर कहीं अन्तर है तो प्रस्तुति के ढंग में, हास्य-कहानी में वही विचार प्रहसनात्मकता के रास्ते आता है और गम्भीर कहानियों में वैचारिकता के। अपारम्परिक दृष्टि से 'स्वभावनिष्ठ' और प्रहसनात्मक दृष्टि से गठित विनोद शैली के दर्शन गाडगिल की पहली कहानी में ही होते हैं।

कहानी की भाँति आपके एकांकी और रेडियो एकांकी भी प्रहसनात्मकता के रास्ते ही हास्य-निर्मिति करते हैं। 'आवर्त' जैसा एकाध एकांकी अपवाद माना जा सकता है, इसलिए कि गाडगिल ने एकांकी विधा का उपयोग प्रायः हास्य-निर्मिति के लिए किया है। 'वेडयांचा चौकोन' (1952) (पागलों का चौकोन) जैसे तीन अंकोंवाला दीर्घ प्रहसन भी आपने लिखा है। इस जमाने में मराठी अभिरुचि प्रहसनात्मक विनोद की अभ्यस्त नहीं थी शायद इसीलिए वे इसकी भूमिका में सहृदय रसिकों का ध्यान प्रहसनात्मक प्रस्तुति की ओर आकर्षित भी करते हैं।

गाडगिल ने अपने अधिकांश हास्य एकांकियों की रचना 'बण्डू' नामक अपने मुँहबोले बेटे—मानसपुत्र—को केन्द्रीय चरित्र बनाकर की है। इन एकांकियों के विनोद की विशेषता है कि मनुष्य स्वभाव की रंगत को गहराई में अंकित करने के बावजूद इसे रूढ़ार्थ में स्वभावनिष्ठ नहीं कहा जा सकता। इन एकांकियों में अतिशयोक्ति प्रधान प्रसंगों की रचना के न होते हुए भी प्रसहनात्मकता की मात्रा से ये ओतप्रोत हैं। एकांकियों में निहित हास्य प्रायः विक्षिप्तता के रास्ते (Whimsical mode) धीरे-धीरे साकार होता जाता है। बण्डू और उसके परिवार के अन्य सदस्यों के पारिवारिक जीवन में अकल्पित और अप्रत्याशित रूप में घटित होनेवाले हास्य विस्फोटक प्रसंगों का चित्रण प्रायः सभी एकांकियों का मुख्य विषय रहा है और इस

दृष्टि से 'बण्डू, नानू और गुलाबी हाथी' एकांकी एक उदाहरण माना जा सकता है, इसका मार्मिक हास्य दर्शकों की स्मृति से शायद ही उतरता है। मनुष्य के आचार-विचार और बोलचाल की तार्किक विसंगतियों का जिस कल्पना के साथ प्रयोग इन एकांकियों में किया गया है वही इनका विशेष लक्षण भी है।

एकांकियों के साथ-साथ गाडगिल ने हास्य कहानियों की भी रचना की है और कहानियों का केन्द्रीय चरित्र भी 'बण्डू' ही रहा है। गाडगिल की लिखी कहानियों में से अधिकांश कहानियाँ 'बण्डू कहानियाँ' रही हैं। इस गल्पमाला का नायक बण्डू सामान्य मध्यमवर्गीय बाबू है। गाडगिल के शब्दों में "बण्डू एक सीधा-सादा, भोलाभाला लेकिन उत्साही जीव है, हट्टाकट्टा शरीर पाया है इसने। आजीविका का मुख्य उपाय यद्यपि मासिक वेतन है तथापि बण्डू की अपने बारे में कुछ प्यारी-प्यारी गलतफहमियाँ हैं और इन्हीं के इन्द्रधनुषी रंगों के सहारे बण्डू जीवन-यापन करता है। इसे प्रायः ठग लिया जाता है परन्तु इससे शायद ही कभी वह हतोत्साह और निराश हुआ होगा।" और बण्डू की पत्नी स्नेहलता, "सुखी गृहस्थिन है जिसे अपने पति के प्रति प्रगाढ़ अनादर है, पति की भलमनसाहत के बारे में शंका है और पति की व्यवहारशून्यता को लेकर घोर अनास्था भी है। स्नेहलता न केवल पति को बल्कि समूचे तर्कशास्त्र को सिर के बल खड़ा करने का हुनर रखती है।" ऐसी स्नेहलता के बिना सार्थकता न बण्डू को प्राप्त होती और न बण्डू कहानियों को।

बण्डू और स्नेहलता न केवल प्रातिनिधिक पात्र हैं बल्कि दोनों अपनी-अपनी अस्मिता से भरेपूरे चरित्र भी हैं। सतही स्तर पर लगता है बण्डू प्रचलित मराठी हास्य कहानियों में साधारणजनों का प्रतिनिधित्व करनेवाला एक नायक है। परन्तु गहराई से देखने पर अहसास होता है कि पारम्परिक सामान्य नायक की तुलना में बण्डू का स्वभाव-धर्म कुछ अलग है और अपने केन्द्रीय चरित्र के चारों तरफ गाडगिल का रचा-बसा कहानी संसार भी अलग है तथा इसमें निहित विनोद भी अलग स्तर का है।

'बण्डू कहानियों' में बण्डू और स्नेहलता के रिश्तेदारों का एक परिवार है जिसमें बण्डू के चालनिवासी पड़ोसियों, दफ्तर के सहयोगी मित्रों और अन्य मित्रों का भी समावेश सहज भाव से हुआ है। शहराती और मध्यमवर्गीय जीवन और संस्कृति का विनोदयुक्त लेखा-जोखा इस पारिवारिक-सामूहिक जीवनचित्र में द्रष्टव्य है। मध्यमवर्गीय मनुष्य का भावविश्व उसका संवेदनशील स्वभाव (Sensibility), उसकी जीवन-प्रणाली और इन सबके सहारे हौले-हौले साकार होता जाता 'सहज मानव' ही बण्डू कहानियों का मुख्य प्रतिपाद्य है। गाडगिल ने अपनी कहानियों में भी इसी यथार्थ जीवन को चित्रित किया है। हास्य कहानी और गम्भीर कहानी के भिन्न-भिन्न बुनावटी विशेषों के बावजूद अपने व्यापक जीवन-सन्दर्भों में दोनों में न केवल आन्तरिक संगति परन्तु परस्परपूरकता भी दिखाई देती है।

गाडगिल की कहानियों में यद्यपि मध्यमवर्गीय जीवन और संस्कृति की त्रुटियों और दोषों का अंकन सहज रूप में हुआ है तथापि इनका प्रेरक उद्देश्य दोषदर्शन का नहीं है। कहानी में निवेदक की भूमिका मूल्यांकन करनेवाली नहीं है, उसका सारा लक्ष्य मनुष्य और उसके जीवन की नानाविध असंगतियों और असम्बद्धताओं को रेखांकित करने में केन्द्रित हुआ है। कहानी पढ़ते हुए पाठक भी निवेदक के दृष्टिकोण-विशेष के कारण परिचित संसार को अलग दृष्टिकोण से देखने की भूमिका पर उतर आता है। इसी दृष्टिकोण-विशेष के कारण संसार मस्तमौला तथा आकर्षक लगता है जो इसके अभाव में सपाट, उबाऊ और कभी-कभी क्लेशदायक भी लगता था।

गाडगिल की कहानियों में बण्डू और बण्डू परिवार का चित्रण यथार्थ धरातल को कभी छोड़ता हुआ नजर नहीं आता। इनमें विनोद-निर्मिति के लिए न अतिशयोक्ति का सहारा लिया गया है और न काल्पनिक धरातल का। लगता है कि इस धारणा का कारण उस बोध को जगाना है जिसके सहारे पाठक अपने संसार को देखता-परखता है और इसीलिए कहानियों के चरित्र भी व्यंग्य चित्र की तरह प्रतीत नहीं होते, कभी-कभार वे विक्षिप्त और सनकी जरूर लगते हैं लेकिन मूलतः वे हमारे जैसे साधारण जीव ही हैं। निवेदक इनको सहानुभूति, सहृदयता और समझदारी की दृष्टि से देखता है, इसके दृष्टिकोण में मिरिकल मजाक का भाव जरूर लक्षित होता है परन्तु खिल्ली उड़ाकर विद्रूप बनाने का भाव कतई नहीं है। इन कहानियों की हार्दिक प्रभावान्विति का मर्म निवेदक के दृष्टिकोण में निहित है।

'बण्डू' न केवल अपने पाठकों का प्रिय है बल्कि मराठी जनजीवन के सांस्कृतिक आयाम का अविभाज्य अंग है। बण्डू और बण्डू का विशाल परिवार भले ही हास्यास्पद लगे फिर भी (शायद इसी हास्यास्पदता के कारण ही) पाठकों को वह अपना ही लगता है। इस तरह के तादात्म्यभाव (Identification) द्वारा पाठक को प्राप्त होनेवाले सन्तोष और चैन में न बण्डू की विक्षिप्तता कोई खलल और बाधा बन पाती है और न उसके जीवन में घटित (प्रायः बण्डू द्वारा निर्मित) प्रसंगों का उच्छृंखल ढंग और न उनकी प्रहसनात्मकता। कुल मिलाकर इस जीवनांकन में असलियत (Authenticity) और आन्तरिक संगति का गहरा रंग है।

लगे हाथों गाडगिल द्वारा वर्णित घटनाओं और चरित्रों की मार्मिक गहराइयों और तफसीलों का भी उल्लेख किया जाना चाहिए। उदाहरणस्वरूप 'बण्डू और उसकी छत्रियाँ' में वर्णित वह प्रसंग जिसमें बण्डू छाता निकालने के इरादे से पाटन (परछत्ती) पर चढ़ता है। पाटन पर अस्त-व्यस्त फैले सामान की तफसील इस बात का प्रातिनिधिक वर्णन कहा जा सकता है जिसमें मध्यमवर्गीय युवक की विवाहपूर्व जीवनी का और उसके द्वारा किये गये उद्योगों और उसकी उम्मीदों का सजीव लेखा-जोखा अंकित किया गया है। 'रनिंग' के इरादे से खरीदे गये जूते, चैस्ट एक्सपाण्डर, टेनिस रैकेट, लेजम, क्रिकेट का बल्ला, कॉलेज की पाठ्य पुस्तकें आदि

सारी चीजें वैवाहिक जीवन की लकीर पर चलते हुए किस तरह निरर्थक बनकर अंगड़-खंखड़ और काठ-कबाड़ बनकर पाटन पर धूल खाने के लिए चढ़ा दी जाती हैं इसका अंकन किया गया है। छाता निकालने के इरादे से पाटन पर चढ़े हुए बण्डू को ये सारी चीजें सहसा महत्त्वपूर्ण और काम की लगने लगती हैं। इस प्रसंग को प्रातिनिधिक ही कहना चाहिए।

'बण्डू कहानियों' में यद्यपि चरित्र-चित्रण की प्रातिनिधिकता और घटनानुसारी रूप में बण्डू के चरित्र को निश्चित और गहरी रेखाओं द्वारा अंकित करने की विशेषता द्रष्टव्य है तथापि इस पर साँचाबद्धता का लेबल नहीं चिपकाया जा सकता। बण्डू का अपना एक अलग तर्कशास्त्र और दलील पेश करने का ढंग भी है और इसके सामने वह स्नेहलता भी हार खा जाती है जिसका अपना स्त्रीसुलभ और अजब तर्कशास्त्र है जो उसके व्यक्तित्व का अभिन्न अंग है।

"क्यों जी? आप विनायक भाई को हमेशा ईडियट क्यों कहते हैं? आखिर वे आपके मित्र हैं!" स्नेहलता की इस 'तर्कशुद्ध' जिज्ञासा का तुरन्त समाधान बण्डू देता है।

"हाँ-हाँ! बिलकुल! मित्र है वह मेरा और इसीलिए उसे ईडियट कहता हूँ। यह क्यों नहीं पूछती कि मैंने तुम्हें कभी ईडियट क्यों नहीं कहा? इसलिए नहीं कहता कि तू मेरी पत्नी है और वह मित्र। पत्नी हो इसलिए तुम्हें यूजलेस कहता हूँ!" (बण्डू मोकाट सुटतो—बण्डू 'एंजाय' करता है)

पत्नी और मित्र में निश्चित अन्तर करनेवाले बण्डू के 'स्वायत्त' तर्कशास्त्र में विरोधी को निरुत्तर करने की अजब क्षमता है।

गाडगिल का विनोद 'स्वभावनिष्ठ' जरूर है परन्तु रूढ़ार्थ में नहीं। अभिप्राय है कि गाडगिल ने स्वभाव की विशेषताओं को—जैसे भुलक्कड़ी और बातूनीपन को—कभी विनोदसाधन के रूप में नहीं अपनाया। इससे स्वभावनिष्ठ होकर भी स्वभावनिष्ठता की लकीर बनने से गाडगिल का विनोद बच गया है। सड़क चलते आदमी में भी काफी विसंगतियों और अन्तर्विरोधों को देखा जा सकता है। संक्षेप में कहा जा सकता है कि पाठक सहज ही अनुभव करता है कि मनुष्य के साधारण माने जानेवाले आचार-विचार, चालढाल और कथनी-करनी में भी बहुत से विनोदक्षम स्थान हो सकते हैं। भोलाभालापन, संकोच, साफ-साफ व्यावहारिक हिसाब करने की प्रवृत्ति, अनवधानता, गड़बड़झाला मचाने का कौशल आदि 'नॉर्मल' स्वभाव विशेषताओं को अंकित करते हुए गाडगिल ने न केवल हास्य प्रसंगों और हास्य नाट्य को बल्कि अपनी सजीव चरित्र प्रतिभाओं को गढ़ा है। यह विशेषता 'बण्डू कहानियों' के नानू और स्नेहलता की ही नहीं बल्कि 'उषाताई जाती है फिल्म देखने' और 'मेरी खाहमखाही' जैसी कहानियों में भी देखी जा सकती है।

''बण्डू कहानी' एक मध्यमवर्गीय जीव के साथ-साथ एक बम्बइया बाबू की

कहानी भी है। पाठक बम्बइया जीवन के कई परिचित प्रसंगों और चरित्रों को इन कहानियों में देखता है और वह बम्बई की भागदौड़ और धक्कमधक्की की रंगत का पुनः और नये सिरे से अनुभव करता है। चलती बस में चपलता से छलाँग लगानेवाला चालाक यात्री और उसी चपलता से उसे नीचे उतार देनेवाला दुष्ट कण्डक्टर, बेवक्त टोकनेवाला टी.सी., होटलों के अनुभवी बैरे, स्टेशन के कुली, ट्रैफिक के पुलिसवाले, बस और लोकल के कास्मापोलिटन सहयात्री, हट्टे-कट्टे बदमाश और हाथ की सफाई दिखानेवाले जेबकतरे जैसे रंगबिरंगे पात्रों की भीड़-भक्कड़ में रची-पची और इन्हीं के हाथों बनती-बिगड़ती बम्बइया संस्कृति हास्य नाट्य की अनेकविध और अनन्त सम्भावनाओं को साकार करती है।

इन कहानियों की विवेचना में एक बात सहज ही ध्यान आकर्षित कर लेती है और वह है यद्यपि गौण तथापि उतने ही सहज भाव से आविष्कृत बम्बइया संस्कृति के विविध मोड़। कहानियों की अवधि लगभग पचास वर्षों की है। बदलते आर्थिक आयामों के दर्शन इससे होते हैं। किसी समय बस का टिकट दो आने में मिलता था और पाँच रुपयों में तीनों का सिनेमा देखने का कार्यक्रम सम्पन्न होता था और पन्द्रह रुपयों में अच्छा-खासा छाता मिलता था और वर्तमान समय में अगर जोरदार पार्टी का आयोजन करना हो तो यह संगत माना जाता है कि एक हजार रुपया अग्रिम लिया जाय। इन दो बिन्दुओं के बीच पड़नेवाले अनेक छोटे-बड़े आर्थिक परिवर्तनों को इन कहानियों में सहज ही देखा जा सकता है। बम्बई की सड़कों पर मन्थर गतिवाले ट्राम पाठक को पुरानी बम्बई का सफर कराते हैं और 'डाकू डिस्कोथेक' और 'लुटेरा और जलदस्यु' जैसे होटलों के नाम बम्बई के बदलते रंग-ढंगों को मजाकिया ढंग से पेश करते हैं। काल बदलता रहा और काफी बदला, लेकिन मनुष्य की प्रकृति और प्रवृत्ति में उतने तेज परिवर्तन नहीं हुए जितने बम्बई के भौतिक सभ्यता के वातावरण में हुए। बम्बइया आदमी लगभग वही पुराना था। इसीलिए स्वाभाविक रूप में हास्य-विषय बनने की उनकी सक्षम प्रवृत्तियाँ भी वही पुरानी रही हैं।

अपने चरित्रों को साकार करते हुए गाडगिल पात्रों का बाह्यांकन कर सन्तोष नहीं पाते परन्तु प्रायः उनका ध्यान पात्रों की मानसिक रचना को उद्घाटित करने में केन्द्रित हुआ है, सहज द्रष्टव्य सतही प्रवृत्तियों पर नहीं। विनोदी साहित्य पढ़ते समय इसकी प्रतीति विशेष रूप में होती है। नाक पर घूँसा और पीठ पर मुक्का जमाने की उर्मि का अनुभव बण्डू बार-बार करता है, घर में शेर बनकर स्नेहलता पर बार-बार गुर्राता और उसे डिसमिस करने की धमकी देता है, उसका अपने घर में और बोलचाल में उन्मुक्त, बेबन्द आचरण है, आदि सब बातों की जड़ मनोवैज्ञानिक दृष्टि से घर से बाहर उस पर होनेवाले जुल्मों का विरोध करने की मानसिक सहजोद्रेकता में देखा जा सकता है।

मानव-स्वभाव का मूलाधार मानव की मानसिक रचना है और मनोरचना मन की चेतन (Conscious) तथा अचेतन (Unconscious) स्तरों से उद्भूत वासना-प्रेरणाओं पर निर्भर करती है। इसी आधार को ग्रहण करते हुए गाडगिल ने अचेतन स्तर पर होनेवाले स्वप्न, स्वप्नाभास और दुःस्वप्न आदि का मार्मिक उपयोग अपनी कहानियों में किया है। आपने स्वप्नों और फैण्टेसियों का कलात्मक प्रयोग अपनी हास्य कहानियों में भी किया है। इस सिलसिले में आपकी 'प्रिया और बिल्ली' शीर्षक पहली कहानी से लेकर 'बस का टिकट' तक की कई कहानियों को उदाहरणस्वरूप उद्धृत किया जा सकता है। मात्र अनवधान के कारण बण्डू टिकट कटवाता नहीं, सहसा टी.सी. रोक लेता है और समाज में अपमानित होना पड़ता है, पहले से कमजोर आत्मविश्वास मानहानि के प्रसंग के कारण चुक जाता है और बण्डू भीतिदायक स्वप्नाभासों का शिकार बनता है। ये स्वप्नाभास बण्डू की हीनग्रन्थियों के हास्यस्फोटक उद्रेक हैं। गाडगिल ने फैण्टेसी और हास्य-विनोद का साथ कई कहानियों में निभाया है, उन्हीं में से एक उदाहरण उक्त कहानी-प्रसंग का है।

इस सन्दर्भ-विवेचन में एक अन्य बात की ओर भी ध्यान देना चाहिए कि 'बण्डू कहानियाँ' रूढ़ार्थ में पारिवारिक हास्य प्रधान कहानियाँ नहीं हैं। इसको कहानियों की उन्मुक्त-विपुल अनुभव क्षमताओं के सहारे भी समझा जा सकता है। इन कहानियों की अपारम्परिकता को कथोपकथनों के आधार पर भी सिद्ध किया जा सकता है। इन कहानियों के कथोपकथनों की सार्थकता तब अधिक स्पष्ट होती है जब गाडगिल की लचीली-भाषा तार्किकता को चकमा देकर (अनुभूत करने की तार्किकता को) प्रहसनात्मकता के अनन्त रूपों को साकार करती है। पात्रों के कथोपकथनों द्वारा 'सुसंवाद' के स्थान पर गलतफहमियों, घोटालों और मौजोबहार का उद्भव होता है। इन कथोपकथनों के कारण 'शब्दनिष्ठ हास्य' की परिभाषा बदल जाती है, शब्द चमत्कृति और उक्तिवैचित्र्य मात्र में अब वह परिभाषित नहीं हो पाती। 'शब्दनिष्ठ हास्य' की परिभाषा को अधिक समावेशक, उदार और लचीला बनाने की आवश्यकता को पाठक महसूस करने लगता है।

गाडगिल् की 'बण्डू कहानियों' की एक विशेषता उच्छृंखल (Hilarious) विक्षिप्त और नटखट ढंग के विनोद में निहित है। इस विनोद के अनेक रूप 'बण्डू कहानियों' में देखे जा सकते हैं। जिस तरह विनोद कभी विशुद्ध और खालिस रूप में अवतरित होता दिखाई देता है उसी तरह कभी 'स्लैप-स्टिक' की भाँति भी। मूक हास्यचित्रपटों (फिल्मों) के ढर्रे के कई अनुभावात्मक प्रसंग इन कहानियों में हास्य को दृश्य रूप देते हैं। गिरने, ठोकर खाने, के साथ-साथ घर में और बाहर भी घटित होनेवाली शारीरिक 'दुर्घटनाओं' के कारण भी हास्य प्रसंगों की रंगत बढ़ती है। दृश्यात्मक मूल्य से युक्त इन प्रसंगों को निवेदन में निहित ऊनोक्ति (Understatement) और पर्यायोक्ति (सौम्य पर्यायोक्ति) के कारण रोचकता का आयाम भी प्राप्त

होता है। 'बण्डू और उसकी छत्रियाँ' कहानी का निम्नलिखित प्रसंग उदाहरणस्वरूप देखा जा सकता है—

(बरसात के मारे उलट-पुलट गयी छत्री को सँभालना था) "इसलिए छत्री को बिलकुल सिर के निकट रखकर बण्डू रास्ता खे रहा था, लेकिन सामने ढंग से देख भी नहीं पा रहा था, परिणामतः एक सग्गड़ को पार कर गया लेकिन दूसरे छोर पर पहुँचते ही सग्गड़ फट से पल्टी खा गया और जब तक बण्डू समझकर सँभले तब तक वह किनारे से बहते पानी में विराजमान हो गया था। सौभाग्य से चूँकि छत्री सिर पर खुली थी, बरसनेवाले पानी में नहीं भीगा!

इसके बाद बण्डू की कोशिश एक बस को पार कर परे उतरने की थी परन्तु आत्मीय-लोकाग्रह के कारण बण्डू वह कीर्तिमान स्थापित नहीं कर पाया। इसी तरह ट्राम के आर-पार निकल जाने का इरादा भी उसे छोड़ना पड़ा था!"

ऊनोक्ति और पर्यायोक्ति तो गाडगिल की हास्य-शैली का अविभाज्य अंग रहा है और इसके बहुविध रूप विनोदी-साहित्य में लक्षित किये जा सकते हैं। हास्य की ऋजुता और सूक्ष्मता भी गाडगिल की हास्य-शैली की विशेषता रही है। रोजमर्रा की साधारण-सी छोटी-छोटी घटना में हास्य को हेरने की गाडगिल की क्षमता विशेष उल्लेखनीय है। ऐसी घटनाओं का अंकन करते समय गाडगिल न केवल गम्भीरता ओढ़ लेते हैं अपितु घटना के हर पहलू को महत्त्वपूर्ण मानकर गहराई में अंकित कर हास्य निर्माण करते हैं। 'बस का टिकट' कहानी के प्रसंग को उदाहरणस्वरूप देखा जा सकता है। बस का टिकट कटवाना वैसे आम और साधारण-सी बात है परन्तु अपने सारे कौशल और एकाग्रता की बाजी लगाने और पराकाष्ठा के प्रयत्नों के बावजूद बण्डू बस का टिकट नहीं ले पाता। अपने आप में साधारण-सी घटना में गाडगिल को कई उपघटनाओं के दर्शन भी हुए हैं। कण्डक्टर का बण्डू को चकमा देने और बण्डू के पराकाष्ठा के प्रयत्नों की व्यर्थता के अंकन में गाडगिल ने शारीरिक और मानसिक क्रिया-प्रतिक्रियाओं का अंकन कर छोटी-सी घटना को गहराई में पकड़कर उसे प्रहसनात्मक नाट्य का आयाम दिया है।

गाडगिल की हास्य-शैली की सरलता और सीधे-सादेपन को भी नजरअन्दाज नहीं किया जा सकता। पूरी मितव्ययिता के साथ महीन हास्य-निर्मिति में गाडगिल माहिर हैं। उक्तिवैचित्र्य चमत्कार और जटिल घटनाओं द्वारा हास्य निर्माण की कोल्हटकर और गडकरी की परम्परा की प्रवृत्ति गाडगिल के हास्य में शायद ही दिखाई देती है।

विनोदी कल्पना के साधन का प्रयोग भी गाडगिल करते हैं परन्तु रूढ़ कल्पना चमत्कार की तुलना में गाडगिल के कल्पना विलास का स्वरूप अलग है। रूपक

प्रक्रिया को अपनाकर गाडगिल हास्य की गूँज का निर्माण करते हैं।

उदाहरणार्थ–"स्नेहलता के दिमाग में समायी माँगों के डिब्बे का ढक्कन फट से खुला।" (दो पहिये–दोन चाके) तथा–

"स्नेहलता जब मायके गयी थी तब वाकई लता की तरह, गुलछड़ी की-सी थी। भले फ्लॉवर पॉट की भाँति न सही लेकिन मुरब्बे के मर्तबान की तरह जरूर लगती थी। लेकिन अब उसका रूप और घी के घड़े का रूप लगभग एक लग रहा था।" (पारिवारिक सुखभरा एक दिन)

कल्पना और भावना को रमणीयता के यथार्थ के धरातल की भूमि दिलाने से विनोदी कल्पना को मध्यमवर्गीय जीवन के सन्दर्भ के साथ-साथ एक स्वाद-विशेष (Flavour) भी प्राप्त हुआ है।

'बण्डू कहानियों' को ही नहीं, गाडगिल की अन्य कहानियों को भी मध्यमवर्गीय जीवन सन्दर्भों का धरातल और सन्दर्भ प्राप्त है। जिसकी जिन्दगी का मकसद नौकरी करना मात्र रहा हो और इस प्रकार एकरसता में जीवन बितानेवाला बण्डू 'पोथीज्ञान' के आधार पर जब अवकाश प्राप्ति के बाद सुखमय और समृद्ध, आराम और चैन की जिन्दगी बसर करना ही नहीं चाहता बल्कि आग्रहपूर्वक चाहता है कि इस 'लाइफ एंजायमेण्ट' में पत्नी स्नेहलता भी साथ निभाए (एंजायमेण्ट की संकल्पना की कार्बन कॉपी की तरह) तब जो भी कुछ घटित होता है उसका लुत्फ 'मेरी खाहमखाही' में मिलता है।

गाडगिल की कहानियों में मध्यमवर्गीय भावजीवन का विधायक या सकारात्मक (Positive) पक्ष भी अंकित हुआ है। घर और बाहर, कई बार टूटने-बिंखरने और पराभूत होने के बावजूद हर समय नये सिरे से और पूरे उत्साह के साथ जीवन की ललक को जगाये रखनेवाले बण्डू का मनोहर चित्र इन कहानियों में अंकित हुआ है जो इनका हास्य निरपेक्ष श्रेयस् है। मानवीय सम्बन्धों और रिश्तेनातों की ऊष्मा और जीवटता ही साधारण जनों की शक्ति होती है। बण्डू और स्नेहलता के आपसी झगड़ों के बावजूद (शायद झगड़ों के कारण ही) उनके जीवन की मिठास में कोई कमी नहीं आयी। बण्डू, नानू और मित्रमण्डली के आपसी टण्टोंबखेड़ों और लुकाछिपी के बावजूद उनका आपसी स्नेह हमेशा बढ़ता ही गया है, बुआ पर रोब जमाना, उसे चिढ़ाना और उससे धौलधप्पे की कामना करना, उत्स्फूर्त स्वयंसेवी उत्साह के साथ मित्रों के हितों की फिक्र करना (और इनके निर्वाह के समय घोटालों का होना) आदि से बने संश्लिष्ट वातावरण में पाठक सुरक्षितता और निश्चिन्तता का ही अनुभव करता है। उषाताई का सिनेमा देखने का कार्यक्रम मित्रों, रिश्तेदारों, पड़ोसियों के बिना सम्पन्न नहीं होता। जब इस तरह की भीड़ होती है तब घोटालों का होना तय ही रहता है। ओवर टाइम के पैसे पाने की कमी थी कि मित्रों द्वारा घेरा जाकर और उनके द्वारा जेब कटवाने का सन्तोष पाये बिना बण्डू

की 'एंजायमेण्ट' की संकल्पना पूर्णता तक नहीं पहुँचती। मित्र के पारिवारिक सुख की चिन्ता उठाये बिना 'मेरी खाहमखाही' के निवेदक को चैन नहीं आता। इन सारी कहानियों में जिस सुखात्म बोध का भान होता है उसकी जड़ में मानवीय आत्मीयता का जीवनरस है। स्वार्थी, दाम्भिक, अहंकारी, संकुचित मानसिकतावाले, दुर्बल, भले और बुरे भी, सबको साथ लेकर ही जीवन की राय तय करनी है और गाडगिल की सुखात्मक प्रवृत्ति की समावेशकता ही समूची कहानियों का स्थायी भाव रहा है।

मराठी कहानी को विनोदी-कहानी का मोड़ देने का काम सबसे पहले चि.वि. जोशी ने किया और गाडगिल ने अपनी स्वतन्त्र शैली से उसके विविध कोणों को उभारा, साकार किया और उसे बल भी दिलाया। 'खर सांगायचं म्हणजे' (अगर सच कहना हो) कहानी के रूप में गाडगिल ने विनोदी फैण्टेसी का बेहतरीन उदाहरण पेश किया है। नॉनसेंस, मौजोधमाल, विक्षिप्तता, असम्बद्धता, स्वैर-निर्बाध कल्पना आदि के अद्‌भुत रसायन से सिद्ध 'फैण्टास्टिक कोटि' की कहानी इससे पूर्व मराठी में नहीं लिखी गयी थी। (विद्याधर पुण्डलीक, रमेश मन्त्री, शं.ना. नवरे ने परवर्ती काल में विनोदी फैण्टेसियाँ लिखी हैं।) गाडगिल ने 'बण्डू कहानियों' के रूप में मराठी साहित्य में पारिवारिक विनोदी-कहानी का नया क्षेत्र प्रशस्त किया है। 'आमची सोनी गाय' (हमारी सोनी गाय), 'आमची घोड़ी' (हमारी घोड़ी) जैसी यथार्थवादी शैली में लिखी कहानियों में गाडगिल ने छोटे बच्चों को निवेदक बनाया है और बच्चों की निश्छलता, भोलीभाली संवेदनशीलता और अनुभूति की प्रक्रिया का विनोद-निर्मिति के लिए अच्छा-खासा उपयोग कर लिया है। इससे बच्चों की नजर से देखने पर बड़ों की दुनिया के विनोद स्थानों का सन्धान सम्भव हुआ। (परवर्तीकाल में पुण्डलीक की कहानियों में बाल पात्रों का मार्मिक उपयोग किया गया है।) मिरिकल उपहास के साथ नटखटता का मोड़ 'टिल्लूंची संस्कृति' कहानी में दिखाई देता है तो 'मेरी अमेरिकी साइकिल' और 'कैलिफोर्निया के कुछ प्राणी' नामक यात्रानुभवों में से साकार हुई हास्य-कहानियों का ढंग 'कुछ और' ही सिद्ध हुआ।

गाडगिल का हास्य-साहित्य-सृजन कहानी और नाटक तक ही सीमित नहीं है, आत्मनिष्ठ (ललित) निबन्ध विधा द्वारा भी आपने विनोद निर्मिति बरकरार रखी है। कहानी की भाँति निबन्धों में भी आपका हास्य विविध रूपाकारों में अवतरित हुआ है। 'फिर क्या' (चकल्लस) एक साप्ताहिक के लिए लिखे गये कॉलम के साहित्य के संकलन को उदाहरणस्वरूप देखा जा सकता है। 'फिरकी घेणे' (चकल्लस) का प्रयोग गुट-विशेष की बोली-विशेष में प्रयुक्त होनेवाला सामयिक शब्द (Slang) है जिसका स्थूल अर्थ हँसते-हँसाते खिल्ली उड़ाने से किया जाता है। लुका-छिपी या बनाना का भी लगभग यही अर्थ किया जाता है। Slang में अभिप्रेत चपलता, लचीलापन इसके अर्थ में भी है।

गाडगिल का 'फिर क्या' (चकल्लस) का लेखन हँसी-मजाक में कलई खोलने

की शक्ति रखता है। साहित्य की सामाजिक प्रतिबद्धता की विपर्यस्त कल्पना करनेवाले तथाकथित प्रगतिवादी (पुरोगामी) पोथीनिष्ठ मार्क्सवादी और समाजवादी और तत्सम पाखण्डियों की आपने समय-समय पर खिल्ली उड़ायी है। सामाजिक, राजनीतिक और सांस्कृतिक क्षेत्र की कलई आपने अपनी मिरिकल और उपहासात्मक शैली में खोली है। इस उपहास के अपने कई ढंग और मोड़ हैं तथा इनके लिए भाषा को भी विविध मोड़ों से गुजरना पड़ा है, शब्दों को अर्थ का नया झालर जोड़ना पड़ा है और बार-बार माँजकर भाषा को चमकीली बनाना पड़ता है ताकि वह अर्थ की सभी खूबियों का वहन कर सके।

'फिर क्या' में व्यंग्य के साथ दोष-दर्शन और खालिस मौजोबहार का भी समावेश है और नॉनसेंस का स्थान भी महत्त्व का रहा है जिससे उपहास एकांगी होने से बच पाया है। 'पर-राष्ट्रखात्यातीब कामगिरी' (विदेश मन्त्रालय में कर्तृत्व) में वर्णित इन्दिरा गाँधी और निवेदक के वार्तालाप को नमूने के तौर पर देखा जा सकता है–

> "अच्छा! तो आप मन्त्रिमण्डल में शरीक किये जाने लायक हैं बिलकुल। कब समावेश करें आपका?"
>
> "श्रीमती जी! राष्ट्रहित के काज सिस आगे धरी दीजै की खातिर खुशी-खुशी आ जाता लेकिन अव्वल तो बन्द गले का जोधपुरी कोट मैं इसलिए पहन नहीं पाता कि गले के पासवाला हुक लगा नहीं पाता और पत्नी इस कदर लगाती है कि गले में ताँत लग जाती है और कोट पहनना तो बहुत ही जरूरी होता है, इसलिए..."

'फिर क्या' के निवेदक की निर्मिति के विषय में भी दो-एक बातें महत्त्व की हैं। निवेदक का स्वरूप बहुरंगी, बहुढंगी, बहुआयामोंवाला है। किसी समय वह बिलकुल नाक की सीध में सोचनेवाला, विचार और संकल्पनाओं के बने-बनाये साँचों को हू-ब-हू स्वीकार करनेवाला है और इसकी निश्छल साफगोई द्वारा पाखण्ड-खण्डन का काम आसानी से करवाया गया है। कभी-कभार निवेदक आत्मगौरव पर कभी आँच न आने देनेवाला और नियमों का पाबन्द लगता है परन्तु वास्तव में बहुत ही दब्बू, झेंपू और चमड़ी बचानेवाला होता है। इसी विसंगति का उपयोग 'फिर क्या' में दोष दिखाने और व्यंग्यात्मक उद्घाटनों के लिए किया गया है। कभी मजाक के लिए तो कभी चुटकियाँ काटने के लिए निश्छल निवेदनों का उपयोग कर लिया गया है। निवेदक के इस रूप-गठन के पीछे कार्यरत गाडगिल का कला-उद्देश्य और हास्य-उद्देश्य भी स्पष्ट होता है।

गाडगिल ने 'फिर क्या' में काल्पनिकता (Fictionality) और फैण्टेसी का पूरा-पूरा और मार्मिक उपयोग किया है। प्रसिद्ध व्यक्तियों के काल्पनिक व्यंग्यरूपों को फैण्टेसी द्वारा नया सृजन कहा जा सकता है, उदाहरणार्थ–इन्दिरा गाँधी। इस

विनोद साधन का उपयोग आपने 'सच-सच कहें तो...' नामक कहानी में भी किया है। (इस परम्परा को परवर्ती-काल में विद्याधर पुण्डलीक ने भी निभाया है।)

'फिर क्या' का उक्त चकल्लसी और खिल्ली उड़ानेवाला रूप स्थायी नहीं रहा, इस फॉर्म के आपने कई हुनर भी दिखाये हैं। व्यक्तिनिष्ठ निबन्ध के फॉर्म में संशोधन-संस्कार (Modification) कर उसे स्फुट व्यक्तिनिष्ठ निबन्ध का नया फॉर्म दिया है।

गाडगिल की कहानियों में प्रायः जिस अनुभव घटक का अभाव है उस नास्टाल्जिया स्मरणरमणीयता के दर्शन 'फिर क्या' में होते हैं और कहना न होगा कि इसके पीछे भी विनोदयुक्त दृष्टिकोण ही रहता है। गिरगाँव और कोंकण में बिताया बचपन, पुरानी बम्बई की स्मृतियाँ, आदि विविध अनुभवों-स्मृतिचित्रों को 'फिर क्या' में समाविष्ट किया गया है। साथ ही अपने परवर्ती जीवन के व्यावसायिक और साहित्यिक कारगुजारी के, सार्वजनिक जीवन के तथा अन्य फुटकर प्रसंगों और अनुभवों को भी 'फिर क्या' में स्थान मिलता रहा। परिणामस्वरूप कोंकण में ननिहाल जाने के शैशव के प्रसंग को प्रौढ़ावस्था में भी आस्वाद्य मानकर 'फिर क्या' में समाविष्ट किया गया। पुराने जमाने के होटलों के वातावरण में चखे पदार्थों के स्वाद जिस तरह ताजा हुए हैं उसी तरह वर्तमान होटलों के हथकण्डों का भण्डा भी 'फिर क्या' में फोड़ा गया है। बम्बई के स्टेडियम में उपस्थित होकर क्रिकेट मैच देखने की साहसकथा का समावेश भी 'फिर क्या' में हो सका और पाठकों द्वारा प्राप्त रोमांचक अनुभवों का भी। विविध अनुभव रुचियों के साथ-साथ विनोद की अनन्त छटाओं का सम्मिलन 'फिर क्या' में हुआ है। 'फिर क्या' को देखते हुए स्पष्ट प्रतीत होता है कि गाडगिल के विनोद के स्पर्श से जीवन का कोई क्षेत्र अछूता नहीं रहा है और जीवन का हर क्षेत्र, हर मानव-व्यवहार विनोद-विषय हो सकता है।

विविध जीवन क्षेत्रों में विचरते, दिखाई देते विविध व्यंग्य रूपाकारों की खोज में गाडगिल लगातार लगे रहे हैं। व्यंग्यात्मक रूपाकारों को आपने यात्रानुभवों में भी देखा है। एक तरीके से यात्रा-साहित्य स्वानुभवकथन होता है यानी यथार्थ के धरातल पर स्थित रहता है परन्तु हम पाते हैं कि गाडगिल ने अनुभवकथन के लिए स्वतन्त्र निवेदक 'मी' (मैं) को गढ़ा है; अभिप्राय है कि गाडगिल अनुभव ग्रहण की शैली-विशेष को अपनाते हैं। निवेदकीय अनुभवकथन प्रणाली को अपनाने में गाडगिल का कला-उद्देश्य है और इसके साथ निवेदक के दृष्टिकोण (Point of view) को भी समाया जाता है और कुल मिलाकर दोहरे उद्देश्यों की सिद्धि के कारण यात्रा-साहित्य यथार्थ के धरातल से ऊपर उठकर कल्पना की कलात्मक ऊँचाइयों का स्पर्श पाता है। गाडगिल के यात्रा-साहित्य और 'फिर क्या' में भी इसकी प्रतीति होती है। (पु.ल. देशपाण्डे भी अपने यात्रा-साहित्य में निवेदक 'मैं' को गढ़ते हैं।)

गाडगिल के गढ़े निवेदक 'मैं' के भी अनेक रूप हैं, जिससे आपका

यात्रा-साहित्य भी विविध गुण-विशेषों से मण्डित बना है। आपका यात्रा-साहित्य एक ओर चिन्तनपरक, गम्भीर और काव्यात्मक प्रवृत्ति का निर्वाह करता है तो दूसरी ओर हास्यमय प्रवृत्ति का भी। 'मेरी अमेरिकी साइकिल' कहानी और 'रोमांचकारी रोम' व्यक्तिनिष्ठ निबन्ध को नमूने के तौर पर देखा जा सकता है।

'मेरी अमेरिकी साइकिल' में हास्य का लक्ष्य स्वयं निवेदक है। अपने रहस्यों को उद्‌घाटित करनेवाले नर्म उपहास की रंगत यहाँ अपने आप में अनुभूति की चीज है। ऊनोक्ति और पर्यायोक्ति के हर सम्भव प्रयोग से इसकी खुमारी बढ़ाई गयी है। अतिशयोक्ति का सहारा लिये बिना सिद्ध की गयी प्रहसनात्मक प्रसंगनिर्मिति इस कहानी का विशेष रहा है जैसे, साइकिल में लगा कोड नम्बरवाला ताला खोलने के प्रसंग की निर्मिति। 'बण्डू कहानियों' की भाँति वार्तालाप की असंगतियों से उद्‌भूत हास्य इस कहानी में भी है। उदाहरणार्थ निम्नांकित प्रसंग को देखा जा सकता है। अमेरिका में सड़क पर साइकिल पर सवार होनेवाले साहसी युवक को जब एक वृद्धा आत्मरक्षा के उपाय बताती है और कहती है कि अन्य चारा न होने पर आपातकाल में पेड़ पर चढ़ा जाय तब सहमकर निवेदक अपनी आशंका प्रकट करता है–

"मैं वैसे भी पेड़ पर चढ़ना नहीं जानता, फिर साइकिल के साथ उस पर कैसे चढ़ पाऊँगा?" पात्रों-प्रसंगों की दृष्टि से कसावपूर्ण, रचना-विधान की दृष्टि से सुगठित, सानुबन्ध, प्रवाहपूर्ण और एकात्म प्रभाव देनेवाली स्वतन्त्र कहानी विधा की दृष्टि से भी हास्य-कहानी के बेहतरीन नमूने के रूप में 'मेरी अमेरिकी साइकिल' का जिक्र किया जा सकता है।

'रोमांचकारी रोम' यद्यपि यात्रा-साहित्य माना जाता है तथापि उसका लहजा व्यक्तिनिष्ठ निबन्धता ही है और उसमें पात्र-प्रसंग निर्मिति का तत्त्व भी प्रभावशाली है। अष्टमी के चन्द्र के आकारवाला गंजड मार्गदर्शक, हाईकोर्ट जज की भाँति रोबीली चाल चलनेवाला बैरा, इटली के राजनीतिक भविष्य के बारे में निर्णायक मत सुनाते हुए निवेदक को अपने साथ घसीटकर ले जानेवाला इटालिअन, और इसके साथ में उद्‌भूत नाट्यमय प्रसंगों को उदाहरणस्वरूप देखा जा सकता है। परन्तु इन सारे पात्रों-प्रसंगों की निर्मिति के बावजूद यहाँ कहानी साकार नहीं होती, बल्कि रोम की रोमांचकारी स्मृतियों का आस्वाद करनेवाले निवेदक का व्यक्तिनिष्ठ निबन्धात्मक उन्मुक्त आत्मकथन ही साकार होता है। (तभी तो कहा जाता है कि व्यक्तिनिष्ठ निबन्ध के एक ओर कहानी होती है तो दूसरी ओर गीतिकाव्य।)

गाडगिल ने अपने अनुभव कथनों को विक्षिप्तता, विनोदगर्भ कल्पना, मिरिकल उपहास और खालिस, निरपेक्ष मौजोबहार के सहारे खूबीदार बनाया है। सफर के मार्गदर्शक के पीछे-पीछे सहयात्रियों के साथ भेड़-बकरियों की तरह भागते-दौड़ते हुए ग्रीक और रोमन अभिजात वस्तुओं और चित्रों को आज्ञाधारक की भाँति त्वरा में देखते जाने के अनुभव की परिणति निम्नानुसार होती है–"...ग्रीक और रोमन

मिथकों ने मेरे दिमाग में मानो गोदाम खोल दिया है। मन-ही-मन मैं जिसे युकॅलिप्टस कह रहा हूँ उस ग्रीक या रोमन महानुभाव के सही नाम को जानने की मेरी जिज्ञासा दिमाग को कुरेद रही है और मुझे याद नहीं कि ग्रीक दार्शनिक हाइनोसेरस ने कौन-सा प्रसिद्ध ग्रन्थ लिखा। मेरे मन में एक शंका सहज ही उठी कि कहीं ऐसा तो नहीं कि ग्रीक दार्शनिक युकॅलिप्टस ने—हाइनोसेरस नाम का प्रसिद्ध ग्रन्थ लिखा हो!"

निश्छल मिरिकलता के रूप में, खालिस मौजोबहार के विशेष नमूने के रूप में 'रोमांचकारी रोम' का उल्लेख हो सकता है। यहाँ अलग से रेखांकित करने की आवश्यकता नहीं कि इसके विनोद की 'शाब्दिकता' अलग लहजे की है।

गाडगिल ने विनोद के सहारे जिस तरह निश्छल और निरपेक्ष हास्य का निर्माण किया उसी तरह दोषों पर उँगली रखकर दो-टूक बात भी कही है। दोषांकन सभी क्षेत्रों में से है—सामाजिक, राजनीतिक, आर्थिक आदि। मानव आचार-विचार के सभी क्षेत्रों में से दोषों को दिखाया गया है। गाडगिल की 'आर्थिक नवल कहानियों' में वर्तमान आर्थिक यथार्थ का व्यंग्यात्मक अंकन हुआ है। इन 'नवल कहानियों' में न कहानीपन है और न कोई कल्पित विश्व है। इनकी 'नवलाई' आर्थिक यथार्थ के अन्तर्विरोधों, असंगतियों से उद्भूत है। 'नवल कहानी' शब्द-प्रयोग का उद्देश्य भारतीय आर्थिक दुरवस्था की जड़ में निहित राजनीतिक और आर्थिक सिद्धान्तों की असंगतियों और दुराग्रहिता को उपहासात्मक ढंग से प्रकट करना है।

यह स्पष्ट है कि 'नवल कहानियाँ' ललित साहित्य में समाविष्ट नहीं की जा सकतीं। इन कहानियों का लक्ष्य साधारण नागरिक को आर्थिक मामलों में सजग-सतर्क या चौकस बनाना है। एक नागरिक और ग्राहक के नाते उसे चाहिए कि वह अपने न्याय अधिकारों के बारे में जागरूक हो और सैद्धान्तिक जंजालों और आक्रामक नारों-फतवों के दबाव में न आकर स्वतन्त्र विचार-विमर्श करे।

समाजवाद के नाम पर आर्थिक और राजनीतिक सत्ता का जो केन्द्रीकरण हुआ है उसी को गाडगिल ने अपनी टिप्पणियों का प्रमुख लक्ष्य माना और बराबर इसी का सन्धान वे करते रहे हैं। सरकारीकरण की हवस, सार्वजनिक स्वामित्व में चल रहे उद्योगों की दुर्दशा, कल्याणकारी राज्य के नाम पर मगरूर बनी नौकरशाही, राजनीतिक भाई-भतीजावाद और सैद्धान्तिक गुलामी जैसे आर्थिक दुरवस्था के मूल कारणों और लक्षणों के पाखण्ड-खण्डन का चित्रण 'आर्थिक नवल कहानियों' के जरिये किया गया है। ऐसे प्रसंगों में आपकी शैली सहज ही उपहास-परिहासात्मक बन जाती है। "एकाधिकार का तत्त्व तो हमारे सिर-आँखों पर! अजी यह क्यों नहीं मानते कि सार्वजनिक एकाधिकार तो समाजवाद का अभिन्न अंग है। एकाधिकार बुरा जरूर है लेकिन निजी क्षेत्रों में, सार्वजनिक में नहीं।" इस तरह का दो-टूक उपहास 'नवल कहानियों' के निवेदन का प्रमुख अंग है। 'नवल कहानियों' का लेखन क्लिष्टता और पण्डिताऊपन से मुक्त और सुगम, रोचक, उद्बोधक और पठनीय

हुआ है। यद्यपि एक दृष्टि से 'आर्थिक नवल कहानियाँ' समसामयिक और परिस्थिति-विशेष के सन्दर्भ में सार्थक रही हैं तथापि चूँकि मूलभूत समस्याएँ बरकरार हैं वे न अप्रासंगिक बनी हैं और न कालबाह्य। 'आर्थिक नवल कहानियों' के जरिये जो आशय व्यक्त हुआ उस तक विनोद कभी नहीं टकराया था और इसी में गाडगिल की सृजनात्मक प्रवृत्ति की नवीनता और विशिष्टता है।

मराठी विनोदी-साहित्य सम्मेलन के उद्घाटन के अवसर पर दिया गया वक्तव्य गाडगिल द्वारा किये गये व्यंग्य-विनोद, हास-परिहास, उपहास और खालिस मौजोबहार के बेमालूम मिश्रणों का अप्रतिम नमूना है। "अपने देश में अनन्त विधाओं और प्रकारों से अनगिनत जन अन्याय के शिकार हुए हैं और ऐसी स्थिति में शायद ही कोई जीव ऐसा मिले कि जिस पर कभी भी और किसी प्रकार का अन्याय न हुआ हो।" इसमें व्यक्त उपहास के लहजे और मराठी विनोदी-साहित्य में झाँकती वाङ्मयचौर्य की प्रवृत्ति के बारे में टिप्पणी—"अब मराठी विनोद वैश्विक हो गया है—" में कसे गये ताने को उक्त मिश्रणों के नमूने के तौर पर देखा जा सकता है। लेखन द्वारा नहीं अपितु भाषण से श्रोताओं को बाँधे रखना है—इसका पूरा भान रखते हुए गाडगिल अपने वक्तव्य में विनोदी किस्सों और आख्यायिकाओं का काफी प्रयोग करते हैं। (ऐसे प्रयोग आपके लिखित साहित्य में शायद ही हुए हैं।) सहज सरलता गाडगिल के विनोद की खासियत रही है। अन्य कलाकारों की भाँति विनोदकार को भी भान रखना पड़ता है कि कब और कहाँ रुकना है; गाडगिल अपने लेखन और वक्तव्य में भी औचित्य का भान बराबर रखते आये हैं।

विवेचित हास्य विधाओं के अतिरिक्त अन्य विधाओं में भी गाडगिल हास्य लेखन करते हैं। राजनीतिक, सामाजिक, व्यंग्यात्मक और मिथक (पुरा कथा) के ढर्रे पर विकसित 'जाग्रत देश की ज्वलन्त कथा' नामक कथामाला को उदाहरणस्वरूप देखा जा सकता है। 'स्त्री हेच सर्व अनर्थाचे मूळ आहे' (सारे अनर्थ की जड़ स्त्री रही है।) शीर्षक से घटना प्रधान और कल्पनारम्य कथामाला का सृजन भी आपने किया है। इसमें फैण्टेसी की पूरी गुंजाइश रही है, मौज के लिए मौज और शरारत की झालर लगी हास्य प्रवृत्ति के दर्शन इस कथामाला में होते हैं। अपनी रचनाओं के कारण मराठी विनोद रुचि को अभिरुचि में बदलने, मराठी विनोद को सहज जीवनोन्मुख नये आयाम देने में गाडगिल को सफलता प्राप्त हुई है और यही उनका प्रदेय है।

गाडगिल की विनोद निर्मिति का सम्यक्ता के साथ विचार करने पर कुछ महत्त्वपूर्ण सूत्रों को रेखांकित किया जा सकता है। गाडगिल ने अपनी विनोदी रचनाओं का आधार कभी तार्किकता में नहीं माना और व्यंग्य के लिए यथार्थ को कभी विद्रूप नहीं बनाया। आपने यह भान बराबर व्यक्त किया कि 'हास्य के लिए हास्य' का पालन करते हुए हास्यकारक पात्रों और प्रसंगों की निर्मिति विनोदी साहित्य

का महत्त्वपूर्ण अंग विशेष है। गाडगिल ने विनोद में क्लिष्टता, उबाऊपन और जटिलता नहीं स्वीकार की, इसके विपरीत विनोद-निर्मिति में सीधे-सादेपन और सरल अभिव्यक्ति की शक्ति को पहचाना। रूढ़ कल्पना और चमत्कारजन्य हास्य की अपेक्षा स्वतन्त्र ढर्रे की विनोदी कल्पनाओं और प्रतिमानों की सृष्टि की। जिस ऊनोक्ति और पर्यायोक्ति का मराठी को अभ्यास नहीं था उसे अधिक लचीला बनाकर नये मोड़ भी दिये।

गाडगिल की अनुभूति प्रक्रिया और साहित्यिक प्रवृत्ति का मूलभूत-विशेष अन्तर्विरोध की खोज और सन्धान रहा है। सामान्य मानव जीवन में निहित Comic-irony हास्य-व्यंग्य का सन्धान गाडगिल के समूचे विनोदी-साहित्य में व्याप्त विशेषता रही है। गाडगिल ने एक भेंट-वार्ता में अपना मन्तव्य प्रकट करते हुए कहा था कि आइरनी का सम्बन्ध मनुष्य की अनुभव करने की स्वाधीनता से है। इस कथन का इस सिलसिले में सहज ही स्मरण होता है।

अनुभूति की निर्बाध उन्मुक्तता गाडगिल के हास्य का वह विशेष है जो पाश्चात्य हास्य-साहित्य परम्परा के साथ अपना रिश्ता स्थापित करता है। अनुभव करने की स्वच्छन्दता से उद्‌भूत और विनोद झलकानेवाला उन्मुक्तता का लहजा निश्चय ही अ-मराठी रहा है। मराठी विनोद-परम्परा के लिए अपरिचित ऋजु, सौम्य और सूक्ष्म-तरल घटाओं के प्रति रुचि को वर्धित करने का श्रेय गाडगिल का रहा है। अभिरुचि के विकास के लिए आपने ऊनोक्ति और पर्यायोक्ति का बहुआयामी और भरसक प्रयोग किया। नॉनसेंस, विक्षिप्तता, असंगति, असम्बद्धता का उपयोजन गाडगिल के हास्य का अ-मराठी विशेष है। गाडगिल ने अपने जमाने के लिए अपरिचित फैण्टेसी और हास्य के मेल को अपने साहित्य में प्रस्थापित किया, मराठी विनोद के लिए यह आपका योगदान है। उक्त सभी रुचियों, लहजों का सम्बन्ध उन पाश्चात्य संस्कारों से है जिनसे गाडगिल की विनोदाभिरुचि समृद्ध हुई है। लेकिन इसे पहले ही कहा जा चुका है कि गाडगिल के पाश्चात्य संस्कारों से प्रेरित विशेष न अनुकरणात्मक हैं और न अनुसरणात्मक हैं—यह तो समानशील प्रतिभा के धनी पाश्चात्य कलाकारों के साथ स्थापित सृजनशील संवाद मात्र है। विनोद की संकल्पना में खुलापन, उन्मुक्तता और स्वाधीनता के समावेश को गाडगिल की सारी हास्य-प्रवृत्तियों की जड़ माना जा सकता है।

अपने प्रयोगशील और स्वतन्त्र प्रतिभा धर्म के प्रति निष्ठा का निर्वाह लगातार बनाये रखकर गाडगिल ने अपनी अलग विनोद सृष्टि का निर्माण किया है और मराठी विनोद परम्परा को अधिक खुला, समावेशक और समृद्ध भी बनाया है। यही गाडगिल का महत्त्वपूर्ण प्रदेय और योगदान है।

—सुधा जोशी

॥ 'बण्डू' कथाएँ ॥

बस का टिकट

ट्रॅाम का या बस का टिकट खरीदना या टिकट खरीदे बिना यात्रा करना बम्बई के लोगों के लिए एक बिलकुल मामूली और रोजमर्रा की बात है। इस बात पर कोई भी मुम्बईवाला कुछ खास ध्यान नहीं देता। टिकट खरीदनेवाला आदमी कण्डक्टर के कट्-कट् आवाज करने के बाद जेब से एक सिक्का निकालकर कण्डक्टर की ओर देखे बिना ही उसकी हथेली पर रख देता है या फिर आगे की तरफ इशारा करता है। कभी वह सिर्फ गरदन हिलाता है तो कभी दो-चार लफ्ज बुदबुदाता है; और फिर से पास बैठे दोस्त से गप-शप करने लगता है या अखबार उलट-पुलटकर देखना शुरू करता है। टिकट न खरीदनेवाला कलाई-घड़ी के बेल्ट के नीचे सजाया कोई पुराना टिकट शान से कलाई झटककर दिखाता है या गरदन हिलाकर इशारा करता है कि उसने टिकट खरीदा है; या किताब पढ़ने में या खिड़की से बाहर देखने में बिलकुल लीन हो जाता है। इस हद तक लीन हो जाता है, कि कण्डक्टर की पंचिंग-मशीन की आवाज उसे सुनाई ही नहीं देती। यह सब एकदम स्वाभाविक रूप से घटता है, बहुत बार बम्बईवासी को इसका अहसास भी नहीं होता कि यह सब घट रहा है—वह तो बस, एक रिफ्लेक्स-ऐक्शन भर होता है।

बण्डू का भी अनेक वर्षों से यही अनुभव था। और आगे भी अनेक वर्षों तक यही होता रहता, लेकिन एक दिन कुछ और ही हुआ। टिकट खरीदकर घड़ी के बेल्ट के नीचे खोंसा है इस कल्पना से बण्डू बस से उतर ही रहा था, कि इन्स्पेक्टर ने उसकी गरदन पकड़ी। बण्डू ने फुर्ती से अपनी गरदन छुड़ा ली और वह गुर्राया, "बेवकूफ! क्या है?"

बण्डू की खास पसन्दीदा गाली थी 'बेवकूफ', और 'क्या है?' से अधिक राष्ट्रभाषा का ज्ञान उसे नहीं था।

फिर एक बार इन्स्पेक्टर ने बण्डू की गरदन पकड़ी और कहा, "टिकट दिखाओ!"

बण्डू ने जरा सँभलकर कहा, "तो फिर इस तरह सीधी बात करो ना भाई।"

"टिकट दिखाओ!" इन्स्पेक्टर ने फिर एक बार हुक्म दिया। बण्डू की गरदन अभी तक उसके पंजे में थी।

बण्डू ने घड़ी के बेल्ट के नीचे खोंसा टिकट निकालकर इन्स्पेक्टर के हाथ

में थमा दिया; और अपनी गरदन छुड़ाकर आगे जाने की कोशिश करते हुए वह बोला, "अरे भाई! जाने दो! ऑफिस कु लेट होएँगा ना!"

इन्स्पेक्टर ने अपने हाथ से उसे रोकते हुए कहा, "जरा ठहरो।"

बण्डू की गरदन में अब दर्द हो रहा था। लिहाजा गुस्सा होकर बण्डू मन में एक तीखे जवाब की राष्ट्रभाषा में रचना करने लगा। तभी उसका टिकट खोलकर देखते हुए इन्स्पेक्टर ने फरमाया, "ये टिकट नहीं चलेगा!"

बण्डू सहम गया, "कैसे नहीं चलेगा?"

"चलो, दो रुपया निकालो! योर नेम प्लीज़!" इन्स्पेक्टर ने पेंसिल निकाली, और साभिप्राय दृष्टि से बाकी यात्रियों की ओर देखा। वे लोग होठ खोले बिना हँसे। उस हँसी का अभिप्राय था, "डाकू लगता है साला यह सूट-बूटवाला!"

इससे बण्डू और भी गुस्सा हो गया। (अब तक उसे याद आ गया था कि सचमुच वह टिकट खरीदना भूल गया था।) उसे लगा, कि अब गुस्सा हिन्दी में व्यक्त करने की मर्यादा के बाहर हो गया है। इसलिए उसने अँग्रेजी में कहा, " व्हाई शुड आई पे टू रुपीज़? आई जस्ट फारगाट।"

"यस, यस। यू फारगाट। दैट इज़ व्हाई यू हैव टु पे टू रुपीज़।" इन्स्पेक्टर ने फिर से पेंसिल नचायी।

तभी बस के अन्य यात्री जल्दी करने लगे। बण्डू को सलाह देने लगे कि दो रुपये देकर वह मामला खत्म कर दे। पब्लिक को और तकलीफ न दे। वे घड़ी की ओर देखकर, "क्या अड़ियल आदमी है! Nonsense!" कहने लगे। शून्य दृष्टि से आकाश की ओर देखते हुए कुछ ऐसा मुँह बनाने लगे कि उन पर बड़ा भारी संकट आया है। हाथ में रखे रूमाल वे हवा में घुमाने लगे। बीस पैसों के लिए चार-सौ-बीसी करनेवाले लोगों को बुरा-भला कहने लगे। बण्डू की ओर देखकर ठीक उसी तरह इशारा करने लगे, जैसे किसी भिखारी से पिण्ड छुड़ाते वक्त करते हैं।

रास्ते के दो बच्चे बण्डू के कानों के नजदीक 'हेऽऽ' करके चिल्लाये और भाग गये। बण्डू आवेश के साथ उनके पीछे भागने की कोशिश करने लगा, कि फिर इन्स्पेक्टर ने उसे रोका और कहा, "पे टू रुपीज एण्ड देन गो।"

अब बण्डू आपे से बाहर हो गया। वह अँग्रेजी में चिल्लाने लगा, "अरे, तुम बस कम्पनी के लोग बड़े उद्दण्ड बन गये हो। तुम लोगों की परवाह नहीं करते। दस सालों से सफर करता हूँ बस से—आज कोई पहली बार थोड़ी बैठा हूँ बस में? कभी भी बिना टिकट सफर नहीं किया। मुझे चोर समझते हो तुम? जानते हो, मैं विश्व-विख्यात 'कियु-शियु' बैंक में नौकरी करता हूँ। मैं वकील करूँगा और केस चलाऊँगा...हाईकोर्ट तक लड़ूँगा इनसे...।"

जिस ऊँचे स्तर से बण्डू बोल रहा था, वहाँ तक आने की श्रोताओं की न तो इच्छा थी, न तो वे इसके लिए राजी ही थे। उल्टे, गरदन मोड़-मोड़कर हर कोई

अपना दिल बहलाने के लिए बण्डू की ओर देख रहा था। तभी तो बण्डू को अपना वीर रस बहुत ही कमजोर लगने लगा। इतना सारा बोल लेने के कारण वह हाँफ भी रहा था। इसी कारण वह रुका।

अब गुस्सा होने की बारी इन्स्पेक्टर की थी—"आर यू पेइंग ऑर शैल आई टेक यू टुद पोलिस-स्टेशन?"

तभी, भीड़ देखकर एक पुलिसवाला डण्डा घुमाते वहाँ आ पहुँचा। बच्चों को भगाकर और बड़ों को पीछे लौटाकर आगे आते हुए वह बोला, "क्यों? क्या मामला है?"

यह जानकर कि अब पुलिसवाले का हाथ भी उसकी गरदन पर पड़ेगा, बण्डू ने हार मानी। दो रुपये निकालकर इन्स्पेक्टर की ओर फेंकते हुए बोला, "अच्छा! टेक दिस मनी।"

इस 'अच्छा!' में उसने इन्स्पेक्टर के प्रति परम तुच्छता का भाव ढाला था। बाद में वह शान से जाने लगा। लेकिन इन्स्पेक्टर फिर एक बार पेंसिल नचाते हुए बोला, "योर नेम प्लीज़?"

पुलिसवाले ने दोस्ती के भाव से बण्डू के कन्धे पर हाथ रखा और जो इन्स्पेक्टर ने अँग्रेजी में कहा था, वही राष्ट्रभाषा में विस्तार के साथ बताया।

आखिर बण्डू चिल्लाया, "समजा! समजा! मला सऽब समजा!" और उसने अपना नाम, पता आदि इन्स्पेक्टर को बताया। इन्स्पेक्टर के वह सब लिख लेने के बाद वह हताशा के भाव में चिल्लाया, "अबी तो सब हो गया ना? इज़ एवरीथिंग ओवर नाउ? संपलं ना आता सारं?"

बण्डू के हाथ में दो रुपयों की रसीद थमाकर, गरदन हिलाते हुए इन्स्पेक्टर बोला, "यस।"

...और, स्टार्ट हुई बस को देखता हुआ वह आगे निकल गया। बाल ठीक करते हुए बण्डू जब आगे बढ़ने लगा, तब दो-चार छोकरे उसके पीछे चिल्लाते हुए भागे। वे गये-न-गये कि मिस नन्दिनी सप्रे के साथ ऑफिस की ओर चले अरविन्द फड़के ने उससे उपहास-भरे स्वर में पूछा, "क्यों बच्चू, अभी परसों ही तो इन्क्रीमेण्ट लिया है! और बीस पैसों के लिए चालबाजी करता है?"

नन्दिनी सप्रे नाक टेढ़ी करके तिरस्कार से हँसी।

और बण्डू को लगने लगा, जैसे वह बस के पहिये के नीचे रौंदा गया तिलचट्टा है।

इस सारे प्रसंग का बण्डू के मन पर बड़ा ही आघात हुआ। उसका जीवन की ओर देखने का निर्भय दृष्टिकोण अब एक टूटे चश्मे-सा हो गया, जो नाक पर ठीक से बैठ ही नहीं सकता। आत्मविश्वास की भावना उसके लिए जैसे कोई परायी दुनिया की चीज बन गयी। उसे हमेशा लगता, जैसे उसने शर्ट उल्टा पहना है, या

नाक पर फोड़ा हो गया है, या बाल उसके माथे पर आ गये हैं। न जाने क्यों उसे बचपन की वह घटना याद आ गयी, जब उसकी लँगोटी का एक सिरा उसकी हाफ-पैण्ट से बाहर झूल रहा था। उसे लगने लगा, जैसे किसी मामूली क्लर्क ने उसे सन् उन्नीस सौ अड़तालीस की फाइल में बन्द कर दिया है। सारे लोगों पर स्याही के छींटे उड़ाने की विक्षिप्त-सी इच्छा उसके मन में जगी।

उसे उन तमाम संकटों की याद आयी, जो बस से प्रवास करते समय आ सकते हैं। किसी मरे हुए चूहे-सी पहिये ऊपर किये पड़ी एक दुर्घटनाग्रस्त बस की फोटो उसकी आँखों के सामने आयी। उसे ऐसा भी लगने लगा कि उसके अन्दर चढ़ने के बाद अचानक बस शुरू हुई और वह जैसे रास्ते पर अब गिरा, तब गिरा! उसने ब्लॉटिंग-पेपर के पीछे अपना मुँह छिपाया। बस में टिके रहने के लिए उसने बहुत कोशिशें कीं और बड़ी मुश्किल से वह बस की ऊपरी मंजिल पर पहुँचा। लेकिन तभी फिर ब्रेक लगा और वह एक युवती की जाँघों पर गिरा। गुस्सा होकर उस युवती ने उसे अपने 'हाय-हील्ड सैण्डल' से मारना शुरू किया। एक फौजी ने अपने बूट निकाले, मानो वह सैण्डल की मार कोई मार न हो! फौजी के बूट देखकर बण्डू चीख उठा, और ऊपरी मंजिल की 'इमरजेंसी-एक्ज़िट' का शीशा फोड़कर उसने नीचे छलाँग लगायी...बण्डू ने माथा हिलाया और खुद को होश में लाने की कोशिश की। फिर भी, उसकी हजार कोशिशों के बावजूद बस में घुसकर कुछ-न-कुछ काण्ड करने का उसका उपक्रम चलता ही रहा।

इस बार वह बस में चढ़कर इत्मीनान से बैठा। बिना भूले टिकट खरीदने के लिए उसने जेब से सौ का नोट निकाला और कण्डक्टर के हाथ में थमा दिया। कण्डक्टर ने नोट अपनी जेब में रखकर कहा, "पैसा लाव।"

बण्डू अचरज के साथ बोला, "अरे! पैसे तो मैंने अभी दिये हैं!"

इस पर कण्डक्टर ने अचरज प्रकट किया, और सारे यात्रियों की ओर देखकर बण्डू की ओर संकेत करते हुए बोला, "देखो—कैसा आदमी है!"

बण्डू आपे से बाहर होकर बोला, "वाह भई वाह! सौ का नोट दिया है मैंने—और इनकार कर रहे हो? बदमाश कहीं का!"

बण्डू कण्डक्टर की कॉलर खींचनेवाला था, लेकिन तभी सारे यात्री हँसने लगे। कहने लगे, "कहता है सौ का नोट दिया! बस का टिकट खरीदने के लिए भला कोई सौ का नोट देता है?"

इस पर बण्डू चीखनेवाला था, "देखो! इसकी जेबों की तलाशी लो!"

लेकिन तभी एक मोटा पारसी आदमी उठा और बोला, "अरे, ए माणस तो लफंगाच छे। इससे पहले भी यह विदाउट-टिक़ट पकड़ा गया था। पुलिस के हवाले कर दो इसे!"

बस कण्डक्टर ने 'हाँ' में गरदन हिलायी। सारे यात्रियों ने पुलिस को बुलाने

का प्रस्ताव पारित कर दिया। आखिर एक भले यात्री ने बण्डू से कहा, "अब चुपचाप उतर जाओ, वरना खामखाँ जेल जाओगे!"

बण्डू चुपचाप नीचे उतरा। उसके बाल उसकी आँखों पर आ गये थे।

राम राम राम! भयानक! बहुत भयानक! मामूली-सी एक बस की यात्रा! हजारों लोग हजारों बार करते हैं! लेकिन जब बण्डू बस की यात्रा करता है, तो उस पर मुसीबतें-ही-मुसीबतें टूट पड़ती हैं! वाह रे भगवान तेरी लीला! इतना सब होने पर भी बण्डू बस में प्रवेश करने के लिए फिर से कोशिश कर रहा था।

बण्डू ने पेपरवेट माथे पर मार लिया। शर्ट की कॉलर कसकर खुद का गला घोंटने की उसने कोशिश की। आखिर उठकर वह चाय पीने चल पड़ा। एक मामूली-सा क्लर्क गुस्सा होने पर भला इससे अधिक क्या कर सकता है!

उस दिन शाम कुछ कामों के और बाजार में जाने के बहाने बनाकर बसयात्रा टाल दी। इतनी दूर चलकर, जब वह हाँफते-हाँफते घर पहुँचा, तो स्नेहलता ने बड़ी वीरश्री के साथ उसे कहा, "एक बात बताऊँ? मैं आज दादर गयी थी—और जानते हो, आते वक्त दादर से ऑपेरा हाउस तक कण्डक्टर ने मुझसे टिकट पूछा ही नहीं—मुफ्त में आ गयी मैं!"

यह सुनकर बण्डू तैश में आ गया। बोला, "तुम्हारी आदतें बड़ी खराब हैं, स्नेहल! तुम सामनेवाले पंसारी से ब्लैक-मार्केटवाली शक्कर खरीदती हो, कोंकड़ से छिपाकर चावल लाती हो और विदाउट-टिकट सफर करती हो!"

"फिर? सभी लोग ऐसा ही तो करते हैं!" स्नेहलता ने उसकी बात काटने की कोशिश की।

"वे लोग गधे हैं। मैं तुमसे कहता हूँ कि आइन्दा ऐसा मत करना। दिस इज़ इम्मारल ऐण्ड इल्लीगल।"

"बड़े धर्मराज के अवतार हो!" स्नेहलता रूठकर बोली।

"एक बार विदाउट-टिकट पकड़ी जाओगी, तब समझोगी!"

"पहले तो औरतों को टिकट पूछते ही नहीं हैं। और उतरने से पहले मैं देख लेती हूँ बाहर इन्स्पेक्टर है या नहीं!" स्नेहलता ने डींग मारी।

"यह देखो, ये इन्स्पेक्टर बड़े चतुर होते हैं। कहीं छिपकर खड़े रहते हैं और अचानक सामने आकर टिकट पूछते हैं। मतलब यह कि अपनी चालाकी पर इतना गर्व मत करो और टिकट खरीदकर सफर किया करो।"

स्नेहलता ने गरदन को झटका देकर बण्डू की बात जैसे अनसुनी कर दी।

इस पर क्षुब्ध होकर बण्डू बोला, "मैं जानता हूँ कि तुम मेरी बात नहीं मानोगी। लेकिन एक बात ध्यान में रखो—पकड़े जाने पर इन्स्पेक्टर से झगड़ो मत। चुपचाप दो रुपये दे दो, नहीं तो खामखाँ रास्ते में तमाशा हो जाएगा।"

"इन्स्पेक्टर से झगड़ने...मैं कोई पागल थोड़े ही हूँ?" स्नेहलता ने फिर सूचित

किया कि बण्डू की बातों में कोई अर्थ नहीं है।

"चालाकी मत करना! अच्छे-खासे लोग भी ऐसे वक्त गुस्सा हो जाते हैं और पागलपन दिखाते हैं!" बण्डू ने ऊँचे स्वर में कहा।

"लेकिन इतनी मामूली-सी बात पर तुम इतने चिढ़ क्यों गये हो? क्या...तुम्हें पकड़ लिया आज इन्स्पेक्टर ने?" स्नेहलता ने चालाकी सूचक सवाल पूछा।

बण्डू उत्साह के साथ बोला, "अरे! मैं हाथ आऊँगा उसके? अरे, बहुत इन्स्पेक्टर देखे हैं मैंने! हाँ, आज वह अरविन्द फड़के पकड़ा गया–अच्छी-खासी मरम्मत हो गयी उसकी। बड़ी टें-टें करता रहता है हमेशा। मैंने कहा, फालतू बकवास मत करो बच्चू! लेकिन मेरी नहीं सुनी उसने। बाद में वह बैठा शा झगड़ने!"

स्नेहलता ने फिर एक बार सन्देह के साथ बण्डू की ओर देखा। उसकी नजर के कारण बण्डू के इत्मीनान की दीवार ढहने लगी और वह जल्दी से बोला, "और कहता फिर रहा है कि बण्डू पकड़ा गया! क्या लोग होते हैं! राम राम राम!"

स्नेहलता को सन्देह था; लेकिन अब उसको विश्वास हो गया और उसने बण्डू से कहा, "देखो। औरों की बात छोड़ दो। तुम कभी बिना-टिकट सफर मत करना बस से–पकड़े जाओगे। बस में बैठने पर तत्काल टिकट खरीदकर घड़ी के बेल्ट के नीचे रखते जाना और इन्स्पेक्टर के पूछने पर दिखाते जाना। और अगर भूले, तो चुपचाप दो रुपये देकर मुक्त हो जाना। झगड़ा करके रास्ते में तमाशा मत खड़ा करना।"

स्नेहलता की बुद्धि के प्रति बण्डू को आदर ही था; लेकिन उसकी यह सलाह सुनकर उसे अचम्भा लगा। जो सलाह बण्डू ने उसे दी थी; और जिसे मानने से स्नेहलता ने इनकार कर दिया था, वही सलाह अब वह बण्डू को दे रही थी–उसमें स्नेहलता को कुछ विसंगति नहीं लग रही थी; और बण्डू को भी वैसा कहने में डर महसूस हो रहा था।

अपना सारा धीरज समेटकर बण्डू स्नेहलता को उसके बोलने की विसंगति बतानेवाला ही था, कि वह चिल्लायी, "कितनी बार कहा तुमसे कोच से सटकर मत खड़े रहो...और जेब में रूमाल जरा ठीक से रखते जाओ!"

इस हमले से बण्डू का हौसला टूट गया। उसके होठों पर आये ज्वलन्त शब्द हवा हो गये। पत्नी के साथ होनेवाले वाक्‌युद्ध में वह हमेशा की तरह पराजित हो गया। इसलिए कि वह पराजय बण्डू को न चुभे, स्नेहलता ने चतुरता से उसके सामने गैर-कानूनी रीति से लाये चावलों के आलू-पोहे (एक महाराष्ट्री खाद्यपदार्थ) रखे, और इस तरह से मानो उसके घाव पर नमक छिड़का।

दूसरे दिन जब बण्डू जगा, तो उसकी पराभूत मनोवृत्ति मानो भाग गयी थी। उसे अब बिलकुल नहीं लग रहा था कि वह एक कुचला गया तिलचट्टा है। इत्मीनान से छाती फुलाकर वह आईने में देख रहा था। अपने छोटे-से कमरे में झूमते चलने

की कोशिश में उसका पैर कुर्सी से ठेस खा गया था और दोनों हाथों में वह पाँव पकड़कर एक पाँव से लँगड़ा रहा था। खूँटी पर टँगे नेक-टाई को घूँसे मारने की कोशिश में अपनी मुट्ठी दीवार पर पटक रहा था, और स्नेहलता को अपनी रक्षा के लिए कोशिश करनी पड़ रही थी।

भोजन के बाद बण्डू ने जल्दबाजी में कपड़े पहने, टाई की गाँठ खस् करके मारी। इस कारण गलत सिरा लम्बा हो गया और वह पैण्ट में खोंसना पड़ा। गुस्से में जूते की लेस खींचते ही वह हाथ में आ गयी; और उसे उचित जगह गाँठ न दे पाने पर हर कदम पर पाँव जूते के बाहर आने लगा।

जेब में बटुआ रखे बिना ही जब वह घर के बाहर कदम रखने लगा तब उसे रोककर, बटुआ उसकी जेब में रखते हुए स्नेहलता बोली, "आज कंघी नहीं करनी बालों में?"

बण्डू चिल्लाया, "फिर? पहले क्यों नहीं याद दिलायी?"

स्नेहलता बुदबुदायी, "खुद के बालों में कंघी करने की भी याद दिलानी पड़ेगी?"

उसका बुदबुदाना सुनाई देने पर बण्डू ने जोर से पाँव पटके और कंघी किये बाल फिर से अस्त-व्यस्त करके वह किसी भूत-सा दिखाई देने लगा।

पति के क्रोध की यह चरम अवस्था देखकर व्यथित होने की जगह स्नेहलता हँसने लगी।

"जाओ वैसे ही ऑफिस में!" उसने सलाह दी। इस कारण और भी क्रुद्ध होकर बण्डू ने फिर से कंघी की; और कंघी फेंककर वह बाहर निकला।

इस पूरे प्रसंग के कारण बण्डू का आत्मविश्वास भले ही ढह चुका था, लेकिन अब भी उसे नहीं लग रहा था कि वह कुचला गया तिलचट्टा है। उस पर, बस-स्टैण्ड के पास खड़ी बस देखकर तो उसमें उत्साह का संचार हुआ। एक जूता पाँव से फिसल रहा था, लेकिन फिर भी वह दौड़ा और शुरू हुई बस में उसने प्रवेश किया। विजयी मुद्रा में वह, बस में खाली सीट ढूँढ़ने लगा।

तभी कण्डक्टर की क्रूर दृष्टि बण्डू की ओर मुड़ी। उसने तपाक से घण्टी बजायी और बस एक झटके में रुक गयी।

"चलो! नीचे उतरो!" कण्डक्टर ने हुक्म दिया।

चेहरे पर मुस्कराहट लाते हुए बण्डू बोला, "अरे भाई! जाने दो! हम अकेला ही आदमी है।"

"चलो! गाड़ी को खोटी मत करो!" कण्डक्टर ने अपनी फर्ज अदायगी की।

स्टैण्ड पर खड़े यात्री कहने लगे कि वे भी अकेले यात्री ही हैं। आखिर बण्डू को उतरना पड़ा और क्यू का आखिरी सिरा ढूँढ़ते वह घूमने लगा। आखिर एक गली में उसे वह मिला; तब उसके आगे खड़ी दो पारसी औरतों ने आठ पारसी मर्दों

को अपने आगे क्यू में जगह दी और आने-जानेवाले पारसियों को वे उत्साह से बुलाने लगीं। ऑफिस में जाने के लिए बण्डू को देर हो रही थी, लेकिन फिर भी यह गैर-कानूनी बर्ताव उसे चुपचाप सहना पड़ा; क्योंकि पुराना बम्बईवासी होने के कारण वह अनुभव से जान चुका था कि पारसी और मछुआरी औरतों से झगड़ा करना बिलकुल नामुमकिन है।

आखिर, बण्डू की बस में चढ़ने की बारी आयी, तब उसे फिर एक बार लग रहा था कि वह एक कुचला गया तिलचट्टा है। अब तक उसके बाल फिर से पूरी तरह बिखर चुके थे और आत्मविश्वास का नशा भी माथे से उतर चुका था। उसके कपड़ों की क्रीज और शान खत्म हो चुकी थी। वह मान गया था कि बम्बई की बस कम्पनी की बड़ी मेहरबानी है कि वह उसे अपनी कीमती बसों में पाँव रखने देती है। वह यह भी पूरी तरह से मान गया था कि इच्छा होने पर कोई भी कण्डक्टर उसे इमरजेंसी एक्झिट से बाहर फेंक सकता था।

शरीर सिकोड़कर वह एक सीट पर बैठा। अपनी कुहनियाँ उसने और भी सिकोड़ लीं, ताकि पास में बैठा पारसी आराम से बैठ सके। स्वाभाविक रूप से उसकी कुहनियाँ पारसी को चुभने लगीं और उसने अपने आधे चश्मे से बण्डू की ओर भेदक दृष्टि से देखा। "सॉरी, सॉरी!" कहकर बण्डू ने कुहनियाँ और भी सिकोड़ लीं और शरीर ज्यादा ही सिकोड़ लिया।

फिर बण्डू ने जेब से चवन्नी निकाली और किसी वल्लभ की आतुरता से वह कण्डक्टर की प्रतीक्षा करने लगा। कण्डक्टर आगेवाले यात्रियों को टिकट दे रहा था। एक यात्री ने उसे पाँच का नोट दिया। तब कण्डक्टर ने दो मिनट बहस करके उस यात्री को रेजगारी के सम्बन्ध में बस कम्पनी का कानून बताया और अपने कोट की जेब खोलकर सारा मूल्यवान् खुदरा बाहर निकाला। उसे अपर्याप्त पाकर वह जल्दी से पीछे गया। और नीचेवाले कण्डक्टर से खुदरा लेकर फिर आगे गया। दोनों बार उसने बण्डू के कन्धे को अच्छा-खासा धक्का दिया; लेकिन, एक बार भी, बण्डू की बड़ी मिन्नत के साथ आगे बढ़ायी चवन्नी को स्वीकार करने के लिए उसके पास समय नहीं था।

फिर बहस शुरू हुई एक लड़की का टिकट आधा होना चाहिए या पूरा। तभी अगला स्टॉप आया और कण्डक्टर जल्दी से पीछे गया, खाली सीटों की संख्या बतायी और फिर बण्डू के कन्धे को धक्का देकर वह टिकट देने आगे चला गया।

इस बार भी बण्डू ने बड़े आदर और मिन्नत के साथ चवन्नी बढ़ायी और कण्डक्टर के कोट का सिरा पकड़ने की कोशिश की; लेकिन इस कोशिश में उसके हाथ से चवन्नी फिसल गयी और उसे खोजने की जिम्मेदारी बण्डू पर आ गयी।

उसके पास बैठा पारसी बोला, "सबूर! सबूर! एटली धमाल शा माटे करो छो?"

आगे की बेंच पर बैठे पति-पत्नी में से पति ने पत्नी से कहा, "लगता है नया-नया कोंकण से बम्बई आया है।"

पत्नी नाक सिकोड़कर हँसी। पति के बारे में उसे और भी आदर लगने लगा। पीछे मुड़कर झट से उसने बण्डू को देख लिया।

बण्डू शरमा गया; लेकिन टिकट खरीदने की उसकी उत्कण्ठा रत्तीभर भी कम नहीं हुई। अब उसने गुरिल्ला तन्त्र का अवलम्बन करने का निश्चय किया। चवन्नी मुट्ठी में भींचकर उसने अपने हाथ काँखों में दबा लिये और वह निश्चिन्त भाव से खिड़की के बाहर देखने लगा। लेकिन उसने एक आँख से कण्डक्टर पर कड़ी नजर रखी थी। धीरे-धीरे, यात्रियों को टिकट देते हुए वह बण्डू की तरफ आ रहा था और बण्डू की मनोलता पर आज्ञा के कद्दू लटकने लगे थे।

लेकिन इतने में अगला स्टॉप आया। कण्डक्टर फिर से हड़बड़ी में पीछे गया। खाली सीटों की संख्या बतायी । घण्टी बजायी। विवाद किया। और फिर, आगे की ओर बैठे नये दो यात्रियों को टिकट देने वह जल्दी में आगे निकल गया।

बण्डू अब धीरज खोने लगा। उसकी चिन्ता बढ़ने लगी और निश्चिन्त भाव का मुखौटा जारी रखना उसके लिए असम्भव हो गया। आगे बैठे यात्रियों के बारे में उसके मन में कटु विचार आने लगे। उसे लगने लगा, जैसे किसी ने उसे काल-कोठरी में बन्द कर रखा है। बस-कण्डक्टर का यन्त्र लेकर वह टिकटों के बण्डलों पर बण्डल आम लोगों को मुफ्त में बाँटने लगा।

बण्डू का स्टॉप अब करीब ही था, जब, आखिर कण्डक्टर उसकी बेंच तक आ पहुँचा। किसी ऊँचाई पर रखी वस्तु को छलाँग लगाकर हथियाने पर किसी श्वान को जो आनन्द होता है, कुछ वैसा ही आनन्द बण्डू को हुआ। अपनी हँसी काबू में रखना उसके लिए मुश्किल हो गया।

लेकिन उसकी बेंच के पास आया कण्डक्टर दूसरी ओर वाली बेंच पर बैठे यात्री से पैसे माँगने लगा। वह यात्री किस स्टॉप पर बस में चढ़ा था, इस मुद्दे पर दोनों में कड़ा मतभेद हुआ और जोर-शोर से विवाद होने लगा।

बण्डू के माथे की नस फूल गयी। ऐसी परिस्थिति निर्मित हो गयी कि वह किसी भी क्षण अपनी मुट्ठी में भींची चवन्नी चबाकर निगल सकता था। अपने मत से वह उस यात्री के विरुद्ध जोर से बोला; लेकिन वह किसी को भी सुनाई नहीं दिया।

आखिर, उस झगड़े में अपरिहार्य रीति से कण्डक्टर की फतह हो गयी। विजयी मुद्रा से हँसकर वह कुछ बोला, और जब सम्मति की उम्मीद से उसने अन्य यात्रियों की ओर देखा, तब बण्डू ने सम्मति दर्शक हास्य किया और मुट्ठी में इतनी देर तक रहने के कारण गरम हुई चवन्नी उसकी ओर बढ़ायी।

लेकिन कण्डक्टर का ध्यान उसकी चवन्नी पर नहीं गया। "देखो, कैसा

आदमी है?" बुदबुदाते हुए वह दो बेंच पीछे गया और उसने टिकट देना शुरू किया।

बण्डू हताश हो गया। उसने खुलेआम विद्रोह करने की ठानी। वह खड़ा हो गया और 'शुत्-शुत्' करके कण्डक्टर को बुलाने लगा। वह किसको बुला रहा है यह देखने के लिए सारे यात्री अपनी गरदनें मोड़कर पीछे देखने लगे। कण्डक्टर भी वही करने लगा। फिर सारे अचरज से बण्डू की ओर देखने लगे। कण्डक्टर ने भी वही किया। सारे लोगों की नजरें उस पर ही टिकी देखकर बण्डू का हौसला पस्त हो गया और वह नीचे बैठ गया।

इतने में अगला स्टॉप आया। कण्डक्टर पीछे की ओर भागा। खाली सीटों की संख्या बतायी। घण्टी बजायी। विवाद किया। बस शुरू होने पर 'टिकट-टिकट' रटते और मशीन की कट्-कट् आवाज करते उसने बस में दो चक्कर लगाये। दोनों बार बण्डू के व्यवहार से कण्डक्टर को लगा कि उसने टिकट खरीदा है। काम पूरा होने के आनन्द में कण्डक्टर पीछे गया और अपने एक यात्री दोस्त से गपशप करने लगा।

टिकट खरीदने की सारी आशा बण्डू ने छोड़ दी। मुट्ठी में रखकर गरम हुई चवन्नी उसने फिर से जेब में डाली और कुचले गये तिलचट्टे-सा वह चुपचाप बैठा रहा। तभी उसका स्टॉप आ गया।

पिछले दिन की याद से बण्डू के मन की अवस्था बड़ी विकट हुई। वह किंकर्तव्यविमूढ़ हो गया। गपशप में तल्लीन कण्डक्टर की ओर देखकर उसने निराशा का निःश्वास छोड़ा। फिर एक चालाक कल्पना उसके सिर में आयी। पास में बैठे मोटे पारसी की परवाह किये बिना उसने खिड़की से बाहर झाँककर देखा और इन्स्पेक्टर को दरवाजे में न पाकर वह बाहर जाने के लिए भागने लगा।

इतनी देर तक गपशप में लीन कण्डक्टर का ध्यान भागनेवाले बण्डू की ओर गया। उसके पीछे दौड़ते हुए उसने पूछा, "क्या टिकट लिया?"

सकते में आकर बण्डू बोला, "नहीं।"

कण्डक्टर ने गुस्से से उसकी ओर देखा और दो आनों के लिए झूठ का सहारा लेनेवाले सूट-बूटधारियों पर फब्तियाँ शुरू कीं।

एक बूढ़े यात्री महोदय बोल उठे, "देखिए ये आजकल के सज्जन हैं!"

एक धोतीवाला यात्री दूसरे समानधर्मा यात्री से बोला, "भाईसाहब, हम देहाती भले! ये सूट-बूटवाले लोग बड़े ही लफंगे होते हैं।"

देश के गिरते नैतिक स्तर की आलोचना शुरू हुई।

बण्डू था कि अब रोया, अब रोया। उसने अपनी बात स्पष्ट करने का प्रयत्न किया। कितनी बार उसने चवन्नी बढ़ायी थी, यह भी बताया।

लेकिन कण्डक्टर ने एक न मानी। बड़े अभिमान के साथ उसने डींग मारी कि उसकी नजर से कोई भी बिना टिकट यात्री बचकर भाग नहीं सकता। उसने

जनता से सवाल किया; "इतनी बार मैंने इस छोर से उस छोर तक चक्कर काटे—एक बार भी मुझे इन जनाब की चवन्नी कैसे दिखाई नहीं दी? नामुमकिन!"

बण्डू ने चुपचाप अपनी पराजय स्वीकर कर ली। जेब से चवन्नी निकालकर कण्डक्टर को दी। टिकट माँगने का नैतिक धैर्य उसे नहीं हुआ। दो आने हड़पने का यह 'चान्स' भला कोई कण्डक्टर कैसे जाने देगा? जोर-जोर से बड़बड़ाते हुए उसने वह सिक्का अपनी जेब में डाला और वह बस के पीछेवाले छोर की ओर गया।

इधर बण्डू बस से उतरा ही था, कि उसकी गरदन पकड़ी गयी और इन्स्पेक्टर ने संगदिली से फरमाया, "टिकट प्लीज!"

अनुवाद : विलास गिते

बण्डू और उसकी छत्रियाँ

"आलमारी की चाभियाँ कहाँ हैं?" बण्डू ने सहज सुर में ऐसे पूछा जैसे फालतू पूछताछ कर रहा हो। चेहरे पर वह खास भोलेपन का भाव ले आया था।

"चाभियाँ किसलिए?" उसके चेहरे के भोले-भाव को देख स्नेहलता को सहज ही शक हो आया।

"नहीं, यूँ ही पूछ रहा था।" बण्डू ने स्पष्टीकरण दिया।

"अब आपको पैसे किसलिए चाहिए? कल ही तो पाँच रुपये ले गये थे मुझसे।" स्नेहलता ने पर्दाफाश कर ही दिया।

"क्या मतलब? कहना क्या चाहती हो, मैं क्या छत्री भी नहीं खरीद सकता? कल को कहोगी, कपड़े भी मत सिलवाना। फटे-पुराने पहनकर दफ्तर चले जाना।"

एकाएक बण्डू ने आक्रमण की नीति ऐसे अपनायी, जैसे उल्टा चोर कोतवाल को डाँट रहा हो।

"वैसे भी आजकल आपका सिगरेट पीना बहुत बढ़ चला है। उसमें भी कटौती करनेवाली हूँ अब।" नारीसुलभ चतुरता से स्नेहलता ने बातचीत को उचित मोड़ दे दिया।

"चलो-चलो, झट से पन्द्रह रुपये दे दो मुझे। खामख्वाह चख-चख नहीं चाहिए।" बण्डू ने अपनी ओर से बहस को खत्म कर दिया।

"कोई जरूरत नहीं है छत्री खरीदने की। पिछले साल की आपकी छत्री है।" स्नेहलता ने उतने ही निर्णायक सुर में कहा।

"कहाँ है?" चारों तरफ नजरें घुमाते हुए चुनौती के अन्दाज में बण्डू ने पूछा। उसे पूरा यकीन था कि हमेशा की तरह यह छत्री भी खो चुकी होगी।

"मैंने बड़े सलीके से कपड़े में लपेटकर माले पर रख दी है।" स्नेहलता ने पूरे आत्मविश्वास के साथ कहा।

"कौन-सी-वाली? हाँ, हाँ, वही जिसका दस्ता टूट चुका है? वह छत्री मुझे बिलकुल नहीं चाहिए। अरे अपनी कोई डिग्निटी है कि नहीं?"

"वह जिसका दस्ता टूटा है न, वह आपकी पिछले साल की दूसरी छत्री है। यह जो मैंने माले पर रखी है, वह पाँचवीं छत्री है।" बीवी का गरदन मटकाना किस क़दर मर्मान्तक होता है, इसका अहसास बण्डू को हो आया।

"चलो, देखते हैं। हमें क्या! छत्री से मतलब है।" बण्डू ने 'कोउ नृप होइ हमें का हानि' वाले निरीच्छ भाव से कहा। उसे यकीन था, अब तक काक्रोच पूरी छत्री को खा गये होंगे।

स्नेहलता ने फौरन स्टूल माले के ठीक नीचे रख दिया।

"इस पर कैसे चढ़ा जा सकेगा। कोई ऊँची चीज चाहिए।" बण्डू ने बहाना ढूँढ़ने की कोशिश की।

"रामा इसी पर से चढ़ता है। यह देखिए, यहाँ पकड़कर यूँ लटक जाते हैं और झट् पैर ऊपर।" स्नेहलता ने हाथों के इशारों से माले पर चढ़ने का तरीका समझाया। चेहरे पर भाव कुछ यूँ था कि देखा, कितना तो आसान है।

बण्डू ने एक नजर शक से उसकी तरफ देखा। मगर फिर उसकी अपनी साहसिक वृत्ति जाग उठी। स्टूल पर चढ़कर उसने माले का किनारा पकड़ लिया।

"हाँ, बस! लटक जाइए और चढ़ जाइए ऊपर। बिलकुल कमर तक ऊपर उठा जा सकता है।" स्नेहलता बड़े उत्साह से मार्गदर्शन दिये जा रही थी। बण्डू के पैरों तले का स्टूल एक तरफ हटा, खुद आगे बढ़कर हाथों से इशारे किये जा रही थी। लेकिन बण्डू अपना शरीर कमर तक ऊपर उठा ही नहीं पा रहा था। जैसे-तैसे, हाँफते-कराहते उसने अपनी ठुड्डी माले के किनारे तक पहुँचा दी।

"और, और ऊपर!" मारे जोश के स्नेहलता ने कमर कस ली और वह नीचे से बण्डू के पैरों को ऊपर की तरफ धकेलने लगी।

"खिक्" बण्डू के पैरों में गुदगुदी हुई और उसने पैर झटक दिये। उसकी डेढ़ फुट ऊपर उठी ठुड्डी पौने दो फुट नीचे आ गयी।

"कम्माल करते हो! इतना भी नहीं कर सकते? यह देखिए, ऐसे, फिर ऐसे फिर पैर यूँ ऊपर।" स्नेहलता ने स्टूल को माला समझते हुए फिर चढ़ने का तरीका समझाया।

बण्डू ने फिर अपनी सारी ताकत समेटते हुए ठुड्डी को माले के किनारे तक ऊपर उठा दिया।

"हाँ-हाँ, और ऊपर, और ऊपर!" स्नेहलता चीख उठी। वह फिर से बण्डू के पैर पकड़ उसे ऊपर की ओर धकेलने लगी। पड़ोस की राधा चाची दरवाजे से अन्दर आ रही थीं कि स्नेहलता की चीख सुन तेजी से आगे बढ़ आयीं और लटक रहे बण्डू को बड़े कौतुक भाव से देखने लगीं।

इसी समय अब तक दम साधे लटक रहे बण्डू ने दम छोड़ते हुए स्नेहलता से कहा, "छोड़ो, छोड़ो।"

स्नेहलता ने बण्डू के पैर छोड़ दिये और वह परे हट गयी। भविष्य की घटना से बे-खबर राधा चाची जहाँ थीं, वहीं खड़ी रहीं।

बण्डू ने बदन को एकबारगी झकझोरते हुए पैर को ऊपर की तरफ उछाला।

वैसे उसे यह उम्मीद जरा भी न थी कि पैर माले पर पहुँच जाएगा। उसका इरादा था बस, यह जताने का कि देखो मैंने अपनी तरफ से कोशिश तो की। बस उतनी-भर हरकत उसने की थी। हालाँकि उसे यकीन था कि पैर माले पर नहीं पहुँचेगा, मगर पैर के बीच कुछ ऐसा अडंगा आ गया कि उसके थके हुए हाथों से माले का किनारा छूट गया और बण्डू उल्टा-पुल्टा होता हुआ नीचे आ गिरा। रसोई के सारे बर्तन ऐसे हिल उठे, जैसे भूचाल आ गया हो।

मसला हुआ बदन मलते हुए बण्डू उठ बैठा तो देखता क्या है कि अपने दोनों गालों पर हथेलियाँ दबाये राधा चाची तेजी से चली जा रही हैं। उसने स्नेहलता की ओर सवालिया नजर से देखा तो वह मुँह पर हाथ धरे हँस रही थी। उसे हँसते देख बण्डू गुस्से से चीखने ही वाला था कि तभी स्नेहलता उसके कन्धे को झकझोरती हुई बोली, "कम्माल करते हो! आपने उन्हें लात मार दी!"

"क्या कहा? ऐं?" अब बण्डू के लिए भी हँसी को रोकना मुश्किल हो गया। वह अपना दर्द भूल गया। क्योंकि जहाँ-तहाँ टाँग अड़ानेवाली इस औरत को लेकर इस तरह की कोई हरकत करने की इच्छा बड़े दिनों से मन में सोयी पड़ी थी। जी-भरकर हँस लेने के बाद अँगड़ाई लेता हुआ बण्डू बोला, "चलो, अब जरा सुस्ता लेते हैं।"

"लेकिन छत्री अभी माले से उतारनी है।" स्नेहलता ने सहमते हुए, मगर जीवट को बरकरार रखते हुए कहा।

और समय में बण्डू इस सूचना को ठुकरा देता। मगर अब अपने अवचेतन में सोयी पड़ी इच्छा के पूरे होने की खुशी में, माथे पर जरा-सा बल डाल वह बोला, "देखो, चढ़ने के लिए कोई ऊँची चीज ले आओ, तो चढ़ूँगा माले पर।"

"तो स्टूल पर कुर्सी रखें?" उत्सुकता से स्नेहलता ने पूछा।

"अच्छा, देखो तो, स्टूल पर कुर्सी रह सकती है या नहीं।"

स्नेहलता तुरन्त कुर्सी ले आयी और स्टूल पर उसे रखने की कोशिश करते हुए बण्डू की ओर देखकर वह बोली, "कुर्सी के सिर्फ दो पाये स्टूल पर रह सकते हैं।"

"फिर कैसे होगा? उससे तो नयी छत्री खरीदना ही ठीक रहेगा। पन्द्रह रुपये यानी किस खेत की मूली।"

"कुर्सी के दो पाये पकड़कर खड़ी हो जाऊँ तो?" उत्साह से स्नेहलता ने पूछा।

"नहीं।" बण्डू ने कुछ इस तरह निर्णायक सुर में कहा कि स्नेहलता ने फिर बात आगे नहीं बढ़ायी। थोड़ी देर रुककर उसने कहने की कोशिश की, "तो फिर, कुर्सी पर स्टूल रखें तो?"

"कुर्सी पर स्टूल? बेवकूफ तो नहीं हो? कुर्सी टूट जाएगी तो?" बण्डू ने डाँट दिया। अब उसे याद आया, असली उद्देश्य नयी छत्री खरीदना है।

"अच्छा, तो फिर कुर्सी के हाथ पर तख्ता रखते हैं और उस पर स्टूल! क्यों?"

"तख्ते पर स्टूल, स्टूल पर कुर्सी?" बण्डू बात को समझने की कोशिश करने लगा।

"नहीं नहीं, कुर्सी के हाथ पर तख्ता और तख्ते पर स्टूल!" स्नेहलता ने स्पष्ट किया।

थोड़ी देर रुककर बण्डू ने दृश्य की कल्पना की फिर सन्देह से पूछने लगा, "और उसे पकड़ेगा कौन?"

"मैं!" स्नेहलता का जोश कुलाँचें भर रहा था।

"नो!" बण्डू ने फौरन फैसला कर लिया। स्नेहलता का उदास चेहरा देख उसे अच्छा लगा। उसकी और फजीहत करने के उद्देश्य से जरा सोचकर फिर उसने कहा—

"लेकिन यह सब करने के बदले कुर्सी पर ही स्टूल क्यों नहीं रख देती? ऐं? बीच में तख्ते की क्या जरूरत है? हाऽऽ हाऽऽ कम्माल करती हो!"

"अभी थोड़ी देर पहले मैं यही तो कह रही थी। तब आपने कहा, कुर्सी टूट जाएगी।"

"बे-वजह मुझ पर बात डाल रही हो। कुर्सी क्यों टूटेगी भला? ऐं? अच्छी भली मजबूत तो है। हाऽऽ हाऽऽ।" और पल-भर में कुर्सी पर स्टूल रख बण्डू माले पर चढ़ भी गया। मगर माले पर चढ़ने के बाद कमर पर हाथ रख सीधे खड़े होने की जो कोशिश उसने की, वह अलबत्ता उसका बेजा हौसला था। क्योंकि सीधे खड़े होते ही उसका सिर छत से टकरा गया और वह कमर से मुड़कर बन्द होनेवाले ऑर्गन की तरह नीचे बैठ गया!

थोड़ी देर बाद कसक मिटी और आँखें अँधेरे की आदी हो गयीं तो बण्डू को अपनी कई पसन्दीदा चीजें माले पर पड़ी दिखाई देने लगीं। बोला, "वाह! मेरे टेनिस-शूज यहीं हैं। अच्छा हुआ! अब कल से रनिंग शुरू कर सकते हैं।" और उसने शूज नीचे फेंक दिये।

"क्यों बेकार में नीचे फेंक रहे हैं? पिछले पाँच साल से सुनती आ रही हूँ रनिंग शुरू करने को लेकर!" स्नेहलता चीख उठी।

लेकिन इस दौरान बण्डू अपना चेस्ट एस्पाण्डर भी नीचे फेंक चुका था। टेनिस के रैकेट की मरम्मत करवा लेने का इरादा जाहिर करते हुए उसने उसे भी धीरे-से नीचे छोड़ दिया था। बैठे-बैठे बचपन की लेजम घुमाकर देखी थी और आस-पास के बच्चों को हर शाम लेजम घुमाना सिखाने का प्रण कर वह लेजम भी नीचे फेंक चुका था। फिर क्रिकेट का बल्ला घुमाते हुए उसने छक्का लगाने के तरीके का प्रदर्शन किया। इससे सामने लटक रहा लट्टू हिचकोले खा गया।

स्नेहलता ने जल्दी से बल्ब का बटन ऑन कर यकीन कर लिया कि कहीं

लट्टू बेकार तो नहीं हो गया। फिर वह चिल्ला उठी, "यह क्या हो रहा है? क्यों सारा भँगार नीचे उतारने पर तुले हो? घर में पहले से इतना सारा जमा है, वह क्या कम है?"

लेकिन बण्डू पर अब जोश सवार था। कुँआरे दिनों की सुखद स्मृतियों से वह रोमांचित हुआ जा रहा था। एक-एक चीज उठा-उठाकर नीचे फेंक रहा था। फिर उसे कॉलेज की अपनी कोर्स की किताबें मिलीं तो उन्हें झाड़-पोंछ सीने से लगाते हुए वह चीख उठा, "किसने फेंक दिया इन्हें ऊपर? ऐं? लिटरेचर है यह! क्लासिक्स हैं सारे! इन्हें इस तरह धूल में झोंकते तुम्हें शर्म नहीं आयी? इसीलिए तो! इसीलिए तो देश की यह दुर्दशा हुई जा रही है। जिस देश में कालिदास के मेघदूत में काक्रोच अण्डे देते हैं, उत्तररामचरित का पन्ना-पन्ना अलग हो उसमें जगह-जगह छेद हो जाते हैं, शेले की कविता चूहे के मूत से पीली पड़ जाती है, उस देश की हालत और क्या हो सकती है?"

"गलती मेरी ही थी! भाड़ झोंकी मैंने! फिर कभी आपसे माले पर चढ़ने के लिए नहीं कहूँगी। अब मेहरबानी करके यह सारा भँगार ऊपर रख दीजिए और नीचे आ जाइए। छत्री ढूँढ़ने की कोई जरूरत नहीं।"

"बोलो मत बिलकुल! आह! मेघदूत! अच्छा, रुको, मैं तुम्हें इसकी खूबी समझा दूँ।" कहकर बण्डू माले पर ही कुण्डली मारकर बैठ गया। मेघदूत पर जमी धूल फिर एक बार झटककर तथा उसके पन्ने पलटकर वह 'तन्वी श्यामा' श्लोक का सस्वर पाठ करने लगा।

"बहुत हुआ अब! बहुत हुआ! मैं कहती हूँ नीचे उतरिए! आप उतरते हैं या नहीं?" कहकर स्नेहलता ने नीचे पड़ा टेनिस शू उठाकर माले पर दे मारा।

लेकिन बण्डू उसका कैच पकड़ते हुए चीख उठा, "तन्वी!–क्या समझी? तन्वी!" अपनी बात के जोश को और असरदार बनाने के लिए उसने वही जूता जोर से नीचे फेंक दिया।

"तन्वी–कितना मधुर शब्द है। तन्वी–अर्थात्? तन्वी–दुबली-पतली, छरहरी! शादी से पहले तुम हड्डियों का ढाँचा लगती थीं, वैसी नहीं और न ही आज की तरह मुटल्ली! हाँ!"

स्नेहलता ने सारी आशा को त्याग दिया और हाथ से कानों को ढँकती हुई बाहर के कमरे में चली गयी।

बण्डू थोड़ी देर माले पर बैठा स्वगत भाषण करता हुआ 'मेघदूत' का रसास्वादन करता रहा। फिर बेचैनी-सी महसूस करता हुआ, होठों ही होठों में कुछ बुदबुदाता हुआ, किताबें सीने से लगाये वह नीचे उतरा। जमीन पर पड़ी लेजम को पाँव से ठुकराता हुआ बोला, "क्या कचरा जमा हो गया है इस घर में।"

क्रुद्ध होता हुआ-सा कपड़े झटकता हुआ वह बाहर के कमरे में जा बैठा। उसी

क्रोध में उसने पन्द्रह-बीस मिनट तक 'मेघदूत' का रसास्वादन किया। इतनी अवधि के बाद उसकी रसिकता की बाढ़ थम गयी और फिर वह उसी क्रोध में घूमने बाहर चला गया।

दूसरे दिन सबेरे चकाचक धूप छायी थी। यह बात दूसरी थी कि दफ्तर जाने के समय वह धुँधला गयी। वातावरण भीगे हुए टाट का-सा हो गया। और जब तक बण्डू कपड़े पहन दफ्तर के लिए निकलता, चने जितनी बड़ी-बड़ी बूँदें गिरने लगीं।

"छत्रीऽऽ! छत्री का क्या हुआ? कल से चिल्ला रहा हूँ, छत्री चाहिए, मुझे छत्री चाहिए। मगर इस घर में कोई सुने तब ना!" बण्डू गला फाड़कर चिल्लाने लगा।

"रामा से कहकर मैंने छत्री माले से उतरवा रखी है।" बाहर आती हुई स्नेहलता शान्ति से बोली।

"तो फिर कहाँ है वह? फूल चढ़ा रखे हैं क्या उस पर?"

बण्डू ने स्नेहलता को दिखा ही दिया कि समय पड़ने पर वह भी मर्मान्तक, चुभते हुए वार कर सकता है।

"आपके सामने खूँटी से लटक तो रही है।"

बण्डू ने देखा, सचमुच छत्री सामने खूँटी से लटक रही थी। चेहरे को और खूँखार बनाते हुए बण्डू ने पूछा, "फिर मुझे क्यों नहीं दिखाई दी?"

और खूँटी से छत्री झपटकर बण्डू निकल पड़ा। जैसे ही बण्डू सीढ़ियाँ उतरा बारिश रुक गयी और जब वह घर से पर्याप्त दूर चला गया तो बारिश फिर शुरू हो गयी। जिनके पास छत्री नहीं थी, ऐसे लोगों की भागमभाग की तरफ बण्डू ने मुस्कराते हुए देखा और अपनी छत्री झटककर खोलने लगा। छत्री तुरन्त खुल गयी और बण्डू के बदन पर चूहे की लेंड़ियाँ, मरे हुए काक्रोच आदि मामूली कचरे की बरसात हुई। बण्डू ने जल्दी-जल्दी उसे झटक दिया और वह छत्री को पूरा खोलने की कोशिश करने लगा, तो पाया, छत्री को खुला रखने के लिए जो चाँप होता है, उस पर जंग चढ़ चुकी है और वह काम नहीं कर रहा। इससे बण्डू को एक हाथ से छत्री इस तरह खोलकर पकड़नी पड़ी, जैसे श्रीकृष्ण भगवान गोवर्धन पर्वत को उठाते हैं।

थोड़ी देर बाद सलाइयों को एक साथ बाँधकर रखनेवाला तार टूट गया। छत्री की तीन-चार सलाइयाँ ऐसे बाहर निकलीं जैसे पेट में घुसे छुरे। दो-तीन सलाइयाँ बण्डू के सर पर, बँधे सेहरे की लड़ियों की तरह लटकने लगीं। छत्री को खुला रखने के लिए बण्डू को छत्री बहुत नीचे पकड़नी पड़ रही थी। इससे वह सामने ठीक से देख नहीं पा रहा था। इसलिए वह सीधे एक ठेले पर चढ़ गया और ध्यान उसे तभी आया जब ठेले के बीचोंबीच पहुँचते ही बण्डू के वजन से ठेला दूसरी तरफ नीचे धड़ाम से आ पटका। उस समय जाहिर था, बण्डू सड़क के किनारे से बह रही पानी की धारा में लोट रहा था। सौभाग्य से छत्री खुली थी जिससे भीगना नहीं पड़ा।

इसके बाद एक बस के ऊपर चढ़ उस पार चले जाने का बण्डू का इरादा था। लेकिन लोगों के प्यार भरे इसरार को मान बण्डू को यह इरादा रद्द कर देना पड़ा। ट्राम के आर-पार हो जाने का प्रयास भी इसी वजह से छोड़ देना पड़ा।

सौभाग्य से बण्डू की छत्री की इस दुरवस्था की ओर बहुजन समाज का ध्यान नहीं गया था। हाँ, सारे रास्ते-भर लोग किसी लल्लू की खिल्ली उड़ाते चले जा रहे थे। बण्डू ने दो-तीन बार लल्लू को देखने की कोशिश की, मगर लल्लू नहीं दिखाई दिया। हाँ, इतना अन्दाजा हो गया कि लल्लू उसके आस-पास ही कहीं है। लोगों को लल्लू की खिल्ली उड़ाते देख बण्डू भी मौका साध 'ए लल्लूऽऽ' कहकर चिल्लाया। लेकिन इस पर लोग इस जोर से हँस दिये कि बण्डू को बड़ा बुरा शक हो आया और वह तेजी से वहाँ से खिसक गया।

बण्डू की छत्री जिस तरह खुद खुली रहने को तैयार न थी, उसी तरह अब वह बन्द होना भी नहीं चाह रही थी! दफ्तर में पहुँच बण्डू ने जब उसे बन्द करने की एक और कोशिश की तो वह उधड़ी हुई चँगेरी जैसी लगने लगी। वह बन्द छत्री की तरह लगे, इसके लिए बण्डू जब जी-जान से कोशिश करने लगा तो पीछे से आ रहे नाडकर्णी ने दाँत दिखाते हुए कहा, "भातखण्डे, होल्डॉल बाँधने का चमड़े का पट्टा साथ रखा कीजिए आइन्दा से। उसके बगैर छत्री बन्द नहीं होनेवाली आपकी।"

बण्डू झेंपकर जैसे-तैसे मुस्करा दिया। उसने छत्री चुपचाप सीढ़ियों पर रखे कचरे के डिब्बे में डाल दी और खिसक चला। मगर जब गीले बदन से चिपकी बुश्शर्ट को बदन से अलग करने की कोशिश करते हुए उसने नाडकर्णी की तरफ देखा तो दंग रह गया। बोला, "ऐं? आप बिलकुल नहीं भीगे?"

"मैं बरसात के मौसम में छत्री रखता ही नहीं। इसलिए भीगने का सवाल ही नहीं पैदा होता।" नाडकर्णी बड़ी शान से बोले और पैण्ट की इस्त्री की रेखा को बिगड़ने दिये बगैर सीढ़ियाँ चढ़ चलते बने।

उस दिन दफ्तर में काम करते हुए बण्डू बराबर छींक रहा था। उसके मन में बड़े अजीबो-गरीब खयाल उमड़ रहे थे। कल अगर किसी ने यह कहा होता कि बण्डू के मन में ऐसे-ऐसे खयाल उमड़ेंगे, तो वह ठहाका मारकर हँस देता। लेकिन उस दिन बराबर मन में ये इच्छाएँ उमड़ रही थीं कि मैनेजर साहब का बुलन का पैण्ट उतार लिया जाय; कि एकाउण्टेण्ट महोदय की पीठ पर पड़ा गरम कोट झपट लिया जाय या फिर दफ्तर के दरवाजे में बिछे मोटे पाँव-पोश ओढ़कर सो जाय।

इसके अलावा छींकने के लिए जब भी वह सिर ऊपर उठा नाक चढ़ाता, सामने बैठी मिस फातरफोड़ कलम नीचे रख बड़ी उत्सुकता से दम साधे उसकी ओर देखने लग जाती और छींक के पूरे होते ही सन्तोष की साँस लेती हुई कलम उठा

लेती। इससे मिस फातरफोड़ को लेकर भी उसके मन में बड़े खूँखार विचार आ रहे थे।

आखिरकार जब दफ्तर की छुट्टी हुई, तब बण्डू सीधे टैक्सी में बैठकर घर पहुँचा और अब तक मन-ही-मन तैयार कर लिया वीररसपूर्ण भाषण स्नेहलता के सामने झाड़ने लगा :

"मतलब—आँक्छीं—क्या—समझती—आँक्छीं क्छीं क्छीं क्छीं क्छीं—क्या हो—आँक्छीं—अपने—आँ आँ आँक्छीं—आप—आँक्छीं—को? आँक्छीं—क्छींऽऽ—मुझे—आँऽऽ आँऽऽ क्छीं—समझ क्या—आँक्छीं—रखा—आँक्छीं—है— आँक्छीं तुमने?..."

जैसे-जैसे बण्डू का जोश बढ़ता जा रहा था, स्नेहलता की हँसी छूटती जा रही थी। हँसी का रुकना जब मुश्किल हो गया तो उसके मुँह से रेलगाड़ी की सीटी की-सी आवाज आने लगी। लोट-पोट होती हुई वह बोली, "मत कीजिए, मत कीजिए इतना गुस्सा! हँस-हँसकर मैं बेहाल हुई जा रही हूँ!"

लेकिन बण्डू कहाँ सुननेवाला था! आखिर जब हँस-हँसकर बेहाल होती स्नेहलता जमीन पर लोटने लगी, तब जाकर बण्डू माना। उसने गुस्से को तो काबू में कर लिया, मगर छींकों को रोकना उसके बस की बात न थी।

फिर दृढ़ निश्चय कर बण्डू ने छींकते-छींकते आलमारी से पैसे निकाल लिये, छींकते-छींकते बाजार जाकर छत्री खरीद ली और छींकते-छींकते वह घर लौटा! छींकते-छींकते उसने मसालेवाली गरमागरम चाय पी। छींकते-छींकते माथे पर बाम मल लिया और अदरक का स्वाद लेते हुए छींकता रहा। छींकने से ही उसकी गरदन में मोच आ गयी और सोने के बदले वह देर तक छींकता रहा।

दूसरे दिन लगातार छींकने के बाद बण्डू तीसरे दिन तरोताजा हो जब उत्साह से दफ्तर के लिए निकल पड़ा तो उसके हाथ में प्लास्टिक के खूबसूरत दस्तेवाली शानदार छत्री थी। धूप में चमचमाता वह दस्ता ऐसा लग रहा था मानो हीरे-जवाहरात उबालकर तैयार की गयी जेली से बना हो!

उस दिन बण्डू बात-बात में छत्री का जिक्र किये जा रहा था, फिर भी बरसात नहीं हो रही थी! दिन-भर धूप चमक रही थी। बण्डू ने काफी समय बाहर बिता दिया, स्नेहलता की बतायी चीजों की खरीदारी में उसने काफी समय लगा दिया। फिर भी जब बरसात नहीं आयी तो हाथ में छत्री लटका; बक्से सँभालता हुआ घर लौटा। रास्ते में बक्से सँभालते-सँभालते उसने किसी आदमी को तो नहीं, हाँ एक विक्टोरिया को धक्का जरूर मारा!

घर पहुँचा तो उसका दोस्त राजा बैठा कोई किताब पढ़ रहा था। इसके अलावा घर ले जाने के लिए दो पत्रिकाएँ भी उसने बगल में दबा रखी थीं।

बण्डू को देख, राजा उत्साह से उठ खड़ा हुआ। बण्डू के हाथ से बक्से लेते हुए बोला, "वाह बण्डू महोदय, लगता है बड़ी खरीदारी करके आ रहे हैं जनाब!

ऐं? और यह क्या? नयी छत्री? यह तो सिर्फ दस्ता है! हाः-हाः-हाः! लगता है किस्त-दर-किस्त छत्री खरीदने का इरादा है इस साल! ऐं? इस महीने दस्ता! अगले महीने कपड़ा! हाः-हाः-हाः!"

"अरे बाप रे! बाकी छत्री कहाँ गयी?" काफी देर बाद बण्डू की जबान खुल पायी।

"चल्लोऽऽ! छत्री खोने की शुरुआत हो गयी।" स्नेहलता बाहर आते हुए बोली। कमर पर हाथ रख वह बड़े कौतुक भरे अन्दाज में बण्डू की ओर देखती रही।

"लीजिए! फैशनेबल छत्री चाहिए? अब भुगत लीजिए!"—राजा के चेहरे पर विशुद्ध आनन्द का तेज फैला था।

"लेकिन...लेकिन..."

"अच्छा! यह दस्ता अब मैं ले जाता हूँ। मेरे पास एक बिन दस्तेवाली छत्री है। देखता हूँ, उसमें आता भी है या नहीं।" कहकर और बगल में दो पत्रिकाएँ दबा, छत्री के दस्ते को हवा में उछालता हुआ राजा चला गया।

दूसरे दिन से बारिश शुरू हुई। जिस किसी तरह दो दिन बिताकर फिर बण्डू गरदन झुका छत्री की दुकान में चला गया।

"कैसी छत्री चाहिए?" दुकानदार ने उत्साह से स्वागत किया।

"प्लास्टिक के दस्तेवाली नहीं चाहिए।" बण्डू ने जल्दी कह दिया।

"तो फिर स्टेनलेस का दस्ता?" दुकानदार ने सुझाव दिया।

"महँगी नहीं चाहिए।"

"कितने तक की चलेगी?"

"चार रुपये तक आ सकती है कोई छत्री?"

"एक प्यून ब्राण्ड छत्री दे दो इन्हें!" दुकानदार तमाम ग्राहकों को सुनाता हुआ गरज उठा और दूसरे ग्राहक के स्वागत के लिए आगे बढ़ गया।

बण्डू बाबू अड़ियल दस्तेवाली 'प्यून ब्राण्ड छत्री' ले उदास मन से रास्ता नापने लगा।

दूसरे दिन दफ्तर जाते समय अपने मन को तसल्ली देने के लिए बण्डू ने अपने आप से यही कहा कि खूबसूरत न सही, उपयोगी तो है। लेकिन घर लौटते समय यह तसल्ली भी जाती रही। क्योंकि दफ्तर की सीढ़ियाँ उतर जब वह छत्री खोलने लगा तो वह लाख कोशिशों पर भी नहीं खुली।

"हाः हाः। भातखण्डे की छत्री का मजा ही कुछ और है।" नाडकर्णी ने मखौल उड़ाते हुए कहा और वे इमारत के किनारे-किनारे से बिना भीगते जल्दी-जल्दी चले गये।

इसके बाद बण्डू ने छत्री खोलने की कई कोशिशें कीं। भरी हुई बन्दूक की

तरह उसे कन्धे पर उठा, खोलने की कोशिश की। फिर जमीन पर उसे टिका मोटर के पहिये में पम्प चलाकर हवा भरनेवाले क्लीनर का अन्दाज अपनाया।

अन्त में सीढ़ी पर बैठ छत्री का दस्ता घुटनों के बीच यूँ पकड़कर दाँत होठ भींचकर उसे खोलने की कोशिश की, जैसे छोटे बच्चों के सिर घुटनों में दबाकर नाई बाल काटता है। कोई फायदा नहीं हुआ।

धीरे-धीरे सात-आठ आदमी आसपास खड़े हो बण्डू की हरकतें कौतूहलवश देखने लगे थे। उन्हें देख बण्डू ने कहा, "किसी के पास चाकू होगा?"

एक-दूसरे की ओर अर्थपूर्ण निगाहों से देखते हुए सभी एक-एक कदम पीछे हट गये।

"अरे, तमाशा देख रहे हो? किसी के पास चाकू हो तो दे दो जरा!" बण्डू ने चिढ़कर हाथ मटकाते हुए कहा। लोग फिर एक-दूसरे की तरफ देखते हुए पीछे हट गये.।

अब तक आठ की जगह सोलह, सोलह की जगह बत्तीस लोग जमा हो चुके थे। इनमें नया-नया शामिल हो रहा कोई आदमी पूछने लगा, "क्या है? क्या हुआ?"

"कोई पागल लगता है। कब से अजीब-अजीब हरकतें किये जा रहा है और अब चाकू माँग रहा है।"

"अरे बाप रे! पुलिस को बुलाओ कोई। इसे चौकी ले जाना होगा। खून-वून कर बैठेगा तो?"

इतना सुनना था कि बण्डू उठकर चल दिया! बन्द छत्री बगल में दबा बरसात में भीगता हुआ आगे बढ़ चला। बन्द छत्री को देख लोगों ने जो फिकरे कसे, उन्हें सुन उसका मन कर रहा था, छत्री को वहीं छोड़ नौ-दो ग्यारह हो जाय और सीधे कलकत्ता पहुँच दम ले! मगर फिर बण्डू ने शिवाजी महाराज, लोकमान्य तिलक आदि महापुरुषों को याद किया और मन को कड़ा कर अपनी छत्री सहित वह अपने घर लौटा।

इसके बाद से बण्डू पास में एक चाकू रखने लगा। बरसात के शुरू होते ही जल्दी-जल्दी चाकू निकाल वह छत्री का फूला हुआ डण्डा छीलने लगता। थोड़ी देर बाद छत्री को खोलना मुमकिन हो पाता, तब बण्डू आगे बढ़ लेता।

दो दिन बाद से बण्डू मलहम-पट्टी भी साथ रखने लगा।

एक दिन बण्डू अपनी छत्री का डण्डा छील-वीलकर दफ्तर से निकल पड़ा था कि रास्ते में दुकान के आसरे खड़ी दो ईसाई लड़कियाँ दिखाई दीं। बण्डू जानता था कि दोनों सामनेवाले दफ्तर में काम करती हैं। लेकिन कोशिश करके भी उसे यह याद नहीं आ रहा था कि कभी उन दोनों से उसकी पहचान हुई हो। इसलिए जब वे दोनों बण्डू की ओर देख मुस्कराने लगीं, तो उसने मुड़कर पीछे देखा। वह देखना चाहता था कि वे किसकी ओर मुस्करा रही हैं। लेकिन पीछे कोई नहीं था।

वे बण्डू की ओर देखकर ही मुस्करा रही थीं। यही नहीं, हाथ से इशारे कर उसे बुला रही थीं।

बण्डू दंग रह गया। वह बेवकूफ की तरह उनके सामने जा खड़ा रहा तो वे दोनों बिल्ली की-सी फुर्ती से दोनों तरफ से उसकी छत्री में आ दाखिल हुईं।

"थैंक यू!"

"इट्स ऑफुली नाइस ऑफ यू!" लिपस्टिक लगे होंठों की घुमावदार हरकतें करते हुए दोनों बोलीं और बण्डू की कमर में हाथ डाल, उससे लिपटकर चलने लगीं। बण्डू को लगा जैसे वह हवा में तैरता चला जा रहा हो। खुशी से मन में गुदगुदी हो रही थी, जब उसे सहना मुश्किल हो गया तो वह हँस दिया।

"यही है आपका बस स्टॉप?" बण्डू को रुकते देख एक लड़की ने पूछा।

"जी हाँ!" हँसी को रोकते हुए बण्डू ने कहा।

"उई माँ! अब क्या होगा? अब क्या करेंगे एब्सी?"

"हम—इनकी छत्री ले जाते हैं। क्यों? आपको कोई एतराज तो नहीं!"

"खिक्! नॉटॅटॉल...बिलकुल नहीं।" बण्डू उत्साह से बोला।

"ओ! यू आर सच ए डियर!"

देखते-देखते बण्डू की छत्री दोनों लड़कियों को साथ लिये हवा में तैरती चली गयी। और बण्डू को खयाल आया कि वह अकेला बारिश में भीग रहा है।

इसके बाद बण्डू की अपनी छत्री से कभी मुलाकात नहीं हुई। कभी-कभार दोनों लड़कियाँ रास्ते में मिल जातीं, बण्डू की ओर देख मुस्करा देतीं और बण्डू को लगता मानो सिर पर छत्र-चामर डुल रहे हों। लेकिन बारिश को ऐसा कुछ नहीं लग रहा था, इसलिए अब फिर बण्डू को असुविधा होने लगी। आखिर एक दिन बण्डू ने उन दोनों लड़कियों में से एक से मुस्कराते हुए पूछ ही लिया, "हाउ इज शी?" 'शी' से उसका मतलब छत्री से था।

"ओ! शी इज फाइन!" लड़की ने अपनी सहेली की खबर दी।

"वैन आर यू ब्रिंगिंग हर टु मी?" ढीली-ढाली मुस्कराहट के साथ बण्डू ने ऐसे पूछा, जैसे शादी का न्योता दे रहा हो।

"थैंक यू फॉर दी इनविटेशन... लेकिन अब मुमकिन नहीं लगता।" लड़की शरारत से हँसती हुई बोली।

"कोई हर्ज नहीं। बट इफ यू आर कीपिंग हर, कीप दिस ऑल्सो।" कहते हुए बण्डू ने जेब से चाकू निकाल उसके हाथ में थमा दिया और ताली बजाकर हँसता हुआ वह चल पड़ा।

इतने अच्छे व्यवहार के बावजूद, उन लड़कियों ने एकाएक पहचानना और मुस्कराना बन्द क्यों कर दिया, बण्डू समझ नहीं पाया। उनकी अहसानफरामोशी पर उसे बेहद गुस्सा आ रहा था। और अब उसने छत्री न खरीदने का प्रण कर लिया

था। बगैर छत्री के आजाद घूमनेवाले नाडकर्णी की तरह मौसम बिता देने का फैसला उसने कर लिया।

जैसे ही उसने यह फैसला कर लिया, मूसलाधार बारिश शुरू हुई और लगातार आठ दिन तक जारी रही। टैक्सी पर बण्डू के सोलह रुपये खर्च हुए और सारे कपड़े धुलने चले गये, जिससे पुराने तोंद पर तंग हो चले पैण्ट पहन उसे दफ्तर जाना पड़ा। इससे बण्डू बेहद तंग आ गया और फिर दोस्त से कर्ज लेकर उसने फिर छत्री की दुकान का रुख किया।

"बोलिए। कैसी छत्री चाहिए?" दुकानदार ने उत्साह से स्वागत किया।

"बाम्बू के दस्तेवाली नहीं चाहिए!" बण्डू ने जल्दी से कह डाला।

"इन्हें स्टेनलेस स्टील के दस्तेवाली छत्री दे दो।" दुकानदार ने नौकर से कहा।

और जब बण्डू ने देखा कि लोग उसे बड़े आदर की नजरों से देखे जा रहे हैं तो सस्ती छत्री की माँग करने की उसकी हिम्मत ही नहीं हुई। चुपचाप वह महँगी छत्री बगल में दबाये घर चला आया तो स्नेहलता ने उसका खूब स्वागत किया!

बण्डू के छत्री खरीदने की खबर अपनी तोंद सँभालते हुए एक बड़े बादल ने दूसरे बड़े बादल को दी। दूसरे ने तीसरे तक खबर पहुँचायी। देखते-देखते खबर पूरे हिन्द महासागर में फैल गयी। फौरन बड़े बादलों ने बम्बई से अपना मुँह मोड़ लिया।

नन्ही-मुन्नी बदलियाँ कभी-कभार चुपके से रात में आकर बरस जातीं या फिर ठीक दफ्तर के समय में! बण्डू बेचारा हर रोज छत्री का बोझ ढोये जा रहा था। उस पर कड़ी नजर रख रहा था, उसे जतन से रख रहा था। लेकिन बरसात ने उसके इस्तेमाल का मौका ही नहीं दिया।

इससे एक दिन बण्डू जरा-सा लापरवाह हो गया, उसने अपनी स्टेनलेस स्टील के दस्तेवाली छत्री कहीं रख दी और उसके बदले उठाते ही अपने आप खुलनेवाली लोहे के दस्तेवाली कोई और छत्री उठाकर घर चला आया।

इतना सब हो जाने के बाद बरसात का मौसम यूँ रफूचक्कर हो गया, जैसे जादू हो गया हो। स्नेहलता ने अपने आप खुलनेवाली वह छत्री बड़े सलीके से कपड़े में लपेट माले पर रख दी। अगले साल बरसात शुरू होने पर उसे निकलवाकर बण्डू को देने का उसका विचार था।

अनुवाद : रेखा देशपाण्डे

पारिवारिक सुख-भरा एक दिन

प्रसूति के बाद जब स्नेहलता मायके जानेवाली थी तब भोला बनते हुए बण्डू ने कहा, "आने की कोई जल्दी नहीं है अब! पूरे महीने-भर का आराम कर लो वहाँ!"

भौंहें उठाकर स्नेहलता बोली, "बस! मैं तो तीन महीने के बाद ही लौटूँगी अब!"

"अरे वाह! तीन महीने कैसे?"

"बिलकुल! बच्चे की देखभाल, मालिश ढंग से होनी चाहिए!"

तभी गाड़ी निकल पड़ी, सलाख पकड़कर साथ-साथ दौड़कर बण्डू कुछ कह रहा था, और कुछ कहना चाहता था कि प्लेटफॉर्म छूट गया इसलिए गाड़ी छोड़कर वह वापस आया। प्लेटफॉर्म पर खड़े, उसे देखकर दाँत निपोरनेवालों से बतियाने के सिवा और कोई चारा भी नहीं था तब उसके पास!

इस पर छह मास बीत चुके थे अब। तीन महीने तो बाकायदा रहना तय था। फिर बच्चे को टीका लगवाया गया, तब माँ ने भी आग्रह किया, फिर पिताजी ने फर्माया था, "कोई जरूरत नहीं इतनी जल्दी जाने की!" फिर कुछ ही दिनों बाद फुफेरी बहन का ब्याह होना था, बार-बार आने-जाने की अपेक्षा, उससे निपटकर जाना तय किया था स्नेहलता ने! लेकिन इसी बीच वकील से परामर्श कर पत्नी को वापस पाने के कानूनी उपाय करने में बण्डू लग चुका था इसलिए ला-इलाज होकर स्नेहलता लौट रही थी।

इन छह महीनों में मित्रों के साथ घूमने-फिरने, खाने-पीने, सिनेमा देखने के सारे हौसले पस्त हो चुके थे, मनचलापन भी अब उसे रास नहीं आ रहा था। कभी मित्र के घर पहुँचता था तब आलू डालकर बने पोहे और गरम-गरम चाय मिला करती थी, कुछ दिनों बाद सिर्फ चाय मिलने लगी और कुछ दिनों के बाद चाय भी नसीब नहीं रही। कभी आखिरी शो के लिए मित्र को बुलाने जाता तब 'अभी चलता हूँ' कहकर कपड़े पहनने के लिए अन्दर गया हुआ मित्र, दाढ़ी खुजलाता, मुँह लटकाकर आकर कहता था, "दोस्त! दो दिन-रात पहले से जगा हूँ, आज भी जागूँ तो कल मुश्किल पड़ेगी! दफ्तर भी तो जाना है!"

कुछ दिनों बाद हालात बहुत बिगड़े। बण्डू को आते देखकर पत्नियाँ अपने

पतियों को कपाट में बन्द कर चाँदबीबी के आदर्श पर पति की रक्षा के लिए डटकर खड़ी रहने लगीं।

"भगा दो!" "निकाल दो!" का शोर मचता था, बण्डू असमंजस में पड़ जाता था। इसीलिए स्नेहलता की वापसी की खबर पाने पर समय से आधा घण्टा पहले ही वह स्टेशन पहुँचा था। उसने बोरीबन्दर पर केवल इसीलिए न झण्डे फहराये और न बन्दनवार लगाये थे कि स्टेशन मास्टर शायद इसे पसन्द न करता।

गाड़ी जैसे ही रुकी इस छोर से उस छोर तक बड़ी उतावली में हाँफता-दौड़ता चला आया। बीच रास्ते में दो ठेलों से टकरा गया, नड़छा मलते और कपड़ों पर लगी धूल झटकने में थोड़ा-बहुत समय बीता होगा, बस! लेकिन स्नेहलता को न पाकर बण्डू बहुत निराश हुआ था। उसने सोचा कि घर पहुँचने पर प्रेम भरा खत मिलेगा कि "और आठ दिनों के बाद पहुँचूँगी!" और मन-ही-मन उस फुफेरी बहन को उसने बहुत खरी-खोटी भी सुनायी।

इतने में कानों में जनाना आवाज आ पहुँची 'अजी सुनो तो'। सुनते ही, आवाज की दिशा में बण्डू दौड़ पड़ा और क्या हो रहा है इसे समझने से पहले ही दो थैले, लड्डुओं का डिब्बा, फलों की डाली और दो छोटे-मोटे बोझ उस पर लाद दिये गये थे। शेष दो थैले कैसे लटकाये जाएँ इस सोच में बण्डू था कि तीसरा हाथ सामने से निकल आया और सामान उठाने लगा और बण्डू समझ नहीं पा रहा था कि तीसरा हाथ कहाँ से कैसे निकल आया। तभी चौथे हाथ की फौलादी पकड़ बण्डू की गरदन पर पड़ी। चौथे हाथ का मालिक बोला, "ऐ मिस्टर, हमारा सामान क्यों उठा रहे हो?"

"आपका? अरे अपनी श्रीमतीजी पहुँची हैं, समझे?" तभी डिब्बे की महिला ने झाँका। बण्डू सकपका गया, सारा सामान धप्पू कर गिर पड़ा। डिब्बे में बन्द लड्डू प्लेटफॉर्म पर दौड़ पड़े।

"माफ कीजिए! माफ कीजिए! मुझे लगा श्रीमतीजी पहुँची हैं!"

"अजब आदमी है! अपनी बीवी का चेहरा तक भूल गया है!"

"हाय राम! सारे लड्डुओं का सत्यानाश हो गया! असली घी में बनाकर दिये थे माँ ने!"

"कहीं पागल तो नहीं यह!"

"पागल-वागल कुछ नहीं! छँटा हुआ बदमाश लगता है! छोड़ो नहीं इसे! डाकू की नाईं निहारत है!"

"छोड़ो नहीं! पुलिस के हवाले कर दो बदमाश को! दयामाया के काबिल नहीं होते ये लोग!"

"लेकिन आप लोग मेरी सुनें भी तो..."

सौभाग्य से सामान से खचाखच लदा एक ठेला बण्डू की गरदन पकड़नेवाले

और बण्डू के बीच में से निकल गया। शिकंजे से छुटकारा पाते ही बण्डू भी खिसक गया, न आव देखा न ताव, बण्डू भीड़ में हिलमिल गया।

"चोर! चोर!!" का शोर मचा और इस बीच स्टेशन के पचीस लोगों ने एक-दूसरे को चोर समझकर पुलिस के हवाले भी कर दिया था!

बण्डू सतर्कता और सावधानी के साथ प्लेटफॉर्म पर स्नेहलता को ढूँढ़ रहा था। थोड़ा-सा आगे बढ़ा था कि दुबारा उसी तरीके की जनाना आवाज सुनी, बण्डू ने अव्वल तो ध्यान ही नहीं दिया। दूध का जला हुआ जो था। थोड़ी देर ठिठक जरूर गया था।

"अजी! सुनो तो! न जाने कैसे बहरे से पाला पड़ा है!" बण्डू और उसके कानों को यकीन हुआ कि यह आवाज उसे ही सम्बोधित कर रही है और अपनी श्रीमती की ही है। उसने पलटकर देखा।

उसने पहचान लिया था स्नेहलता को लेकिन आवाज कुछ-कुछ अपरिचित-सी लगी। स्नेहलता जब मायके गयी थी तब वाकई लता की तरह, गुलछड़ी-सी थी। भले फ्लॉवर पॉट की भाँति न सही लेकिन मुरब्बे के मर्तबान की तरह जरूर लगती थी। लेकिन अब का उसका रूप और घी के घड़े का रूप लगभग एक जैसा लग रहा था। बेचारा बण्डू क्या जाने कि जब श्रीमती पहली जचगी के लिए मायके जाती है और वापस लौटती है तब उसमें कैसे-कैसे अजीबोगरीब परिवर्तन होते हैं? इसलिए अपने आश्चर्य को संयत न कर हक्का-बक्का-सा, अवाक् होकर वह स्नेहलता को देखता रह गया।

"आप तो बस बिलकुल वह...हैं!"

अब बण्डू की पहचान दृढ़ विश्वास में बदली, वह हौले-से दबे पाँव खिड़की के पास पहुँचा था, फिर उसे कुछ सोचने के लिए भी फुरसत नहीं मिली। फिर से दो बड़े थैले, फलों की डाली, लड्डुओं का डिब्बा, दो छोटे थैले उस पर लादे गये थे और छोटा-सा सूटकेस उठाने का तगादा भी किया जा रहा था।

सूटकेस को बगल में दबाने की कोशिश करते हुए बण्डू बोला–

"पहले तो वाकई पहचान ही नहीं पाया मैं!"

"अब यह थर्मस, दूध की बोतल और मुन्ने का झुनझुना और हाँ यह मेरा पर्स भी ले लो!"

पूरी देह पर जहाँ भी, जितनी भी और कुछ भी लटकाने, लादने की जगह थी सब पर कुछ-न-कुछ लटका-लदा था, इससे बण्डू भौतिक वस्तुओं से लदा सांसारिक कल्पवृक्ष की भाँति भरा-पूरा सजा-धजा लगता था। वह कहना चाह रहा था, "मालूम है तुम्हें? थोड़ी देर पहले बड़ा मजा आया..."

"कुली! कुऽऽली!! पहले वह पालना निकाल दो बाहर!" जो कुछ हो रहा था उसे समझने से पहले ही पालने की चार सलाखें बण्डू की आँखों में घुसने के लिए

सरसराती निकल आयीं। तुरन्त यह खुरदरी आवाज भी, "भाईसाहब, जरा उठा तो दो सामान!"

"हाय दइया! आप देखते क्यों हैं जी! उठाइए न सामान!" बण्डू समझ नहीं पाया कि तुरन्त क्या किया जाय लेकिन बाँका प्रसंग समझकर बगल में खड़े आदमी से बोला, "बन्धु! अपना एक हाथ दे दोगे उधार में? बस एक मिनट के लिए चाहिए! इतना-सा सामान नीचे उतरवाना है, काम होते ही लौटा दूँगा!"

उस आदमी ने भी गम्भीर भाव से कहा, "जरूर देता! लेकिन जरा जल्दी में हूँ, दूसरा देख लेना!"

बण्डू को न अपनी गलती का अहसास हुआ और न उस भले आदमी को भी! तभी स्नेहलता ने फटकारा, "कमाल का आदमी है! भला, आज तक ऐसे हाथ उधार माँगते न किसी को देखा, न सुना! सामान रख दो नीचे और पालना उतार लो फटाफट।"

"यस! दैट्स ए ब्राइट आइडिया!" स्नेहलता की अक्लमन्दी की तारीफ करते हुए बण्डू ने सामान नीचे रख दिया और पालना उतार लिया, फिर बड़ा-सा बक्सा उतार लिया, फिर छोटा-सा बक्सा, फिर बड़ा होल्डाल, फिर छोटा होल्डाल और फिर द्विभाषिक राज्यों की भाँति एक साथ बाँधे गये, परन्तु साथ-साथ रहने को बिलकुल तैयार नहीं ऐसे एक साथ बँधे दो कटहलों को उतार लिया।

सामान को देखकर बण्डू सहसा बोला, "पहले लिखतीं तो लॉरी का इन्तजाम कर दिया होता, खामख्वाह यह...!"

"तुम्हें देखकर कैसे मुस्करा रहा है बदमाश! देखो तो जरा!"

"कहाँ है? दिखाओ तो! समझता क्या है अपने-आपको!"

"धत्! कमाल है! अजी यह हँस रहा है।" अपने बच्चे की तरफ इशारा करती हुई स्नेहलता बोली।

"ओऽह! अच्छाऽऽ! तो यह है वह बदमाश! क्यों रे?" बण्डू अपने बेटे के पास मुँह ले गया। बहुत ही मजाकिया ढंग से बण्डू ने कहा था, परन्तु बेटा जोर से रोने लगा।

"तुम तो बस! बड़े सयाने हो, इस तरह बच्चे को धमकाया क्यों? चुप हो जा बेटा! चुप हो जा! हम अभी पिताजी को हण्ट करते हैं!" बेटे का सिर अपने कन्धे से सटाकर स्नेहलता खड़ी-खड़ी झूलने लगी।

एक दस साल की लड़की तालियाँ पीटती स्नेहलता के चारों ओर फुदकने लगी।

"यह कौन है?" बण्डू का सीधा-सा सवाल।

"तुम्हें कोई नहीं, कुछ नहीं कहता, चुप करो बेटा! मेरी छोटी बहन है, मेरी मदद करेगी, तुम तो किसी काम के नहीं हो।"

"अच्छा! अब चलो!" कुली के सिर पर कुछ सामान चढ़ाकर बण्डू बोला।

"हाँ-हाँ! चलो! देखो भी तो कैसे हँसता है मेरा चाँद!" अपने ऊपर लदी थैलियों और सामान को सँभालकर बण्डू ने पीछे मुड़कर देखा अपने बेटे की हँसी को। सामान्य बच्चों की भाँति यह भी मुँह खोले हँस रहा था, इसलिए बण्डू समझ नहीं पाया कि इसमें तारीफ करने लायक क्या है! लेकिन पत्नी का दिल न दुखे इसलिए बोला, "वाह! वाह! अच्छा-खासा मुँह फैलाये हँसता है बेटा!"

"चलो हटो! तुम्हें तो जरा भी कद्र नहीं अपने बेटे की!" अपने ऊपर लदी सात वस्तुओं को ढोता बण्डू यह समझने की चेष्टा करने लगा कि उसने गलत क्या कहा! लेकिन वह यह कतई नहीं समझ पाया कि बच्चे की हँसी की तारीफ और कौन-से तरीके से करता। जब बचपन में बण्डू हँसा करता था तब माँ एक चपत लगाती और कहती, 'चुप रहो! घोड़े की नाईं मत हिनहिनाओ!' अब बण्डू को लगा कि माँ के कहने में तारीफ थी या और कुछ। उसे माँ का कहना संशयास्पद ही लगता था।

सामान लदा बण्डू उसी हालत में टैक्सी में बैठा, ऊपर लदी वस्तुओं के अनियारे छोर उसे अब चुभने लगे और बची-खुची प्रशंसा की शब्दावली भी वह भूल गया।

तभी उसने एक चीत्कार सुनी।

"देखो! देखो तो! कैसा देख रहा है!"

"हाऽइ! कैसे टकटकी बाँधे देख रहा है! दीदी! सब समझता है छोटू!" दस साल की बहन की टिप्पणी।

बण्डू अगली सीट पर था, उसने पलटकर बेटे की ओर देखा। चूँकि वह सोया नहीं था, उसकी आँखें खुली थीं बस! इससे अधिक-से-अधिक यही अनुमान किया जा सकता था कि वह कहीं कुछ देख रहा है। लेकिन इस अनुमान के अतिरिक्त ऐसी कोई खासियत बण्डू को अपने बेटे की नजर में नहीं दिखाई दी कि तारीफ करते न अघाये। इसके विपरीत बण्डू सोच रहा था कि कहीं भी और कुछ भी देखते समय मुँह खुला रखने की जरूरत नहीं होती, इस महत्त्वपूर्ण बात को कैसे समझाया जाय अपने बेटे को। मुँह खुला रखकर लार का लम्बा-सा धागा लटका देना तो बण्डू की नजर में बहुत ही घृणास्पद व्यवहार था। लेकिन अपनी दृढ़ मान्यताओं को प्रकट करने की अपेक्षा घर चलकर फर्स्टक्लास चाय पीने के आनन्द की चुस्कियाँ लगाना उसे उचित लग रहा था।

इसी समय एक उँगली उसकी बगल में भौंक दी गयी! "क्या आप बिलकुल ही नहीं देखेंगे इसे?"

बण्डू बड़ी कोशिश करने पर मुड़ सका और बोला, "वाह! बहुत बड़ी-बड़ी आँखों से देख रहा है!"

"इसकी आँखें जरा भी भद्दी नहीं हैं! आपकी काकी ने कहा होगा ऐसा, अ।यी थी एक बार देखने अपने पोते को!"

"लेकिन मैंने कब...मैं तो बड़ी-बड़ी कह रहा था!"

"हीरा है बेटा! तब भी बदनाम करते हो। वाकई पगला-बौरा होता तो क्या करते? अपने ही बेटे का, यह हाल है!"

"लेकिन...मैं...तो..."

"रहने दो अब!"

घर के सामने रुकने पर उसनें बटुए का बटन मुँह से खोला था, टैक्सीवाले की दी रेजगारी उसमें रखवाकर उसे बगल में दबाये वह सीढ़ियाँ चढ़ने लगा। लदे हुए सामान से मुक्ति पाने में उसे पन्द्रह मिनट लगे। इसके बाद शेष सामान भी उसने करीने से लगाया।

चारों ओर ठीक-ठाक होने के अहसास ने हतोत्साह बण्डू में उत्साह भर दिया। यद्यपि यह सही था कि बिखरे हुए सामान में से चलते हुए कई ठोकरें खानी पड़ती थीं तथापि घर फिर से एक बार घर बन गया था। यह भी सही था कि एक दस साल की छोरी सारी वस्तुओं को ढहाती-गिराती विचरण कर रही थी।

अपनी दोनों भुजाओं को ऊपर उठाकर बण्डू ने अँगड़ाई ली और दूसरे ही क्षण सारी थकान को झटककर वह त्वरा से अन्दर गया और 'चुईकचुक्' आवाज के साथ उसने स्नेहलता को चूम लिया।

"ऐ! बड़ों की इस कदर पप्पी नहीं लेते!" दस वर्षीय बहन ने आँखों पर हथेली रखकर अपनी टिप्पणी की!

मक्खन खा रहे बिलाव की पीठ पर डण्डे के आघात के बाद जिस तरह वह उछलता है वैसा अभिनय बण्डू ने किया लेकिन इसके बाद क्या कहा या किया जाय इसे वह नहीं समझ पाया। छोटी की नजर ने उसे बेचैन भी कर दिया और बाँध भी दिया था।

बण्डू ने अपने दिमाग को तुरन्त थर्ड गियर में डाला, उसे बहाना सूझा, जोर से हँसते हुए बोला, "हा! हा! मैं चाहता था मुन्ने को चूमना, पता नहीं...!"

"लेकिन दीदी के पास मुन्ना नहीं था!"

"आँ! कमाल है, फिर कहाँ था मुन्ना!" कहते हुए बण्डू बाहर निकल आया, हँसता तो वह तब भी था लेकिन वह हँसी स्पष्ट कर रही थी कि बण्डू ने आत्मविश्वास खो दिया है।

आरामकुर्सी में अधलेटे बण्डू के कानों में अन्दर से वार्तालाप आ पड़ा—

"दीदी! लगता है जिनकी अक्ल थोड़ी कमजोर होती है वे बड़ों की पप्पी लेते हैं!"

"क्यों? ऐसा क्यों कहती हो?"

"नहा! माँ ही कहती थी कि हमारे जमाई बाबू को अक्ल जरा कम ही है!"

"चल हट! सिरफिरी! बको मत!"

"वाह दीदी! जब माँ ने कहा जरा कम है तब तुम बोली थीं जरा क्यों कहती हो, बिलकुल ही नहीं है!"

"समझी तेरी होशियारी, जाओ, गैलरी में जाकर सड़क पर क्या हो रहा है वह देखो जरा-सा!"

विमला ने गरदन को झटका दिया, अपनी चोटी को फटकारा और गैलरी में जा खड़ी हुई, लेकिन वहाँ उसे पड़ोस की कमला मिली।

"तुम्हारा नाम?"

"कमला।"

"और तुम्हारा?"

"विमला।"

"तुम बण्डू काका के यहाँ आयी हो न?"

"हाँ, वे हमारे जमाई बाबू हैं, इसलिए आयी हूँ, उनकी अक्ल जरा कमजोर है इसलिए वे बड़ों की पप्पी लेते हैं।"

बण्डू ने अपने माथे के पसीने को पोंछ लिया। तभी स्नेहलता बाहर के कमरे में आयी। बण्डू ने उससे कहा, "इस छोरी को क्यों लायी हो साथ, खामख्वाह!"

"फिर मुन्ने को कौन देखता?"

"मैं नहीं था?"

"देख लो अभी, मुझे काम है ढेर सारा अन्दर!"

बण्डू समझ नहीं पाया कि उसके पेट पर मुन्ना कब विराजमान हो गया। मैत्रीपूर्ण दृष्टिपात किया, तुरन्त आँखें फैलाकर भी देखा और मुन्ने ने अपनी आँखें बन्द कर जोरदार रोना शुरू कर दिया।

"ना...ना...! हाँ...हाँ! हो...हो!" बण्डू नानाभाँति आवाज निकालता रहा, मुन्ने को उछालता-खेलाता रहा, खुद उछलने लगा लेकिन न मुन्ने ने अपनी आँखें खोलीं और न अपने स्वर को कमजोर पड़ने दिया।

"दीदी! जमाई बाबू को देखो, पागल की भाँति उछल-कूद मचा रहे हैं, देखो तो!"

बण्डू सहसा सहम गया। वह दस वर्ष की लड़की उसे घूर रही थी। सहसा क्रोध दिखाते हुए चिल्लाया, "इसे चुप कर रहा था मैं, इतनी देर उछलता-कूदता रहा मैं, लेकिन चुप ही नहीं होता यह।"

"मुझे दे दो!" उसने तटस्थता के साथ कहा और मुन्ने को ले लिया। और आश्चर्य! उसके पास पहुँचते ही मुन्ना चुप हो गया और उसने आँखें भी खोल दीं। अपने दोनों होठों को सटाकर वह बण्डू को शत्रुता की नजर से देख रहा था।

बण्डू हतबुद्धि था, उसने अपने आपको कुर्सी में ढाल दिया!

थोड़ी देर बाद हाथों में कुछ उठाये स्नेहलता को आती देखकर उत्साहित स्वर में बोला, "वाह! बहुत अच्छा, तो आखिर चाय ले ही आयी हो तुम!"

"दूध लायी हूँ मुन्ने के लिए, उसे पिलाकर चाय बनाऊँगी!"

दूध पीने-पिलाने का कार्यक्रम लगभग आधा घण्टा चला। इस बीच बण्डू को दस बार हटका जा चुका था। दूधपान के बाद बण्डू के सीने पर मुन्ने को खड़ा कर स्नेहलता अन्दर जाती हुई बोली, "इसे सँभालना थोड़ी देर, अभी लाती हूँ आपके लिए चाय!"

इस समय मुन्ना रोया नहीं, बण्डू के सीने पर अंकित किसी शून्य में वह देख रहा था, चुपचाप और शान्त! बण्डू ने प्रशंसा की, "बड़ा बदमाश है रे तू!" और सहसा...

"पू-थू, थूऽऽ थू...पूऽथू।" की आवाज करते हुए बण्डू उठा, स्नेहलता दौड़कर आयी और रोते हुए मुन्ने को उसने उठा लिया।

"नॉनसेंस! हद हो गयी! धीस इज टू मच!" अपनी जीभ शर्ट से पोंछता हुआ बण्डू बोल रहा था।

"ऐसा कौन आसमान टूट पड़ा आखिर?"

"देखो न सीधे मेरे मुँह में...!"

"ओह! बड़ा बदमाश है तू! नटखट कहीं का! चल हट! बन्द कर दे अब अपनी टूँटी! तुम्हें नहीं, कोई कुछ नहीं कहता तुम्हें, तुम तो बड़े प्यारे हो, लाल हो, हीरे हो मेरे राजा, चुप कर दे अब! अरी विमलाऽऽ! पता है तुम्हें, आज मुन्ने ने क्या किया! सीधे इनके मुँह में ही खड़े-खड़े...स्-स्स्... कर दी इसने!"

थोड़ी देर बाद गैलरी में कमला-विमला की हुई बात बण्डू ने सुनी।

"ऐ! कमला! आज जमाई बाबू के साथ बड़ा मजा हुआ!"

"जमाई बाबू? हाँ...हाँ, बण्डू काका!"

"हाँ-हाँ, वही, जिनका एक पेंच ढीला है।"

"तो क्या हुआ?"

"अरी कुछ पूछो मत...!"

बण्डू ने फिर एक बार अपने माथे का पसीना पोंछा और सारी सहनशीलता की बाजी लगाकर वह चाय की प्रतीक्षा में जुट गया।

लेकिन थोड़ी देर में साफ-सुथरे, पाउडर-वाउडर लगाकर मुन्ने को लाकर बिठा दिया गया था। अपने को लुढ़कने से बचाते हुए मुन्ना बण्डू को ताक रहा था लेकिन थोड़ी-ही देर में वह अपने चेहरे के भाव बदलता नजर आया, वह चेहरा भी बनाने लग गया था। बण्डू इन हाव-भावों से अपरिचित था, समझ नहीं पा रहा था शुरू में लेकिन सहसा चिल्लाया, "अरे! रे! देखो-देखो! इसने क्या कर दिया, जल्दी आओ!"

पुनः एक बार बच्चे की सफाई-धुलाई हुई, कपड़े बदलवां दिये। पाउडर लगाया गया और पुनः एक बार मुन्ने को बण्डू के सामने स्थानापन्न किया गया। तभी विमला ने दीदी को याद दिलायी मुन्ने की दवा की!

दवा पिलाने का भी एक कार्यक्रम था। हाथ-पैर जकड़ दिये गये। फुर्ऽ गट् गट् फुर्ऽ की दो-चार आवाजें निकलीं और फिर एक जोरदार चीख! मुन्ने को समझाने के लिए स्नेहलता और विमला तालियाँ बजाने लगीं, कौए, तोते और बण्डू को भी बार-बार मना किया जा चुका। लेकिन बच्चा निचले स्वर में रोना जानता ही नहीं था शायद!

"मुझे लगता है अपना मुन्ना जरा ज्यादा ही रोता है!" बण्डू ने सहमी आवाज में टिप्पणी की लेकिन स्नेहलता ने बच्चे की आवाज को मात देनेवाली आवाज में ललकारा, "क्या कहा?" "नहीं तो! कुछ नहीं।" बण्डू सहसा नर्वस स्वर में बोला।

"दीदी! इन्होंने कहा 'कुछ नहीं,'" चींटी के पैरों के नूपुरों की खनक सुननेवाली विमला ने जानकारी दी और संशय भरी नजर बण्डू पर लगा दी।

"कुछ नहीं कहना था तो जबान चलायी क्यों?" स्नेहलता जिरह करने लगी।

बण्डू ने भी जिद की, "मैंने कहा कि मुन्ना जरा ज्यादा रोता है।"

"नहीं दीदी! इन्होंने 'कुछ नहीं' ऐसा ही कहा।" विमला अपनी बात पर अडिग थी। अब तक विमला की धारणा दृढ़ धारणा में बदल गयी कि जमाई बाबू को अक्ल तो कम है ही लेकिन वे झूठ भी बोलते हैं।

"इसे रोनेवाला कहनेवालों की तो तारीफ ही करनी चाहिए! वाकई रोता-चिल्लाता पल्ले पड़ता तब क्या करते?" स्नेहलता का सात्त्विक गुस्सा चरम सीमा लाँघने को था।

"तो तुम्हारा मतलब है तुम्हारे लाड़ले से भी ज्यादा रोनेवाले बच्चे इस संसार में कम नहीं हैं।"

"धाँय-धाँय मचाते हैं। सारी रात आँखें नहीं झपकतीं ऐसा हंगामा मचाते हैं।"

"लेकिन धाँय-धाँय तो बन्दूक की आवाज है, रोने की नहीं।" बण्डू ने अपनी तरफ से स्नेहलता की गलती को ठीक करने का काम किया था।

"तुम्हारा सिर! बड़े आये बन्दूकवाले! कुछ भी मालूम नहीं तुम्हें!"

"अभी थोड़ी देर पहले भी इन्होंने 'कुछ नहीं' यही कहा था दीदी!" विमला ने अपनी बात बढ़ायी।

उस दिन शाम के साढ़े सात बजे तब कहीं बण्डू को चाय मिल पायी और खाना रात के साढ़े दस बजने पर और वह भी जला-भुना चावल और दो बार नमक पड़ी दाल!

खाने के बाद भी आधे घण्टे तक मुन्ना रोता रहा, फिर सो गया। विमला भी आरामकुर्सी में ऊँघ रही थी। बण्डू को फिर एक बार अपना अहसास हुआ,

उत्साह उमड़ने लगा। स्नेहलता को घेरकर उसने चूम लिया, "चकाकचुक्!"

स्नेहलता बोली, "चलो हटो! बड़े वह हैं!"

"इससे हटना नहीं जाना हमने!"

"इतने दिन बीते कभी याद भी किया था मुझे? अब बातें न बनाओ!"

"मैं बना रहा हूँ बातें कि तुम? कितने दिन रही हो मायके?"

"फिर क्यों नहीं आये मुझे लेने?"

"भला मैं क्यों आऊँ? तुम चली गयी थीं, तुम खुद चली आतीं।"

"तुम खुद!"

"हाँ-हाँ तुम खुद!"

"बड़े आये तुम खुद कहनेवाले!"

"तुम बड़ी हो।"

"तुम्हीं बड़े हो!"

"वा! वाह!"

"अपनी भी वा! वाह!"

इस कोमल, गूढ़ भावों से भरे मधुर और उतने ही सार्थक संवाद के बाद बण्डू-स्नेहलता दृढ़ आलिंगन में बँधे ही थे कि...

"दीदी" बाहर से पुकार आयी।

बण्डू झटका खाकर अलग हो गया मानो बिच्छू ने डंक मारा हो।

स्नेहलता ने चतुराई की, आँखें मलती हुई बोली, "पता नहीं क्या साल रहा है, जरा और एक बार ढंग की फूँक लगाना।"

"वाकई! पता नहीं कहाँ से धूल उड़कर आती है और इसी की आँख में जम जाती है। आजकल, पता नहीं, यह एटम बम कैसा ऊधम मचाएँगे! देखूँ तो हाँ...फ...फू! अब ठीक है न?"

"हाँ-हाँ, ठीक है अब!" वैसे आँख में कुछ भी नहीं था लेकिन बण्डू की फूँक की वजह से आँखें किरकिराने लगीं।

"दीदी!" खुली आँख सारा खेल देखनेवाली विमला ने पुकारा।

"क्या है री?"

"मुझे डर लग रहा है बाहर, अकेले! मैं तुम्हारे साथ सोऊँगी!"

"डर? कैसा डर? किसका डर? हँ! हमें कभी किसी का डर नहीं लगता, न लगा है और न लगेगा?" बण्डू ने हाथ नचाते हुए कहा।

"तो आप सो जाइए बाहर अकेले! मैं तो दीदी के साथ रहूँगी।" विमला का उतना ही विमल प्रस्ताव था। प्रस्ताव कर वह स्नेहलता के साथ लेट गयी।

बण्डू और स्नेहलता की भौंहें एक साथ उठीं और बण्डू चुपचाप बाहर चला गया।

1 : बस का टिकट

थोड़ी देर बाद बण्डू ने सपने में देखा, दस साल की छोटी-छोटी सोलह चिड़ियाँ एक कतार में सामने खड़ी हैं और एक ताल-स्वर में "जमाई बाऽबू, जमाई बाऽबू!" कहकर पंख फहरा रही हैं।

उन्हें उड़ा देने के लिए बण्डू ने आँखें खोलीं तो पाया कि अन्दर मुन्ना जोर-जोर से चिल्ला रहा है और उतनी ही तेजतर्रार आवाज में स्नेहलता और विमला उसे समझा रही हैं।

"हँ! यह क्या हो रहा है?" बण्डू भी चिल्लाया।

"इसके दूध का समय है यह!"

"वाह! मध्य रात्रि में यह पट्ठा खाता-पीता है! अच्छी नहीं यह आदत! छुटपन में ही ऐसी आदतें रोकनी चाहिए।" बण्डू ने अपना एकतरफा निर्णय सुनाया और करवट बदलकर उसने आँखें मूँद लीं।

कुछ देर बाद बण्डू ने सपने में देखा कि जिनकी आयु मुश्किल से छह मास की है ऐसे बीस बच्चों ने उसे रस्सी से जकड़ लिया है, उसे पानी में उबो-डुबो रहे हैं, गाने गा रहे हैं, खेल रहे हैं।

बण्डू ने राहत पाने के लिए आँखें खोलीं तो पाया कि मुन्ना चिल्ला रहा है। "तो क्या इसे फिर भूख लगी है अब?" बण्डू भी चिल्लाया।

"तुम क्यों चिल्लाते हो? इसे गाँठें हो गयी हैं!"

"गाँठें? किसने लगायीं? इसे कैसे लगायीं?"

"अब दिमाग न चाटो! इसके पेट में गाँठें हुई हैं!"

"पेट में? बाप रे! तो क्या अब ऑपरेशन करना होगा?"

"तुम सो जाओ चुपचाप ऑपरेशन-वॉपरेशन कर लूँगी मैं!" बण्डू ने करवट बदलकर फिर सोने का प्रयास किया।

दस साल की बहन ने चौबीस साल की बहन को समझाते हुए लेटे-लेटे ही कह दिया, "दीदी! मुझे तो लगता है कि अपने जमाई बाबू को जरा भी अक्ल नहीं है! क्यों?"

बण्डू ने इसे मन-ही-मन सुना और गुना भी, फिर निश्चय किया कि कल सबेरे इसका एकबारगी फैसला कर ही दूँगा कि मुझे अक्ल है भी या नहीं और आँखें मूँदकर सो गया।

बण्डू ने फिर सपना देखा कि छह मास की उम्रवाली छब्बीस बन्दूकें उसे घेरकर धाँय-धाँय रो रही हैं। बण्डू उन्हें समझा रहा है कि धाँय-धाँय रोया नहीं जाता, लेकिन वे एक भी बात सुनने को तैयार नहीं हैं। तब बण्डू आपे से बाहर होकर चिल्ला उठा—

"मैं एक-एक को गोली से उड़ा दूँगा अब धाँय-धाँय...!" अपनी बात पर अमल करने के इरादे से जब वह उठा तब उसने पाया कि अपना मुन्ना फिर से धाँय-धाँय रो रहा है।

"अब क्या चाहिए इसे?" हताश स्वर में बण्डू ने पूछा।

"यही तो समझ में नहीं आ रहा है। लगता है इसके कान में दर्द हो रहा है।"

"बिलकुल! इसका रोना सुनते-सुनते मेरे कान भी तो दर्द करने लगे हैं, इसके कान में जरूर दर्द होता होगा। लेकिन यह भी इतना क्यों रोये और अपने कान में दर्द को सहे आखिर?"

"मेरे बेटे में ही दुनियाभर के ऐब तुम्हें दिखाई दे रहे हैं! मुश्किल से रोता है कभी-कभार! दर्द होगा तो रोएगा ही। क्या करेगा आखिर!"

"दर्द न होने पर कोई नहीं रोता!"

"हमसे न कहो! कई बच्चे देखे हैं, जब-तब रोते ही रहते हैं, ऐसे रोते हैं कि. ..!"

"वही धाँय-धाँय रोते होंगे, जानता हूँ मैं भी उन्हें!" बण्डू ने जल्दी में आशय को वाक्य में बाँधना चाहा। पाठ्य-पुस्तक में हमेशा आदर्शवत् अंकित ऊँचे स्थान पर बार-बार अपने जाल को बुननेवाली मकड़ी की तरह वह निद्रा को वश में करने लगा। लेकिन सुबह होते-होते उसे ज्ञात हो चुका कि बेखबर सोने के अपनी जिन्दगी के दिन अब लद चुके हैं।

पोस्टमैन सबेरे ही एक्सप्रेस डिलीवरी का एक पत्र स्नेहलता के नाम थमा गया।

"किसका है?" अलसायी आँखें मलते हुए बण्डू ने पूछा।

"माँ का है!"

"वाह! कहीं फिर से मायके तो नहीं बुलाया? मजे हैं! क्या इरादा है फिर? कब जाओगी मायके? क्यों?"

अनुवाद : ह. श्री. साने

बण्डू 'एंजाय' करता है

काम कर-करके बण्डू थककर चूर हो चुका था। हर रोज दो-ढाई घण्टे ज्यादा काम! शनिवार और रविवार को भी काम! महीने भर में दफ्तर के समय के दौरान उसने बाहर एक भी चक्कर नहीं लगाया था। पास की ही दो दुकानों में शानदार सेल लगी थी। मगर उस तरफ भी आँख उठाकर देखा नहीं था बण्डू ने! और तो और, दफ्तर के खर्चे से टेलीफोन पर दोस्तों से गप्पें लड़ाने का अपना मौलिक अधिकार तक नहीं जताया था महीने भर! ले-देकर दिन में पाँच-छह बार चाय दस-बारह सिगरेटें पीने और हर एक घण्टे बाद सहयोगियों से यह चर्चा करने में, कि काम बहुत ज्यादा है, जो समय लगता था, उसे छोड़ दें तो बण्डू को बिलकुल फुरसत नहीं थी। काम खत्म हुआ तो उसने सोचा अब दोस्तों के साथ सिर्फ मौज मनाने के बजाय खूब एंजाय किया जाय। ओवर टाइम के पैसों ने जेब में छनछनाकर उसके इरादे को और पक्का कर दिया।

शादी के कई साल बाद भी बण्डू को अभी इस बात की समझ नहीं आ पायी थी कि बीवी से क्या कहा जाय, क्या नहीं। इसलिए उसने अपना इरादा स्नेहलता को बता दिया। यही नहीं, बताते समय इस कान से उस कान तक मुस्करा दिया।

ऐसे तो बण्डू की बात और उस चौड़ी मुस्कान का नतीजा अच्छा न होता। क्योंकि आमतौर पर बीवियों को यही खुशफहमी होती है कि मर्द की शादी हो जाना अपने आप में इतनी बड़ी एंजायमेण्ट होती है कि उसे और किसी एंजायमेण्ट की जरूरत कभी महसूस ही नहीं होनी चाहिए। उस पर उन्हें यह तो सरासर एहसान फरामोशी लगती है कि उनके होते, उनका पति अपने आवारा दोस्तों के साथ एंजाय करता फिरे।

लेकिन जब पति ज्यादा काम के पैसे घर लेकर आता है या बोनस का मोटा-सा पैकेट थमा देता है, तब बीवी की आँखों में क्षमा के भाव उभर आते हैं, स्नेहलता के मिजाज उस समय कुछ ऐसे ही थे। बोली, "ठीक है। कर लो, जो चाहते हो।"

"मतलब, इरादा तो यह है..."

"ओवर टाइम के पैसे कितने मिलेंगे?"

"यही कोई हजार आठ सौ..."

"तो फिर ठीक है। थोड़ा-बहुत एंजाय करने में कोई हर्ज नहीं।" स्नेहलता ने

उदारतापूर्वक इजाजत दे दी।

बण्डू बोला, "वह तो करेंगे ही। अभी नानू के घर जाता हूँ। वहाँ से मैं और नानू मिलकर जगू के घर जाएँगे। वहाँ विशू को बुलवा भेजेंगे..."

"फिर सब मिलकर हँसी-ठट्ठा करेंगे, बाहर जाकर खाना खाएँगे। यही न?"—स्नेहलता ने एंजायमेण्ट के इस तरीके को लेकर अपनी ना-पसन्दगी प्रकट की।

"येस। तुमने ठीक पहचाना।"

"लेकिन, देखो, दस-दस रुपये की थाली मँगवाना। पिछली बार हर किसी पर साठ-साठ रुपये उड़ा दिये थे। वैसा मत करना।" स्नेहलता समझ नहीं पाती थी कि अच्छे-भले समझदार लोग घर का खाना छोड़ होटलों में इतना महँगा खाना क्यों खाते हैं?

"कमाल करती हो। दस रुपये में कैसे होगा? मेरी ओवर टाइम की पार्टी है। वे लोग मेरी जेब काटे बगैर थोड़े ही रहेंगे?" कहकर बण्डू उठाकर हँस पड़ा।

"लेकिन इस तरह अपनी जेब आखिर क्यों काटने देते हो?"

"उसमें भी मजा होता है।"

"कम्माल है! यानी लोग चाकू-छुरी-कैंची लेकर जनाब की जेब काटेंगे और आप खुश कि काटो-काटो, जेब काटो! मजा आ रहा है।"

"दोस्त दोस्तों की जेब नहीं काटेंगे तो क्या फायदा? फिर दोस्तों की जरूरत ही क्या है?"

"लेकिन मैं कहती हूँ, उसके लिए दोस्तों की क्या जरूरत है। जेब ही कटानी है, तो आइए, मैं काटे देती हूँ। चाहो तो रोज काट सकती हूँ।" स्नेहलता ऐसे कह रही थी, मानो जेब वह कभी काटती ही न हो।

बण्डू यह सोच दंग था कि स्नेहलता इतनी छोटी-सी बात नहीं जानती कि दोस्त ही दोस्त की जेब काटते हैं। वह बोला, "क्यों, तुम लोग आपस में एक-दूसरी का पर्स नहीं काटतीं? पार्टियाँ नहीं देतीं?"

"पर्स-वर्स नहीं काटतीं। हाँ, पार्टियाँ देती हैं।"

"दस रुपये में हो जाता है सारा?"

"और नहीं तो क्या? पिछले साल दी थी मैंने पार्टी। मेरी चार दोस्त थीं। समोसे, कचौरी और नींबू का शरबत। सब मिलाकर चारों के बारह रुपये हो गये। दो रुपये वे देने लगीं, पचास-पचास पैसे पर्स से निकाल भी दिये थे उन्होंने। मगर मैंने कहा, रहने भी दो मैं देती हूँ।"

"बाप रे!"

"कहे जा रही थीं, ले भी लो, ले भी लो। फिर जब हम सबने सब्जी खरीदी तो मेरे नारियल के तीन में से दो रुपये उन्होंने दे दिये।" स्नेहलता ने औरतों की भलाई का बखान किया।

मारे ताज्जुब के चक्कर खाता हुआ-सा बण्डू बोला, “माई गॉड! अच्छा हुआ मैं औरत नहीं हुआ।”

“औरत बनने के लिए जो समझदारी चाहिए वह नहीं है तुममें। इसलिए तुम मर्द बने। अब बन ही गये हो तो चलो, ठीक है। मगर कहने का मतलब यह कि एक के लिए दस रुपये बहोऽऽत हो गये।”

“हुँ! तुम्हारे लिए होंगे बहोऽऽऽत! हमारे लिए कम हैं। हम तो जितना चाहेंगे, खर्च करेंगे।” बण्डू ने पतियोंवाले अड़ियलपन से काम लिया।

“तो फिर करो जो करना है।”–‘भाड़ में जाओ’ के अन्दाज में स्नेहलता बोली। वह, दरअसल, बण्डू को रोकना चाहती थी। लेकिन बण्डू ने ओवर टाइम कर बहुत पैसे कमाये हैं, यह खयाल कर उसने उसे माफ कर दिया।

तभी बण्डू अचानक ठहाका मारकर ‘हो-हो’ कर हँसने लगा।

“हँसने की क्या बात है?”

“मैंने तो जोक किया था फर्स्टक्लास...हा-हा-हा!” कहते हुए बण्डू ने स्नेहलता की पीठ पर एक जोरदार धौल जमा दिया।

“हायऽऽ! यह क्या कर रहे हो? दिमाग तो नहीं चल गया तुम्हारा?” जल्दी से सुरक्षित फासले पर जा खड़ी होती हुई स्नेहलता शक्की और सतर्क नजरों से उसकी तरफ देखने लगी।

“वह जो विनू है न...” कहते हुए बण्डू फिर हँसने लगा। उसकी हँसी रोके नहीं रुक रही थी। स्नेहलता की पीठ में एक और धौल जमाने के लिए वह आगे बढ़ा।

“हाँ, हाँ, दूर, दूर रहो।” स्नेहलता बड़ी चालाकी से बचकर निकल गयी और अपनी रक्षा के लिए तैयार खड़ी रही।

“कमाल है। तुम धौल भी नहीं जमाने दे रहीं। ऐसे में जोक कैसे सुना पाएँगे भला!”

“अच्छा! तो जोक सुनाने के लिए धौल जमाने पड़ते हैं?” आँखें तरेरती हुई वह बोली।

“और नहीं तो क्या! हम दोस्त जब एक-दूसरे को जोक सुनाते हैं तो इसी तरह बराबर धौल जमाते रहते हैं। यानी अगर मैं नानू को जोक सुना रहा होऊँ तो मैं नानू की पीठ में धौल जमाता हूँ। जब नानू जोक समझ जाता है तो वह जगू की पीठ में धौल जमाता है। फिर जगू हम दोनों की पीठ में धौल जमाता है। फिर हम सब मिलकर लोट-पोट होकर, अपना-अपना पेट पकड़कर हँसते हैं और एक-दूसरे की पीठ में फिर धौल जमाते हैं।” बण्डू फिर धौल जमाने के लिए आगे बढ़ा।

स्नेहलता ने फिर अपने आपको बचाने की कोशिश करते हुए कहा, “मुझे नहीं चाहिए। मुझे नहीं! दीवार पर धौल जमाना!”

"कमाल करती हो। इस तरह जोक सुनाने का मजा कैसे आएगा भला? तुम लोग एक-दूसरी को जोक सुनाते समय धौल नहीं जमातीं?"

"नहीं। बिलकुल नहीं।"

"बिलकुल नहीं?"

"नहीं। बहुत हुआ तो बाँह पर एक हल्की-सी चपत रसीद कर देती हैं और पल्लू में मुँह छुपा हँस देती हैं।"

"यूजलेस! नालायक! इसका मतलब यह कि तुम लोग सच्ची दोस्त होती ही नहीं! यह कोई दोस्ती हुई? हाथ पर बैठी मक्खियाँ उड़ाती हैं! हुँ! धौल जमाओ धौल! खूब ठहाके मार-मारकर हँसा करो! हुँ! यूजलेस!"

"होने दो यूजलेस! अब वह जोक तो सुना दो पहले।" स्नेहलता ने गाड़ी पटरी पर ले आना चाहा।

बण्डू फिर 'हो-हो' कर हँसने लगा और उसने धौल जमाने के लिए हाथ उठाया।

"बहुत हो गया हँसना और धौल जमाना। अब जोक सुना दो।"

"वह जो विनू है न! ईडियट!"

"जब देखो उन्हें ईडियट कहते रहते हो। तुम्हारे दोस्त हैं न?"

"दोस्त है, इसीलिए तो कह रहा हूँ। तुम्हें कभी कहा मैंने ईडियट? क्योंकि तुम दोस्त नहीं हो। बीवी हो। इसलिए मैं तुम्हें सिर्फ यूजलेस कहता हूँ।" बण्डू ने दोस्त और बीवी में फर्क बताया।

"बहुत हुआ! अब बताओ।"

"मैंने उसे फोन पर कह दिया कि खाना खाने आ जाओ प्रीतिसंगम होटल में! बीवी को साथ ले आओ।"

"तो? इसमें कौन-सा जोक हुआ?"

"हुँ!...वही तो! क्योंकि हम लोग खाना खाने प्रीतिसंगम होटल में जा ही नहीं रहे। हम लोग जा रहे हैं होटल चालीस चोर में।" इतना कहकर बण्डू फिर ठठाकर हँसने लगा, इतना हँसा कि खाँसने लगा।

"यानी तुम विनू और शान्ता के साथ धोखा करोगे?"

"बिलकुल! हम लोग उसे बेवकूफ बनाएँगे।" स्नेहलता मारे गुस्से के चीख पड़ी, "यह तुम्हारा जोक है? यह तो नीचता है। दुष्ट! दोस्त से ऐसी नीचता से पेश आते हैं? बेचारा!"

"हा, हा, बन जाएगा बेवकूफ! फिर उसकी बीवी उसे ऐसे आड़े हाथों लेगी, ऐसी फटकार सुनाएगी, वह हजामत बनाएगी साले की...हा, हा, हा।"

"लेकिन उस बेचारे के साथ यह खरमस्ती क्यों, मैं पूछती हूँ।"

"क्योंकि जब से उसकी शादी हुई है, उसने एक बार भी हमें खाने पर नहीं

बुलाया—प्रॉमिस करके भी नहीं बुलाया। उसके साथ ऐसा ही सलूक होना चाहिए!"

"लेकिन इससे तुम लोगों का बरसों का दोस्ताना टूट जाएगा। बोल-चाल बन्द कर देंगे वो तुम्हारे साथ!"

"अबे हट! हम लोग औरत जात थोड़े हैं जो इतनी-सी बात को लेकर दोस्ताना टूट जाय! मर्द हैं मर्द! पिछली बार उसे कीचड़ में धकेल दिया था। बैठने लगता है तो चुपके से पीछे से कुर्सी हटाने का खेल तो बहुत पुराना है। फिर भी दोस्ती कायम है।"—बण्डू ने औरतों की दोस्ती और मर्दों की दोस्ती में फर्क बताना चाहा।

"यानी इतना सब हो जाने के बाद भी विनू भैया तुमसे नाराज नहीं होंगे?"

"नाराज क्यों नहीं होगा? नाराज तो होगा। गाली-गलौज करेगा, कहेगा, उम्रभर मुँह नहीं देखूँगा तुम्हारा।"

"फिर?"

"हम ऐसे थोड़े सुननेवाले हैं? हम सब उसके दफ्तर में जाकर उसके सामने बैठे रहेंगे। या फिर उसके घर पर धावा बोल देंगे। फिर वह गाली-गलौज करेगा। धौल जमाएगा। मुझे मारेगा। और जब वह खूब खीझ उठेगा तो हम सब उसे लेकर खाना खाने होटल चले जाएँगे।"

दोस्ती की यह अजीब दास्ताँ सुन स्नेहलता का सिर चकरा गया। यह तो वह जानती थी कि पति के दिमाग में थोड़ी गड़बड़ है। लेकिन यह नहीं पता था कि पूरा पागल है और यही नहीं, उसके सारे दोस्त भी पागल हैं। अब पता चल गया।

बण्डू को खयाल आया कि अब चलना चाहिए, वह जल्दी-जल्दी कपड़े बदलने लगा। बण्डू जब जल्दी-जल्दी तैयार होने लगता है तो स्नेहलता बेचारी को भाग-दौड़ करनी पड़ती है। क्योंकि जरूरी चीज का न मिलना, हाथ में थामी चीज का गिर जाना या खो जाना, ऐन वक्त बटन या जूते के लेस का टूट जाना आदि पति लोगों की जो खासियतें होती हैं, वे सारी बण्डू में कूट-कूटकर भरी हुई थीं। अबकी भी बण्डू की उन सारी खासियतों के दर्शन फिर एक बार हुए।

लेकिन इस भागदौड़ में भी स्नेहलता यह जानकारी हासिल करने की कोशिश में थी कि पति महादेय किस तरह एंजाय करनेवाले हैं और उस पर कितना रुपया खर्च करने जा रहे हैं। उसने पूछा, "फिर क्या तय हुआ? दस रुपये की थाली या बीस रुपये की?"

"खाने में बहुत देर है। उससे पहले पानी पूरी, भेल वगैरह पर पाँच-पाँच रुपया तो हर किसी पर खर्च होगा। उस पर कुल्फी खानी पड़ेगी। उसके लिए पाँच-पाँच रुपये।" बण्डू कार्यक्रम का ब्यौरा देने लगा।

"लेकिन फिर तो भूख मर जाएगी।"

"न! मरेगी कैसे? उल्टे और बढ़ेगी।"

"भूख बढ़ाने के लिए चालीस रुपये!" स्नेहलता चिन्तित हो उठी। पूछने लगी,

"उसके बाद?"

"उसके बाद हम लोग घूमने-घामने चौपाटी से नरीमन पाइण्ट जाएँगे।"

"यह ठीक रहा। इसमें कम-से-कम पैसे तो नहीं खर्च होंगे।"

"कुछ कह नहीं सकते। घूमते-घामते, मूँगफली-गँडेरी बेचनेवाले मिल ही जाते हैं। टहलते-टहलते चबाने का मन तो करता ही है।"

स्नेहलता के हिसाब में और दस रुपये की वृद्धि हुई। फिर उसने पूछा, "इसके बाद तो खाना खाने जाएँगे न?"

"न, न, इसके बाद हम टैक्सी में जुहू जाएँगे।"

"वह किसलिए?" उस जल्दबाजी में भी टैक्सी के साठ-सत्तर रुपयों का हिसाब स्नेहलता ने लगा लिया।

"किसलिए, क्या मतलब? नारियल पानी पीने।"

"नारियल पानी तो चौपाटी पर भी पिया जा सकता है।"

"वह तो अस्पताल में भी पिया जा सकता है। लेकिन जुहू में नारियल पानी का जो मजा है न..."

"कितने-कितने नारियल लोगे आप लोग?" वह फिर हिसाब लगाने लग गयी। जानती थी कि तीन रुपये का एक नारियल आता है।

"यह कैसे बता सकते हैं। हो सकता है नारियल पानी बिलकुल ही न पिएँ।" कहता हुआ बण्डू पतलून पहनने की कोशिश में ऐसे उछलने लगा मानो अपने आपको बोरे में ठूँस रहा हो।

"मेरी मानो तो मत जाओ। तब जुहू भी नहीं जाना पड़ेगा।" स्नेहलता ने खर्च में कटौती करने की कोशिश की।

"हाँ! हो सकता है, वर्ली जाकर बियर पिएँ! क्या पता!"

बियर की बोतलों की कीमतों का हिसाब लगाते-लगाते बिना बियर पिये ही स्नेहलता का सिर घूमने लगा! बोली, "देखो, इस तरह उड़ाने के लिए मैं पैसे नहीं देनेवाली, कहे देती हूँ।"

बण्डू बोला, "हा, हा, हा! जानता हूँ। इसीलिए ऑफिस से पहले ही एडवांस ले आया हूँ। हा, हा, हा।"

"कितने?" हारकर उसने पूछा।

"लाया हूँ हजार भर रुपये।" लापरवाही से बुश्शर्ट पहनता हुआ बण्डू बोला।

"एक हजार?" स्नेहलता चीख उठी।

"इतने तो लगेंगे ही। जानती हो, ओवर टाइम की थकान कितनी होती है?" इतना कहकर बण्डू तेजी से निकल गया।

"सुनो, सुनो तो," चिल्लाती हुई स्नेहलता उसके पीछे दौड़ी तो सही, लेकिन तब तक बण्डू खिसक चुका था। माथा पकड़ बैठे रहने के अलावा और कुछ करना

उसके बस में ही न था। हिसाब में खर्च कितना कुछ पता ही नहीं लग रहा था। जमा और खर्च का कोई मेल ही न था।

सोचने लगी, जब इस तरह पैसे खर्च ही करने थे तो ओवर टाइम करने की जरूरत ही क्या थी? इससे भी बड़ा सवाल यह उभरा कि बण्डू ने इस तरह से क्यों नहीं सोचा? और सवाल उभरा तो मन में एक बिन्दु पर खड़ा, एक पैर उठा नाचने लगा। तब फिर उस सवाल का जवाब ढूँढ़ने का काम उसने भगवान को सौंप दिया।

ऐसा करने की दूसरी वजह यह थी कि एक और गम्भीर समस्या ने सहसा उसे आ घेरा था। उस समस्या का खयाल आते ही वह एक बारगी डर-सी गयी थी। थोड़ी ही देर में विनू और शान्ता बण्डू के निमन्त्रण पर प्रीतिसंगम होटल पहुँचनेवाले थे। और उनके वहाँ पहुँचते ही जो हंगामा होनेवाला था; उसमें न प्रीति बचनेवाली थी न संगम ही होनेवाला था। बल्कि अप्रीति और असन्तोष के धमाकों पर धमाके होने की पूरी सम्भावना थी। दोस्तों के बीच समझौता हो न हो, उससे उसे कोई लेना-देना न था। मगर विनू की बीवी शान्ता स्नेहलता की दोस्त थी। बण्डू की हरकत का पता चलने पर वह बण्डू और अपने पति से ही नहीं, स्नेहलता से भी बोलना बन्द कर देगी। क्योंकि मर्दों को अनाड़ी जान औरतें उन्हें तो माफ कर देती हैं! लेकिन किसी औरत की गलती को वे कभी नहीं बख्शतीं।

स्नेहलता ताड़ गयी कि अब जितनी जल्दी हो सके कोई कदम उठाना होगा। उसे यह भी खयाल आया कि सिर्फ कदम उठाने से कुछ नहीं होगा, बल्कि पन्द्रह रुपये खर्च कर टैक्सी को भगाना होगा। टैक्सी पर यूँ रुपया खर्च करना उसे वैसे तो मंजूर न था। लेकिन मुसीबत ही ऐसी टूट पड़ी थी कि और कोई चारा ही न था। उसने आव देखा न ताव, खर्च कर डाले पन्द्रह रुपये और तेजी से विनू के घर की सीढ़ियाँ चढ़ने लगी।

हाँफती हुई जब वह ऊपर पहुँची तब विनू और शान्ता बन-ठनकर, दरवाजे का ताला लगाकर निकल ही रहे थे। स्नेहलता को देखा तो शान्ता मुस्कराकर बोली, "तुम बण्डू भैया के साथ नहीं गयीं? अच्छा, हमारे साथ आने के लिए कहा है तुमसे?"

स्नेहलता बोली, "मैं आनेवाली नहीं हूँ।"

"क्यों?" दोनों एक साथ बोल पड़े।

"क्योंकि मुझे बुलाया ही नहीं गया है।"

विनू बोला, "कमाल है! बण्डू की बेवकूफी का जवाब नहीं! बुद्धू कहीं का! दोस्त की बीवी को खाने पर बुलाया और अपनी बीवी को बुलाना भूल गया। 'ईडियट'! चलिए भाभी मैं आपको निमन्त्रण देता हूँ। चलिए आप!"

"विनू भैया, मुझे तो क्या, आपको भी नहीं बुलाया गया है।" स्नेहलता ने रहस्य भेद कर दिया।

"मतलब? प्रीतिसंगम में सब लोग आ रहे हैं न?"

"आपको बेवकूफ बनाया जा रहा है। आपको 'प्रीतिसंगम' में बुलाया है और वे लोग सब 'चालीस चोर' में खाना खाने जा रहे हैं।"

"चालीस चोर? चोर कहीं के! अरे लुच्चो! अरे लफंगो! अरे..."

"आप 'बेशर्मो' कहना चाहते थे शायद विनू भैया!"

"नहीं! हाँ, याद आया, मैं उन्हें हरामखोर, बदमाश, लफंगे कहना चाहता था।" क्रोध से तमतमायी विनू की सूरत सोने-सी झलमला रही थी।

"लेकिन 'लफंगे' एक बार हो गया।" पति की गलतियाँ गिनाने के आर्य पतिव्रता के धर्म का पालन करती हुई शान्ता बोली।

"एक बार हो गया तो क्या? बार-बार कहूँगा, लफंगे, लफंगे, लफंगे! किसका डर है?" सींग उठाकर टक्कर लेने जा रहे साँड के अन्दाज में विनू ने कहा।

"चलो, घर पर ही चावल चढ़ा देती हूँ। यहीं खा लेंगे।" शान्ता ने समझदारी से काम लेना चाहा।

"क्यों? क्यों भला? जब खाने पर बुलाया है तो खाना खाये बगैर छोड़ेंगे नहीं। हरामखोर कहीं के! चलो, 'चालीस चोर' चलकर उन चोरों को धर दबोचते हैं।"

"मैं नहीं जाऊँगी। तुम जाओ।" शान्ता किनारा कर गयी।

"ठीक है। मैं जाता हूँ। और उन...उन..."

"लेकिन विनू भैया, इसका कोई भरोसा नहीं कि वे 'चालीस चोर' में ही मिलें!" स्नेहलता ने महत्त्वपूर्ण जानकारी दी।

"अच्छा! और चालाक बन रहे हैं बदमाश! अरे, मैं तो इन्हें दोस्त समझा था! इन्हें खाने पर बुलाने जा रहा था! ये काहे के दोस्त! ये तो...ये तो शैतान हैं, पूरे शैतान!" एक और गाली के याद आने की खुशी विनू के सोने-से तमतमाये चेहरे पर झलक उठी!

"लेकिन मैं पूछती हूँ, उनके चक्कर में पड़ते ही क्यों हो?" विनू की बीवी ने मौलिक सवाल उठाया।

"और नहीं तो क्या! क्यों पड़ते हो चक्कर में?" स्नेहलता ने बात दोहरायी।

"अबे हट! चक्कर में कौन पड़ रहा है? मैं तो 'चालीस चोर' में जाकर अभी सबको सुना आता हूँ कि, बस, तुम्हारी-मेरी दोस्ती खत्म! बहुत हो चुकी! चले जाओ! नहीं चाहिए!"

"लेकिन चालीस चोर में..." स्नेहलता ने याद दिलाना चाहा।

"नहीं होंगे वहाँ तो ढूँढ़ लूँगा। 'लुटेरा' में ढूँढूँगा, 'समुद्री डाकू' में ढूँढूँगा। 'डाकू डिस्कोथेक' का कोना-कोना छान मारूँगा। अब चुप नहीं बैठ सकता मैं। साले! खुद को फ्रेण्ड कहते हैं!"

"लेकिन, मैं कहती हूँ..." स्नेहलता ने फिर कोशिश की।

"भाभी, आप मेरी सच्ची फ्रेण्ड हैं! वह आपका शौहर कप्तान है, साला

कप्तान!"

"कप्तान नहीं, शैतान! शैतान!"—आर्य पतिव्रता ने फिर अपने धर्म का पालन किया।

"अरे देखते रहो, कैसे उस कप्तान को तानकर उसके चीथड़े-चीथड़े कर देता हूँ!" विनू शब्दों के चीथड़े करता हुआ चल पड़ा।

इसके बाद शान्ता और स्नेहलता अपने-अपने घर दही-चावल खाकर सो गयीं। रात डेढ़ बजे के करीब जब स्नेहलता सपने में कप्तान पहन मॉडेल की तरह झूम रही थी, दरवाजे पर दस्तक हुई।

वह चौंककर जाग उठी। गिरती-पड़ती दरवाजे तक पहुँची। डरते-डरते पूछा, "कौन?"

"मैं हूँ भाभी! बण्डू आ गया?" स्नेहलता ने विनू की आवाज पहचान ली। बोली, "अभी नहीं।"

विनू बोला, "ठीक है! लुच्चे छुप गये हैं, लगता है! लेकिन मैं ढूँढ़ लूँगा! छोड़ूँगा नहीं चलो सदू!"

स्नेहलता जान गयी, दोस्तों की इस लड़ाई में अब सदू भैया भी शामिल हो गये हैं।

आधे घण्टे बाद फिर दस्तक हुई। स्नेहलता ने फिर पूछा, "कौन?"

"मैं हूँ, चोर, बदमाश, डाकू। हा, हा, हा!"

स्नेहलता जान गयी कि बण्डू बियर कुछ ज्यादा ही चढ़ा गया है।

उसने दरवाजा खोला।

"विनू भैया मिले?"

"वह ढूँढ़ता फिर रहा होगा! हा, हा, हा!"

"अभी-अभी यहाँ आये थे!"

"हा, हा, हा!"

"कितने रुपये की थाली थी?"

"थाली! अरे खाना तो खाया ही नहीं!"

"क्या मतलब?"

"देर इतनी हो गयी कि होटल बन्द हो गये।"

"अच्छा हुआ। अब सो जाओ।"

"सोएँगे क्या? तड़के पूना जाना है!"

"पूना?"

"हाँ खाना पूना जाकर खाना तय हुआ है!"

"लेकिन पूना क्यों?"

"पूना का टिकट ले लेंगे। हो सकता है बीच में नेरल उतर वहाँ से माथेरान

चले जाएँ। या हो सकता है लोनावला चले जाएँ। हा, हा, हा।"

"तुम्हारा सिर!"

"अरे सिर कैसा? कपड़े दो कपड़े! बैग भरो। चलो चलो! सब टैक्सी में बैठे इन्तजार कर रहे हैं। यहाँ से हम लोग जगू के घर जाएँगे और तड़के उठकर पूना जाएँगे। जगू की बीवी घर पर नहीं है, इसलिए वहीं सोएँगे।" बण्डू जल्दी-जल्दी बैग भरने लगा।

"सिर चकरा गया है तुम्हारा!"

"ठीक पहचाना! हा-हा-हा। सिर जो मेरा चकराये, सिर जो मेरा चकराये..." बण्डू गाने लगा और अपने ही गिर्द एक चक्कर काट बैग सहित चलता बना।

स्नेहलता ने अपने सिर पर हाथ दे मारा और दरवाजा बन्द कर वह सो गयी।

तड़के सपने में वह चकरघिन्नी की तरह घूम रहे कई सिरों में से बण्डू का सिर ढूँढ़ रही थी कि दरवाजे की घण्टी बजी! दस्तक भी हुई। उसने दरवाजे के पास पहुँच पूछा, "कौन?"

"भाभी, मैं हूँ फ्रेण्ड, फ्रेण्ड! घबराइए नहीं। बण्डू आया?"

"आये और चले गये। बैग उठाकर पूना चले गये।"

"अरे हरामखोरो! पूना भाग रहे हो? छोड़ूँगा नहीं। चलो सदू, चन्दू, चलो!"

"लेकिन..."

लेकिन बिना कुछ सुने तीनों सीढ़ियाँ उतरकर जा चुके थे!

उस दिन, दोपहर शान्ता स्नेहलता के घर आकर कहने लगी, "जब इन सबके सिर फिर ही गये हैं, तो क्यों न हम लोग भी अपनी पार्टी करें? चलो, मैं देती हूँ पार्टी तुम्हें!"

"हाँ, क्यों नहीं? हो जाए अपनी भी पार्टी।" स्नेहलता ने हामी भरी।

फिर दोनों हलवाई की दुकान में चली गयीं। वहाँ उन्होंने गाजर का हलवा, गुलाब जामुन और दालमोठ खायी। लस्सी पी। अच्छा-खासा साढ़े तेरह रुपये का बिल बना।

स्नेहलता बोली, "साढ़े तीन रुपये मैं दिये देती हूँ।"

शान्ता बोली, "नहीं रहने दो। मैं देती हूँ।"

स्नेहलता बोली, "अच्छा, ठीक है।"

बाद में बाजार में शान्ता के नारियल के तीन रुपये और हरा धनिया, हरी मिर्च के पचास पैसे स्नेहलता ने दिये।

इस तरह नाप-तोलकर ऐश करने के बाद दोनों, एक-दूसरी से अपने-अपने पतियों की मूर्खता, अनाड़ीपन, खर्चीलेपन का बयान करती हुई, खुशी-खुशी घर लौटीं!

अनुवाद : रेखा देशपाण्डे

स्नेहलता को चोरों ने चकमा दिया

शाम को बण्डू जब घर लौटा तब स्नेहलता घर में नहीं थी, कहीं चली गयी थी इसलिए कपड़े बदलने का कार्यक्रम बण्डू अपने मन मुताबिक कर पाया था। जूते उतारकर दाहिने फेंक दिये तो कोट बायें, पैण्ट उतारते समय हमेशा की भाँति वह लड़खड़ाया। इसलिए अपना गुस्सा पैण्ट पर उतारा, उसे ऐसा लताड़ा कि बेचारी कपाट पर जा पड़ी। बण्डू समझ नहीं पाया कि अपना ब्रीफकेस कहाँ रखे इसलिए सिर पर उठाये घर भर का चक्कर लगा दिया। उसने पाया कि रसोई में दूध की पतीली खुली पड़ी है।

"ईडियट! बेवकूफ है!" वह फुसफुसाया। (यह ध्यान में रखें कि बण्डू ने पतीली को सम्बोधित नहीं किया था, सुधी पाठक समझ गये होंगे कि किसी अनुपस्थित व्यक्ति को बण्डू सम्बोधित कर रहा है।)

अपनी तीव्र भावनाओं को सशक्त अभिव्यक्ति देकर बण्डू ने ब्रीफकेस को ढक्कन बनाकर पतीली पर रख दिया और घरेलू जिम्मेदारी निभा पाने की खुशी में गुनगुनाता हुआ बाहर चला आया।

बण्डू 'पिया बिन आवत नहीं चैन' बन्दिश को तराना शैली में गाया करता था, इसी को आलाप देते वह कोच पर विराजा और टीपाय पर ताल देने लगा।

कपड़ों के बन्धनों से मुक्त बण्डू मुक्त कण्ठ से गायन का आनन्द लूट रहा था कि घण्टी बजी, उसने सोचा कि स्नेहलता होगी और दरवाजा खोलकर होठों में बन्द 'सम' उस पर फेंक दी।

ऐसा किये जाने पर उसका अनुभव था कि स्नेहलता लाड़ में धमकाकर उसे एक ओर ढकेल दिया करती थी। लेकिन अबकी बार वैसा कुछ न कर वह जोर से चिल्लायी और भाग गयी।

सहजात चतुर बण्डू को यह समझने में देर नहीं लगी कि वह स्नेहलता नहीं थी इसलिए वह भी उसके पीछे भागा ताकि उसे गलतफहमी न हो, वह चिल्ला भी रहा था, "अजी रुकिए तो सही, भागो नहीं!"

महिला ने पलटकर देखा और तारस्वर में चीखकर तेजी से भागने लगी। महिला के विक्षिप्त व्यवहार की संगति बण्डू बिठा नहीं पा रहा था, असमंजस में उसने इधर-उधर देखा फिर अपनी ओर देखा और उसे अपनी दिगम्बरावस्था का

भान हो आया, अपनी गाड़ी रिवर्स में डालकर द्रुतगति से अन्दर चला आया।

"ईडियट! बेवकूफ!" इस तरह बदनामी के लिए वही अनुपस्थित व्यक्ति जिम्मेदार है इसका दृढ़ विश्वास बण्डू को हुआ।

घण्टी नहीं बजी लेकिन चाबी चालन की खुड़बुड़ाहट उसने सुनी और अब तक अनुपस्थित व्यक्ति ने प्रवेश किया।

इस बार बण्डू अन्दर छिपा था, जैसे देखा कि वह व्यक्ति और कोई नहीं बल्कि स्नेहलता है वह बाहर चला आया।

बण्डू को देखकर स्नेहलता का आश्चर्य चुप न रहा, बोली, "अच्छा! तो चोरों ने आपको भी नहीं छोड़ा! क्या दशा बना दी है!"

"चोर? कौन-से चोर? कहाँ हैं?"

"लो! आपको कोई खबर भी नहीं है! कमाल है!"

स्नेहलता के चेहरे पर भाव था कि इससे अधिक नासमझ जीव पति के अतिरिक्त और कोई नहीं हो सकता!

"क्या अपने यहाँ आये थे चोर?" बण्डू चोरों का सन्दर्भ छोड़ना नहीं चाहता था।

"भला अपने यहाँ क्या आएँगे? अपने पड़ोसी घारुअण्णा हैं न..."

"माइ गॉड! तो क्या अब घारुअण्णा चोरी करने पर उतर आये?" बण्डू का सहज आश्चर्य, उतनी ही सहजता में प्रकट हुआ।

"नहीं! पूरी बात सुनते नहीं! बिलकुल नामसझ हो! घारुअण्णा दूसरे शो से लौट रहे थे, रास्ते में तीन चोरों ने उन्हें घेर लिया, घसीटकर गली में ले गये, सब कुछ उतार लिया उनका, घड़ी, बटुआ, पेन, अँगूठी और कपड़े तक उतार लिये बदमाशों ने। दो घण्टे बाद जब लौटे तब शरीर पर बनियान तक न थी।"

"बनियान तक? कुछ भी, बिलकुल नहीं था?" बण्डू की भौंहें इस कदर ऊपर उठीं कि बालों में मिल गयीं।

"धत्! आप भी कमाल के हैं! चोर भी तो आखिर मनुष्य ही हैं, आपकी नाईं 'वह' नहीं होते। जाँघिया जरूर रखा था।"

"अच्छा! सब ठीक है।"

"आपका सिर! ठीक क्या हुआ?" कहते हुए स्नेहलता ने जूते जगह पर लगा दिये लेकिन कुछ ठिठक-सी गयी।

"मेरा मतलब वह नहीं है। लेकिन क्या घारुअण्णा निपट अकेले थे उस समय सड़क पर।"

"अकेले क्यों? राधा भाभी भी थीं साथ लेकिन वह बेचारी आगे-आगे चल रही थीं और घारुअण्णा को कुछ बता भी रही थीं, यही मानकर चल रही थीं कि घारुअण्णा पीछे चले आ रहे हैं। जैसे ही मकान के पास पहुँचीं तब बोलीं, 'मैं जो कुछ कह रही हूँ आप सुन रहे हैं न?' लेकिन पीछे से कोई उत्तर न पाकर उन्होंने

पलटकर देखा, तो घारुअण्णा गायब थे।"

"तब?" बण्डू की उत्सुकता चरम सीमा पर थी।

दूसरे कोने में पड़े कोट को उठाकर हैंगर पर लगाती हुई बोली, "तब क्या? राधा भाभी गुस्से के मारे लाल-पीली हो गयीं और आवेश में बोलीं—मैं सब कह रही थी इत्मीनान से, पता नहीं मुझसे अधिक कौन मिला कि गायब ही हो गये सहसा! कोई मतलब नहीं रहा मेरे कहने का!"

"फिर?"

कपाट पर पड़ी पैण्ट निकालने-खींचने के लिए स्नेहलता फुदक रही थी लेकिन पैण्ट हाथ नहीं आयी तब गुस्सा उतारती हुई बोली, "फिर-फिर क्या लगा रखा है, यह पैण्ट निकाल दो पहले!"

आज्ञाधारक बण्डू भी तब फुदकने लगा।

"चलिए! हटिए! आपसे एक काम नहीं होता ढंग से।" कहते फटकारते त्वरा से अन्दर गयी और कपड़े फैलानेवाला छोटा डण्डा ले आयी।

अपने सिर पर पड़ी पैण्ट उठाकर उसको सौंपते हुए बण्डू बोला, "अब बताओ, फिर क्या हुआ?"

"क्या होना था? दो घण्टों के बाद भी जब घारुअण्णा नहीं लौटे तब बेटे को साथ लेकर राधा भाभी उन्हें खोजने निकल पड़ीं। चारों तरफ देखा, रात के वक्त जातीं भी कहाँ आखिर! लौट आयीं बेचारी, लेकिन देखती हैं कि दरवाजे पर घारुअण्णा सोये हैं, बिलकुल...सिर्फ जाँघिया था।"

"तुम चाहे जो कहो, लेकिन जाँघिया तो था, वरन्...!"

"लेकिन मैं कहती हूँ कि आप क्यों सिर्फ जाँघिया पहने बैठे हैं, चुपचाप पहन लो अपने कपड़े।" स्नेहलता ने फिर एक आज्ञा दी।

बण्डू जल्दी-जल्दी कपड़े पहनने लगा।

"हाय राम! मेरा भाग्य ही फूटा!" अपना सिर पकड़कर स्नेहलता सहसा चिल्लायी।

"क्या हुआ, क्या हुआ" कहते हुए बण्डू भी भागा-भागा-सा आया। ब्रीफकेस के नीचे की दूध की पतीली पलट गयी थी और सारा दूध फैल गया था इधर-उधर।

"ओह! दूध ही तो फैला है! मुझे लगा कि चोर ही आ गये।" बण्डू ने राहत की साँस भर ली।

"आपकी आये दिन की हरकतों से जो नुकसान हो रहा है उससे तो चोर अच्छे! जो कुछ ले जाना है एकबारगी ले जाते हैं, आये दिन की यह खटपट तो नहीं!" कहते हुए दूध में लथपथ ब्रीफकेस पोंछकर बण्डू को थमा दिया।

बण्डू फिर समझ नहीं पाया कि इसे कहाँ रखे!

मुँह बाये बण्डू को देखकर स्नेहलता ने माथा ठोंक लिया और उसके हाथों

से खींच लिया ब्रीफकेस और बाहर के कमरे में यथास्थान रख दिया। और कड़ककर बोली, "आज रात जब सिनेमा से हम लोग लौटेंगे तब आप आगे-आगे चलेंगे और मैं पीछे-पीछे। समझे!"

"वाह! तुम्हारी अक्लमन्दी की तारीफ करता हूँ। कहीं चोर तुम्हें पीछे से उठा ले गये तो? देखो, मैं साफ कहे देता हूँ, तुम सिर्फ...पहनकर घर लौटो यह मुझे मंजूर नहीं है। हद हो गयी, टू मच यानी बिलकुल ही टू मच होगा।" इस मामले में बण्डू की धारणा दृढ़ थी।

"तुम्हारा सिर!"

वैसे हमेशा इतवार के दिन सवेरे अपनी हाजिरी लगानेवाला नानू इस हफ्ते में शुक्रवार की शाम को ही आ धमका। नानू लँगड़ा रहा था और कराह भी रहा था। उसकी दोनों कनपटियों पर सूजन थी।

नानू की हालत देखकर स्नेहलता बोली, "नानूजी, यह सब कैसे हो गया जी? किससे हाथापाई कर आये हो?"

"क्या कहूँ भाभी! चोरों ने घेर लिया था मुझे, और...।"

"आगे कुछ ना कहें आप, मैं जानती हूँ, तीन थे वे, हैं न?"

"हाँ! लेकिन तुम्हें कैसे पता चला कि वे तीन थे?"

"दोनों ने तुम्हें कस लिया और तीसरे ने तुम्हारे मुँह में कपड़ा ठूँस दिया, है न!"

"हाँ-हाँ! बिलकुल! लेकिन, क्या तुम पहचानती हो उनको?" मोटे चश्मे में से बड़ी-बड़ी दिखनेवाली नानू की आँखें और बड़ी हो आयीं।

स्नेहलता आगे कुछ कहे इससे पहले बण्डू त्वरा में आया और उसके मुँह पर हाथ रखकर बोला, "आगे मैं कहता हूँ। फिर एक चोर ने एक तरफ से चाँटा लगाया और दूसरे ने दूसरी तरफ से, है न?"

"बिलकुल! बिलकुल सही, लेकिन...!"

"तब तीसरे ने नड़घा पर बूट की लात लगायी, है न?"

"कमाल है बण्डू तुम्हारा भी? बिलकुल सही कहा!"

स्नेहलता ने बण्डू के हाथ को हटा लिया और बोली, "तब बटुआ, पेन, घड़ी और कपड़े तक उतार लिये, है न?"

"सिर्फ जाँघिया नहीं उतारा, है न?" बण्डू जाँघिये के महत्त्व को रेखांकित कर बोला।

"लेकिन? लेकिन यह आश्चर्य है, नानूजी की घड़ी, पेन वगैरह सब तो सलामत हैं! सो कैसे?" स्नेहलता ने अपने साथ बण्डू को भी दुविधा में फँसा लिया।

"यानी तुम्हारा सिर्फ बटुआ उड़ा ले गये, अँ?" बण्डू अपनी दुविधा को सुलझाने के प्रयास में बोला।

"नहीं! बटुआ भी नहीं लिया।" बण्डू की उलझन को नानू ने बढ़ा दिया था।

"यानी? कहीं आपने फाइट तो नहीं की चोरों से?" स्नेहलता की आँखें चमक उठी थीं।

"अब सही कहा! बिलकुल! मैंने भी कच्ची गोटियाँ नहीं खेली थीं। जिसने मेरा मुँह दबा रखा था, उसको चिकुटी काटी मैंने," सीना फुलाकर नानू बयान दे रहा था।

"तब?"

"उसने मेरे सिर पर एक झापड़ लगा दिया तुरन्त।"

"कहाँ? कहाँ लगाया? अच्छा, तो माथे पर जो सूजन है वह उसी वजह से?"

"नहीं! वह तो तब हुआ जब उन्होंने तीन-तीन बार मुझे दीवार पर टकराया।" सूजन सहलाते हुए नानू बोला।

"हाय राम! कैसे निर्दयी थे मुए! तीन-तीन बार टकराया न? चोरी करने निकले हैं तो सिर्फ चोरी कर चले जाते। यह तो हद हुई। सिर यानी कपड़ा नहीं कि पत्थर पर दे मारा! यह तो सरासर ज्यादती है!" चोरों की ज्यादती पर स्नेहलता ने अपनी नाराजगी साफ कह दी थी।

"भाई नानू! तुमने फाइट दी कहाँ, मुझे तो लगता है कि तुम्हारी धुलाई अधिक हुई है!" बण्डू ने सहानुभूतिहीन आवाज में कहा और उसी नजर से उसे घूरता रहा।

"आप भी कमाल करते हैं! नानूजी ने चिकुटी जो काटी!" स्नेहलता ने अपना सात्त्विक क्रोध व्यक्त किया।

"इससे क्या होता भाभी? जब दोनों ने मुझे कस लिया था तब मैंने यों लताड़ा, यों लताड़ा कि पूछो मत।" पूरी मर्दानगी से सामनेवाली दीवार पर आँखें गड़ाये नानू बोल रहा था।

"तब?"

"तभी तो उन्होंने मेरा सिर दीवार पर दे मारा! तीन-तीन बार मारा!"

"तब भी आपने जिद नहीं छोड़ी, लड़ते ही रहे, है न?" स्नेहलता की आँखें नानू की आरती उतारने को आमादा लगीं।

"ठीक फर्माया! कड़ाई के साथ लड़ा मैं भाभी! लेकिन चोरों को कोई कद्र नहीं थी, बहुत बुरा सलूक किया उन्होंने मेरे साथ। मेरा अपमान किया यानी बिलकुल इन्सल्ट की मेरी उन्होंने!" नानू के चेहरे से बचेखुचे रंग कब के उड़ गये थे, अब वह रुआँसा हो गया।

"इन्सल्ट की तुम्हारी? सो कैसे भाई?" बण्डू को इस बात पर आश्चर्य था कि चोरी करने के बदले चोर इन्सल्ट क्यों करने लगे।

"वह किस्सा ही और है! चोरों में से एक ने मेरा बटुआ निकालकर देखा तो उसमें से सिर्फ अठन्नी निकली। इससे वह गुस्सा हुआ। थूक के रूप में अपना गुस्सा

और मेरा बटुआ सड़क पर फेंककर बोला, 'साला, एकदम फालतू आदमी निकला, भीख माँगनेवाले के पास भी तो दस-पाँच निकलते हैं।' और एक जोरदार चाँटा जमाया।"

"अच्छा! तो आपने पैसे कहीं और रखे थे। देखा न आपने, नानू भाई कितने चालाक हैं और एक आप हैं..."

नानू ने अर्ज की, "नहीं भाभी! मेरे पास वाकई अठन्नी ही थी उस समय!"

"बस! अठन्नी मात्र!"

"श्रीमती जेब खर्च के लिए रोज अठन्नी ही देती है, कहती है कि जब हर रोज टिफिन भेजती हूँ तब किसलिए चाहिए पैसे-वैसे? अठन्नी बस होती है, वक्त-बे-वक्त काम आएगी। तब आप बताइए कि मैं क्या करता?"

"गजब ढाती है मालती दीदी! बड़ी सख्ती बरतती है। मुझे भी अब ऐसा ही करना चाहिए, तभी आप सीधे रास्ते चलेंगे!" बण्डू को सार्थक नजर से देखती हुई स्नेहलता ने टिप्पणी दी।

"नहीं-नहीं। भाभीजी इतनी मेहरबानी तो कर ही दें वरन् बण्डू का भी अपमान करेंगे वे चोर!" नानू ने विवशता में अर्ज की।

"लेकिन आपने भी तो चोरों की बातें सुनी नहीं लाचारी में।"

"हाँ! सो तो है! मैं चुप नहीं रहा। मैंने कह दिया, हमको फालतू आदमी न समझो, अच्छी-खासी कम्पनी में अच्छी-खासी तनखा मिलती है लेकिन सारे पैसे बीवी निकाल लेती है, तभी ऐसा होता है, वरन्...!"

"तब?"

"तब क्या? एक ने मेरे सिर पर चपत जड़ दी और क्या? और बोला, 'धत् तेरी! जोरू का गुलाम है स्सालाऽ!' ऐसा कहकर उसने मेरा अपमान किया भाभी।"

"यह जोरू कौन है कि जिसके आप गुलाम बने?"

"अरी! जोरू यानी पत्नी, यानी श्रीमतीजी यानी वाइफ!" बण्डू ने अर्थ साफ कर दिया।

"हत्! अपनी श्रीमती को जोरू क्यों कहें, वह कैसा जोर लगाती है आखिर!" स्नेहलता ने नाक सिकोड़ ली।

"तुम चाहे जो मानो लेकिन मालती भाभी हैं जोरदार जोरू!" बण्डू ने हामी भर दी।

"अगली भी तो सुन लो! फिर उन्होंने मेरी घड़ी उतार ली, उसे उलट-पलटकर देखा और बोले कि घड़ी है कि चूने की डिब्बी? यह तो फालतू से भी फालतू मिला आज!"

"मुझे नहीं लगता कि आपकी घड़ी इस कदर बुरी होगी!"

"और क्या? इतनी अच्छी घड़ी मुश्किल से मिलती है भाभी! पिताजी चालीस

साल से इस्तेमाल करते थे, आज भी इसकी टिक-टिक कायम है। यह बात दूसरी है कि इसका मिनटवाला काँटा अब गिर गया है। मैंने मालती से कई बार कहा कि घड़ी ठीक करवानी है, पैसे दे दो। तब कहती है, मिनटवाला काँटा न होने से कोई फर्क नहीं पड़ता क्लॉक काँटे से सब मालूम होता है!"

"यह तो सरासर ज्यादती है दीदी की!" नानू पर तरस खाकर स्नेहलता ने कहा।

"भाभी, आप क्यों नहीं कहतीं एक बार उससे?" आशा भरे स्वर में नानू ने पूछा।

स्नेहलता इस अनपेक्षित प्रश्न से सकपका गयी। 'महिला समाज' में मालती को अन्य महिलाओं को मात देते हुए देखा था उसने, उसे मालती का वह रूप याद आया। सहमकर बोली—

"लेकिन आप भी कह सकते हैं नानूजी!"

"भाभी! मैंने कहा उससे कि चोरों ने सारी चीजों को फेंक दिया मुझ पर और धक्के देकर भगा दिया मुझे!"

"तब क्या कहा उन्होंने?"

"मुझ पर ही गुस्सा हुई, बोली आपने क्यों सुन लिया चुपचाप! कहा क्यों नहीं कि तुम्हारे जैसे छप्पन चोर खरीद सकती है मेरी बीवी! उसके गहने देखोगे तो गश खाकर गिर जाओगे!"

"कमाऽऽल है! नानूजी! आप बैठिए थोड़ी देर! आपके लिए चाय और पोहे बनाती हूँ। इत्मीनान से बैठिए थोड़ी देर!" स्नेहलता ने स्नेह प्रदर्शन किया।

"लेकिन...लेकिन, मैं बैठ नहीं सकता!"

"क्यों? बैठने में क्या दिक्कत है?"

"मेरा सिर तीन बार टकराया दीवार से और कद्दू की भाँति तीन-तीन बार सड़क पर पटका मुझे उन बदमाशों ने! इसलिए..."

"हाय राम! तब तो लेटने में भी दिक्कत होती होगी। क्या खड़े-खड़े सो लेते हैं आजकल?"

बेचारा नानू क्या उत्तर देता? खड़े चाय पी ली और श्रीमती के सम्मुख आज्ञाधारक बनकर खड़ा होने के लिए चला गया।

बीच मध्यरात्रि में स्नेहलता ने खर्राटे भरनेवाले सुखनिद्रा में लीन बण्डू को जगाया। घबड़ाकर बण्डू जाग उठा—

"आँ...क्या है? क्या हुआ?" कहने लगा।

"आपका सिर हुआ!" स्नेहलता का टका-सा उत्तर।

"सिर की बात सवेरे भी कर सकती थीं, मध्यरात्रि में जगाने की जरूरत नहीं थी। यूजलेस! नालायक!"

अपने सात्त्विक क्रोध को व्यक्त कर चादर ओढ़कर लेटनेवाले बण्डू को स्नेहलता ने सुनाया, "आप तो बिलकुल बेखबर सोते हैं घोड़े बेचकर, मुझे चिन्ता खाये जा रही है।"

"तो तुम्हारा मतलब है कि गाढ़ी नींद सोना निरर्थक है, खाँसता-खँखारता, रतजगा करता तब अच्छा लगता?"

"मैंने कब कहा कि आप सोएँ नहीं लेकिन सजग नींद अच्छी होती है, कहीं खट्ट नहीं हुआ कि तुरन्त जगना चाहिए, तब मानूँगी!" बण्डू के लिए आदर्श निद्रा का नमूना स्नेहलता ने रेखांकित कर दिया।

"आखिर क्यों? जहाँ कहीं खटखुट होना है, होता रहेगा हम यहाँ आराम से सोएँगे। क्या गलत है ऐसा?"

"अब आपको कौन समझाए? चोर आ जाएँगे और आप खर्राटे भरते सोते रहेंगे, सारा घर लूटकर ले जाएँगे चोर! और आप सोते रहिए!" स्नेहलता के स्वर से चिन्ता टपक पड़ी।

"यह तो सरासर जुल्म है! चोर आएँगे इसलिए कोई कभी सोए नहीं? हद है! मेरी मानो! मैं बन्दोबस्त कर दूँगा चोरों का सुबह होते ही, पूरे दिन-भर का जिम्मा मेरा और रात का तुम्हारा। समान अधिकारों की माँग है न तुम्हारी—ले लो ठीक-ठीक समान!" बण्डू ने चोरों के बारे में अधिकारों का समान बँटवारा तुरन्त कर दिया।

स्नेहलता कुछ कहने को कुलबुला रही थी लेकिन बण्डू ने उसे भी अपने लिहाफ में घसीट लिया और उसका मुँह बन्द कर दिया।

सवेरे चाय के समय उसने पूछा—

"कहीं चोर तो नहीं आये थे रात में?"

"अगर आना ही है तो वह दिन में भी आ सकता है!"

"दिन-भर का जिम्मा मुझ पर छोड़ो! मैं सँभाल लूँगा उसे! आने दो!" ब्रेड पर मक्खन लगाने की छुरी नचाते हुए बण्डू बोला।

"थोड़ी देर में आप चले जाएँगे अपने ऑफिस में तब घर की रखवाली मुझे ही करनी पड़ेगी, पता नहीं शाम को कब लौटेंगे!"

काफी देर तक बण्डू इस समस्या पर सोचता रहा और बाद में मुस्कराकर बोला, "जब सवेरे ऑफिस जाया करूँगा तब तुम अपने सारे गहने और पैसे मेरे पास रख दिया करो, मैं दिन-भर अपने पास ही रखूँगा, शाम को लौटा दूँगा फिर तुम्हें। दिन-भर तुम निश्चिन्त रहो, रात को मैं रहूँगा। क्यों, है कि नहीं बात?"

"लाख बात कही आपने! इतने दिनों में आज अक्लमन्दी की बात कही। एक बार आपको सौंप देने पर जिन्दगी भर उनकी फिक्र करने की नौबत नहीं आएगी! आप अपने छाते का ध्यान नहीं रख पाते हैं, मेरे गहनों की चिन्ता क्या खाक करेंगे?"

"वाह भाई वाह! तुमने मुझे बिलकुल ही 'वह' समझ लिया क्या? एक बार

भरोसा कर तो लो! देख लेना कितनी फिक्र करता हूँ।"

"बड़े आये भरोसेवाले! मेरे गहनों की नहीं खुद अपनी फिक्र करें और सही-सलामत घर लौटें तब मानूँ। अपना बटुआ सँभालें तो भी बहुत होगा। अभी हाल ही में दो किस्से हुए हैं बटुओं की चोरी के, अपना बटुआ तक सँभाल नहीं पाते हैं और चले हैं मेरे गहनों की फिक्र करने।" स्त्री के उपहास का जीता-जागता नमूना पेश किया था स्नेहलता ने।

बण्डू इतना ही चटपटा उत्तर देना चाहता था इसलिए हाथ में पकड़ी छुरी को काफी देर तक ताकता रहा और हवा में ही उसे सान पर चढ़ाने का अभिनय करते हुए बोला, "अरे जाओ—ऐसे बहुत देखे हैं, पानी पीकर आना, तब कहना!"

तभी स्नेहलता ने समझाया, "आज वह फटा जाँघिया मत पहनना, दूसरा अच्छा-सा है, वह पहन लेना।"

"अरे छोड़ो जाँघिया-वाँघिया! फटा हो या साबुत! इसे कौन देखता है?"

"जब आपका घारुअण्णा जैसा होगा तब पता चलेगा कि कोई देखनेवाला है या नहीं। आपका फटा जाँघिया देखकर लोग बेइज्जत मुझे करेंगे, आपको नहीं, अपनी बदनामी से डरती हूँ मैं।"

स्नेहलता का सुभाषित सुनकर बण्डू एक साथ चकित और अवाक् हो गया था।

वह फुसफुसाया, "क्या...क्या मतलब?"

"अब यह मतलब-वतलब का चक्कर रहने दें, कपड़े पहन लें और एक दिन तो ऑफिस में समय पर पहुँचें।"

इसे सुनते ही मक्खन की छुरी घुमाते हुए बण्डू ने स्नेहलता को एक चक्कर लगवाया, ताण्डव नृत्य किया और जल्दी से तैयार होने के लिए अन्दर भागा।

"हाय राऽऽम!" स्नेहलता ने जोरदार गुहारा।

बण्डू पैण्ट ढंग से पहन नहीं पाया था, उसी अवस्था में फुदकता-फाँदता आया मानो तीन पैरोंवाली दौड़ में दौड़ लगा रहा हो और हाँफता हुआ बोला, "क्या है? क्या हुआ?"

"क्या होना है? आज पहली तारीख है न?"

"हाँ! लेकिन इसका तुम्हारे चीखने से क्या ताल्लुक?"

स्नेहलता ने अपना मस्तक दोनों हथेलियों में कसकर पकड़ा और बोली, "वाह! ताल्लुक कैसे नहीं! आज तो तनखा मिलेगी आपको! पूरी आप ही के पास रहेगी!"

"तो इसमें चीखने लायक क्या है, हर पहली को तनखा मिलती है।"

"आप तो निरे बुद्धू हैं! शहर में चोरियाँ हो रही हैं और आप भोले बाबा बने घूम रहे हैं। पहली तारीख को दुनिया की तनखा मिलती है और चोर भी इसे जानते

हैं। मुझे नहीं लगता कि आप सही-सलामत और पूरी तनखा लेकर लौटेंगे!" स्नेहलता ने अपना माथा फिर एक बार कस लिया था।

इस पर बण्डू ने अपनी ओर से बहुत जोशीली तकरीर की लेकिन प्रभावशाली वक्तृत्व की उसकी अपनी सीमाएँ थीं।

शाम को तनखा लेकर बण्डू ऑफिस से निकल पड़ा। चाहता था कि नानू के साथ होटल में जाकर पहली तारीख मनाये लेकिन उसने स्नेहलता को ऑफिस के दरवाजे पर खड़ी पाया और अवाक् होकर देखता रह गया। स्नेहलता के होठ एकदम सटे थे और उसी तरह से पर्स बगल में।

बण्डू उसे देखकर केवल यह कह पाया "तुम...?"

"हाँ! इस ओर आयी थी, कुछ चीजें खरीद लीं, सोचा, साथ-साथ ही चलेंगे! क्यों?"

स्नेहलता के हाव-भाव से चतुर बण्डू तुरन्त समझ गया था कि स्नेहलता बहाना बना रही है। वह बोला, "लेकिन...लेकिन तुम!"

"तनखा मिल गयी न?"

बण्डू ने मिचमिचाती आँखों से स्नेहलता को देखा।

"मुझे दे दें!"

पूरे मामले का निषेध करने के लिए कदम बढ़ाकर साहसी कदम तो उठाया और उसी तरह वह कुछ कहनेवाला था कि ऑफिस से निकलनेवाले मित्रों ने पीठ ठोंक दी उसकी और बोले, "वाह भाई! आज श्रीमतीजी के साथ सेलेब्रेट करने का इरादा लग रहा है! भाभी जी, अभी पिक्चर देख लेना और रात को खाना खाकर ही घर लौटना। बहुत अच्छा प्रोग्राम रहेगा।"

अपनी ओर मित्रों की कड़ी नजर का भान होते ही वीरश्रीयुक्त वक्तव्य कर पाना बण्डू के लिए मात्र असम्भव हो गया था।

स्नेहलता ने बण्डू से उसका बटुआ लेकर पर्स में रख लिया। पर्स का बेल्ट गले में डाल लिया और पर्स बगल में दबा लिया और बोली, "चलिए!"

बण्डू हकलाया, "लेकिन...तुम, ले...किन!"

"पहले सीधे घर चलें, फिर नानूजी के साथ जाना, जहाँ भी और जितना भी घूमना-फिरना है बाद में, पहले घर!"

"ठीक...है, लेकिन, यह स...ब!"

"आप आगे-आगे चलिए, मैं पीछे-पीछे चलूँगी।"

"क्यों, क्यों है यह सब?"

"मैं नहीं चाहती कि आपका हाल घारुअण्णा की भाँति हो!"

"लेकिन कहीं तुम्हीं पर वह नौबत आ जाए तो? सारे पैसे तुम्हारे पास हैं, तुम्हीं आगे-आगे चलो ताकि तुम्हें देख सकूँ!"

"आप मेरी चिन्ता न करें, छाता है मेरे पास!" अपने आत्मविश्वास के मूर्तरूप छाते को स्नेहलता ने कसकर पकड़ा।

"हुँ! छाते से क्या होगा?"

"कोई पास आए तो कसकर एक लगाऊँगी कि..."

"ओऽय, ओय!" बण्डू नड़घा सहलाते विह्वल हुआ।

आगे-आगे बण्डू और पीछे-पीछे स्नेहलता की यात्रा घर की ओर चल पड़ी। सड़क के नुक्कड़ पर खड़े नानू को बण्डू ने इशारे से समझाया, अपनी उँगली तीन-तीन बार पीछे दिखायी तब कहीं नानू समझ पाया कि पीछे-पीछे भाभीजी चल रही हैं। तब सारा मामला तर्क से समझकर किसी सड़क चलते तटस्थ आदमी की भाँति डग भरता हुआ वह चल दिया।

रेल में, सड़क पर काफी भीड़ थी, जबरदस्त रेला था लेकिन अवांछित घटना नहीं हुई। स्नेहलता के पास जो भी आता था या हो जाता था, झटका खाकर 'ओय' कहता हुआ तुरन्त दूर हट जाता था। बण्डू पर कोई जिम्मा नहीं था इसलिए वह इत्मीनान से बेफिक्र चल रहा था। बिलकुल गाफिल!

सकुशल घर पहुँचने पर स्नेहलता बोली, "अच्छा हुआ कि नहीं मेरा पहुँचना?"

"कोई जरूरत नहीं थी तुम्हारे आने की और पहुँचने की! यूजलेस! नालायक!" कहते हुए बण्डू ने अपनी जेब टटोली और सहसा चिल्लाया, "हाय राम! मेरा बटुआ?"

स्नेहलता ने विजय भरी मुस्कराहट फैलायी और बोली, "मैं न पहुँचती तो सारी तनखा नदारद होती आज! अब तो खैरियत मनाओ!"

अपनी सारी जेबें टटोलता हुआ बण्डू बोला, "लेकिन, मैंने, लेकिन।"

"बस करें अब यह सब! हमेशा की आदत है आपकी धाँधली की!" कहते हुए स्नेहलता ने पर्स खोलकर अन्दर हाथ डाला और जोर से चीखी, "ओऽऽय्!"

"अरे...रे! क्या हुआ!" बण्डू गेंद की भाँति तीन फीट उछला।

लेकिन स्नेहलता अवाक् थी, इसलिए कि उसका निचला जबड़ा ऊपर उठ नहीं पा रहा था, मुँह बाये, अवाक् थी वह। लेकिन उसकी आँखें उछल-उछलकर बाहर निकलने को बेताब लग रही थीं।

बण्डू ने उसका जबड़ा ठीक किया और बोला, "आखिर हुआ क्या?" अपने पर्स में हाथ चलाते हुए स्नेहलता बोली, "इसे—इसे देख लें" बण्डू साश्चर्य बोला, "आँ! तुम्हारा हाथ तो आर-पार हो गया, सो कैसे?"

"अब क्या कहूँ कि कैसे?"

"यानी तुम्हारा पर्स काट लिया? सारी तनखा चली गयी आज! माइ गॉड!" कहता हुआ बण्डू कमरे में इधर-उधर उछलता-कूदता रहा।

"लेकिन यह सब हुआ कैसे आखिर?"

"यही मैं तुमसे पूछ रहा हूँ! इतने करीने से दबाया था तुमने पर्स! जरा भी अहसास नहीं हुआ तुम्हें कि पर्स काटा जा रहा है। बेवकूफी और धाँधली की भी हद होती है। यूजलेस! नालायक! डिसमिस कर देना चाहिए तुम्हें तुरन्त!"

अब स्नेहलता की आँखों से गंगा-यमुना और नाक की नोक से कावेरी बहने लगी। धमधम चलती हुई बोली, "आपके कारण ही हुआ यह सब! सिर्फ आपके कारण!"

"मेरे कारण? सो कैसे? क्या किया मैंने?"

"आप चूँकि मेरे आगे-आगे चल रहे थे, मुझे आपकी जेब पर ध्यान रखना पड़ा था लगातार कि कहीं कोई काट न ले आपकी जेब इसलिए...इसलिए..." स्नेहलता का वाक्चातुर्य पुनः स्थानापन्न हो रहा था।

"अरे! चल हट! बड़ी आयी ध्यान रखनेवाली! और कहती है इसलिए...खुद बेवकूफ, गोबर गणेश और, और नालायक हो, उल्टे मुझे डाँटती हो!"

"बस करें यह बकवास, बताये देती हूँ!"

बण्डू ने नड़घा सहलायी, "ओऽऽय्!"

"अच्छा हुआ, भगवान सजा देता है ऐसे लोगों को! निर्दय, दुष्ट!"

"यह खासा न्याय है! चोर को छोड़ दिया और संन्यासी की पिटाई करे!"

तभी घण्टी बजी और नानू अन्दर चला आया। साश्रु स्नेहलता को देखकर बोला, "आँ! क्या देख रहा हूँ मैं? क्यों भाभीजी! क्या मामला है?"

"मामला-वामला कुछ नहीं! इसका पर्स काटा आज किसी ने! सारी की सारी तनखा चली गयी।" बण्डू ने बात साफ कर दी।

"लेकिन भाभीजी आप जैसी चतुर और होशियार स्त्री का पर्स काटना ऐरे-गैरे नत्थू-खैरे का काम नहीं है। क्यों? कैसे हुआ यह? क्यों बण्डू? तुम्हें भी कोई खबर नहीं?"

स्नेहलता के लिए कुछ कह पाना असम्भव था, वह सिसकती रह गयी।

"आखिर आप कुछ कहेंगी कि नहीं, कैसे हुआ यह सब?" नानू ने दुबारा सवाल किया और तुरन्त कह उठा, "ओऽऽय्!"

नड़घा सहलाते हुए नानू के चेहरे पर मुस्कराहट फैल गयी और बोला, "काश! इस कदर कभी मालती का पर्स कोई काटता! बण्डू तुम कर दो यार कोई इन्तजाम इसका! बड़ा मजा आएगा!"

"मजा आएगा? औरों की वेदना से तुम्हें मजा आएगा, अच्छा! निर्दय! दुष्ट कहीं के!"

"लेकिन भाभीजी मैं,...ओऽऽय्!" नानू फिर से नड़घा सहलाने लगा!

अनुवाद : ह. श्री. साने

॥ अन्य हास्य कहानियाँ ॥

उषाताई जाती हैं फिल्म देखने

पूरे एक महीने से इनसे बार-बार कह रही थी कि मुझे 'तीन पंछी' फिल्म देखनी है। फिल्म लगी थी पास ही में 'गणेश सिनेमा' में। कॉलोनी की सारी औरतों ने वह फिल्म देखी थी—बस, मैं ही अकेली बची थी। घर की कार थी। सहेलियाँ कहती थीं, "तुम कभी भी देख आओगी घर की कार जो है!" लेकिन हमारे पतिराज हैं कि मेरी मानते ही नहीं हैं। हर शाम कहीं पार्टी, कहीं मीटिंग...और जिस दिन फुर्सत होती है, उस दिन लुंगी पहनते हैं और खर्राटे भरने लगते हैं या पाइप पीते-पीते पढ़ते रहते हैं। पाइप...पत्नी से ज्यादा पाइप की फिक्र करते हैं।

इनका यह बर्ताव देखकर मैंने नन्दिनी से कहा था कि मैं उसके साथ ही फिल्म देखूँगी। लेकिन बहुत दिन से उसे भी फुर्सत नहीं हुई। नन्दिनी है मेरी छोटी बहन। कल ही उसका फोन आया कि उसने 'तीन पंछी' फिल्म देखी।

मैं उस पर बहुत गुस्सा हो गयी। पूछा, "मैंने तुमसे इतनी बार कहा था... तुम्हारी हिम्मत कैसे हुई अकेली जाकर फिल्म देखने की?"

वह बोली, "क्या बताऊँ दीदी, इनके मामा आये थे कानपुर से। वे फिल्म के टिकट ही खरीद लाये। इसलिए जाना ही पड़ा।"

मैं झल्लाकर बोली, "अकेली देख सकीं तुम?"

उसने जवाब दिया, "लेकिन उषा दीदी, मैं और क्या कर सकती थी? मैं कह रही थी कि मेरी दीदी को फिल्म देखनी है—बार-बार कह रही थी। लेकिन हमें जाने में इतनी देर हुई कि फिल्म के पहले पन्द्रह मिनट तो हम देख ही नहीं पाये। लेकिन फिल्म इतनी अच्छी है! राजेश इतना ग्रेट लगता है..."

मैंने गुस्से में कहा, "मुझे मत बता। मुझे नहीं सुनना।"

लेकिन नन्दिनी ने नहीं सुना। मेरी फटकार से वह विचलित ही नहीं हुई। उसने कहा, "सुनो, गाने तो इतने टॉप हैं! लता और किशोर कुमार का वह गाना..."

"मैं फोन ही रख देती हूँ!" कहकर मैंने सचमुच फोन कान से दूर पकड़ा।

लेकिन नन्दिनी...वह किशोर कुमार का एक गाना सुर में सुनाने लगी। जरा-सी मैड ही है वह!

मैंने कहा, "बस हुआ। अब ज्यादा गाने की जरूरत नहीं है।"

लेकिन नन्दिनी ने पूरा गाना मुझे सुनाया। मैं हँस-हँस के लोट-पोट हो गयी,

लेकिन नन्दिनी को भला इससे क्या? गाना पूरा करके वह बताने लगी, "और भी बहुत-सी बातें दिखायी हैं उस फिल्म में—पेरिस और उसके बाद होनोलुलू।"

मैंने कहा, "क्या कह रही हो नन्दिनी तुम? पेरिस कहाँ है, होनोलुलू कहाँ है? पेरिस के बाद होनोलुलू कैसे दिखाएँगे?"

नन्दिनी अपनी बात पर अटल थी। कहने लगी, "पेरिस के बाद होनोलुलू, क्या असम्भव है इसमें? क्या हम पेरिस से विमान से सीधे होनोलुलू नहीं जा सकते?"

मैं भी गुस्सा हो गयी, "तुम मुझे सिखाती हो? मैं पेरिस भी गयी हूँ और होनोलुलू भी। समझीं?"

लेकिन नन्दिनी वही रिकार्ड बजाती रही। मैंने उसे कितना समझाने की कोशिश की—लेकिन कोई फल नहीं मिला।

नन्दिनी के मुझे खिझाने के कारण मैं 'उन' पर गुस्सा हुई। उनसे कहा, "क्या आप मुझे कोई नौकरानी समझते हैं? अगर पत्नी की चिन्ता नहीं है, तो शादी ही क्यों की?" लेकिन ये ऋषि वसिष्ठ की मुद्रा में बैठे पाइप पीते रहे। तब तो मैं और भी झल्ला गयी। उनके होठों से पाइप खींच लिया और जमीन पर पटक दिया। टीपॉय पर रखा ऐश-ट्रे भी दूर फेंक दिया।

तब 'ये' बहुत ही घबराये। त्वरित उठकर बाहर जाने की तैयारी करने लगे और बच्चों को पुकारकर ऊँची आवाज में बोले, "चलो बच्चो, फिल्म देखने जाएँगे!"

मैंने कहा, "आपको फिल्म देखनी है तो शौक से देख आइए। मैं कतई नहीं जाऊँगी। आइन्दा, जिन्दगी में आपके साथ कभी भी फिल्म देखने नहीं जाऊँगी।"

मैं छज्जे पर जाकर खड़ी हो गयी। तब 'ये' मेरे पीछे आये। राम के सामने हनुमानजी जिस तरह हाथ जोड़कर खड़े रहते हैं, उस मुद्रा में खड़े हो गये। मुझे लगा कि यह उनका नाटक है।

मैंने कहा, "ऐसे नाटकों से मैं कतई ठगी नहीं जाऊँगी। मुझे फिल्म देखने नहीं जाना है।"

फिर भी 'ये' वैसे ही खड़े रहे। उल्टे अपने नमस्कार की मुद्रा में बाँधे हाथ मेरी नाक तक लाते बोले, "क्षमस्व, देवी, क्षमस्व..."

मैंने कहा, "मुझे नहीं चाहिए आपका नमस्कार। गुस्सा आने पर वह नमस्कार भी आपके पाइप जैसा ही उड़ा दूँगी।"

फिर भी ये हठीलेपन से खड़े रहे। कहने लगे, "देवी, क्या मैं आपको साष्टांग प्रणिपात करूँ?"

तभी सामनेवाले छज्जे में विमलाबाई आ गयीं। तब मैंने 'इनसे' कहा, "देखिए अब दुनिया के सामने यह तमाशा मत कीजिए। चुपचाप अन्दर चले जाइए तो!"

मेरी बातें जब उन्होंने अनसुनी कर दीं, तब मैं ही अन्दर आ गयी, तो ये भी मेरे पीछे अन्दर आये। नमस्कार की मुद्रा वैसी ही थी।

मैं चिढ़कर बोली, "अब इतने हनुमान बन ही गये हैं तो एक दुम भी चिपका लेना!"

फिर भी इनका हठीलापन नहीं गया।

तब और भी चिढ़कर मैंने कहा, "और मुँह रँगा लेना लाल रंग से—किसी बन्दर जैसा!"

तब ये ऊँची आवाज में बच्चों से बोले, "देखो बच्चो, सिर्फ मेरे नमस्कार का कोई फल नहीं मिल रहा है। अब तुम भी आओ और हाथ जोड़कर खड़े हो जाओ।" बच्चे तो ऐसे छिछोरेपन के लिए तैयार ही रहते हैं। वे भी भागते-भागते आये और हनुमान जैसे हाथ जोड़कर खड़े रहे।

अनिल के नाखून गन्दे थे और लता के घुटनों पर धूल लगी हुई थी। मैंने दोनों के माथे पर थप्पड़ लगा दिया और कहा, "पहले हाथ-पैर धोकर आओ। मेरे बार-बार कहने पर भी नहीं मानते हो, तो ये नाटक क्यों रचा रहे हो?"

सभी ने बहुत ही हठीलापन किया, तब मैंने कहा, "तुम अगर ऐसे ही खड़े रहे, तो सिनेमा जाने की तैयारी कैसे होगी?"

तब सभी ने हिप, हिप हुर्रा चिल्लाकर जयघोष किया।

मैंने इनसे कहा, "क्यों जी, अब बड़े पाँव चाटते आये हैं; लेकिन मैं एक महीने से चिल्ला रही थी, तब ध्यान क्यों नहीं दिया?"

"फिर तुम्हारे गुस्से का दर्शन कैसे होता? अच्छा लगता है जब तुम बीच-बीच में गुस्सा हो जाती हो।"

"क्यों जी, मुझे क्या आप रानी के बगीचे की बन्दरिया समझते हैं जो खिझाने...? तब तो बिलकुल नहीं जाऊँगी मैं फिल्म देखने!" मैं फिर से झल्ला उठी।

इस पर ये हाथ जोड़कर फिर से 'भूल हुई, भूल हुई' कहने लगे।

(आप सोच रहे होंगे इतना सब होने पर हम ठीक तरह से फिल्म देखने गये होंगे। लेकिन हमारे घर में कोई भी बात सीधे तरीके से होती ही नहीं।)

फिल्म देखना तय होने पर अनिल बोला, "लेकिन मम्मी यह 'तीन पंछी' ही क्यों देखनी है? हम सब 'क्रूकेड़ जर्नी' फिल्म देखेंगे—बहुत बढ़िया फिल्म है।"

मैं बोली, "तो फिर तुम ही जाना। मैं नहीं जाऊँगी।"

इस पर 'ये' भी अनिल पर गुस्सा हो गये। लेकिन इतना सब होने पर भी अनिल चुप बैठनेवाला नहीं था। वह शिकायत करता ही रहा।

तभी लता ने छज्जे से चिल्लाकर अपनी सहेली से कहा कि हम 'तीन पंछी' देखने जा रहे हैं, और फिर घर में आकर पूछने लगी, "मम्मी, क्यों न हम सुप्रिया को भी साथ लें? उसे भी देखनी है वह फिल्म!"

इस पर मेरे कुछ बोलने से पहले ही 'ये' डाँटने लगे, "तुझे किसने कहा था चुगली करने को? कह दे उसे कि हमारे साथ नहीं आना।"

मैंने कहा, "लेकिन ऐसा क्यों कर रहे हैं आप?"

"कमाल है भई! बाद में तुम ही चार दिन माथा खाती रहती हो—उसकी माँ ने यह कहा और वह कहा! क्यों, किसलिए साथ लें वह झंझट?"

यह वाकई ठीक था। हम उनकी लड़की को फिल्म दिखाएँ और उनसे ही ताने सुनें—मेरी बेटी को कार में हवा लग गयी और जुकाम हो गया! मेरी बेटी को तुमने आइसक्रीम खिलाया और उसका गला खराब हो गया।

लता बोली, "तो कह देती हूँ उसको कि हमारे साथ मत आना।"

मैंने हाथ जोड़कर कहा, "यह देख, भगवान के लिए ऐसा कुछ मत बोल। नहीं तो बिना वजह दुश्मनी हो जाएगी उनसे। उससे कह दे, कि जल्दी से तैयार हो जा। हमें रोक मत रख ज्यादा देर तक।"

फिर भी 'ये' चिल्लाते ही रहे। तब मैंने कहा, "अब कृपा करके वह लड़की आए तो उस पर गुस्सा मत होना।"

तभी सुप्रिया की माँ का फोन आया। कहती थी, "अब आप इतने प्रेम से बुला रहे हैं तो भेजती हूँ मैं उसे। लेकिन देखो, वह हवा बिलकुल सह नहीं पाती. ..और देखो..."

मुझे भी गुस्सा आ गया, "अगर उसकी सेहत ठीक नहीं है तो मत भेजना उसे।"

"मैं भी वही तो कह रही हूँ उससे। लेकिन फिल्म देखने की कल्पना वह टाल ही नहीं सकती। रोती रहेगी लगातार। सच तो तुम्हें उससे कहना ही नहीं चाहिए था कि तुम फिल्म जा रहे हो।"

यानी, भूल हमारी ही थी! मैंने चुपचाप फोन रख दिया। सिनेमा में बच्चे आइसक्रीम खाएँगे ही। सुप्रिया को अगर मना किया, तो वह रुआँसी हो जाएगी।

जल्दी में रसोई निबटाने लगी, तो फिर फोन आया। लता ने उठा लिया, और कहती आयी कि नन्दिनी मौसी का फोन है।

मैंने माथा ठोंक लिया। इस बला का फोन यानी आधा घण्टा पानी में! मैंने फोन लिया और कहा, "यह देख, अब मुझे एक मिनट भी वक्त नहीं है। तुम कल फोन करना, या मैं तुम्हें फोन करूँगी।"

"इतनी जल्दी कैसी इस वक्त? अब तो रात हो चली है!" नन्दिनी ने पूछ ही लिया।

"जाना है कहीं!"

"हाँऽऽ! फिल्म देखने चली होगी। समझ गयी मैं। साढ़े नौ का शो। अकेली कैसे जा रही हो? क्या बहन की याद नहीं आयी तुम्हें?" नन्दिनी ने उल्टी शिकायतें शुरू कीं।

मैंने कहा, "देख नन्दे, हम 'तीन पंछी' देखने जा रहे हैं। तुमने अकेले देखी

थी वह फिल्म। अब मेरा सिर मत खा।"

"अच्छा, तो 'तीन पंछी' देखने जा रही हो तुम! अच्छी बात है। नहीं तो हमेशा मुझे कोसती रहतीं उसी बात पर!"

इस पर तो मैं बौखला ही गयी। कहा, "क्यों? आज तक कितनी तकलीफें उठानी पड़ीं तुम्हें मेरे लिए? क्या मैं तुम्हारे पीछे पड़ती हूँ 'मुझे फिल्म दिखाओ'? उल्टे हम पिछले साल श्रीनगर गये थे तो तुमने कितनी बार जिक्र किया उसका!"

इस पर नन्दिनी ने कहा, "फिर! बड़ी बहन हो न तुम! अकेली गयीं ही कैसे?"

"देख नन्दिनी, क्या तुम बिना झंझट के हमारे साथ आयी होतीं? हजारों शिकायतें करती रहतीं!"

"ऐसा! मैंने कब शिकायतें कीं? वाह!"

"देख नन्दे, अब और मत सता मुझे। मुझे वक्त बिलकुल नहीं है। यह देख मैंने फोन रख दिया।"

लेकिन नन्दिनी थोड़े ही चुप बैठनेवाली थी! वह बोलती ही रही, "अच्छा झगड़ा रहने दे। मैं कह रही थी कि तुमने लड्डू बनाकर रखे थे मेरे लिए, वह जाते वक्त मेरे घर रख जाना। मैंने तुम्हारे लिए सिवइयाँ बनायी हैं, वह लेती जाना।"

"देखती हूँ कहाँ तक मुमकिन होता है। लेकिन पैसों का हिसाब लगाने मत बैठ जाना। उसमें घण्टों वक्त बीत जाता है और मेरे सिर में दर्द होने लगता है।"

नन्दिनी ने मेरी बात अनसुनी करते हुए कहा, "अरे! अच्छा हुआ याद आ गया। तुम फिल्म देखने ही जा रही हो तो चाची को लेते जाना। वे कहती थीं कि कोई उन्हें फिल्म दिखाने नहीं ले जाता। मैंने एक बार दिखायी थी उन्हें एक फिल्म।"

मेरा सीना धक्-सा हो गया। "अरे, कमाल करती हो तुम भी! सीढ़ियाँ उतरने में आधा घण्टे का वक्त लगता है चाची को। उस पर उन्हें पहले बताने की जरूरत होती है।"

"मैं बताती हूँ उन्हें। अपने नौकर महादू को भेजती हूँ।" नन्दिनी गले में पड़ ही गयी।

"नहीं नहीं! मैं फिर कभी किसी मैटिनी शो में ले जाऊँगी चाची को।" लेकिन मुझे ही बुरा लगा। बेचारी चाचीजी! उनकी इतनी आस है फिल्म देखने की; तो 'ना' कैसे कहें? मैटिनी में जाने को कार उपलब्ध नहीं होगी–वे ऑफिस ले गये होंगे। इसलिए मैंने नन्दिनी से कहा, "अच्छा! तो मैं ले जाती हूँ चाचीजी को। लेकिन उन्हें एकदम तैयार रहने को कहना।"

मैंने फोन रखा, तब आठ बजने आये थे। फिल्म का शो था साढ़े नौ का, इसलिए मैं जल्दी से रसोईघर में जाने लगी तो 'ये' करताल सहित 'गोविन्द हरी,' 'गोविन्द हरी' भजन करने लगे।

मैंने पूछा, "क्योंजी, भजन करने लगे, क्या हो गया?"

"नहीं, बहुत प्रसन्नता हुई कि तुम्हारी चाचीजी भी साथ में जा रही हैं। गोविन्द हरी, गोविन्द हरी। चलो बच्चो, हम सब मिलकर भजन करते हैं—गोविन्द हरी, गोविन्द हरी..." और करताल लेकर बैठ गये।

इस पर तो मैं ऐसी आगबबूला हो गयी कि खरी-खरी सुनाकर चुप कर दिया इनको।

फिर भी इस झगड़े में पन्द्रह मिनट बीत गये। इसलिए मैंने जल्दी में कुकर चढ़ाया।

तभी डोअर-बेल बजी। इन्होंने दरवाजा खोला, "आइए" कहा; और बहुत-सी चप्पलें उतारने की आवाजें आयीं। मैं तो घबरा ही गयी। कौन आया होगा ऐसे वक्त? बातचीत के स्वरों से पहचाना, कि मेरे देवर मनोहर भैया सपरिवार पधारे हैं। इतना गुस्सा आया! इनका हमेशा यही रवैया रहता है। पहले बताकर नहीं आते। कम-से-कम फोन तो करते!

तभी देवरजी किचन के दरवाजे में आकर चिल्लाये, "भाभीजी, चार राइस प्लेटों का ऑर्डर लीजिएगा। हम भोजन करने ही पधारे हैं!"

मेरी हालत दयनीय हो गयी। अकेले नहीं, सपरिवार आये थे देवरजी। लगा, वैसी ही उनके सामने जाकर कहूँ, "एक बड़ा पत्थर लीजिए और मारिए मेरे माथे पर!"

तभी विजयबाई अपने पति को खींचते हुए बोली, "यह क्या पागलपन है? मैंने कहा था न कि हम उन सबको लेकर बाहर भोजन करेंगे? यह प्रस्ताव आपने मंजूर भी किया था। अब यह नया नाटक क्यों रचा रहे हैं?"

देवरजी दाँत दिखाकर हँसते हुए बोले, "तुम कभी बोलना नहीं छोड़ोगी। हमें बाहर ही तो भोजन करना है; लेकिन भाभीजी का गुस्सा देखना था मुझे। इसीलिए जरा मजाक किया उनसे।"

विजयबाई ने सन्तृप्त होकर कहा, "गुस्सा नहीं होंगी भाभीजी तो और क्या करेंगी? बिना कोई पूर्वसूचना दिये अगर चार लोग भोजन पर पधारें, तो एक गृहिणी भला गुस्से के अलावा और क्या कर सकती है? खुशनसीबी समझो कि वे तुम्हें घर में प्रवेश करने देती हैं। मेरे जैसी कोई होती तो हकाल बाहर कर देती ऐसे मेहमानों को।"

देवरजी बोले, "तुम चुप रहो। तुम्हारी गर्जना तो मैं हर रोज सुनता हूँ। आज जरा भाभी का गर्जना सुनने का मूड है।"

तभी मेरे पतिदेव महोदय आगे आये, "फिर तो तुम्हें कुछ देर पहले आना चाहिए था। तुम्हारी भाभी का गुस्सा हद से बाहर हो गया था।"

"क्या एकदम ड्रॉमैटिक प्रोग्राम हुआ? क्या किया भाभीजी ने?" मनोहरजी और भी उत्तेजित हो गये।

इस पर मैं गुस्सा हो गयी, "अब चुप बैठोगे भी! पहले ही मेरा सिर भनभना रहा है और उस पर यह तुम्हारी दिल्लगी!"

विजया अन्दर आते हुए बोली, "भाभी, पहले वह गैस बन्द कर दीजिए और बाहर चलने की तैयारी कीजिए। सब बाहर ही भोजन करेंगे।"

मनोहर भैया अपनी ही धुन में थे। "क्यों गुस्सा हो गयी थीं भाभीजी? शायद फिल्म देखने जाना होगा उन्हें! पिछली बार मैं आया था, तो इसी मुद्दे पर तुम्हारा झगड़ा चल रहा था।"

"अरे क्या बताऊँ! इस बार तो उससे भी ज्यादा जोरदार झगड़ा हुआ। मेरा पाइप स्मैश हो गया, कीमती ऐश-ट्रे नष्ट हो गया।"

मैं इतना क्रुद्ध हुई कि हाथ का बर्तन मैंने नीचे पटका और वैसी ही बैठी रही, चुपचाप।

तब मनोहर भैया घबराये। बोले, "मामला बड़ा ही सीरियस नजर आता है। तुमने भाभीजी को बहुत दिनों से कोई फिल्म नहीं दिखायी होगी! लेकिन फिक्र मत करना। भाभीजी का गुस्सा उतारने का इन्तजाम मैंने किया है। मैं सबके लिए फिल्म के टिकट खरीद लाया हूँ।"

"वण्डरफुल! वण्डरफुल! हम फिल्म देखने ही जानेवाले थे।" 'ये' खुश हो गये।

तब मनोहर भैया भी उल्लसित हुए। वे फिर एक बार जोर से हँसते हुए बोले, "मुझे ठीक याद है। पिछली बार मैं आया था तब भाभीजी बहुत गुस्सा हुई थीं। उन्हें 'वीर हनुमान' फिल्म देखनी थी। इसीलिए तो मैं 'वीर हनुमान' फिल्म के टिकट खरीद लाया हूँ।"

"वाह भई वाह! शाबाश! बहुत अच्छे! मुझे पौराणिक फिल्में अच्छी लगती हैं। बहुत खूब! गोविन्द हरी, गोविन्द हरी!" मेरे पतिदेव आनन्द विभोर होकर भजन गाने लगे।

मेरा शरीर क्रोध से जलने लगा। मेरा मौन रहने का संकल्प टूट गया और बाहर आकर मैं बोली, "क्यों देवरजी, किसने कहा तुमसे कि मुझे 'वीर हनुमान' फिल्म देखनी है? मैं क्या पागल हो गयी हूँ? पागलों जैसी हरकतें करने लगी हूँ?"

देवरजी का चेहरा कद्दू जैसा हो गया। बोले, "कमाल है! पिछली बार मैं आया था, तब आप झगड़ रही थीं और 'हनुमान'-'हनुमान' कह रही थीं। मैंने सोचा कि शायद भाभीजी को 'वीर हनुमान' फिल्म देखनी होगी। कौन कह सकता है औरतों के सिर पर कब कौन-सा भूत सवार हो जाएगा!"

"अब कमाल मेरा है या तुम्हारा! पहले दूसरों की बातें ध्यान देकर सुना करो। जरूरत पड़े तो कान लम्बे करवा लो। मैं 'इन' से कह रही थी कि मेरे सामने इस तरह खड़े मत रहिए हाथ जोड़कर हनुमान जैसे। और तुमने सुना कि मुझे 'वीर हनुमान' फिल्म देखनी है—।" मैं और भी बहुत बोली उन्हें।

"तभी तो मैं कह रही थी कि उषाताई 'वीर हनुमान' कैसे देखेंगी? आपकी तो आरती ही उतारनी पड़ेगी!" और विजया ने अपने पतिदेव की आरती उतारने का अभिनय किया।

"अरे! तो ऐसा गोलमाल हो गया! आप तो बार-बार 'हनुमान'-'हनुमान' कह रही थीं।" देवरजी फिर एक बार हनुमान पर आ गये।

"वह हनुमान बैठा है तुम्हारे सामने। दोनों अपनी दुमों की गाँठ मार लो और बैठो बुभुःकार करते। कहते हैं गोलमाल हुआ।" मैंने कहा।

"तो फिर अब क्या करना है?" विजया ने कुरेदा।

"लेकिन मैं कहता हूँ कि 'वीर हनुमान' के टिकट खरीदे ही हैं तो आज वही फिल्म देखेंगे। 'तीन पंछी' फिर कभी!" यह थी देवरजी की बुद्धिमानी।

"मैं भी वही कहता हूँ। पौराणिक फिल्में अच्छी होती हैं—चमत्कार वगैरह, अच्छा मनोरंजन होता है..." यह पतिदेव की अक्लमन्दी।

मैंने उकताकर कहा, "देखिए, मैं 'वीर हनुमान' देखने नहीं जानेवाली। तुम्हीं सब जाओ और देखो अपना 'वीर हनुमान'! मैं घर ही पर रहती हूँ। या खुदकुशी कर लेती हूँ छज्जे से नीचे छलाँग लगाकर।"

"नहीं, नहीं, ऐसा मत करना—" 'इन्होंने' फिर हनुमानजी की मुद्रा में हाथ जोड़े।

"मजाक मत समझना इसे। एक दिन सचमुच खुदकुशी करूँगी, तब अक्ल ठिकाने आएगी आपकी!" मैं गुस्से से अन्दर जाने लगी; लेकिन अचानक मुझे रोना आया और मैं वहीं बैठ गयी।

इस पर विजयाजी मुझे मनाने आयीं और उन्होंने उन दोनों की अच्छी खबर ली। आखिर एक बात पक्की तय हुई कि हम सब 'तीन पंछी' ही देखने जाएँगे।

इस पर सब जल्दी करने लगे। 'चलो, चलो' के नारे लगाने लगे।

तब मैंने कहा, "लेकिन भोजन?"

"वह तो हम बाहर ही करेंगे! तय हो चुका है।"

मैंने निश्चय किया था कि गुस्सा नहीं करूँगी। लेकिन फिर भी मैं सन्तप्त हो गयी। कहा, "बाहर यानी होटल ही में न? यानी वहाँ आर्डर में जाएगा आधा घण्टा, खाने में जाएगा एक घण्टा और बिल देने में और आधा घण्टा। अब बजे हैं पौने आठ। यानी सिनेमा पर हम पहुँचेंगे फिल्म खत्म होने के बाद।"

"चलो, आज भोजन ही कैंसल कर देते हैं।" 'इन्होंने' हमेशा की तरह 'सिम्पल सोलूशन' ढूँढ़ निकाला।

"जवाब नहीं तुम्हारी अक्लमन्दी का! कहते हैं 'भोजन कैंसल'! क्या इन मेहमानों को मैं बिना कुछ खिलाये रवाना करूँ?"

"लेकिन भाभीजी..." विजयाजी ने हस्तक्षेप किया।

मैंने कहा, "मैं किसी की भी बात नहीं माननेवाली। अभी मैं मूँग की दाल की खिचड़ी बनाती हूँ। कुकर लगाया कि दस मिनट में तैयार हो जाएगी। हम खिचड़ी खाकर जाएँगे।"

मैं भागती ही रसोईघर में गयी और गैस पर कुकर चढ़ाया। बाहर आकर देवरजी से कहा, "देखना, भोजन के वक्त गपशप में वक्त मत गँवाना। जो बातें करनी हैं, अभी कर लेना, खिचड़ी पकने तक। ये तुम्हारे भाई साहब बैठेंगे सुनने, श्रवण में तल्लीन होकर!"

तभी लता ने मुँह बिचकाया, "मम्मी, मुझे खिचड़ी पसन्द नहीं है।"

उसकी पीठ पर एक धौल जमाकर मैंने कहा, "पसन्द नहीं मतलब? पसन्द आनी चाहिए आज के दिन।"

तभी सुप्रिया नया फ्रॉक पहने, बन-ठनकर आयी। "मौसी, चलना है न? वक्त हो चला।"

मैंने कहा, "जरा ठहरो। देखो, तुम्हारी माँ ने कहा है कि आइसक्रीम नहीं खानी है। सिनेमा में 'ना' कहने पर शिकायत मत करना।"

तभी उसकी शिकायत शुरू हुई। उसे समझाने में पाँच मिनट लगे। यानी यह पुतली अब आइसक्रीम खाएगी और हम खाएँगे उसकी माताजी की डाँट!

बाद में मैंने जल्दी में तैयारी की। अनिल वैसा ही बैठा था। उसे एक चपत लगाकर कपड़े पहनने के लिए कहा।

तभी कुकर फसफसाने लगा। जल्दी से जाकर उसे उतारा, तो उतारते वक्त हाथ जला और हाथ पर एक बड़ा भारी फफोला निकल आया।

भोजन के लिए बैठे, तो देवरजी की बातों का जैसे बाँध ही फूटा था। बार-बार उन्हें चुप रहने का इशारा कर रही थी, लेकिन वे थे कि चुप बैठने का नाम ही नहीं ले रहे थे।

तभी सुप्रिया की माँ का फोन आया। कहती थीं, "क्या तुम अभी घर पर ही हो? कैसे वक्त पर पहुँच पाओगी?"

"तुम फिक्र मत करो। सब ठीक-ठाक हो जाएगा।" मैंने जोर से फोन नीचे रख दिया।

आखिरकार हम घर से नीचे उतरे तो नौ बजकर पच्चीस मिनट हो गये थे। हमारी एम्बेसिडर कार में नौ लोग ठूँसने पर स्थिति ऐसी हो गयी कि ठीक से साँस लेना मुश्किल था।

उस पर, देर हो जाने के कारण 'ये' तेज गति से कार चला रहे थे। मेरी कुछ सुनते ही नहीं थे। आधा फासला तय करने पर मुझे अचानक याद आयी। मैं चीखी, "अय्याऽऽ! चाचीजी को लेना है साथ में! भूल ही गयी थी मैं। चलो पीछे!"

सब बड़बड़ाने लगे। मुझे दोष देने लगे।

मुझे भी चिढ़ आ गयी। "आप सबको फिल्म देखने का शौक है; तो फिर बेचारी बूढ़ी चाचीजी को भी शौक क्यों नहीं होना चाहिए? वह हमें नहीं तो किसे पूरा करना चाहिए?"

आखिर हम फिर से पीछे आ गये। जल्दी से दौड़ते-दौड़ते सीढ़ियाँ चढ़कर ऊपर गयी तो देखा, हमारी राह देखकर चाचीजी गुस्सा होकर सो गयी थीं। उन्हें साथ चलने की प्रार्थना की, तो मानती ही नहीं थीं। आखिर दस बार पाँव छूने पर वे आने के लिए राजी हो गयीं। बाद में सीढ़ियाँ उतरने का कार्यक्रम। गाड़ी में भी जगह कहाँ थी? टैक्सी भी कहीं दिखाई नहीं दे रही थी। आखिर किसी तरह से हम कार में बैठ गये।

कार से उतरने पर तो हमें परम आनन्द हुआ; लेकिन वह भोगने के लिए फुर्सत कहाँ थी? वैसी ही भागमभाग करते सिनेमा-हॉल में गये। चाचीजी को तो 'इन्होंने' और देवरजी ने उठाकर ही उनकी सीट तक की यात्रा करायी। वे लगातार चिल्ला रही थीं।

आखिर जब हम सिनेमा-हॉल में जाकर अपनी सीटों पर विराजमान हुए, तब तक 'तीन पंछी' शुरू होकर पन्द्रह-बीस मिनट बीत चुके थे।

मैंने राहत की साँस ली। कहा, चलो, आखिर खत्म हुआ ग्रहण!

तभी चाचीजी बोलीं, "मेरी ऐनक तो घर पर ही रह गयी! मुझे पर्दे पर कुछ भी साफ नहीं दिखाई देता!"

वे मुझे ही कोसने लगीं। कहने लगीं, "तूने हड़बड़ी मचायी, वरना ऐसा न होता। नम्बर एक की भुलक्कड़ है तू।"

आस-पास के दर्शक हमें श् श् करने लगे।

लगा, मूर्खता की और यह फिल्म देखने आयी।

वह नन्दिनी! चाचीजी का बोझ मेरे गले में डाल दिया। चालाक कहीं की। अच्छी खबर लूँगी उसकी।

तभी उसके लड्डुओं के डिब्बे की याद आ गयी। माथा ठोंककर मैंने कहा, "हाय रे मेरा नसीब।" क्योंकि दूसरे दिन सुबह वह डिब्बा उसे अपने देवर के लिए भेजना था।

मन-ही-मन निश्चय किया, कि फिर कभी फिल्म नहीं देखूँगी। लेकिन बाद में सोचा, क्यों नहीं देखूँगी फिल्में? ये झंझट तो हमेशा चलते ही रहेंगे। इसलिए फिल्में तो देखूँगी ही बिना किसी अपराध-भाव के, बिना दिलगीरी के!

अनुवाद : विलास गिते

मेरी खाहमखाही

इतवार था, देरी से जगा, श्रीमती के बनाये पकौड़े और बैंगन पड़े पोहे भरपेट खा चुका था। सवेरे-सवेरे खानानुमा नाश्ता करवाने के नाम पर श्रीमती को झूठमूठ की डपट दी थी और आराम फर्मा रहा था। लेटे-लेटे ही उसे समझाते हुए बोला, "सीधी-सी बात कैसे ध्यान में नहीं आती! अब इस ढलती उम्र में इस तरह खा लेना अच्छा नहीं, लाख तकलीफें उठानी पड़ेंगी!"

मुझे नहीं लगता कि ऐसा कहकर मैंने कोई बेजा बात कहने का अपराध किया था लेकिन श्रीमती ने पलटकर बत्ती दाग दी।

"मेरे समझने से क्या होगा? मैं लाख मानती हूँ लेकिन आपकी ही मति मारी जाती है। एकाध दिन नाश्ता न हो तो तहलका मचा देते हो—लगता है आज भूखा मार डालना है।" कहते हुए उसने मेरी नकल उतारी।

इस तोहमत को कबूल करना मेरे लिए असम्भव था, दो-टूक उत्तर देने के इरादे से कोहनी के बल देह उठाकर बैठ गया और बोला, "हाँ-हाँ! यह नहीं माननेवाला। कम खाने का यह मतलब नहीं कि बिलकुल ही खाओ नहीं! तुम्हारी आदत है एक सिरे की बात करने की। खिलाओगी तब तसला-भर और नहीं खिलाओगी तो कुछ भी नहीं! यूजलेस, नालायक हो ठेठ!"

"मैं लाख खिलाती, आप क्यों खाते हैं? जबरदस्ती परोसवाते हैं और उल्टे मुझे डाँट पिलाते हैं!"

इस पर मैं तनकर बैठा और गद्दी पर मुक्के जमाते बोला—"यह तो उल्टी बात हुई, कोतवाल को ही डाँट रही हो। तुम खाना बनाती हो और अगर खाया नहीं जाता तो गुस्सा कर कहती हो कि 'इसे कौन खाए अब? क्या अपने सिर पर लाद लूँ?' इसलिए न चाहते हुए भी जबरदस्ती खा लेता हूँ मैं ताकि तुम्हें तसल्ली हो। और मुझे डाँटती हो! कमाल है!"

"देखिए अभी मेरे पास समय नहीं माथापच्ची करने को, आपको फुरसत-ही-फुरसत है और आज है इतवार! आपकी आदत है बेकार में बाल की खाल निकालने की! आकण्ठ भर लेंगे और बहाने बनाकर झगड़ने की आदत से तो मैं तंग आ गयी!" मैं कुछ कहूँ इससे पहले वह अन्दर रसोई में चली गयी।

मैं भी अपनी हथेली पर मुट्ठी ठोंकता हुआ उसके पीछे-पीछे हो लिया लेकिन

बाहर से घण्टी बज उठी तब प्रमिला बोली, "अपना झगड़ा बकाया रख लेना, फिर कभी निपट लूँगी, पहले देखो जरा कौन आया है!"

मैंने भिदती आँखों से एकबारगी प्रमिला को देख लिया और दरवाजा खोलने मुड़कर लौट आया। दरवाजा खोलने पर पाया मेरा बचपन का दोस्त सदू मुँह फुलाये हँसता खड़ा था।

उसे कन्धों से पकड़कर मैं बोला, "आओ! आओ भाई! कितने दिनों बाद आये हो! कहाँ गायब हो गये थे? आज इतवार को ही तुम्हें फुरसत मिली—है? सुना है कि एटलस कम्पनी का काम छुट्टी के दिन भी करने की तुम्हारी आदत है।"

हँसी के कारण सदू के गाल इस तरह फूले थे कि मानो एक-एक लड्डू रख लिया हो। दोनों हाथ उठाकर बेदरकार आवाज में बोला, "बस, बस! अब कोई काम-वाम नहीं। रिलैक्स! एकदम एंजाय करेंगे अब। कब तक मरते-खपते यार? हद होती है कि नहीं?"

मैं चकित था। यह वही सदू था जो कभी अपनी कम्पनी और अपने काम के अतिरिक्त कभी कोई तीसरी बात नहीं करता था। हमेशा चिन्ता में डूबा रहता था, हम सबको यकीन था कि एटलस कम्पनी का पूरा जिम्मा सदू के सिर पर ही डाल दिया गया है। और वही सदू आज कुछ और ही था।

उसकी बात को मैं थोड़ी देर बाद समझ पाया और बोला, "कहीं तुम रिटायर तो नहीं हो गये?"

"येस सर! कल ही चार्ज दे दिया सारा, घर आकर सचेत स्नान किया, आज से मैं मुक्त हूँ, एकदम मुक्त!" बादलों की गड़गड़ाहट करता हुआ हँसा और धम्म से कोच में धँस गया।

"हाय दइया! क्या गिरा दिया आज?" लगभग दौड़ती हुई आयी प्रमिला हम दोनों को भयचकित देखती रह गयी।

सहसा सदू खड़ा हुआ और बोला, "अरे कुछ नहीं गिरा-विरा भाभीजी! मैं रिटायर हो गया हूँ बस!" और फिर वही गरजती हँसी गूँजी और वही धम्म से बैठना!

प्रमिला की आँखों से संशय टपकने को था, मैं बोला, "क्या देखा नहीं था कभी सदू को? इतने दिनों बाद आया है कुछ पकौड़े-वकौड़े या पोहे-वोहे, चाय-वाय बनाओगी कि नहीं?"

"अभी पाँच मिनट नहीं हुए सारे पकौड़े और पोहे हजम कर गये हैं आप! दूसरा कुछ बना लेती हूँ, हलवा पसन्द है न सदू जी?"

मेरे पकौड़ों और पोहों को खतम करने का चुभता हुआ संकेत मैं नजरअन्दाज नहीं कर सका इसलिए मैंने पुनः उसे घूर लिया, लेकिन व्यर्थ। मैंने हर समय भेदक नजर डाली और हर बार व्यर्थ सिद्ध हुई इसलिए मुझे अपनी नजर का अब भरोसा नहीं रहा है।

जब प्रमिला रसोई में जाने के लिए मुड़ी, प्रसन्न गणपति की नाईं दोनों हाथ उठाकर सदू बोला, "ठहरो! भाभी रुक जाओ! मुझे अब कुछ नहीं चाहिए, सब हो चुका है। आप बैठिए थोड़ी देर यहीं। रिलैक्स, एंजाय युवरसेल्फ!"

कहीं यह भला आदमी पागल तो नहीं हो गया? शकभरी नजर से प्रमिला सदू को ताकती रह गयी। लेकिन सदू को इसका भान नहीं था, वह अपनी धुन में था, बोला, "आप लोग यहीं तो गलती कर जाते हैं दत्तू! यह नहीं देखते हो कि जब तुम लोग एंजाय करते हो तब अपनी श्रीमती भी एंजाय कर पाती है या नहीं। आपको क्यों दोष दूँ? आज तक मैं भी यही गलती करता आया हूँ, लेकिन अब तय है अपने साथ श्रीमती को भी एंजाय करने का अवसर दूँगा मैं! दोनों एंजाय करेंगे आइन्दा!"

थोड़ी देर पहले प्रमिला को सदू के पागल होने की आशंका थी लेकिन अब शक करने की मेरी बारी थी और देखता हूँ कि प्रमिला बहुत खुश हुई है। वह बोली, "सदू जी! भाई आप भले हैं इसलिए इस तरह सोचते हैं पत्नी के बारे में! बहुत अच्छा विचार है आपका वरन्, रिटायर होने के बाद बीवियों को सताने की मानो धुन सवार हो जाती है पुरुषों पर! दिन-भर घर पर रहते हैं और भिन-भिन, भिनभिनाते रहते हैं।"

चाशनी में सराबोर गुलाबजामुन की भाँति सदू का चेहरा दिखाई देने लगा था, आँखें मूँदकर हँसता हुआ बोला, "देखा न तुमने दत्तू! मैं जो कुछ कह रहा था उसका अनुभव अब हुआ होगा तुम्हें। दो-तीन साल बाद तुम्हें भी तो रिटायर होना है तब भिनभिनाकर दिमाग न चाटना भाभी का! हाऽऽ हाऽ हाऽ!"

"इनका तो ढंग ही न्यारा है भाई! मेरा जीना मुश्किल कर देंगे, अपने तब के भाग्य पर अभी से रो रही हूँ। आजकल इतवार के दिन ही घर पर होते हैं लेकिन मुझे इनके नखरे उठाते-उठाते नाकों दम आ जाता है। घबरा जाती हूँ मैं इतवार से।"

अन्य व्यक्ति के सामने पति-निन्दा का अवसर श्रीमती शायद ही छोड़ती हैं।

मैंने गुस्से में कहा, "अच्छा! तो अभी बता दो मैंने कब भिनभिनाहट की आज? अभी तुरन्त बता दो! क्या कहा मैंने तुम्हें?"

"आप खाहमखाह गुस्सा न करें, आपके बारे में एक शब्द तक नहीं बोली। अपने पड़ोसी रानडे, जो हाल ही में रिटायर हुए हैं, उनकी बात कर रही थी मैं। उठते ही शुरू हो जाती है उनकी भिनभिन। उनकी बीवी नारियल फोड़ रही थी तो श्रीमान बोले तुम क्या जानो नारियल फोड़ना! ऐसे जमीन पर रखकर फोड़ा है कभी किसी ने? बीवी पत्तागोभी काटती है तो बोलते हैं कुँदरू क्यों नहीं काटे? जब महरी कपड़े धोती है तब कहते हैं कि यह बहुत आवाज करती है, बेकार में नल खुला छोड़ देती है। बीवी कभी 'विविध भारती' सुनना चाहती है तो कहते हैं पहले रेडियो बन्द कर दो, मेरा सिर भिन्ना जाता है। बीवीजी बाजार में जाने को होती हैं तब

साथ चलने की जिद करते हैं। और कमाल तो तब हो जाता है जब श्रीमती की सहेलियाँ बतियाने आ जाती हैं तो श्रीमान वहीं डेरा जमाये बैठते हैं, विमला दीदी रुआँसी होती हैं तब। तंग आकर एक दिन बोलीं, "सरकार तो कानून ही कर डाले कि यद्यपि पुरुष रिटायर हो जाता है तथापि सवेरे दस बजे अनिवार्यतः वह घर से निकल पड़े और शाम के सात बजने से पहले घर न लौटे।" प्रमिला ने पूरा किस्सा बड़े चाव से कहा।

प्रमिला की बातें सुनकर मैं मन-ही-मन काँप उठा, इसलिए कि यह यही चाहेगी कि रिटायर होने पर मैं सवेरे दस बजे घर से निकलूँ और शाम सात बजने से पहले हर हालत में न लौटूँ।

मैं आपे से बाहर होकर चिल्ला उठा, "यह तो सरासर जुल्म है! अपने ही घर में रहने के लिए पुरुष पर पाबन्दी? क्या मतलब है ऐसे कानून का?"

प्रमिला उत्तर में बोली, "किसने कहा कि घर पुरुष का होता है? हाय राम, सब्जी जल गयी शायद! देखा! आपकी वजह से ही जल गयी मेरी सब्जी!"

प्रमिला तो अन्दर चली गयी लेकिन मेरी बात मेरे पास ही रह गयी, मैं दो-टूक उत्तर नहीं दे पाया उसे। तब मैं सदू से बोला–

"देखा तुमने सदू! यह है महिलावतार की महिमा! यह कौन होती है पुरुषों को अपने घर में मना करनेवाली? वाऽ! मुझे आश्चर्य नहीं होगा अगर कल यह कहे कि पुरुषों को खाने की कोई आवश्यकता नहीं होती!"

पूरे काण्ड को सदू ने बहुत सहज भाव से स्वीकार किया था और लड्डू खाने की खुशी में मुस्करा रहा था, लगा कि अब उसका चेहरा शायद घी में सान दिया गया है।

सदू बोला, "भाई दत्तू! बात वह नहीं है जैसी तुम समझ रहे हो। तू कभी अपनी श्रीमती को साथ लेकर जाता भी है एंजाय करने? इसीलिए तो भाभी गुस्सा उतार रही है इस तरह। तुम्हें चाहिए कि उसे भी खुश रखो। मेरा देख लो अभी, मैं श्रीमती को ऐसी खुश रखूँगा कि बस! देखते ही रह जाओगे!"

आशीर्वाद देने के लिए सदू हँस दिया और चल भी दिया। मैं भी अपना बकाया दो-टूक उत्तर श्रीमती को सुनाने के लिए धमधम चलकर अन्दर पहुँचा।

इसके बाद बहुत दिन बीते, दत्तू से मुलाकात नहीं हुई थी इस बीच। लेकिन इतवार के दिन वह सहसा आ धमका, तब मैंने पूछा, "तुम्हारे और भाभी के एंजायमेण्ट का क्या हाल है भाई?" अव्वल तो वह सकपका गया लेकिन सँभलकर दोनों हथेलियों से अपनी जाँघें थपथपाते और हँसते हुए बोला–

"बहुत अच्छा! एकदम फर्स्टक्लास चल रहा है। अपने राम ने एक बार फैसला किया कि पत्थर की लकीर!"

मैंने कुतूहल भरी आवाज में पूछा, "आप लोग एंजायमेण्ट करते हैं? यानी

करते क्या हैं आखिर?" सदू आराम से जमकर बैठा और बोला।

"सबसे पहले तो हर सुबह अँधेरेमुँह उठकर डेढ़ेक मील का चक्कर काटकर आता हूँ। दत्तू! सच कहता हूँ इससे दिल एकदम खुश हो जाता है भाई! इतनी खुशी होती है कि मन गाने को करता है।"

"कहीं सड़क पर तो गाना शुरू नहीं कर देते हो?" कहते हुए मेरी आँखें अपने आप बड़ी हो आयीं।

"बिलकुल! लेकिन बहुत ही हल्की आवाज में। गुनगुनाने की तो अपनी पुरानी आदत है और वैसे मेरी आवाज भी उतनी खराब नहीं है। लेकिन क्या करता नौकरी के पीछे इतने दिन फुरसत ही नहीं होती थी, अब वह समस्या है नहीं इसलिए गा लेता हूँ हल्की-सी आवाज में।"

"लेकिन, भाई मेरे! भाभी का क्या है? तुम्हारी जाइण्ट एंजायमेण्ट करने का वादा था!" मैंने अहम सवाल उठाया।

"हाँ-हाँ, सो तो है! हम साथ ही जाते हैं। लेकिन दत्तू! इतने दिनों से दुनियादारी के दुःखों को झेलते हुए श्रीमती भूल गयी है कि एंजायमेण्ट किस चिड़िया का नाम है। टहलना भी एंजायमेण्ट है इसे समझाना पड़ता है उसे!"

"फिर? तब क्या करते हो?"

"क्या करना है? उससे एंजॉय करवा लेता हूँ, और क्या? वैसे सवेरे इतनी जल्दी उठा नहीं जाता उससे लेकिन मैं जगा देता हूँ। मील-डेढ़ मील का चक्कर काटने पर पैर दर्द करने लगते हैं उसके। लेकिन उसकी इस शिकायत पर मेरा सीधा-सा उत्तर होता है कि महीना-डेढ़ महीना बिलानागा टहलोगी तो कुछ नहीं होगा। तब अलग बहाना बनाती है कि अभी दूधवाला आ जाएगा, कौन लेगा उससे दूध? मैं कहता हूँ दरवाजे पर रख देगा बाहर। तब कहती है कि कोई उठा ले जाए तो? तब मैं कहता हूँ ले जाने दो। लाख बहाने बनाती है अभी। लेकिन दत्तू, सच कहता हूँ सही मजा तो तब आएगा जब वह एंजाय करना सीख जाएगी।"

मैं आज्ञाधारक शिष्य का-सा चेहरा बनाकर बोला, "लेकिन गा लेने का क्या? क्या भाभी भी गाती हैं तुम्हारे साथ?" मेरे प्रश्न से सदू परेशान अवश्य हुआ लेकिन गहराई से सोचता हुआ बोला—

"हाँ भाई! यह मामला अभी खस्ता है। खुद तो वह गाती नहीं और आग्रह करती है कि मैं भी न गाऊँ। अभी हाल ही की बात है, मैं गुनगुना रहा था कि अचानक माथे पर लोटा भर पानी पड़ा। मैंने हक्का-बक्का होकर ऊपर देखा, स्वाभाविक था कि वहाँ कोई नहीं हो। मैंने अनुमान किया कि गमलों को पानी देते समय थोड़ा-बहुत पानी मेरे सिर पर आ पड़ा, कोई खास मामला नहीं होगा। लेकिन श्रीमती की मान्यता अलग है, सवेरे-सवेरे मैं लोगों की नींद अपने गायन से खराब करता हूँ इसलिए जान-बूझकर मेरे सिर पर पानी डाल दिया गया था। अब तुम्हीं

बताओ, हल्की आवाज में गाने पर भला कोई ऐसा गलत काम क्यों करेगा?"

"बिलकुल! दुरुस्त है तुम्हारी बात! लोग पागल तो हैं नहीं कि सड़क चलते आदमी पर पानी डाल दें। भाभी की शंका व्यर्थ है।" मैं दिलासा भरी आवाज में बोला।

इस पर सदू खुश हुआ और गुनगुनाने लगा, तब मैंने उसे पूछ लिया, "अच्छा! यह तो हुई टहलने और गाने की बात! और क्या एंजायमेण्ट करते हो?"

उत्साह-भरी आवाज में वह बोला, "अरे भाई! सवेरे का यह चक्कर तो निपट आरम्भ है, इसके बाद तगड़ा नाश्ता होता है, उस समय बड़ा मजा आता है, हँसी-विनोद करते हुए। घर-परिवार के साथ गपशप और हँसी-मजाक करने के आनन्द को रोजमर्रा की आपाधापी में हम लोग भूल गये होते हैं और खाहमखाह घर का वातावरण गम्भीर हो जाता है। मैंने इसे पहले ही समझ लिया था, कई बार घर के वातावरण को खुश करने का प्रयास भी किया था लेकिन मनमुताबिक फुरसत नहीं मिल पाती थी तब! अब तो फुरसत-ही-फुरसत होती है, सो घर में बहुत मजा कर लेता हूँ!"

मेरी सहज और उतनी ही मौलिक जिज्ञासा प्रकट हुई, "लेकिन रोज-रोज हँसी-मजाक कैसे सम्भव है? पता नहीं इतने सारे विनोद तुम्हें कैसे सूझते हैं?"

सदू ने अट्टहास किया और बोला, "यह कौन-सी बड़ी बात है भाई! इसकी तो बनी-बनायी किताबें बिकती हैं। ऐसी किताबों में बर्नार्ड शॉ के विनोद, विन्स्टन चर्चिल के विनोद और मार्क ट्वेन के विनोद इकट्ठा मिलते हैं। पत्र-पत्रिकाओं में भी तो चुटकुले निकलते हैं। सबको ध्यान में रख लेता हूँ और सरदारजी के नाम पर प्रचलित किस्सों की कोई गिनती नहीं होती। बड़ा मजा आता है इन सबसे!"

"तब तो भाभी लोट-पोट हो जाती होंगी, तुम्हारे विनोद सुनकर?" मेरा मार्मिक सवाल था।

"कुछ पूछो मत! घर-गृहस्थी की भागदौड़ में बेचारी यह भी भूल गयी थी कि हँसी-मजाक और विनोद किसे कहते हैं। इसलिए शुरू-शुरू में तो मेरे विनोदी किस्से सुनाने के बावजूद वह हँसती नहीं थी तब मैं सहज भाव से पूछता था कि कहीं यह तो नहीं कि मेरी बात तुम्हारे जहन में ही न उतरी हो? फिर कहो तो समझा दूँगा विनोद! और तब मैंने वाकई समझाया, स्पष्ट किया अपना विनोद। ऐसा दो-चार बार करने पर अब विनोद सुनाने पर वह खुलकर हँसती है। फिर भी मुझे लगता है कि अभी हास्य-विनोद के मामले में वह कमजोर है। मैं इसलिए कहता हूँ कि वह प्रायः मुझसे यही कहती है कि 'अब हो गया कि नहीं आपका विनोद- कथन, मुझे रोटियाँ सेंकनी हैं अभी।' लेकिन मुझे यकीन है कि धीरे-धीरे सुधर जाएगी वह!"

सदू का एंजायमेण्ट का इतिवृत्त सुनकर मैं मन-ही-मन में घबरा उठा और वह साहस नहीं बटोर पाया कि पूरे दिन-भर वह किस तरह एंजाय करता है उसे पूछूँ।

लेकिन मेरे न पूछने के बावजूद उसका बताने का इरादा था और उसके चेहरे पर साफ झलक रहा था।

वह बोला, "नाश्ते के बाद पूरा समाचार मैं गहराई से और गम्भीरता के साथ पढ़ता हूँ। राजनीतिक खबरों के विश्लेषण के कारण बौद्धिक आनन्द पाता हूँ और श्रीमती को पढ़कर सुनाता हूँ ताकि वह भी उस आनन्द को पाए।"

"हे भगवान!" मैं घबराकर चिल्ला पड़ा।

तभी पोहे-पकौड़े लेकर प्रमिला चली आयी और बोली, "सदू जी! गिरिजा दीदी का स्वास्थ्य कैसा चल रहा है आजकल?"

सदू हँसकर बोला, "भाभी! दिन-ब-दिन उसका स्वास्थ्य अधिकाधिक अच्छा हो रहा है आजकल। हर रोज की थोड़ी-बहुत कसरत और वर्जिश तथा हास्य-विनोद के कारण उसका स्वास्थ्य पहले से कहीं अधिक अच्छा है! एकदम तन्दुरुस्त! इसलिए...!"

"आपकी पड़ोसन शारदा मिली थी, वह कह रही थी कि गिरिजा दीदी आजकल बहुत दुबला गयी हैं। कहीं आप भिनभिनाहट तो नहीं करते दिन-भर?"

"कतई नहीं, आप बिलकुल बेफिक्र रहिए। आपने रानडे का जो किस्सा मुझे सुनाया था, उसे भूला नहीं हूँ अभी। इसलिए जब वह नारियल फोड़ती है तब मैं जरा भी दखल नहीं देता, चाहे जैसा फोड़ ले, मेरी खुली छूट रहती है। जब मेरा मन कुँदरू की सब्जी खाने को होता है और वह पत्ता गोभी खिलाती है तब मैं चूँ तक नहीं करता, सिर्फ साधारण जिज्ञासा करता हूँ कि 'क्या आजकल मण्डी में कुँदरू नहीं मिलते?' बस! इसी तरह 'विविध भारती' के कार्यक्रम सुनने से भी मैं कभी मना नहीं करता उसे, सिर्फ वह रेडियो लगा दे इससे पहले मैं रेडियो उठाकर कपाट में बन्द कर उस पर ताला चढ़ा देता हूँ। खाहमखाह कोई यह न कह पाए कि मैं उसका दिमाग चाटता हूँ और बहुत भिनभिनाहट करता हूँ।"

"लो भाई! अगर यह सब भिनभिनाहट नहीं है तो कोई बता भी दे कि आखिर वह क्या होती है! इससे अलग भिनभिनाहट क्या होगी भाई? आप सवेरे घर से निकल पड़ें और रात नौ बजे लौटा करें, बस! देखते-ही-देखते गिरिजा दीदी का स्वास्थ्य सुधर जाएगा।"

अट्टहास कर सदू बोला, "वाह! भाभी किसी और को बताना। मैं जब दफ्तर जाता था और किसी दिन शाम आठ या नौ बज जाते वापसी में तो यही तुम्हारी दीदी गुस्सा करती थी, कहा करती थी, 'आप दिन-भर घर से बाहर रहते हैं, अकेली मैं क्या करूँ घर में बैठे-बैठे? न कभी सिनेमा न कभी नाटक! ऊब जाती हूँ मैं!' इसलिए अब मैं चौबीसों घण्टे घर में रहता हूँ और पूरी कोशिश करता हूँ उसका दिल बहलाने की! और क्या कर सकता हूँ!"

वाद-विवाद में प्रमिला दूसरे को मात देने में माहिर थी लेकिन सदू की बातें

सुन चकित ही नहीं बल्कि अवाक् हो गयी।

इस प्रसंग के दो-चार दिनों के बाद रात के आठ बजे सदू आया, बहुत चिन्तित लगता था, सो मैंने पूछा, "क्यों भाई! आज बड़ी देर कर दी तुमने? सब ठीक-ठाक तो है!"

गरदन सहलाते हुए सदू बोला, "वैसे तो ठीक है सब, लेकिन आज गिरिजा का स्वास्थ्य सहसा बिगड़ गया भाई!"

"क्या हुआ आखिर! बुखार तो नहीं चढ़ आया?"

"नहीं, बुखार तो नहीं है लेकिन बहुत कमजोर हो गयी है, पाँवों और घुटनों में बेहद दर्द है, सिरदर्द भी है और जब मैं पास होता हूँ तब तो सिरदर्द बेशुमार होता है; और तो और वह बरगलाने लगती है। भाई! मुझे डर है कि कहीं उसके दिमाग पर असर न हुआ हो।"

मैंने प्रमिला को पूरी खबर सुनायी और फिर हम दोनों गिरिजा भाभी को देखने के लिए चल भी दिये।

चलते समय प्रमिला ने सदू से कहा, "भाई साहब! आप अब एक काम करें, दीदी को दो-चार महीनों के लिए शहर से बाहर भेज दें कहीं, तब उन्हें अच्छा लग सकता है।"

"अरे भाभी! यही तो मैं उससे कह रहा हूँ, मेरा इरादा था कि हम दोनों दिल्ली, आगरा, जयपुर, उदयपुर का एक लम्बा सफर कर लेते, लेकिन जैसे ही मैं सफर की बात करता हूँ उसका माथा ठनकने लगता है। अब क्या किया जाय। एक विचार यह भी था कि जिस तरह आजकल युवा लोग हिमालय की यात्रा कर आते हैं उसी तरह हम दोनों हिमालय की यात्रा कर आते, अच्छी-खासी पदयात्रा भी हो जाती।"

प्रमिला ने फटकारा, "यह तो सरासर पागलपन है भाई! दीदी के पाँवों और घुटनों में दर्द हो रहा है और आप उन्हें हिमालय में पदयात्रा के लिए ले जाने की सोच रहे हैं, इसे क्या कहें? आप एक काम करें, आपका बेटा दुबई में है उसे लिख दें कि माँ को चार महीनों के लिए वहाँ बुला ले।"

सदू मुस्कराकर बोला, "क्या आपका यह मतलब है कि मैंने यह सोचा तक नहीं होगा? मैंने सोचकर उसे तुरन्त पत्र लिख दिया कि हम दोनों के दुबई के लिए टिकट कटवाने का इन्तजाम कर ले।"

इस पर कहने लायक न प्रमिला के पास कुछ था न मेरे। चुप्पी साधे रह गये हम।

जब हम सदू के घर पहुँचे तब सबसे पहले गिरिजा भाभी के हालचाल पूछने उनके कमरे में पहुँचे लेकिन हम तीनों को एक साथ देखकर उनका सिर बेहद दर्द करने लगा और वह जोर से कराहने लगीं। प्रमिला ने राहत दिलाने के इरादे से सदू को पेनबाम लाने को कहा।

सदू बोला, "बाम खतम हुआ है! लेकिन चिन्ता न करें, अभी ले आता हूँ, चट जाता हूँ और पट आता हूँ।"

सदू के चले जाते ही गिरिजा में बड़ा परिवर्तन हुआ, सिरदर्द गायब था और वह झट से उठ गयी।

"भाई साहब अभी जाइए और एक वकील को यहाँ ले आइए। मुझे बाम नहीं वकील चाहिए इस वक्त।"

"वकील? वकील का क्या काम है भाभी?" भाभी के कथन का ओर-छोर न पाने के कारण मेरी सहज जिज्ञासा थी।

"सुना है कि सरकार ने तलाक का कोई कानून बनाया है, मैं उसके तहत तलाक चाहती हूँ इस आदमी से, आप अभी बुलाइए वकील को?"

"भाभी! यह क्या कह रही हो भाभी! जिन्दगी के बेहतरीन तीस-पैंतीस सालों तक जिसकी गृहस्थी सँभाली उसी से, और इस ढलती उम्र में तलाक? आखिर ऐसा क्या हुआ कि एकदम तलाक पर आमादा हो आयी हो? लोग क्या कहेंगे? कुछ तो सोचो!"

मैंने भाभी से सोचने के लिए कहा जरूर लेकिन वाकई मेरा सिर चकरा गया था पूरा मामला देख-सुनकर।

"लोगों की मुझे चिन्ता नहीं, दाँत निपोरनेवालों को कौन रोक सकता है! तलाक लूँगी तो लोग हँसेंगे और न लूँगी तो पागल हो जाऊँगी और तब भी लोग हँसेंगे ही। सिरफिरी कहलवाकर लोगों की हँसी झेलने की अपेक्षा सिर सलामत रखकर हँसी सहना कबूल है।" गिरिजा भाभी एकदम पस्त, ध्वस्त और निराश हुई थीं।

"लेकिन इस परेशानी की भी तो कोई वजह होगी!"

"वजह? भाई साहब श्रीमान रिटायर होना नहीं चाहते थे, कम्पनी ने इन्हें जबरदस्ती रिटायर किया है, इससे इन्हीं के दिमाग पर असर पड़ा है। सड़क चलते गाना गाते हैं और घर में तो ऊधम मचा देते हैं। हँसी-मजाक की भी तो हद होती है, दिन-भर हँसते रहते हैं आपके मित्र, जोर-जोर से समाचार-पत्र पढ़कर सुनाते हैं। भाई-साहब! सच कहती हूँ, आप एक दिन इनके विनोदों को सुनेंगे तो तुरन्त वकील को बुला लेंगे और अपने मित्र से विच्छेद कर लेंगे।" गिरिजा भाभी का आवेश और त्वेष देखकर यकीन नहीं होता था कि वह बीमार थीं।

"आपका बेटा है दुबई में, उसके पास जाकर रहें चार महीने!" मैंने उपाय सुझाया।

"सदू भाई साहब ने दोनों के टिकट कटवाने के लिए लिखा है उसे।" प्रमिला ने अधिक जानकारी दी।

इस पर गिरिजा भाभी गुस्से से उछल पड़ीं, "दोनों के टिकट? दोनों के? भाई

साहब, आप तुरन्त उसे तार भेजें, नहीं-नहीं, आप फोन ही कर दें उसे और कह दें कि अगर वह अपनी माँ को जिन्दा देखना चाहता है तो सिर्फ माँ के नाम और एक ही टिकट भिजवा दे। और यह भी कह दें कि चार-छह महीनों के लिए नहीं, मैं हमेशा के लिए उसके पास रहने के लिए पहुँचूँगी वहाँ! आपके मित्र यहाँ एंजाय करें और मैं वहाँ रह लूँगी!"

"लेकिन, भाभी, सुन भी लो जरा!"

"वरन् तुरन्त वकील को ले आइए यहाँ!" भाभी ने धमकाया। इसी समय सदू बाम की शीशी ले आया और भाभी का सिर फिर से बेहद दर्द करने लगा।

भाभी के कथन के मुताबिक मैंने फिर दुबई फोन कर सदू के बेटे के साथ बातचीत कर उसे समझाया कि सिर्फ माँ के नाम एक टिकट वह भिजवा दे, ले-देकर वह राजी भी हो गया।

आठ दिनों के बाद मैं खुद सदू के घर चला गया।

"क्यों सदू भाई? बेटे का खत-वत आया भी?"

सदू बोला, "अवश्य! लेकिन मेरे दो टिकट कटवाने की बात को टालकर उसने सिर्फ अपनी माँ के नाम और एक ही टिकट भेजा है। इसलिए अब मैंने तय किया है कि मैं स्वयं एक टिकट कटवा लूँगा और इसके साथ जाऊँगा। तुम ही बताओ दत्तू! मेरे बिना इसे चैन आएगा वहाँ?"

मैंने माथा ठोंक लिया और चुपचाप लौट आया। थोड़ी देर बाद गिरिजा भाभी की चिट्ठी मिली, "अपने मित्र का बन्दोबस्त करें वरन् मैं वकील को बुला लूँगी।"

मैं सिर पकड़कर बैठ गया, समझ नहीं पाया कि क्या किया जाय। जब मैं प्रमिला को बताने लगा तब वह फटकारकर बोली, "औरों का सिरदर्द अपने माथे लेने की अपनी सदिच्छा के फल भोग लें अब!"

लेकिन, इसी समय कम्पनी ने सदू को पुनः आमन्त्रित किया, क्योंकि सदू के स्थान पर जो व्यक्ति काम करता था वह सदू से भी ज्यादा नालायक सिद्ध हुआ। जो भी हो, सदू फिर से ड्यूटी बजाने लगा और गिरिजा भाभी अकेली दुबई चली गयीं। मैंने राहत पायी, लगा कि जैसे भी हो मामला निभ गया आखिर!

चार महीनों के बाद एक दिन फोन की घण्टी बज उठी। सदू का बेटा दुबई से बोल रहा था, "चाचाजी! आपने यह कैसी बला मढ़ दी मेरे माथे?"

"क्यों भाई? कैसी बला? आखिर बात कुछ साफ-साफ भी कहोगे?"

"अब रहा नहीं कुछ भी साफ करने लायक, मेरे साफ होने की नौबत आयी है। आपके कहने पर मैंने माँ को यहाँ बुला तो लिया लेकिन बहू के साथ हर छोटी-मोटी बात पर झगड़ती है वह। मेरी बीवी झुँझलाकर अब तलाक लेना चाहती है, कहती है माँ को वापस भेज दें या मैं तलाक लेकर चली जाऊँगी। आपका ही किया-कराया है यह सब। मैंने तो आपको यह दस्तन्दाजी करने के लिए नहीं कहा

था। अब निपट लें आप ही यह पूरा माजरा!"

मैं सिर दबाकर, सुन्न होकर बैठ गया, घर पहुँचकर प्रमिला को सारी कथा सुनायी इसी इरादे से कि थोड़ी-सी सहानुभूति दिखाएगी लेकिन सहानुभूति के बदले उसने जबरदस्त फटकार सुनायी, "आप सिरदर्द मोल लेते हैं और तकलीफ मुझे देते हैं। आपके नाजो-नखरे उठाते-उठाते मैं पहले ही परेशान हूँ, ऊपर से यह होम करते हाथ जलानेवाली करतूतें, मैं तो तंग आ गयी। देखिएगा अगर यही तरीका जारी रहेगा तो मैं खुद तलाक लेकर चली जाऊँगी। फिर आप जानें और आपके सदू भाई। दोनों मिलकर गाने गाओ या पदयात्रा कर लो पूरे हिमालय की।

अनुवाद : ह. श्री. साने

॥ यात्रा-वर्णन ॥

मेरी अमेरिकी साइकिल

यह मेरी जीवन-शैली है कि सभी व्यावहारिक मामलों का फटाफट और ताबड़तोड़ निपटारा मैं किये देता हूँ। इसलिए स्टैनफर्ड पहुँचते ही मैंने निवास के लिए मकान देखा और तय भी कर दिया। जगह वैसे बहुत ही अच्छी थी! लेकिन जब वहाँ हमने अपनी गृहस्थी सजायी तब श्रीमती अपनी शरारतभरी आवाज में बोलीं, यहाँ से सुपर मार्केट एक किलोमीटर दूर है तो आपकी यूनिवर्सिटी छह किलोमीटर! मैं जो भी और जब भी कुछ करता हूँ तब उसमें नुक्ताचीनी करने की श्रीमती की आदत ही थी और मैंने भी आदतन उसको आड़े हाथों लिया। मेरे मित्र प्रा. गेबहार्ट ने मुझे बताया था कि मेरे मकान से सुपर मार्केट दो मिनट के फासले पर है और यूनिवर्सिटी दस मिनट के। मैंने यही बात दृढ़ता के साथ श्रीमती को बतायी और ऊपर से याद दिलायी भारतीय प्राध्यापकों की श्रीमतियों की जो हर समय लम्बी-चौड़ी गप्पें हाँकती रहती हैं। यह टिप्पणी भी की कि अमेरिका के प्राध्यापकों और उनकी पत्नियों की इस तरह की आदत नहीं है।

"अमेरिका में फासला नापा जाता है मोटर की गति के आंधार पर। यहाँ से मोटर में चलेंगे तो सुपर मार्केट जरूर दो मिनट के फासले पर है, जब आप मोटर लेंगे तब यह सही है।" पत्नी ने बिलकुल ठण्डे भाव से मेरी बात पर अपनी टिप्पणी की।

"ठीक है, मालूम है यह सब! ऐसा है तो पहले क्यों नहीं कहा?" अपने छूटते साहस का अहसास दिलाये बिना और अपना बचा-खुचा साहस बटोरकर मैंने धाक जमायी।

पत्नी ने गरदन को झटका और बोली, "कोई पूछे तब बताएँ न!"

इस पर मैं चुप रहा। मैंने उतना ही मुँहतोड़ जवाब दिया लेकिन दो-तीन दिनों के बाद। अबकी बार बात यहीं खत्म हुई।

मेरा स्वभाव है कि परिस्थितियाँ चाहे जितनी विपरीत हो जाएँ मैं टस-से-मस नहीं होता, मेरी अपनी ही नहीं बल्कि मराठी आदमी की प्रवृत्ति-विशेष का परिचय मैं अमेरिका के निवासियों को दिया करता था। इसलिए मैंने फैसला किया कि इस परिस्थिति में दो साइकिलें खरीदेंगे, एक अपने लिए और एक श्रीमती के लिए। और भोजन के समय निर्णय घोषित कर दिया। श्रीमती के हाथ का कौर धरा ही रहा

और एक क्षण विस्फोट पूर्व जैसी शान्ति में बीता और दूसरे ही क्षण मुझे कड़क सुनाई पड़ी, "देखिए! भले मेरे प्राण निकल जाएँ लेकिन यहाँ मैं साइकिल पर नहीं चढ़ूँगी और आपसे भी कहती हूँ कि अगर अपने बच्चों की कोई फिक्र है तो आप भी न चढ़ें।"

"तुम्हें तो लत लग गयी है औरों की गाड़ियों में घूमने की लेकिन मैं यह पराधीनता पसन्द नहीं करता। मैं साइकिल खरीदूँगा और रोज यूनिवर्सिटी भी ले जाऊँगा! हाँ!"

मैंने नेक और निष्ठावान् मराठी आदमी की शैली में उत्तर दिया और एक क्षण के लिए भूल गया कि मैं अमेरिका में हूँ और जोर से दाल सुड़क ली!

अपने मित्र प्रा. गेबहार्ट को जब मैंने अपना फैसला सुनाया तब उन्होंने भी मुझे इससे परावृत्त करने का प्रयत्न किया, "मैं भी तो हर रोज यूनिवर्सिटी जाता हूँ, आप भी चलेंगे मेरे साथ, कोई दिक्कत नहीं!" उन्होंने सुझाया अवश्य, लेकिन मैं अपनी बात पर अडिग था और उनकी मोटर में बैठकर हम साइकिल खरीदने चल दिये।

मेरा रिवाज है कि जब भी कोई चीज खरीदता हूँ तब उसकी मजबूती और टिकाऊपन को सर्वोपरि मानता हूँ। बम्बई में जब रेनकोट खरीदता हूँ तब एक मन से कम वजन का नहीं होता, सीधा-सा हिसाब होता है कि कम-से-कम चार-पाँच साल तो चलना ही चाहिए। रेनकोट चढ़ा लेने पर भले पसीना छूटे या दम घुटे, कोई चिन्ता नहीं करता हूँ। मैंने इसी तरह साइकिल खरीदी, बिलकुल मजबूत।

अमेरिकी नौदल ने अपनी पुरानी साइकिलें नीलाम कर दी थीं, उन्हीं में से एक मैंने खरीदी। इसके ढाँचे के पाइप मेरी कलाई की नाईं थे, इसके पहिये थोड़े-से भी बड़े होते तो मोटर-साइकिल में भी फिट किये जा सकते थे। दिखने में कुछ बेढब और असाधारण लगती थी और इसका रंग भी लाल था मानो तार देनेवाले डाकिये की साइकिल हो।

अब, जब कभी इसे देखता हूँ तब आश्चर्य होता है कि इसमें ऐसा क्या था कि मैं इतना लट्टू हुआ था इस पर! लेकिन उस समय कोई आनाकानी नहीं की थी। मैंने प्रा. गेबहार्ट से कहा, "बहुत ही अच्छी और मजबूत है यह। कीमत भी सिर्फ पन्द्रह डॉलर्स है!"

प्रा. गेबहार्ट साइकिल पर एक चक्कर काट आये थे—हाँफते हुए बोले, "हाँ भाई! बहुत ही मजबूत है!"

"तो फिर लेंगे इसे!"

मैंने "हाँ" कहा और तुरन्त पन्द्रह डॉलर्स दूकानदार को थमा दिये। फिर किताबें, वगैरह रखने के लिए एक ट्रे फिट करवा लिया, इसके ढाई डॉलर्स भी दे दिये। लाइट में डालने के लिए सेल्स खरीदे उसके पचास सेण्ट्स हुए। पैसे तो मैं

देता जा रहा था, लेकिन जब थोड़ी-सी फुरसत हुई तब पाया कि जितना सोचा था उतने सस्ते में तो साइकिल नहीं मिली, लेंकिन इस दुर्विचार को तुरन्त झटक भी दिया मैंने!

"चलिए! अब एक ताला खरीदेंगे इसके लिए!"

"क्या वाकई ताला जरूरी है?" साइकिल का निरीक्षण करते हुए प्रा. गेबहार्ट ने जिज्ञासा की।

"अमेरिकी मित्रों से मैं आश्वस्त हूँ लेकिन क्या यह अच्छा नहीं कि अपनी चीजों की फिक्र हम खुद ही करें!"

अमेरिकी मित्रों की भाँति मैं भी अपनी बात चाशनी में सानकर पेश कर सकता हूँ, यही मैं बताना चाहता था।

दूकान में ताले दो प्रकार के थे, चाबीवाले और कोड नम्बरवाले। दूकानदार चाहता था कि मैं चाबीवाला खरीदूँ। लेकिन अपनी मातृभूमि में मैंने सबक पाया था कि जिसे दूकानदार देना चाहता है वह चीज कभी न खरीदी जाए। इसलिए मुस्कराकर बोला, "नहीं, जी! चाबियों को तो मैं जहाँ-तहाँ भूलता रहता हूँ!"

"अच्छा! तो फिर आप यही कोड नम्बरवाला ही लें। लेकिन इसके नम्बरों का मेल भी तो आप भूल सकते हैं।" दूकानदार ने बात पलटा दी थी।

"नहीं-नहीं, इसकी फिक्र न करें, मेरी याददाश्त तगड़ी है।" मैंने छूटते ही दूकानदार की बात काट दी।

दूकानदार इससे गहराई तक हँसा, प्रा. गेबहार्ट ने भी अपनी हँसी उसमें मिला दी, परन्तु मैं प्रश्नांकित था इस हँसी से!

"हम भारतीय भी हँसी-मजाक जानते हैं, जनाब!"

नम्बरवाले ताले का डेढ़ डॉलर चुका दिया और साइकिल थामे चल पड़ा, मैं सवार होनेवाला ही था कि प्रा. गेबहार्ट ने कहा, "अपने स्टेशन वैगन में ले चलेंगे हम साइकिल, इसी इरादे से तो स्टेशन वैगन लाया हूँ मैं!"

"वाह भाई! वाह! यह तो बड़ी अजब बात होगी। अगर साइकिल मोटर में ले चलते हैं तो मोटर को रेल में ले चलना पड़ेगा!" प्राध्यापक मित्र की बात का मजाक उड़ाकर सहसा मैं बोल उठा।

लेकिन, आखिर मैंने और प्रा. गेबहार्ट ने साइकिल उठाकर मोटर में चढ़ा दी जैसे-तैसे और इस कोशिश में उनके सूट पर ग्रीस के धब्बे पड़ गये। मैं जानता था कि अमेरिका में सूट की धुलाई में तीन डॉलर खर्च होते हैं और इसीलिए मुझे चाहिए था कि मैं मित्र को सहानुभूति दिखाता लेकिन मुझे अपनी साइकिल की चिन्ता इसलिए हो रही थी कि उसकी गरदन मरोड़ी गयी थी। मैंने कहा, "मुझे इसकी चिन्ता है कि ढंग से चली जाय!"

"अपना भी तो पुराना खटोला है, इसमें अब कोई अधिक खराबी आ ही नहीं

सकती।" मेरे अभिप्राय को न समझने की वजह से अपनी सहज उदारता दिखायी थी प्रा. गेबहार्ट ने।

"नहीं-नहीं, मेरा यह मतलब नहीं है।" मैं कुछ कहना चाहता था लेकिन न जाने कैसे अपने पर काबू पा लिया।

"माफ करना भाई! लेकिन आप कुछ कहना चाहते थे शायद!" अपनी मोटर को शुरू करते हुए प्रा. गेबहार्ट बोले।

"यही, कि आपने बहुत तकलीफ उठायी मेरे लिए!" मैंने थोड़ा-सा स्मित बिखेरकर कहा और मानो सिद्ध किया कि अमेरिकी चाल-ढाल का मैं आदी हो गया हूँ।

घर पहुँचकर, धीरे-से साइकिल उतार ली लेकिन अब बारी मेरे सूट पर धब्बे पड़ने की थी। प्रा. गेबहार्ट के सूट पर धब्बे पड़ने पर कोई प्रतिक्रिया नहीं और अपने सूट पर पड़ने पर हंगामा करना मुझे सरासर दोगलापन लगा इसलिए बिना चूँ तक किये मैं साइकिल अन्दर ले गया। फिर कपड़े बदलकर साइकिल साफ की। कहना न होगा कि मेरे बेटों ने बिना कहे मेरे इस काम में हाथ बँटाया। हमारे कपड़ों पर लगे ग्रीस के काले धब्बों से यह घोषित करने में कोई कठिनाई नहीं थी कि साइकिल अब साफ हुई है।

लेकिन जब श्रीमती हम पर बरस पड़ीं तब मेरी कोशिश उसे यही समझाने की रही। लेकिन हमेशा की तरह मेरी बात सुने बिना उसने तारस्वर में खरी-खोटी सुनाना शुरू कर दिया जो अमेरिका में रहनेवाली को अशोभनीय था। वह पति और बच्चों के प्रति अपनी नाराजगी को जाहिर कर रही थी।

दूसरे दिन सवेरे मैंने जल्दी में 'ब्रेकफास्ट' निपटा लिया और बड़े उत्साह के साथ साइकिल पर सवार होकर यूनिवर्सिटी की ओर चल दिया। मेरे मकान से यूनिवर्सिटी तक का रास्ता ढलानवाला था इसलिए साइकिल सरपट दौड़ती चली और सीधे यूनिवर्सिटी में जाकर रुकी।

लेकिन इसका यह मतलब नहीं कि बीच रास्ते में कुछ भी नहीं हुआ। काफी कुछ हो चुका इस बीच। पहले से खुशमिजाज एक अमेरिकी ने बियर प्राशन कर उसकी मौज में खाली टिन मोटर के बाहर फेंक तो दिया लेकिन वह सीधे मेरी पीठ के पाँचवें मनके पर आ धमका। मेरा यह दावा नहीं की अमेरिकी मित्र ने जान-बूझकर ऐसा काम किया है और न ही मुझे बियर के भरे या रिक्त डिब्बे के प्रति अनादर है। मेरा नम्र निवेदन इतना भर है कि रीढ़ की हड्डी का पाँचवाँ मनका वह स्थान नहीं है जहाँ बियर के खाली टिन फेंक दिये जाएँ।

जिस तरह बियर के खाली टिन पर मुझे अनुदार टिप्पणी नहीं करनी है उसी तरह अमेरिका के महाविद्यालयीन छात्रों के खिलाफ भी मेरी कोई शिकायत नहीं है। पाँच-छह की टोली बनाकर खुली छतवाली मोटर में उड़ने की उनकी मुराद पर मैं

पाबन्दी नहीं लगाता, न उनकी उन गर्जनाओं पर मुझे कोई आपत्ति है जो रेड इण्डियन्स की भाँति लगती थीं। मेरा नम्र निवेदन इतना ही है कि अगर एकाध व्यक्ति बरसों बाद साइकिल पर चले, पचास-साठ मील की रफ्तार से सरपट दौड़ती मोटरों की तेज हवा जिसकी कनपटियों पर आघात करे और मोटर पर चढ़कर रेड इण्डियन्स अगर उसका पीछा करें तो स्वाभाविक है वह अपने को सँभाल न पाए और साइकिल पर सवार होने के बजाय साइकिल उस पर सवार हो जाए। ऐसी स्थिति में फिस्-फिस् कर उस पर हँसना नहीं चाहिए और न उसकी खिल्ली उड़ानी चाहिए।

अपनी फिटन पर चढ़कर सैर सपाटे पर निकली महिलाएँ अगर भटक जाना चाहती हैं तो उनकी चाह पर पाबन्दी लगाने का अधिकार मुझे नहीं है, यह तो उन सम्बन्धित पतियों का अपना मामला है, अगर वे चाहते हैं तो आन्दोलन करके काँग्रेस से अपील कर सकते हैं कि वह इसे कानूनन बन्द करवाए अथवा अमेरिकी पद्धति के मुताबिक National Convention of Husbands आयोजित कर यह प्रस्ताव पारित करवा लें कि पत्नियाँ अपनी भटकने की हरकतों से अगर बाज नहीं आती हैं तो पति-लोग रात के भोजन के बाद न तश्तरियाँ साफ करेंगे और न इतवार को Lawn-mowers चलाएँगे। लेकिन यह मामला है आखिर उनके अख्तियार में। मेरा अपने तईं नम्र निवेदन यही है कि अगर हर पाँच मिनट के बाद, अपने आपको मुश्किल से बचाकर चलनेवाले साइकिलवाले से यह पूछा जाय कि "यह रास्ता कहाँ पहुँचाता है?" तो वह बेचारा सहास्य और पूरे सौजन्य के साथ कब तक उत्तर दे पाएगा और सौजन्य के निर्वाह में वह कभी साफ-सुथरी सड़क पर गिर पड़े तो स्वाभाविक है कि वह थोड़ा-बहुत चिढ़ भी जाय।

यूनिवर्सिटी पहुँचकर कोड नम्बरवाला ताला साइकिल में जड़ दिया, लाइब्रेरी में थोड़ी देर काम करने के बाद विदेशी विद्यार्थियों के कॉफी-क्लब में पहुँचा। मुझे देखते ही एक अधेड़ महिला (पचास की उम्रवाली अमेरिकी महिला एक जबरदस्त प्राणी होती है।) ने अपने शिकंजे में मुझे जकड़ लिया मानो। सामाजिक कार्यकर्ता की खुशनुमा क्रूरता के साथ मेरे हाल पूछने लगी।

"मकान तो मिल गया होगा!" उसने पूछा।

"हाँ-हाँ!"

"बहुत अच्छा हुआ!"

उसकी ओर देखकर लगा कि उसके चेहरे से वह खुशी टपकने को है जो अपनी बेटी की सगाई हो जाने पर किसी हिन्दू स्त्री को हो।

"कहाँ मिला आपको मकान?" उसका अगला और स्वाभाविक प्रश्न।

"यहाँ से पाँच-छह मील की दूरी पर है।"

"अच्छा! तो आपकी कार है अपनी?"

"नहीं तो! मैंने साइकिल खरीद ली है।"

"क्या? साइकिल?" नखशिखान्त सिहर उठी वह देवी।

"हाँ। क्यों?"

"भले आदमी। इस देश में मेहमान बनकर आये हो और हम चाहते हैं कि आप जीवित और स्वस्थ स्थिति में अपने देश लौट जाएँ। इसलिए साग्रह कहती हूँ कि अमेरिका की सड़कों पर साइकिल चलाने की अपनी जिद छोड़ दें।"

महिला ने अपनी पूरी बात अन्तिम और दृढ़ निर्णय देनेवाले स्वर में सुनायी।

"लेकिन....लेकिन अब कैसे सम्भव है यह?"

मैंने हिचकिचाते कहा जरूर, लेकिन उसने खेदभरी दृष्टि से मुझे निहारा और कन्धे उछालकर बोली–

"फिर कम-से-कम एक काम करें, जब कभी सोलह से बाईस साल का युवा अमेरिकी आपकी तरफ मोटर उड़ाता आता दिखाई दे तब तुरन्त रुकें और किनारे के किसी पेड़ पर चढ़ जायँ। सम्भव है कि तब कहीं आप निभ जायँ।"

मैंने मन मसोसकर जिज्ञासा की–"मैं, वैसे भी पेड़ पर चढ़ना नहीं जानता, फिर साइकिल के साथ उस पर कैसे चढ़ पाऊँगा?"

महिला ने आँखें फैलाकर मेरी ओर देखा और सिर हिलाने लगी, मैं उठकर चल पड़ा लेकिन वह तब भी सिर हिला रही थी।

महिला के उस इशारे की वजह से मैंने लाइब्रेरी का काम जरा जल्दी ही निपटा लिया और शाम होने के काफी पहले घर के लिए निकल पड़ा। साइकिल की चाबी के लिए मैंने अपनी सारी जेबें टटोलीं तब कहीं याद आयी कि ताला तो कोड नम्बरवाला है। कोड का डिकोडिंग जिस कार्ड पर था उसे मैंने सँभालकर रखा था, वह निकाला और समूचे 'मिलानों' को समझने का प्रयत्न करने लगा। वैसे सारे 'कॉम्बिनेशंस' आसान थे, पहली चकती को दो बार बायें घुमाकर बीस नम्बर पर लाकर रुकना था फिर तीन बार दायीं तरफ घुमाकर बत्तीस पर रुकना था, फिर दाहिनी ओर से एक पूरा चक्कर काटना था और फिर...

इन सारे 'मिलानों' को ध्यान में रखने में कुछ तो समय लगेगा ही, लेकिन यही बात मेरी समझ में दस-पन्द्रह मिनट के बाद आयी। इसलिए पहली हिदायत को ध्यान में रखकर मैंने वह कार्ड सँभालकर रख दिया जेब में, कोट के बटन ढंग से लगा लिये। और घुटनों के बल खड़े होकर अपनी नाक ताले के पास ले गया लेकिन मैंने अपनी नाक ही पहले देखी, फिर उसके परे का ताला देखा। दुर्भाग्य से चकती जमीन की ओर मुखातिब थी, जिससे उस पर अंकित आँकड़ों को मैं देख नहीं पा रहा था। यह तय करना भी मुश्किल था कि कहाँ घुमाने पर दायें और कहाँ घुमाने पर बायें माना जाय। इसलिए आखिर तय किया कि क्लिनर की तरह पीठ के बल नीचे लेटकर ही इन सारी पहेलियों को 'डिकोड' किया जा सकता है। पीठ

के बल लेटकर फिर से अपनी नाक ताले की सीध में नीचे ले आया, कॉम्बिनेशन की चकती दो बार बायें घुमायी, ताले को धक्का न लगे इसलिए सँभलकर उठा, जेब में रखे कार्ड को निकाला, दूसरी हिदायत को याद किया, फिर ताले के नीचे नाक आ जाएगी ऐसी स्थिति में जमीन पर लेट गया।

इस दरम्यान मेरे चारों तरफ अच्छी-खासी भीड़ जम गयी विद्यार्थियों की। एक ने कार्ड देखते हुए मुझे हिदायतें देना शुरू कर दिया तो दूसरा मेरी दायें-बायें की उलझन सुलझाने लगा, तीसरा मेरी फोटो उतारने लगा, तो चौथा मुझसे यह जानना चाहता था कि "क्या भारत में सब लोग, सब ताले इसी तरीके से खोलते हैं?"

"भारत में साइकिलें नहीं होतीं बन्धु। सब लोग हाथी पर चलते हैं वहाँ।"

मेरे कुछ कहने के पहले एक विद्यार्थी ने तपाक से जिज्ञासा का समाधान दे दिया था।

"माई गुडनेस। हाथी के पैर में लगा ताला खोलने के लिए इस तरह लेटा जाय और कहीं हाथी पैर उठा दे और धाँधली में अपनी नाक पर रख दे तो...? इस तरह ताला खोलना तो खतरे से खाली नहीं भाई!"

"मलाया में बहुत सारे हाथी हैं, इसीलिए तो मलेशिअन लोगों की नाक सपाट होती है।"

उनका वार्तालाप रंग जमा रहा था और मेरे चेहरे का रंग उड़ गया था, तभी ताला खुल गया और मैंने चतुराई से खिसकने में सफलता भी पायी!

लेकिनऽऽ! चूँकि अमेरिकी युवक सहजात जिज्ञासु होता है, विद्यार्थियों ने इसी बीच मेरा नाम, पता, टेलीफोन नम्बर पूछकर अपनी डायरियों में दर्ज कर लिया और अपने-अपने नाम, पते और नम्बरवाले कार्ड्स मुझे थमा दिये। इनमें से तीन यूनिवर्सिटी के समाचार-पत्र के सम्पादक-मण्डल के सदस्य थे।

मैं जल्दी से सवार होकर तेजी से साइकिल चलाता निकल गया। लेकिन पाया कि मेरे जोरदार प्रयत्नों के बावजूद साइकिल गति नहीं पकड़ रही थी। आते समय जो तितली के पंखों की तरह लगी थी वही अब जाते समय बड़ी भारी लग रही थी। क्षणभर मुझे लगा सड़क की गिट्टी दबानेवाली मशीन पर सवार हूँ। जब मुझे छह मील जाने का भान हो आया तब लगा कि मेरे हृदय पर कोई इसी मशीन को चला रहा है।

छह मील का चढ़ाव पार करना वाकई मुश्किल काम था और ऐसे में बीच-बीच में साइकिल से उतरकर पेड़ पर चढ़ना ऐरे-गैरे नत्थू-खैरे के बस की बात तो थी नहीं। उड़द की दाल खाकर, मध्याह्न के भास्कर की ओर देखकर तपस्या करने की जिसमें हिम्मत हो वही उस जबर्दस्त महिला की हिदायत पर अमल कर सकता है। मैं तो ऐसा कुछ करने का विचार तक मन में नहीं ला सका। लेकिन जब एक मोटर मेरी ओर सरपट दौड़ती आती दिखी और उसके भयसूचक साइरन को सुना तो मेरा

सारा हौसला काफूर हो गया, साइकिल से उतर पड़ा और साइकिल साथ लिये बिना पेड़ पर चढ़ने की व्यर्थ कोशिश करने लगा।

इतने में वही मोटर मेरे पास आकर रुक गयी और मैंने एक ऊँची और तेज आवाज सुनी–

"Hi bud! तू पेड़ पर क्यों चढ़ रहा है आखिर?"

मैंने पलटकर देखा तो पाया कि अमेरिकी पुलिस का एक सिपाही मेरी ओर पिस्तौल साधे खड़ा, ललकार रहा था। जब कोई अपनी ओर पिस्तौल तान देता है तब दोनों हाथ ऊपर उठाने पड़ते हैं और जब गोली दाग दी जाती है तब ढह जाना पड़ता है धरती पर! इन बातों को टी.वी. पर देखकर इनसे अच्छी तरह वाकिफ हुआ था मैं। इसलिए मैंने झट से हाथ ऊपर उठाये।

इस पर पुलिसवाले ने अट्टहास किया और जब मैंने भी पूरी बात उसे साफ-साफ बता दी तब वह बोला–

"Look here bud! अमेरिका में पुलिसवाले को देखकर अगर कोई पेड़ पर चढ़ने लगता है तो पुलिसवाला पहले उस पर गोली दाग देता है और बाद में उसके विलक्षण व्यवहार का कारण पूछता है। यहाँ के हर छोटे-मोटे उठाईगीर के पास भी पिस्तौल रहता है इसलिए कोई पुलिसवाला खतरा मोल लेना नहीं चाहता।"

"कुल मिलाकर, लगता है आपने इसका पक्का बन्दोबस्त किया है कि आपके देश में कोई साइकिलवाला जीवित न बचे।" मैंने साइकिल पर सवार होते हुए कहा और पैडल मारता चल दिया।

जैसे-तैसे घर पहुँचा, दीवार से सटाकर साइकिल रख दी और लगभग निर्जीव पैरों को घसीटता मानो लकवा मार गया हो–अन्दर आया, इसके बाद जो वार्तालाप हुआ वह इस प्रकार का था–

"आज बड़ी देर कर दी आपने?" श्रीमती ने पूछा।

"हाँफ–हाँफ–हाँफ"

"साइकिल पर आये हैं न? फिर इस तरह हाँफ क्यों रहे हैं?"

श्रीमती का सहानुभूतिहीन प्रश्न।

"अरी! हाँफ्...हूफ्...फ...फ...हाँ...!"

मेरी खीझ मेरी उसाँसों से साफ प्रकट हो रही थी। अपना कोट उतारकर उसी खीझ में फेंक दिया मैंने पलंग पर और जेब में रखा ताला 'ठन्' कर गिर पड़ा उससे। श्रीमती ने तुरन्त उसे उठाया और कहा–

"यह क्या? आपने साइकिल में ताला क्यों नहीं लगाया आखिर?"

"हूफ्...हाँ...फ्...फू...हाँफ...!" मैंने साथ ही दोनों हाथ फैला-हिलाकर सूचित किया कि मैं इस अप्रिय विषय पर कुछ कहना नहीं चाहता।

"न जाने आज यह कैसा बावलापन है!" कहती हुई वह ताला लेकर बाहर

चली गयी। थोड़ी देर में अन्दर आकर बोली, “यह ताला लगाना तो बहुत ही आसान है, सिर्फ चकती घुमानी है, कि लग जाता है।”

“हे राम! हाँ...हाँफ्...हाँफ्...फ्...मतलब हाँ...फ्...तुमने...हूफ यह ताला...हाँफ् ...चढ़ा दिया आखिर! फ्...फ्!”

मैं माथा ठोंकता हुआ बाहर चला गया और पाया कि श्रीमती ने फिर उसी तरीके से औंधा लटका दिया था ताला!

थोड़ी देर बाद मेरी फूली हुई साँस साधारण-सी चलने लगी और खीझ भी कम हुई। और तो और, रात में भोजन के उपरान्त मैं गीत गुनगुनाने भी लग गया था। तभी बाहर से विलक्षण आवाज आने लगी, मैं कान खड़े कर सजग हो गया, मैंने पाया कि आवाज बारिश की थी और चिल्ला दिया, “अरेरे! बाहर तो बारिश हो रही है!”

“आपको अभी मालूम हुआ? पानी तो कब से बरस रहा है!” श्रीमती की निर्विकार और निःशंक टिप्पणी।

“कमाल है तुम लोगों का! बाहर साइकिल भीगी जा रही है और आपको कोई फिक्र नहीं है! वाह!”

“हाय दइया! इसे बुखार चढ़ आएगा भीगने पर?”

“देखो जी!...”

अपनी बात को हावभाव द्वारा कहकर मैं बाहर चलने को हुआ लेकिन सहसा पलटकर चिल्लाया, “मैं छह मील इसे ठेलता ले आया! अब तुम ही अन्दर लाओगी इसे बस...!”

“मैंने कब मना किया?”

सिर पर आँचल सरका लिया और श्रीमती बाहर चल दी बारिश में।

तभी मोटर के हेडलाइट्स की तेज रोशनी दरवाजे से अन्दर आयी। हमारी पड़ोसन उतरी उससे। श्रीमती और पड़ोसन में बातें होने लगीं, “गुड इवनिंग बाशंती। भीगती क्यों हो?”

“क्या करें, श्रीमान की साइकिल भीग जो रही है बारिश में उसे अन्दर तो हमें ही ले जाना है।” श्रीमती का उत्तर।

“साइकिल भीगी तो क्या हुआ?”

“बुखार जो चढ़ आएगा!”

“हा ऽ हा ऽ बाशंती! यू आर ए डियर! और तुम्हें भीगने पर बुखार नहीं चढ़ेगा?”

“अपना क्या है? साइकिल बहुत कीमती है। भारत में पत्नी पाना उतना मुश्किल नहीं होता जितना साइकिल।”

“तुम भारतीय पत्नियों को पतियों के विरुद्ध आवाज बुलन्द करनी चाहिए।

अच्छा चलो, मैं तुम्हारी सहायता करती हूँ।"

दोनों ने कन्धों पर साइकिल उठायी और धीरे-से अन्दर आयीं। पड़ोसन के चले जाने पर आँखें दिखाते हुए मैं बोला, "मैं अपनी बदनामी से न डरा और न कभी डरूँगा लेकिन अमेरिका में आकर समूचे देश को बदनाम करना। हद हो गयी। अच्छा काम नहीं किया तुमने।"

"अच्छा! तो सच कहने पर बदनामी कब से होने लगी?"

बिलकुल बेगुनाह और तटस्थ भाव से टिप्पणी कर वह अन्दर चल दी।

इस प्रसंग के बाद जब कभी पड़ोसियों के साथ बतियाने का अवसर मिला मैंने हमेशा यही कोशिश की कि भारतीय पतियों को लेकर हुई गलतफहमी को दूर करूँ लेकिन बावजूद मेरे सारे प्रयत्नों के हमारी पड़ोसन का यह विश्वास अटूट है कि भारतीय पति सहानुभूतिहीन और बड़े निर्दय होते हैं। इसका परिणाम यह हुआ कि जब कभी मेरी साइकिल को भीगती देखती, दौड़कर आती और साइकिल अन्दर ला रखती है। इस तरह वह अपनी ओर से प्रयत्नशील रहती कि श्रीमती का शोषण आंशिक रूप में ही सही लेकिन कम हो जाय।

दूसरे दिन साइकिल पर सवार मैंने जो दृश्य देखे उनके कारण साइकिल सवारी का मेरा उत्साह काफी मात्रा में घट गया है। मैंने देखा दो घोड़े मोटर में बैठकर आराम से कहीं जा रहे थे। आगे बढ़ने पर देखा कि कुछ गौएँ मोटर से उतरकर चरने के लिए हरियाली की ओर जा रही हैं। मोटर में बैठकर गुजरनेवाले कुत्ते मुझ पर भौंकते थे। ट्रक में बैठकर फैक्टरी में जानेवाली मुर्गियाँ पंख फड़फड़ाकर शायद मेरी खिल्ली उड़ा रही थीं।

उसी दिन शाम को अपने काम से मैं प्रा. गेबहार्ट के पास पहुँचा था, थोड़ी देर बाद वे बोले, "मेरे साथ चलिए, घर जाएँगे साथ-साथ!"

"नहीं जी! आप क्यों तकलीफ करते हैं और मेरे पास साइकिल भी तो है!" शिष्टाचार की औपचारिकता का निर्वाह करते हुए मैं टालमटोल करने लगा था।

"साइकिल! ओह अच्छा! कोई बात नहीं, वह रख ली जाएगी पीछे।"

"ठीक है! जैसा आप मुनासिब समझें लेकिन आपको जान-बूझकर तकलीफ देना मुझे रास नहीं आता!"

सीढ़ियाँ उतरकर हम नीचे आये और मोटर के पिछले हिस्से में साइकिल रखने की काफी चेष्टा की लेकिन व्यर्थ। किसी भी तरीके से वह समा नहीं पा रही थी अन्दर। तब प्रा. गेबहार्ट बोले, "रस्सी है आपके पास? काम बन जाएगा अपना तब!"

"रस्सी? रऽऽस्सी? भले रस्सी न सही बेल्ट है अपनी!" ऐसा कहकर कठिन प्रसंग में काम आनेवाली हाजिरजवाबी प्रवृत्ति-विशेष को व्यक्त करने की अपनी विशेषता का अहसास भी मुझे इस अवसर पर हुआ।

"बहुत ही अच्छा!" प्रा. गेबहार्ट की आँखों से मेरे प्रति टपकती तारीफ मैं

साफ देख रहा था।

फिर अमेरिका की गौओं की भाँति मेरी साइकिल भी मोटर में चढ़कर घर पहुँची। हर दिन शाम जब मैं घर लौटने को होता था मेरी और प्रा. गेबहार्ट की मुलाकात होने लगी और मेरी साइकिल मोटर में घर पहुँचने लगी। कुछ दिनों बाद प्रा. गेबहार्ट मोटर के बदले स्टेशन वैगन लेकर यूनिवर्सिटी आने लगे। इससे साइकिल के लिए आराम हुआ और बिना बेल्ट के होनेवाली मेरी असुविधा भी समाप्त हो गयी।

कुछ दिन चैन और आराम के साथ बीते लेकिन श्रीमती ने अपनी आदत के मुताबिक दूध में मक्खी गिरा ही दी। व्यंग्य से बोलीं, "आप खुद उनकी मोटर में आते हैं, अपनी बला से। लेकिन उस साइकिल का झंझट क्यों? मुझे लगता है कि आप अब साइकिल घर पर ही रखें, यूनिवर्सिटी न ले जाएँ। सवेरे उन्हीं के साथ जाया करें और लौटते समय तो वे ले आते ही हैं आपको!"

मैं तमतमाकर बोला, "देखो! मैं दस बार कह चुका हूँ कि किसी पर निर्भर करने की न मेरी आदत थी और न अब है। मैं तैयार हूँ साइकिल पर जाने के लिए और आने के लिए भी। अब मैं क्या कर सकता हूँ कि हर रोज कोई-न-कोई मिल ही जाता है और जबरदस्ती अपने साथ बिठाकर ले आता है।"

इस पर श्रीमती ने गरदन को झटका दिया मानो कह रही हो कि अपनी बहानेबाजी किसी बेवकूफ को बताएँ, लेकिन प्रकट रूप में कुछ कहने की हिम्मत उसने नहीं की। जब कोई मय साइकिल मुझे ले जाने के लिए तैयार होता तब मैंने मना कर असभ्यता भी कभी नहीं दिखायी। इसलिए आज तक मेरे साथ मेरी साइकिल भी मोटर में घर पहुँचती है।

साइकिल भई तो क्या भया है, आखिर वह अमेरिका जैसे अमीर देश की है!

अनुवाद : ह. श्री साने

रोमांचक रोम

पोर्टर की टिप सौ लीरा! हवाई जहाज कम्पनी की बस के छह सौ लीरा! टैक्सी के एक हजार लीरा! साधारण-से होटल के कमरे के एक दिन के तीन हजार लीरा! हजारों लीरा मेरे हाथों लुटाये जा रहे हैं। लीरा का हिसाब रखने की कोशिश मैंने शुरू में ही छोड़ दी है।

माचिस की डिबिया जैसी मोटरें सड़कों पर सरपट भाग रही हैं। नन्ही-नन्ही लैम्ब्रेटा झन्न-से यूँ गुजर रही हैं मानो अपने-आपको ध्वनि-मर्यादा को भंग करनेवाले जेट विमान समझ रही हों। सड़कों पर मानो लेटती हुई-सी, पलक झपकते मुड़कर निकली जा रही हैं। पूरे परिवार के परिवार इन लैम्ब्रेटा गाड़ियों में सफर कर रहे हैं।

प्रतिदिन कम-से-कम दस व्यक्तियों को जान से मार देने का जैसे प्रण कर लिया है हर मोटरवाले ने! उनका यह प्रण पूरा होकर रहेगा, इसमें मुझे रत्ती-भर भी शक नहीं है।

पास में बैठे अमेरिकन से मैं पूछता हूँ, "आज यहाँ कोई खास बात है क्या? ये सारे लोग इतनी जल्दी मचाते हुए, इस कदर तेजी से कहाँ भागे जा रहे हैं?"

"दोपहर हो गयी है। ये लोग खाना खाने और बाद में दो घण्टे सो लेने के लिए जा रहे हैं।"

"यानी? सिर्फ आधा दिन काम करते हैं ये?"

"जी नहीं। इनका लंच टाइम तीन घण्टे का होता है।"

वह आदमी अपनी सूरत को रूखी बनाये रखता है, मगर कनखियों से मुझे देखता है और उसकी आँखों में शरारत छुपाये नहीं छुप रही।

दोपहर की झपकी की खातिर इस कदर जद्दोजहद करते हुए भाग रहे उन लोगों को मैं पागल की तरह देखता रहता हूँ।

सड़क पर लाल बत्ती जलती है और मोटरें एकाएक ब्रेक लगाकर रुक जाती हैं। ऐसे लगता है मानो कई कुत्ते चीखते हुए एक साथ मर गये हों।

एक मोटरवाला दोनों हाथ आसमान में उछाल आसमानवाले से इस घोर नाइंसाफी का जवाब तलब करता है। दूसरा मोटरवाला अपना सिर कसकर पकड़ लेता है और मोटर से भी ज्यादा रफ्तार से कुछ बड़बड़ाने लगता है, हाथ मटका-मटकाकर पास बैठी अपनी प्रेमिका से कुछ कहने लगता है, बौखलाता जाता है।

बौखलाते-बौखलाते अचानक उसे चूम लेता है। फिर बड़े उमंग भरे अन्दाज में दोनों बाँहें हवा में उछाल देता है।

पास-पास खड़ी मोटरों में बैठे लोग अब आपस में बातें करने लगते हैं। सभी एक साथ बोलने लगते हैं।

पैदल चलनेवाले तेजी से यूँ सड़कें पार किये जा रहे हैं, मानो यही उनके जीवन का आखिरी और इकलौता मौका हो।

हरी बत्ती जलती है और एकाएक सारे मोटरवाले एकबारगी दिशाचक्र (स्टीयरिंग व्हील) पर झुककर अपनी-अपनी मोटरें शुरू करते हैं। हिचकी के साथ उछलकर आगे बढ़ चलीं मोटरें दीवानावार दौड़ने लगती हैं।

मेरे आसपास के लोग सारे एक साथ बोलने लगे हैं। उच्चारण में छोटी-बड़ी मात्राओं की अदाएँ कुछ ऐसी हैं कि मत पूछिए! एक आश्चर्योद्‌गार तो रेलगाड़ी की सीटी की तरह बज उठता है और मैं चौंककर अपनी जगह से उछलता हूँ। आश्चर्योद्‌गार कुछ इतना लम्बा खिंचता जाता है कि मन करता है कहीं से कैंची ले आऊँ और उसे बीच में से काटकर बेचारे बोलनेवाले को रिहा कर दूँ। अपने दोस्त को कोई वाकया सुनाते हुए एक इतालवी हथेली पर गाल टिका सो जाने का अभिनय करता है। शायद ट्रेन में बैठने के बाद लगनेवाले झटकों का अभिनय कर रहा है। उसका यह नाटक इतनी देर तक चलता रहता है कि मुझे तो शक होने लगता है, कि हो न हो, बात करते-करते यह सचमुच सो गया है; कि तभी उछलकर वह खड़ा हो जाता है और दोस्त को झकझोरते हुए आगे की नाटकीय घटना का बयान करने लगता है।

मैं एक ठण्डा साँस भरता हूँ। एक कहावत है, जिसने रोम नहीं देखा उसका जीना हराम है। बात बिलकुल सच है।

इतने में दोनों उठकर एक-दूसरे के गाल चूमकर अलग-अलग दिशाओं में चले जाते हैं। मैं चौंककर इधर-उधर देखता हूँ। देखता क्या हूँ कि कई पुरुष अपने-अपने दोस्तों के गाल चूम उनसे विदा ले रहे हैं। डर जाता हूँ कि चूमा-चूमी के इस लेन-देन में भूल से कहीं कोई मुझे न चूम ले! अनायास ही मैं अपने दोनों गालों पर हाथ रख देता हूँ।

फिर एक बार मुझे पक्का यकीन हो जाता है कि मैं रोम आ पहुँचा हूँ।

कई जगह फलक पढ़ने में आ रहे हैं कि 'जेबकतरों से सावधान!' इस प्रकार की कई चेतावनियाँ मित्रतापूर्ण सलाह के रूप में कई लोग मुझे दे चुके हैं। इसलिए बराबर अपनी जेब पर हाथ दबाये घूमता रहता हूँ। सौभाग्य से अभी तक किसी ने मेरी जेब के साथ नजदीकियाँ जताने की कोशिश नहीं की है। इसलिए शक हो रहा है यह इटालियन अतिरंजना तो नहीं है। इस बारे में सच्चाई क्या है, यह जानने के लिए भारतीय एम्बेसी में एक तमिल व्यक्ति से पूछना चाहता हूँ।

"सुना है यहाँ जेबकतरे बहुत होते हैं। क्या यह सच है?"

"जी हाँ!" वह कहता है, "हर महीने क्रम-से-कम चार-पाँच पासपोर्ट तो डाक से हमें मिल ही जाते हैं।"

"पासपोर्ट?"

पासपोर्ट का जेबकतरों से क्या ताल्लुक, मैं समझ नहीं पा रहा था।

"बात यह है कि जेब काटने के बाद पर्स के साथ कई बार पासपोर्ट भी हाथ लग जाता है। लेकिन इतालवी जेबकतरे दिल के बड़े पक्के होते हैं। वे नहीं चाहते कि यात्रियों-पर्यटकों को खाहमखाह तकलीफ पहुँचे। इसलिए वे ये पासपोर्ट डाक से सम्बन्धित एम्बेसी को भेज देते हैं।" उसने समझाया।

इटालियन जेबकतरों की सहृदयता की मैं तारीफ करता हूँ। मगर साथ ही मन-ही-मन तय कर लेता हूँ कि कमीज के अन्दरूनी हिस्से में एक जेब सिलवा लेनी होगी, जैसा कि गाँव के आदमी ने सी ली थी।

इटालियन जेबकतरों की तारीफ सुन तमिल आदमी और भी जोश में आता हुआ, मुस्कराकर बताने लगता है—

"परसों और भी मजा आया। टैक्सी में सामान रख एक भारतीय आदमी कोई पूछताछ करने के इरादे से नीचे उतरा। वह जब वापस आया तो, न तो टैक्सी वहाँ थी, न उसका सामान।"

"हा! हा! फिर तो बड़ा मजा आया होगा!" हँसने के कर्तव्य का पालन करने के उद्देश्य से मैंने कहा।

"असली मजा तो आगे है।"

मैं बुरी तरह झेंप गया। तय कर लिया कि हँसी न आ रही हो तो जबरदस्ती हँसूँगा नहीं।

"चार दिन बाद उसके लापता सामान में से सिर्फ उसकी बीवी की फोटो एम्बेसी में सखेद वापस कर दी गयी थी।"

"क्या मतलब? सामान के साथ उसकी बीवी भी टैक्सी में थी?"

चौंककर मैं चीख उठता हूँ क्योंकि उसकी बात पर मेरा पूरा ध्यान था ही नहीं। उसने जब मेरी गलती से मुझे अवगत कराया तो मैं फिर एक बार झेंपकर, अपनी जेब सँभालता हुआ बाहर निकलता हूँ।

उस खिलन्दड़े तमिल आदमी ने आगाह कर दिया था, इसलिए अब तक मेरी जेब तो नहीं कटी है। हाँ, जेब से पैसे इस भारी मात्रा में उड़े जा रहे हैं कि मैं तय कर लेता हूँ, दोपहर का खाना किसी सस्ते-से रेस्तराँ में खा लिया जाय, ताकि रात के खाने पर थोड़ा खुलकर खर्च किया जा सके।

'स्नैक बार'—अमेरिकन यात्रियों को आकर्षित करने के लिए लगाया गया अँगरेजी बोर्ड देख मैं उछल पड़ता हूँ। बिना कुछ सोचे-समझे सीधा अन्दर दाखिल हो जाता हूँ।

अन्दर पहुँचकर देखता हूँ, कीमती यूनिफॉर्म पहने एक वेटर आगे बढ़ता है, सिनॉर का स्वागत कर, बड़ी अदब से उनका रेनकोट उतार लेता है। अब मेरी जेब से पैसे भी इसी शान से निकल जाएँगे, जानकर मैं धम्म से कुर्सी पर बैठ जाता हूँ।

एक लम्बा-तगड़ा, रोबीला वेटर हाईकोर्ट जज की-सी शान से कदम बढ़ाता हुआ मेरी तरफ आता है। मेन्यूकार्ड इस तरह मेरे सामने बढ़ाता है, मानो यूनिवर्सिटी के चांसलर डिग्री दे रहे हों। मेन्यू पर इटालियन खानों के रोबीले नाम और उनसे भी रोबीले उनके मूल्य देख मुझे चक्कर आ जाता है। सूख रहे मुँह से लार टपकाने की कोशिश करता हुआ-सा मैं अपनी जानी-पहचानी स्पैगेटी और मछली मँगवाता हूँ।

मुजरिम का बयान सुन रहे हाईकोर्ट जज के अन्दाज में वह सिर हिलाता है। मैं भाँप जाता हूँ कि उसकी नजर कह रही है मुझे कम-से-कम सात साल की कैद बामशक्कत मिलनी चाहिए। मैं उसकी राय से तुरन्त सहमत हो जाता हूँ।

"और सिनॉर पिएँगे क्या?" वह पूछता है।

मैं पहले ही तय कर चुका होता हूँ कि दोपहर के खाने के साथ वाइन नहीं पिऊँगा। लेकिन उसके सवाल के साथ ही मेरा प्रण हवा हो जाता है और मैं वाइन-लिस्ट में से एक सस्ती-सी वाइन पर उँगली रख देता हूँ, वह बात समझ जाने के अन्दाज में मुस्करा देता है और अन्दर से वाइन की बोतल ले आता है। फिर वह उसे नैपकिन से बड़े प्यार से सहलाता है। फिर चुम्बन-की-सी आवाज के साथ बोतल का ढक्कन हवा में उछलता है और साथ ही मेरे दिल की धड़कन भी अचानक तेज हो जाती है। क्योंकि इसी समयं मेरा ध्यान बोतल पर लगे लेबल पर जाता है। मेरी मँगवायी सस्ती वाइन के बदले वह वाइन-लिस्ट में ठीक ऊपर की पंक्ति में लिखी कीमती वाइन ले आया है।

पौराणिक फिल्मों में प्रसन्न हो भक्त को वरदान देने प्रकटे भगवान की तरह वेटर मुस्करा देता है। वह कहना चाहता है कि इतनी बेशकीमती वाइन पीनेवाले तुम धन्य हो।

मैं भी मुस्कराकर सहमति दर्शाता हूँ और सारा साहस बटोर पानी मँगवाता हूँ।

खाना खाते समय लोटा भर पानी पीने की अपनी बचकानी आदत मैं छोड़ नहीं पा रहा हूँ। और वाइन का पूरा आदर करते हुए कहना पड़ता है कि वाइन से प्यास नहीं बुझती, बल्कि मुँह और सूख जाता है। क्योंकि मेरा अनुभव यही कहता है। लेकिन इटालियन लोग इस बात को मानने को तैयार नहीं हैं। लोग पानी में तैरते हैं, यह तो उन्हें पता है, लेकिन पीने के लिए पानी का इस्तेमाल करनेवाले लोग भी इस धरती पर बसते हैं, इस पर उन्हें विश्वास ही नहीं होता।

'सी सिनॉर' कहकर वेटर मेरा कहा मान लेता है और फुर्ती से दवाई की डोजवाले छोटे गिलास में मेरे लिए पानी ले आता है।

एक घूँट के साथ ही गिलास खाली हो जाता है, लेकिन और पानी माँगने

का मेरा साहस नहीं होता। मुँह को और भी अधिक सुखा देनेवाली वाइन की चुस्कियाँ लेता हुआ मैं स्पैगेटी का इन्तजार करने लगता हूँ।

स्पैगेटी के आने में काफी देर लग जाती है, क्योंकि मेरा वेटर एक और टेबल के पास खड़ा हो ऑर्डर ले रहा होता है। वेटर और ग्राहक के बीच करीब पन्द्रह मिनट तक बातचीत चलती रहती है। बातचीत सुन और हाथों के इशारे, चेहरे के हाव-भाव देख मुझे यकीन हो जाता है कि ऑर्डर करीब डेढ़ सौ लोगों की दावत के लिए दिया जा रहा है।

लेकिन बाद में पता चलता है कि ऐसा कुछ नहीं था और थोड़ा-बहुत इस बात का भी पता चलता है कि इटालियन लोगों की खाने की छुट्टी तीन घण्टे की क्यों होती है।

आखिरकार स्पैगेटी आ जाती है, और चोर नजर से इधर-उधर यह देख यकीन करते हुए कि कोई मुझे नहीं देख रहा, मैं काँटा-चम्मच उठाता हूँ। फिर सहसा मुझे शक होता है कि कोई मुझे देख रहा है और मैं झेंपकर हथियार रख देता हूँ और वाइन की चुस्कियाँ लेने में ही मगन होने का अभिनय करता हूँ।

दो-तीन बार ऐसा ही होता रहता है और फिर जान हथेली पर लेकर मैं स्पैगेटी के ढेर में अपना काँटा घुसा देता हूँ। इटालियनों की तरह काँटे को घुमाकर उस पर स्पैगेटी की सिवैयाँ लपेटने की कोशिश करता हूँ। लपेट किसी तरह खत्म होने का नाम नहीं लेती। सिवैयाँ लम्बी ही लम्बी होती जाती हैं और पूरे काँटे को व्याप लेती हैं। काँटे को इसी तरह घुमाता रहूँगा तो अन्ततः स्पैगेटी मेरी पूरी बाँह को लपेट लेगी, इस डर से मैं वह लपेट छुड़ा देता हूँ।

स्पैगेटी पर मैं थोड़ा टोमैटो केच-अप छिड़क देता हूँ। लापरवाही बरतता हुआ-सा वाइन की एक-दो चुस्कियाँ लेता हूँ और इस बात का यकीन करते हुए कि कोई देख तो नहीं रहा, फिर से काँटा-चम्मच उठा लेता हूँ। अबकी काँटे पर स्पैगेटी की छोटी-सी लपेट बनाने में सफल हो जाता हूँ लेकिन जैसे ही काँटा मुँह तक ले जाने लगता हूँ, लपेट फिसलकर मेरे हाथ पर आ गिरती है। कलाई पर गिरी स्पैगेटी की चूड़ियाँ उतारने में थोड़ा वक्त लग जाता है।

जल्दी-जल्दी नैपकिन से हाथ पोंछ लेता हूँ और अबकी बार भले ही कोई निहारता रहे, उसकी परवाह न करने का प्रण करता हुआ मैं काँटा फिर स्पैगेटी में घुसा, घुमाने लगता हूँ।

अबकी बार सफलता हाथ लगती है। स्पैगेटी की लपेट को काँटे पर तौलता हुआ मैं काँटा मुँह तक ले जाता हूँ, पहले से ही खुले रख छोड़े मुँह में झट से काँटा घुसा देता हूँ और पाता हूँ कि जीभ को सिर्फ काँटे की नोकों का ही अहसास हो रहा है। स्पैगेटी कहाँ गयी, देखने लगता हूँ तो पाता हूँ कि वह मेरी गोद में विराजमान है।

हमेशा की तरह गोद से फिसलकर नीचे गिर चुका नैपकिन मैं नीचे झुककर

उठा लेता हूँ। ऐसा करते समय मेरी ठुड्डी स्पैगेटी की प्लेट में डूब जाती है। फिर भी चेहरे पर ऐसे भाव रखने की कोशिश करता हुआ कि जैसे कुछ हुआ ही न हो, मैं वह गिज़गिजी स्पैगेटी चुपके से नैपकिन में उठा उसे नैपकिन में तह करके रख देता हूँ। फिर ठुड्डी की याद आते ही उसी तह करके रखे नैपकिन से ठुड्डी पोंछ लेता हूँ।

सोचता हूँ, कितनी आसानी हो जाए, अगर ये लोग स्पैगेटी को घिरनी पर लपेटकर खाने के लिए दे दें।

और इस प्रकार स्पैगेटी खत्म करने में मुझे आधा घण्टा लग जाता है। इटालियन लोग तीन घण्टे का लंच ब्रेक क्यों लेते हैं, और खाना खाते समय जोश दिलानेवाले पेय का पान क्यों करते हैं, इस बारे में मुझे और जानकारी हासिल हुई।

अब तक आँख फाड़-फाड़कर मेरी तरफ देखनेवाली मछली को काँटे से करोदने लगता हूँ। लेकिन खाने का साहस नहीं जुटा पाता।

अन्त में वेटर ट्रे में चीज की चार किस्में ले आता है। चीज मुझे पसन्द है, इसलिए यह सोचकर कि रुपहले कागज में लिपटा चीज सबसे स्वादिष्ट होगा, मैं वही उठा लेता हूँ, चीज का एक टुकड़ा बड़े चाव से मुँह में रख लेता हूँ। बस, इसके बाद मुँह चलाने का साहस नहीं कर पाता।

जिस सफेद मिट्टी की गणेशमूर्तियाँ बनायी जाती हैं वह मिट्टी मैंने अभी तक नहीं चखी है। लेकिन रुपहले कागज में लिपटा वह चीज खाने के बाद अब मैं अन्दाजा लगा सकता हूँ कि वह मिट्टी स्वाद में कैसी होगी।

इटालियन खानों को लेकर अंग्रेजी पत्रिकाओं में जो रसीले, लार टपकानेवाले वर्णन छपते रहते हैं, उन पर कभी भी विश्वास न करने का प्रण कर मैं उठता हूँ।

मुस्कराता हुआ मैं सैकड़ों लीराओं का बिल चुका देता हूँ और उस पर रिवाज के मुताबिक 15 प्रतिशत टिप भी रख देता हूँ। वेटर बड़े ही अदब से मेरा धन्यवाद करता है। बाहर निकल मैं बिल पर यूँ ही-सी नजर डालता हूँ और मुझे उस अतिरिक्त अदब का मतलब समझ में आ जाता है। वेटर की टिप 'सर्विस चार्ज' के तौर पर पहले से ही बिल में वसूल की जा चुकी होती है।

थोड़ी देर घूमने-फिरने के बाद गला फिर सूख जाता है। कुछ ऐसा अहसास होने लगता है मानो किसी ने मेरा सिर लोहे के चिमटे में जकड़ रखा हो। मुँह से पानी फेंक रही फव्वारेवाली नग्न युवतियों से मुझे ईर्ष्या होने लगती है। मन करता है, कोहनी जमीन पर टिका, हथेली पर सर रख पानी में आराम से लेटे उन संगमरमरी युवकों में शामिल हो जाऊँ और नग्न युवती के मुँह से उड़ रही पानी की धारा को मुँह में ले लूँ।

भूगोल में पढ़ा याद आता है कि शहर रोम टाइबर नदी के किनारे बसा है। अब शक होने लगता है, इटली की नदियों में पानी बहता है या वाइन।

"फ्रेण्ड्स, रोमन्स एण्ड कण्ट्रीमेन, मुझे एक लोटा भर पानी दे दो..." मार्क एण्टनी के अन्दाज में मैं भाषण करने लग जाता हूँ।

अन्त में चुपचाप अपने होटल लौट आता हूँ। खिड़कियाँ-दरवाजे बन्द कर और यह यकीन कर कि मुझे कोई देख नहीं रहा, मैं चुपके-चुपके तीन-चार गिलास नल का पानी पी जाता हूँ।

जी भरकर पानी पी लेता हूँ, सन्तोष से मेरा पेट भर जाता है और सुख के बुलबुले पेट से उठकर मस्तिष्क की ओर बढ़ने लगते हैं। लगता है, मैं फिर अपनी उस मातृभूमि में पहुँच चुका हूँ, जहाँ हर इंसान खाना खाते समय निडर होकर लोटा भर पानी पी सकता है।

तेज-तेज कदम उठा रहे अपने मार्गदर्शक के पीछे हम तीस-चालीस लोग भेड़-बकरियों की तरह भाग रहे हैं। अब तक हम लोग प्रथम श्रेणी की पचास-साठ शिल्पाकृतियाँ, सौ-दो सौ चित्र और तीन चर्च देख चुके हैं। पाँच-छह सौ साल का इतिहास यूँ हजम कर चुके हैं, जैसे वेफर्स खा चुके हों। मेरा दिमाग तो ग्रीक और रोमन पौराणिक कहानियों का गोदाम बन चुका है। मैं जिसे मन-ही-मन युकॅलिप्टस कहता आया हूँ उस ग्रीक या रोमन महापुरुष का असली नाम क्या था, यह सवाल मुझे बराबर परेशान किये जा रहा है। मुझे यह भी नहीं याद आ रहा कि राइनोसेरस नामक ग्रीक दार्शनिक की लिखी प्रसिद्ध पुस्तक का नाम क्या है। कहीं ऐसा तो नहीं कि युकॅलिप्टस नामक ग्रीक दार्शनिक ने ही राइनोसेरस नामक प्रसिद्ध पुस्तक लिखी हो?

लेकिन इन सारे सवालों पर ध्यान देने की फुरसत बिलकुल नहीं है। क्योंकि पच्चीस-तीस मार्गदर्शकों के पीछे सात सौ-आठ सौ यात्री भाग रहे हैं। हर किसी के चेहरे पर एक मात्र चिन्ता यही दिखाई दे रही है, कि अपनावाला मार्गदर्शक नजरों से कहीं ओझल तो नहीं हो जाएगा! मैं भी यही रवैया अपनाये हुए हूँ कि माइकेल एंजेलो की शिल्पाकृति की कोई-सी बारीकी नजर से भले ही छूट जाय, अपने मार्गदर्शक की चार इंच लम्बी, अष्टमी के चाँद-सी गंज नजर से ओझल न हो पाए।

हाँफते हुए बस तक आ पहुँचने पर मार्गदर्शक हम सबको गिन लेता है। पहली बार गिनती में दो आदमी कम आते हैं, दुबारा गिनने पर पता चलता है, एक आदमी ज्यादा है। तीसरी बार की गिनती में विश्वास हो जाता है कि वाकई एक आदमी ज्यादा है। हर किसी को शक होने लगता है, वह एक आदमी वह खुद तो नहीं? मैं शकभरी निगाहों से मार्गदर्शक की ओर देखता हूँ। उसकी अष्टमी के चाँद-सी, चार इंच की गंज को लेकर मुझे थोड़ा-थोड़ा शक होने लगता है। इधर-उधर देखता हूँ तो अष्टमी के चाँद-सी गंजवाला एक और मार्गदर्शक दिखाई देता है। 'चोर-चोर...' चिल्लाते हुए दौड़ पड़ने का मोह जैसे-तैसे संवरण कर मैं निर्ममता से अपनी जगह चुपचाप खड़ा रह जाता हूँ।

मार्गदर्शक खोजी निगाहों से हम सबकी सूरतें निहारता है और तब बड़े अदब से एक अमेरिकन महिला से कहता है, "मैडम, मेरा खयाल है आप हमारे साथ नहीं थीं।"

"ऐं? यह कैसे हो सकता है? मैं तो आप ही के साथ आयी हूँगी।" चौंककर वे ऐसे बोलती हैं जैसे बिजली का शॉक लगा हो।

"आपको यकीन है?" मार्गदर्शक और भी अधिक विनम्रता से पूछता है।

"जी हाँ, मैं यहाँ के हर मार्गदर्शक से पूछ चुकी हूँ। हर किसी का यही कहना है कि मैं उनके साथ नहीं हूँ। मतलब साफ है कि मैं आपके साथ हूँ।" वह अकाट्य तर्क पेश करती है।

सारी दुनिया पर हेडमास्टर की नजर रखनेवाली, हमारे गुट की एक साठ वर्षीया महिला घूरकर उसे देखती हुई बुदबुदाती है, "नहीं, मुझे नहीं लगता यह हमारे साथ आयी है।"

फिर भी वह ढीठ महिला उसी तरह हमारे बीच खड़ी रहती है।

"आप जिस बस में आयीं, वह कौन-से रंग की थी?" मार्गदर्शक बड़ी सहनशीलता से पूछता है।

"मुझे नहीं याद। हाँ, इतना याद है कि मैं पीछे से पाँचवीं या छठी 'रो' में बैठी थी।"

"मुझे लगता है हम लोग पीछे से पाँचवीं रो में बैठे थे।"—एक पुरुष अपनी पत्नी के कान में फुसफुसाता है।

"हम लोग आगे से पाँचवीं लाइन में थे।" पत्नी उसकी गलती तुरन्त सुधार कर रख देती है।

"टिकट दिखाएँगी?" विनम्रता को बरकरार रखते हुए मार्गदर्शक पूछता है।

"मेरा टिकट मेरे पति के पास है और पति कहीं खो गया है। मुझे लगता है टैक्सी लेकर होटल चले जाना ही ठीक रहेगा।" वह अमेरिकन महिला धीरोदात्त मुस्कान बिखेरती, ऊँची एड़ियों के जूते चटकाती चली जाती है।

"न! वह हमारे साथ नहीं थी।" बुढ़िया फिर हेडमास्टर के-से निर्णायक सुर में बुदबुदाती है और हम सब बस में चढ़ अपनी-अपनी जगहों पर जा गिरते हैं।

मार्गदर्शक को नजर से ओझल न होने देने के प्रयास में पति का खो जाना और पति को खोजते-खोजते मार्गदर्शक का खो जाना वाकई बड़ा स्वाभाविक है, मैं मानता हूँ। इस घटना की वजह से मेरे जीवन-दर्शन में क्या फर्क आया है, इस पर सोचता हुआ सिगरेट सुलगा रहा होता हूँ कि एक धक्के के साथ बस रुक जाती है। सब लोग उतरने लगते हैं।

अभी-अभी जलायी सिगरेट मैं ऐश-ट्रे में ठूँस देता हूँ। मेरा जीवन-दर्शन एक अशिष्ट सम्बोधन के रूप में प्रकट होता है। क्योंकि इस प्रकार ऐश-ट्रे में ठुँस चुकी

मेरी यह छठी सिगरेट होती है।

"यह है वैटिकन। दुनिया की श्रेष्ठ कलाकृतियाँ यहीं पर हैं। माइकेल एंजेलो के हाथों रँगा सिस्टिन चैपेल यहीं पर है। रोम की सुन्दरता का यह चरम है।"

एक-एक कदम पीछे हटता हुआ मार्गदर्शक रसीली शैली में बयान करता है और हम सबको बस से उतर चुका देखते ही मुँह फेर तेज कदम बढ़ाता भागने लगता है। हम भी अष्टमी के चाँद पर नजर रख दौड़ने लगते हैं।

"ये देखिए, टेपेस्ट्रीज! ये रहीं इटालियन, ये फ्रेंच, फ्लेमिश्त इसके रंग देखिए। हर किसी की शैली अलग-अलग है।"

टेपेस्ट्रीज देखते हुए हम लोग एक मील का फासला तय कर जाते हैं।

"और अब ये रहे मोजाइक्स। रोमन लोगों के खान-पान की चीजें इसमें दर्शायी गयी हैं।"

स्वादिष्ट लगनेवाली उन चीजों को भूखी नजरों से निहारते हुए हम लोग एक मील और चल लेते हैं। कुम्हलायी हुई सूरतों पर मुसकानों की ताजगी छिड़कने की कोशिश करती हुई अमेरिकन महिलाएँ 'वण्डरफुल! प्रिटी!' कहती रहती हैं।

"और यह रही अपोलो की मशहूर ग्रीक मूर्ति!"

सालों-साल बिना थके, खड़े हँसमुख अपोलो को देख मैं तारीफ करते नहीं अघाता। मूर्ति की सुन्दरता के रसास्वादन के बहाने हर कोई वहीं बैठ जाता है, जहाँ जगह मिल जाय।

मगर मार्गदर्शक बड़ी फुर्ती से अगली मूर्ति के पास पहुँच उसकी बारीकियाँ समझाने लगता है। बड़े उत्साह से उछलते-कूदते हम लोग उसके पीछे चले जाते हैं।

"यहाँ कोकाकोला बेचनेवाली एक मशीन होती, तो कितनी खूबसूरत लगती।" एक अमेरिकन युवक बड़ी रसिकता से मेरे पास फुसफुसाता है।

मैं भी बड़े दिल से अपनी सहमति प्रकट करता हूँ।

ग्रीक और रोमन शिल्पाकृतियों की रमणीय पुष्पवाटिका में से एक मील की यात्रा तय करते हुए हम लोग मिसर की शिल्पाकृतियों के कानन में आ पहुँचते हैं।

"स्थाणुत्व मिसर की शिल्पाकृतियों की विशेषता है।" मार्गदर्शक बता रहा होता है।

अपने पैरों में जमा हो रहे स्थाणुत्व को भुलाने की कोशिश करते हुए हम लोग सिर हिलाते हैं।

मार्गदर्शक के पीछे-पीछे गिरते-पड़ते हम लोग सीढ़ियाँ उतरते हैं और सिस्टिन चैपेल में प्रवेश करते हैं। बैठने के लिए वहाँ काठ की बेंचें रखे देख हम फूले नहीं समाते। धड़ाम-धड़ाम करते हुए सब बैठ जाते हैं। बैठते ही सबके सिर खुद-ब-खुद बेंचों की पीठ से जा टिकते हैं। मुँदी जा रही सबकी उनींदी आँखों को चँदोवे पर सज रही माइकेल एंजेलो की श्रेष्ठ कलाकृति दिखाई देती है।"

"यह श्रेष्ठ कलाकृति देखने के लिए हम आपको बीस मिनट का समय दे रहे हैं।" मार्गदर्शक बड़ी उदारता से ऐलान करता है।

मन-ही-मन उसका धन्यवाद करते मेरी गरदन लुढ़क जाती है और मैं गहरी नींद में खो जाता हूँ।

iv

अपनी दाहिनी बाँह की आशा मैं अब छोड़ चुका हूँ। मेरे इटालियन साथी ने उसे यूँ कसकर पकड़ अपनी बगल में जकड़ लिया है। और इटालियन राजनीति के भविष्य को लेकर अपनी ठोस राय प्रकट करता हुआ वह मुझे घसीटकर लिये जा रहा है। अँगरेजी जाननेवाले इटालियन व्यक्ति से मुलाकात की मेरी खुशी का कहीं कोई नामोनिशाँ नहीं रहा है।

"फासिज्म खत्म हुआ। लड़ाई खत्म हुई। मगर आज इटली की स्थिति क्या है?" वह जोश में बोले जा रहा है।

"क्या है?" मैं मुरझाये-से सुर में पूछता हूँ।

"क्या देख रहे हो हर तरफ? गरीबी, बेरोजगारी..."

सर्र से अपनी बाँह घुमाता हुआ वह मुझे सारा नजारा दिखा देता है।

मेरी नजर उसकी बाँह के साथ घूमती है। कैफे में बैठ कॉफी या वाइन पी रहे अनगिनत निकम्मे, निखट्टू इटालियन लोग मुझे दिखाई देते हैं।

"...रिश्वतखोरी! नीचे से लेकर ऊपर तक हर कोई पैसा खा रहा है।" वह जोश में बोले जा रहा है। मैं एक-दूसरे के सिर पर बैठ नोटों के पुलिन्दे चबा रहे लोगों की कल्पना करता हूँ।

"लेकिन, फिर इटालियन लोग इस सरकार को बदल क्यों नहीं देते?" मैं पूंछता हूँ।

"जनतन्त्र? जनतन्त्र कहाँ है?"

मैं इधर-उधर देख हामी भरता हूँ कि वाकई जनतन्त्र कहीं नजर नहीं आ रहा।

"सारी सत्ता तो है मिल मालिकों के हाथ में, ठेकेदारों के हाथ में। उनका सहारा ले पोप आज इटली का सूत्र-संचालन कर रहा है और पोप के सिर पर बैठे हैं अमेरिकन! अमेरिकन तेल कम्पनियाँ इटली का सूत्र-संचालन कर रही हैं आज।"

जोर से मेरी बाँह खींच वह बताता है कि आज किस तरह इटली का सूत्र-संचालन हो रहा है।

अब मेरा मन समझ नहीं पा रहा है कि किसके सिर पर कौन बैठा है। अलबत्ता इतना समझ जाता हूँ कि कई लोग एक-दूसरे के सिर पर बैठ इटली का सूत्र-संचालन किये जा रहे हैं। उसकी बातों से लगता है वह कम्युनिस्ट है। इसलिए खुश करने के लिए मैं कहता हूँ : "लेकिन एक अच्छी बात यह है कि इटली की

कम्युनिस्ट पार्टी बड़ी सशक्त है।"

"कम्युनिस्ट? बात मत करो उनकी तो? नालायक लोग हैं।" मुझ पर हमला करता हुआ-सा वह बोल पड़ता है।

मैं अपने अन्दर ही सिमट जाता हूँ। क्या बोलूँ, कुछ समझ में नहीं आता।

"अजी, उनसे तो पोप को मदद ही मिल रही है। कम्युनिस्टों का डर दिखा-दिखाकर पोप सारी सत्ता अपने हाथ में रखे रहता है।"

"यह बात है?"

"और सच तो यह है कि इटली को लेकर कम्युनिस्टों की और पोप की मिलीभगत है।"

"अच्छा? तो इटालियन कम्युनिस्ट पार्टी और पोप अन्दर से मिले हुए हैं?"

मेरी समझ में नहीं आ रहा, मैं राजनीतिक परिस्थिति का वर्णन सुन रहा हूँ या अरेबियन नाइट्स!

"इटालियन कम्युनिस्ट पार्टी को कौन पूछता है! पोप का सीधा सम्बन्ध क्रेमलिन से है। रूसी और अमेरिकन लोगों ने यूरोप को आपस में खुफिया तौर पर बाँट लिया है। लेकिन हमारे कम्युनिस्ट यह बात कहाँ समझते हैं! चुपचाप क्रेमलिन के आदेशों का पालन करते रहते हैं।"

"लेकिन कोई इस षड्यन्त्र की खबर इटालियनों को देता क्यों नहीं?"

"क्या फायदा? हम इटालियन ठहरे परले दर्जे के आलसी? हम लोगों से कुछ नहीं होनेवाला! क्या समझे? कुछ नहीं होनेवाला!"

"नहीं, आप ज्यादती कर रहे हैं। ऐसा नहीं हो सकता।" मैं इटालियन लोगों का पक्ष लेता हूँ।

"हो सकता है या नहीं, यह बात आप बेहतर जानते हैं या मैं?"

अब यह फिर मुझसे टकराएगा, इस खयाल से मैं डर जाता हूँ।

"हाँऽऽ, वह बात तो है।" मैं ढुलमुल-सा जवाब देता हूँ।

"लेकिन यह मत भूलिए! माना कि हम लोग आलसी हैं, राजनीति में दखल नहीं देते। मगर एक बार जो बिगड़ पड़े न, तो क्या कुछ नहीं कर गुजरेंगे—कहना मुश्किल है। चुटकी भरते क्रान्ति हो जाएगी देखना इटली में!" चुटकी भरते हुए वह बोला।

"हाँ! यह बात भी सही है।"

हारकर मैं कह देता हूँ। फिर सोचने लगता हूँ, अब यह बिगड़ैल इटालियन मेरी बाँह के साथ कैसा सलूक करेगा!

अनुवाद : रेखा देखपाण्डे

॥ हास्य-लेख ॥

जब हम कोंकण स्थित ननिहाल के लिए निकलते हैं

आपकी राय भले दूसरी हो लेकिन मेरे विचार से तो आजकल के सफर में कोई रोमांचकता नहीं रही है। दफ्तर से जल्दी में घर आना, श्रीमती ने बैग पहले ही भर दिया होता है, उसे उठाकर टैक्सी में बैठकर हवाई अड्डे पर पहुँचना। टैक्सी से उतरकर हवाई जहाज में और हवाई जहाज से उतरकर फिर टैक्सी में बैठकर मुकाम पर पहुँचना। यह भी कोई सफर है!

मेरा यह मतलब नहीं कि बिलकुल ही और कुछ भी घटित नहीं होता इस यात्रा के दरम्यान। कुछ-कुछ तो होता ही रहता है। कभी इण्डियन एयर लाइंस का जहाज सिर्फ दो-तीन नहीं बल्कि आठ-दस घण्टे देरी से उड़ान भरता है। मैं होटल से कमरा छोड़कर निकला करता हूँ और ऐसी स्थिति में दुबारा होटल में पहुँचना भी सम्भव नहीं रहता। सारी कुर्सियों पर लोग बैठे होते हैं इसलिए बैठने तक की कोई गुंजाइश नहीं रहती। इससे होता यही है कि बम्बई की लोकल ट्रेनों में लगातार आठ घण्टे और खड़े-खड़े यात्रा करने का मनमुताबिक आनन्द मैं उठाता हूँ।

एक बार मैंने इण्डियन एयर लाइंस के हवाई जहाज की कुर्सी में लगा बटन दबाया ताकि कुर्सी अपना कोण बदल दे और मैं थोड़ा इत्मीनान के साथ बैठ सकूँ। लेकिन कुर्सी लगातार तब तक झुकती रही जब तक पिछली सीटवाले यात्री की गोद में मैं लेट नहीं गया।

एक बार आस्ट्रेलिया के सफर में सिडनी शहर में, भारत में बने अपने बैग का हैण्डल बैग से छूटकर हाथ में आ गया, आखिर हैण्डल जो ठहरा! भैंस के नटखट पँडवे को छाती से सटाकर चलनेवाले भैये की नाईं मैं अपना भारी बैग उठाकर अड्डे से बाहर आया।

एक बार श्रीमती ने दो पाजामे धोबी के यहाँ से लिये और सीधे बैग में भर दिये लेकिन जब पहनने लगा तो पाया कि वे बिना नाड़े के हैं।

एक बार श्रीमती ने सूट तो बैग में रख दिया लेकिन शर्ट बम्बई में रह गया था। जब साढ़े नौ बजे होनेवाली मीटिंग में जाने के लिए मैंने नौ बजे तैयार होने के लिए बैग खोला तब मालूम हुआ। एक बार हवाई जहाज में सफर कर रही यशोदा के नन्दलाल ने गरम चाय की प्याली मेरी गोद में उँड़ेल दी थी।

लेकिन ये सारी घटनाएँ छुटपुट हैं। यह सच है कि बचपन में माँ के साथ जब सफर के लिए निकलते थे तब होनेवाले रोमांचक अनुभव अब नहीं होते। भाई! उस यात्रा की पूर्व तैयारी बहुत ही नाट्यमय हुआ करती थी। कोंकण से एक खत आया करता था, उसे लेकर हम सब और माँ, अपने मामा के पास जाया करते थे। मौसी के आने की सम्भावनाएँ सदा बनी रहा करती थीं क्योंकि उसे सन्देश देते समय एक-न-एक घोटाला हो ही जाता था। मौसी कभी समय से नहीं आ पाती थीं, फिर माँ और हम सब मामा के यहाँ चले जाते थे और पाते थे ठीक पत्र-पाठ के समय मौसी आ जाती थीं। काफी देर तक विचार-विनिमय में गँवाने पर कोंकण में जाने का फैसला होता था। जब तक इतना सब हो जाता था, बम्बई में पहुँचे पत्र की खबर पुणे के रिश्तेदारों को भी प्राप्त हो जाती थी और बम्बई में वहाँ से सन्देश आता था कि दूर की मामी भी उनके साथ कोंकण चलेगी। कभी मामी आती थी तो कभी कोई बुआजी आया करती थी। उसे सन्देश दिलाने के लिए भाग-दौड़, धाँधली और घोटाले हो जाते थे तब। जिसे सन्देशवाहक तय किया जाता था ऐन वक्त पर वह बीमार हो जाता था और पुणे जाना रद्द होता था, लेकिन यह खबर हम तक नहीं पहुँचती थी। इस बीच अपने सन्देश का कोई उत्तर न पाने पर बुआजी के बहुत क्रोधित हो जाने की खबर मौसी के पास जैसे-तैसे पहुँचा करती थी। इस गम्भीर मामले पर विचार कर तय किया जाता था कि एक पत्र जिसमें सारे मसले का खुलासा रहेगा, शीघ्रातिशीघ्र लिखा जाय। लेकिन बुआजी के कोप का भाजन कौन बने? यानी पत्र लिखेगा कौन? इस समस्या का समाधान कभी नहीं हो पाता था और पत्र कभी लिखा न जाता था। सौभाग्य से हममें से किसी का भी तो, भले दूर का ही सही, रिश्तेदार बुआजी तक पुणे में पूरा इतिवृत्त पहुँचा देता था और बुआजी की गलतफहमी तब निरस्त हो जाती थी। एक गलतफहमी निरस्त होते-होते दूसरी अपनी जड़ जमा लेती थी कि बम्बई के रिश्तेदार यथाशीघ्र कोंकण के लिए रवाना होनेवाले हैं और परिणामतः अपने बच्चों सहित बुआजी किसी भले आदमी का साथ पाकर बम्बई में आ धमकती थीं। बुआजी को बम्बई के सभी रिश्तेदारों के यहाँ ले जाना और ले आना मेरी माँ के जिम्मे रहता था, बेचारी के नाकों दम आ जाता था, बुआजी के नाज-ओ-नखरे उठाते-उठाते!

बुआजी के आगमन के परिणामस्वरूप कोंकण-यात्रा के काम तेजी से होने लगते थे, सब रिश्तेदारों में गति और रवानी दौड़ने लगती थी। किसी का साथ मिलने की कमी रहती, वरन् टिकट कटवाने में कोई दिक्कत न रहती थी। अच्छा और भला साथ मिलने की चिन्ता सबको समान रूप में रहती थी। हम सबका अटूट विश्वास कोंकण, जिस बस्ती में मामा रहता था, उसी बस्ती के नागूतात्या पर था। प्रतिवर्ष मई महीने में वे कोंकण जाया करते थे। उनका बहुत बड़ा बाग था आमों का वहाँ। लेकिन किसी-न-किसी छोटे-मोटे कारण से उनका जाना स्थगित हो जाता और हमें

कभी उनका साथ नहीं मिला। एक साल नागूतात्या की इन्दौरवाली फुफेरी बहन की बेटी की शादी निकल आयी तो भागीरथी चाची अपनी जचगी के लिए कोंकण में जाया करती थी लेकिन दूसरे साल वह यहीं बम्बई में प्रसूत हुई। ऐसा कई बार हुआ लेकिन मौसी की टेक रहती थी कि हमारे लिए कोंकण में जाते समय साथ का संकट कभी नहीं होता, नागूतात्या का साथ मानो उसके बस में था।

जब नागूतात्या मना कर देते थे तब अन्य साथ ढूँढ़ने के उपाय किये जाते थे। फणस बस्ती के पोंक्षे और झावबा की बस्ती के पेंडसे को पूछने पर वे जीवनजी महाराज के किरायेदार परचुरे का हवाला दिया करते थे। इसी समय कानजी खेतजी के किरायेदार केलकर गणपति मन्दिर की बस्ती में रहनेवाले देवधर से हमारा साथ दिये जाने के बारे में पूछते थे। इन सबसे मेरी माँ परेशान हो जाती थी।

"हम कुछ नहीं चाहते साथ-वाथ! कोई जरूरत नहीं किसी के साथ होने की! चले जाएँगे हम! रत्नागिरी में उतरने पर, बैलगाड़ी तय करेंगे तरी पार कर घाटी चढ़ लेंगे तो अपने आप अपनी बस्ती में उतर जाते हैं। कोई खास जरूरत नहीं किसी की। आप हमको बिठा दें नौका में बस! चले जाएँगे!"

माँ की बात सुनकर उसके साहस से हम बच्चे प्रभावित होते थे। लेकिन पक्का साथ दिये बिना पत्नी को बच्चों के साथ कोंकण भेजने के लिए उस जमाने के पुरुष गोबर गणेश नहीं थे। इसलिए साथ जानेवाले की तलाश बरकरार रहा करती थी। एक साथ भरोसे का था लेकिन बीच रास्ते में वह उतर जानेवाला था, आखिर तक नहीं था। इसलिए फेहरिस्त से उसका नाम कट जाता था। दूसरा साथ आगे देवगढ़ तक का था इसलिए वह भी कट गया। तीसरा साथ पोर्ट ट्रस्ट में काम करनेवाले का था लेकिन पता चला कि वह आदमी पियक्कड़ था, अपने अधिकारी के साथ बहुत पिया करता था। ऐसी ही कुछ भनक महिला-समाज के कानों में पड़ी थी इसलिए उसका नाम भी कट गया।

आज मुझे आश्चर्य लगता है कि इन सब परहेजों के बावजूद हमें साथ मिल ही जाता था, सो कैसे! इन सारे कर्मकाण्डों और घटाटोप में एक महीना यूँ ही निकल जाता था और इसलिए किसी एक को दोषी मानना मुश्किल था। लेकिन उन दिनों का मई महीना भी बड़ा लम्बा-चौड़ा और समझदार हुआ करता था शायद! जब तक किसी का साथ चलना तय नहीं होता था और नौका के टिकट नहीं कटते थे तब तक मुश्किल से उसका आरम्भ मात्र होता था।

नौका के टिकट कटवाने का काम परम्परा से हमारा रिश्तेदार नारायण किया करता था, मानो अब वह उसका अधिकार-सा हो गया था। वैसे कोंकण में जानेवाले सब लोग उसी को टिकट कटवाने के लिए कहा करते थे लेकिन सालभर उसके बेभरोसेपन की शिकायत एक-दूसरे से करते अघाते नहीं थे। बावजूद इसके किसी ने कभी भी नारायण के अतिरिक्त अन्य किसी से भी टिकट नहीं कटवाये थे। और

नारायण भी समूची निन्दा के बावजूद टिकट कटवाने से कभी बाज नहीं आया था।

नारायण की आदत ही थी, वह कभी मना भी नहीं करता था और न कभी अपने घर पर मिलता था। तड़केमुँह उठकर वह नौकरी बजाने चला जाया करता था, दोपहर अपने काम में व्यस्त रहता था, शाम के समय या तो किसी का ब्याह तय करने के लिए गया होता था या किसी के साथ किसी वकील के यहाँ! इसलिए नारायण को पकड़ पाना बहुत बड़ी हिम्मत और हौसले का काम माना जाता था। दो-तीन दिन तीन-चार आदमी उसे पकड़ पाने की कोशिश करते थक जाते थे तब कहीं किसी को कालबा देवी सड़क पर दिखाई देता था, दूसरे दिन सवेरे घर पर आने का वादा करता था लेकिन दो दिन गायब हो जाया करता था। फिर सबकी गालियों का शिकार होना स्वाभाविक था। फिर किसी दिन बहुत रात गये हड़बड़ी में आता था और जल्दी-जल्दी पैसे लेकर जाया करता था। दूसरे दिन झावबा की बस्ती में पेण्डसे के यहाँ हमारे टिकट पहुँच जाते थे। दो-एक दिनों बाद हम तक पहुँचते थे।

इस पूरे काण्ड के दरम्यान माँ इतनी परेशान होती थी कि दो-एक बार तो हममें से किसी-न-किसी की पिटाई हो ही जाती थी।

टिकट पाकर मानो हम राहत पाते थे लेकिन खबर आती थी कि प्राप्त टिकट गोवा जानेवाली नौका के हैं और इसे सुनते ही महिलाओं में तहलका मच जाता था। कारण यह था कि रत्नागिरी की महिलाएँ अपने पूर्वानुभवों में गोवा जानेवाली नौका पर यात्रा करने की यन्त्रणा को सहन कर चुकी थीं और मन-ही-मन सबने प्रण किया था कि दुबारा गोवा की नौका पर नहीं चढ़ेंगी। उनके मत में गोवावाले राक्षस होते हैं, असबाब के पहाड़ लेकर ये लोग यात्रा पर निकलते थे, काले रंग के बड़े-बड़े बक्से लादकर ही ये लोग बन्दरगाह पहुँचते थे, एक-एक बक्सा चार-चार आदमी भी नहीं उठा पाते हैं। इसके अतिरिक्त चार-छह बोरे सामान से लबालब भरे रहते थे, आदमकद बिस्तरों को लपेटकर साथ लेते थे। मेरी माँ झुँझलाकर कहती थी, "इनका बस चले तो अगले समय घर के सामान के साथ छप्पर भी ले आएँगे लोग!"

गोवा निवासी दस-दस के जत्थे में यात्रा करते हैं, इन्हें छोड़ने आते हैं और बीस लोग। जैसे ही नौका किनारे लगती है गोवा निवासी न आव देखते हैं न ताव, बेतहाशा रत्नागिरीवालों को रौंदते-कुचलते नौका पर धावा बोलते हैं और देखते-ही-देखते पूरी नौका गोवा बन जाती है। गद्दियों-बिछौनों को अस्त-व्यस्त फैलाकर जगह पर अधिकार कर लेते हैं। यात्रा करनेवाले दस यात्रियों के साथ उन्हें छोड़ने के लिए आये हुए बीस भी अस्त-व्यस्त लेट जाते थे बिछौनों पर मानो वे भी यात्री हैं। अपने बिछौने के चारों ओर सामान का प्राचीर-सा बना लेते थे; संक्रमण की आशंका से बचने का अच्छा उपाय था उनका। रत्नागिरी जानेवाले बेचारे यात्री बची-खुची, तंग जगह में सिकुड़कर जैसे-तैसे बैठ ही पाते थे। बिछौना फैलाने की

तो क्या थैली से भोजन का डिब्बा निकाल पाने तक की गुंजाइश नहीं होती थी, पहलू बदलना दुश्वार था। गोवा निवासी कभी निरीह रत्नागिरी वासियों को दया का पात्र नहीं समझते थे, बड़े संगदिल जीव थे। सहानुभूति, दया तो दूर वे ताश खेलने में मशगूल हो जाते थे और इस कदर हो-हल्ला मचाते थे कि माथा ठनक जाता था। कुछ तो अपने कर्कश बाजे-बिगुल निकालकर उतने ही कर्कश स्वर में अँग्रेजी गीत गाने लग जाते थे। ईख की लम्बी गँडेरी की नाईं चिरुट जलाते और धुआँ पीते थे और उससे भी अधिक हवा में छोड़ते थे, मानो दूसरी नौका अपना धुआँ छोड़ती चली हो। इस अत्याचार की चरम सीमा तो तब होती थी जब वे थाली-भर मछलियाँ और परात-भर चावल गपकने लगते थे। मछली और चिरुट की मिली-जुली बदबू के कारण रत्नागिरी की महिलाओं को मतली-सी होती थी। ऐसी स्थिति में गोवा की नौका के टिकट पाकर अगर वे तहलका मचा देती हैं तो कोई आश्चर्य नहीं।

जब गोवा की नौका में हमारे रत्नागिरी जाने का समाचार पूरे गिरगाँव में फैलता है तब फणस बस्ती के बूढ़े विसूतात्या आंग्रे बस्ती तक का लम्बा रास्ता पैदल तय कर हमारे मामा के घर पहुँचते थे और नारायण के नाम गालियों की बौछार कर अन्त में कहते थे कि अभी उल्टे पाँव जाकर नालायक की छीछालेदर नहीं की तो मेरा नाम विसूतात्या नहीं।

इस बात की ओर किसी ने ध्यान नहीं दिया कि नारायण की छीछालेदर होने पर भी हमारी होनेवाली दुरवस्था में कोई अन्तर आनेवाला नहीं था। विसूतात्या ने तो शायद ही इसे सोचा हो।

जब हमारी संकटावस्था का पता सदू भागवत और केसू बापट को चलता था तब वे हमारी पूरी सहायता के लिए दौड़ते थे। अच्छे-खासे अखाड़ेबाज थे दोनों, हमारे लिए नौका पर जगह दिलवाने का जिम्मा इनका होता था तब। ब्राह्मण सभा के अखाड़े में ही मानो चौबीसों घण्टों उनका डेरा जमा रहता था। दिन-भर की मेहनत के बाद रात को धोतियाँ कसकर, ऐंठते हुए चले जाते थे हलवाई की दुकान पर और केसर लगा दूध पिया करते थे दोनों, दूध में प्रायः बादाम भी रहते थे। जब माँ को विश्वास होता कि सदू और केसू छोड़ने आनेवाले हैं तब उसे राहत मिलती और वह दोनों को घर बुलाकर असली घी का हलुवा खिलाती थी।

एक ओर ये सारे काम चलते थे और दूसरी ओर कोंकण में जाने की तैयारियाँ भी जोरों पर रहती थीं। माँ दृढ़ निश्चय करती थी कि इस साल वह बहुत ही कम सामान ले चलेगी, फालतू सामान बिलकुल नहीं लेगी; सिर्फ एक बक्सा, एक बोरा, एक बँधा बिछौना और भोजन का डिब्बा तथा छोटी-छोटी चीजों का एक थैला, बस, और कुछ नहीं। इसके मुताबिक अत्यावश्यक चीजों को वह इकट्ठा करती थी। ऐसे समय मेरी कोशिश रहती थी कि मेरी हर चीज आवश्यक है और उसका समावेश माँ की फेहरिस्त में हो जाय यानी उसे ले जाने की अनुज्ञा रहे।

पहनने लायक कपड़े तो ज्यादा थे नहीं उस जमाने में, बच्चों के लिए ढेर सारे कपड़े सिलवाने-खरीदने का रिवाज नहीं था। एक जोड़ी शरीर पर और दूसरी अरगनी पर, बस! बरसात के दिनों में कपड़े सूखते नहीं जल्दी इसलिए पुराने फटे कपड़ों में पैबन्द जोड़कर माँ उन्हें पहनने लायक बनाकर, गठ्ठरी बाँधकर रखा करती थी। शादी-वादी जैसे समारोहों में जाने के लिए, पीले रंग के थोड़े-से अच्छे कपड़ों की व्यवस्था अलग से थी, साथ में जर के तार लगी टोपी भी रहती थी। जर के तार से जिस पर कढ़ाई का काम किया गया था वह मेरी टोपी, मेरी दृष्टि में सबसे अधिक कीमती वस्तु थी और मुझे लगता था कि हर हालत में टोपी ले चलना चाहिए। इसलिए मैं अपनी टोपी माँ के बक्से में रख दिया करता था। जैसे ही माँ टोपी देखती थी, कहती–

"धत्! तेरी मति मारी गयी! क्या करेगा तू इसका कोंकण में?" और उसी ताव में वह टोपी निकाल देती थी। अवसर पाकर मैं फिर से उसे बक्से में रख देता था। मैं बहुत जिद करता लेकिन आखिर जीत माँ की होती थी। जब मैं तय पाता कि बक्से में टोपी नहीं जा सकती तब उसे बिछौने में या उस बड़े थैले में घुसेड़ने की कोशिश करता था। मेरे दुर्भाग्य से माँ मेरे सारे प्रयत्नों को निरर्थक बना देती थी। अन्त तक मेरी टोपी कोंकण-यात्रा नहीं कर पायी।

जब पड़ोसी जगू ने बताया कि कोंकण में बिच्छुओं और साँपों की कोई कमी नहीं है, जहाँ-तहाँ मिल जाते हैं तब से मैं बहुत चिन्तित था। मेरी सहज इच्छा होती थी कि वक्त-बेवक्त मिलनेवाले साँप को मारने के लिए अपने पास ऐसी लाठी होनी चाहिए जो हथियाने में आसान और अभ्यस्त हो। इस नेक इरादे से मैंने कपड़े फैलाने की लाठी बिछौने में डाल दी। मैं चाहता था कि माँ इसे निकाल न दे। लेकिन जब घर का नौकर सदू बिछौना कसने-लपेटने लगा तब पाया कि कोई सख्त चीज अन्दर है जिससे बिछौना लपेटा नहीं जा सकता। सो मेरी लाठी भी निकाल दी गयी और वह फिर से दरवाजे के पीछे खड़ी हो गयी।

मैंने सोचा कि कुत्ते के नन्हे से दो बच्चों को भी कोंकण की यात्रा करायी जाय, जिन्हें पिताजी ले आये थे। मेरा इरादा जानकर माँ ने वह फटकार सुनायी कि मैंने तुरन्त अपना विचार छोड़ दिया। मैंने बार-बार यह कहते हुए माँ को आश्वस्त करने का प्रयास किया कि मैं इनको कोंकण के घर में पहुँचने तक अपनी गोदी में बिठा लूँगा, लेकिन माँ ने मेरी एक नहीं मानी।

मेरे सामान पर तो माँ कड़ी पाबन्दी लगाती लेकिन कोंकण में ले जाने के लिए जो सामान गिरगाँव से आता रहता था उस पर माँ की कोई रोक-टोक नहीं थी। मन मारकर उन्हें ले जाना पड़ता था उसे। ऐसे सामान में शास्त्री हॉल से बच्चों की खातिर बना लकड़ी का रंगीन पाट आता था क्योंकि ऐसे पाट कोंकण में नहीं बनते थे। फणस बस्ती से तवा और कढ़ाई आती थी इसलिए कि ऐसी स्तरीय वस्तुएँ

कोंकण में नहीं मिलती थीं। जीवनजी महाराज के किरायेदारों के यहाँ से सेव बनाने का पात्र और एक जोड़ी धोती आती थी, कोंकण में इनकी प्राप्ति लगभग असम्भव थी। सदानन्द बस्ती से अरहर की दाल और हल्दी आती थी, ये भी कोंकण में अप्राप्य थीं। अमृतांजन की छोटी शीशियों की तो कोई गिनती न थी, सरदर्द की पीड़ा का फैलाव कोंकण में बहुत बड़े पैमाने पर है और अमृतांजन की उतनी ही कमी।

पिताजी के एक मित्र की इच्छा थी कि हम सब्बर, कुदाली, फावड़ा, तसला ले जाएँ लेकिन जनमत के दबाव के कारण उन्होंने सब्र कर लिया और इच्छा रोक दी।

कोंकण में अप्राप्य वस्तुओं का लगा ढेर देखकर मैं सोचता था कि आखिर कोंकण में कुछ तो भी मिलता होगा, सो क्या है?

प्राप्त सारा सामान एक बोरे में समा नहीं पाता था इसलिए दूसरे बोरे की व्यवस्था करनी पड़ती थी। देखते-ही-देखते दोनों बोरे आकण्ठ भर दिये जाते थे और नौकर सदू के लिए उनके मुँह कसकर बाँधना सम्भव नहीं हो पाता था। नीचे भोजनालय में काम करनेवाले दो गाँववालों को वह बुला लाता था तब उनका बोरे भरने और कसने का कार्यक्रम देखना अपने आप में एक अनुभव होता था। वे सब मिलकर बोरे को कई बार समूचा हिलाते थे जोरदार, कई बार पूरा उठाकर पटकते थे, बगल में मुक्के लगाते थे लेकिन आकण्ठ भरा सामान जरा भी अन्दर नहीं धँसता था तब बहुत सारा सामान निकालकर विराट बनते जा रहे बिछौने की लपेट में जबरदस्ती घुसेड़ दिया जाता था और बोरों को तब कहीं कसना सम्भव होता था।

इसके बाद बिछौने को लपेटने का काम होता था, अव्वल तो उसे लपेटकर, गुँडाली बनाना असम्भव होता था क्योंकि उसमें जो वस्तुएँ समायी थीं उनमें तवों, बेलनों जैसी अलचीली वस्तुओं की गिनती अधिक थी, कि जिनको लपेटना निरा असम्भव था। जब उसे जैसे-तैसे लपेट लिया जाता था तब उसका आकार इतना विशाल बनता था कि उसे बगल में उठाना सम्भव न होता था। इसे कसकर उसको कमर तक की ऊँचाई में समेटने का काम सदू के जिम्मे होता था। मर्दों का काम सही मायने में तब शुरू होता था जब रस्सी को उस विकराल बिछौने में दो-तीन चक्कर में कसकर बाँधा जाता था। रस्सी को खींचनेवाला सदू कभी एक और कभी दो पैरों से बिछौने को दबाता और कई बार जमीन के समानान्तर हो जाता था इस प्रयास में। बावजूद इन सारे प्रयासों के बिछौने का आकार शायद ही छोटा हो पाता था। एक बार रस्सी को खींचने में ऐसा संघर्ष छिड़ गया था दुराग्रही बिछौने और सदू में कि रस्सी टूट गयी, सदू धराशायी हो गया और बिछौने का आकार सिमटने के बजाय अस्त-व्यस्त हो गया था, फिर उसे लघु बनाने के प्रयत्न पुनश्च हरिॐ कहकर शुरू कर दिये जाते थे। सदू अपनी समूची पीड़ा को झेलकर नयी उम्मीद के साथ बिछौने को आखिर कस लेता था। उसके शौर्य का काण्ड मैं अवाक् होकर देखा करता था।

बीत गये वे दिन! कितना रोमांच रहता था यात्रा और यात्रा की तैयारी में! तह किये कपड़े, दाढ़ी का सामान, स्लीपर्स, दो-चार फाइलें ब्रीफ में पटककर खट-खट कर दो लॉक लगाकर चल पड़ना। इसमें वह रोमांच कहाँ जो कोंकण की यात्रा में हुआ करता था।

बक्से, बोरों और बिछौने में न समा पाया काफी सामान इधर-उधर फैला रहता था लेकिन इस सामान की कभी कोई दिक्कत नहीं हुई हमें, अपनी पुरानी साड़ियों, धोतियों और अँगोछों को निकालकर शेष सामान गठरियों में फटाफट बँध जाता था। और हममें से हर एक के साथ कम-से-कम दो गठरियाँ लटक जाया करती थीं, जैसे केले के पेड़ पर केले लद जाते हैं चारों तरफ से।

आजकल अगर बेवक्त के हवाई जहाज से जाना होता है तो मुझे जल्दी जगाने का काम मैं बिना किसी चिन्ता के होटलवालों को सौंपकर घोड़े बेचकर सो जाता हूँ। लेकिन उन दिनों ऐसा कोई प्रबन्ध सम्भव नहीं था इसलिए लाचार होकर माँ का ही भरोसा करना पड़ता था इस मामले में और हम सबका माँ में अटूट विश्वास नहीं था, कहीं ऐसा तो नहीं होगा कि जल्दी में माँ मुझे जगाये बिना ही चली जाएगी। हर बच्चे को लगता है कि माँ उसे चकमा देकर सोता हुआ छोड़कर अकेली चली जाएगी। मैं भी इसी तरह का साधारण बच्चा था। इसलिए मध्यरात्रि में उठकर हममें से हर एक माँ को जगाता था कि माँ! सुबह हुई। जल्दी उठो वरन् अपनी नौका चली जाएगी और हम यहीं रह जाएँगे। इस प्रकार माँ को जगाने का कर्तव्य पूरा करने पर हम सब इस कदर बेखटके सो जाया करते थे कि सवेरे सबको हिला-हिला कर जगाती थी माँ!

फिर सवेरे होनेवाली भागदौड़ और जल्दी का आलम कुछ और ही हुआ करता था, हाथ-मुँह धोना, दाँत माँजना, प्रातः विधियों से निपटना-नहाना, दूध पी लेना, कपड़े पहनकर तैयार होना आदि असंख्य काम घण्टे-दो घण्टों के भीतर करने पड़ते थे। हम सब हर काम को एक ही समय करना चाहते थे, परिणामतः एक-दूसरे को अपने मार्ग में रोड़े के रूप में ही पाते थे। कहीं हममें से कोई दाँत माँजने या नहाने जैसे किसी काम को टाल देने की कोशिश भी करता तो माँ के लिए बरदाश्त नहीं होता था, परिणाम में चारों ओर शोरगुल, चिल्लाहट-प्रति चिल्लाहट, धम्-धम्, मारपीट के कारण पूरा घर रणभूमि की तरह गरजता-लड़ता-झगड़ता-सा दिखाई देता था। सब कुछ होने पर कपड़े पहनकर जब हम धड़ल्ले से सीढ़ियाँ उतर आते थे कि माँ की पुकार सुनाई देती थी, "चलो! चरण छू लो सब बड़ों के!"

हम खीझते-चिढ़ते फिर से ऊपर आकर सबको फटाफट नमस्कार कर नीचे चले जाते थे। यह निरा और बिना फायदे का उपचार था, कभी-कभार दादी माँ छोटी-मोटी मिठाई थमा दिया करती थी।

मामा विक्टोरियावाले को ले आने-उसे पटाने के लिए गया था, बहुत समय

बीता लेकिन विक्टोरिया की आहट तक नहीं मिली थी। मैं बहुत चिन्तित होता था, इसलिए कि मुझे प्रायः लगता था कि हमें यहीं छोड़ दिया भूलकर और मामा खुद बन्दरगाह पहुँच गया होगा। मैं माँ के पास प्रस्ताव करता कि हम अलग विक्टोरिया में चलेंगे, भले मुझे दक्षिणा में मिला रुपया इसमें खर्च हो जाय। लेकिन माँ मेरी बात पर कान तक नहीं देती थी। ऐसे ही, युगानुयुग की प्रतीक्षा के बाद मामा विक्टोरिया लेकर आया करता था।

विक्टोरिया देखकर मैं एक साथ खुश भी हुआ करता था और चकित भी। पहले से ही विक्टोरिया में यात्री बैठे रहते थे और सामान भी खचाखच लदा रहता था। विक्टोरियावाले के पासवाली सीट पर मन-ही-मन मैं बैठा करता था लेकिन यथार्थ में पाता कि मुझसे उम्र में काफी बड़ा एक लड़का वहाँ पहले से आसनस्थ है। मेरी नाराजगी असीम होती थी तब, लगता था कि सबको चिल्लाकर बता दूँ कि–

"हम नहीं चलते, चले जाइए आप सब अपने कोंकण में!"

लेकिन नाराज होने का समय तक नहीं रहता था, गठरियों, बोरों, सामानों, माँ और बहनों को विक्टोरिया पर लाद देने में नाराजगी बताने की फुरसत तक नहीं मिलती थी। मुझे पूरा यकीन होता था कि हमारा सारा सामान, असबाब और हम सब इस विक्टोरिया में नहीं जा पाएँगे लेकिन उस जमाने की विक्टोरिया भी अद्भुत वस्तु थी। विक्टोरियावाले के पैरों के पास दो-चार बक्से, दो-तीन बोरे और दो-एक लपेटे बिछौने आराम से समा जाते थे। सामान अगर इससे भी ज्यादा हो तो अपनी सीट पर उसे रखकर विक्टोरियावाला उस सामान पर आसनस्थ होता था मानो पर्वत की चोटी पर बैठा सिंह हो। चाहे जितने बच्चे हों विक्टोरिया में समा जाते थे। एक तरफ बैठे तीन व्यक्तियों के पिछवाड़े तीन बच्चे आराम से समाते थे। कभी-कभार आपातकालीन स्थिति में चौथे को भी बिठाया जाता था। दूसरी तरफ बैठे हुए दो बड़े आदमियों के पीछे एक ओर विक्टोरियावाले के पास दो-एक बच्चे आराम से बैठते थे। विक्टोरिया में बैठे पाँच बड़े व्यक्तियों की गोद में एक-एक के हिसाब से पाँच बच्चे बैठते थे। दो तरफ की सीटों के बीच के स्थान पर एकाध को आसानी से सरका दिया जाता था और बीच में रखे सामान पर शेष सारे बालकों को बिठाना सम्भव था। मुझे नहीं लगता कि ऐसा सुविधायुक्त वाहन विक्टोरिया के अतिरिक्त कोई और भी था। इसलिए आनन-फानन हम सब अपने समूचे असबाब के साथ विक्टोरिया पर लद जाते थे। आनन-फानन इसलिए कि सारा मामला मैं बाहर खड़ा देखता रहता था। बाकी सब अपनी धुन में विक्टोरिया पर चढ़ जाते थे तब मैं चिल्लाता था–

"मामा! मामा! मैं तो यहीं रह गया!"

माँ फटकारती थी, "धत् तेरी! वैसे हर समय तू पहले होता है, पता नहीं आज क्या हो गया! मुझे मालूम होता तो तुझे पहले चढ़ा देती, मैं तो तेरी बहनों की फिक्र करती रही। अच्छा हुआ तुझे चिल्लाने की सूझी वरन् रह गया होता तू यहीं!"

मेरे विषय में माँ की बेफिक्री के अनुभव से मुझे सदमा पहुँचा और मैंने लगे हाथों प्रण कर लिया कि यद्यपि माँ के साथ हूँ तथापि नौका पर चढ़कर कोंकण की यात्रा अकेले मुझे अपने ही बलबूते पर करनी है।

अब विक्टोरिया में बैठे बड़े व्यक्तियों में चर्चा होने लगी कि मुझे कहाँ बिठाया अथवा समाया जाय। लेकिन चर्चा का निष्कर्ष यही निकला कि छोटे बच्चे तक को इस विक्टोरिया में ले चलना अब सम्भव नहीं है, फिर इसे कैसे ले चल सकते हैं। मेरे चेहरे का रंग उड़ गया। तभी मामा ने मुझे उठाया और माँ के पीछे पहले से खड़े तीन बच्चों में फेंक दिया। फलतः वे बच्चे रोने-चीखने लगे। मेरी बहन पीछे दब जाती है, चूँकि उसकी नाक अधिक दब जाती है वह नकियाने ही नहीं लगती, मुझे काट भी लेती है। इससे मैं उछलता हूँ तो माँ के आगे गिर जाने की नौबत आती है। मेरे दोनों हाथ पकड़कर सिर पर दो-चार थप्पड़ जड़ देती है वह मुझे! अपनी टोपी न गिर पाए इसलिए मैंने अपनी दोनों हथेलियों से सिर पकड़ लिया था लेकिन इस प्रयास में जब बगलवाले बच्चे पर लुढ़क जाता हूँ तब वह कसमसाकर रो पड़ता है। मैं उठकर सीधा होने की कोशिश करता हूँ लेकिन मेरे पैरों तले आधार न होने से असफल होकर अधर में लटक जाता हूँ। थोड़ी देर बाद मुझे आधार मिलता है और जब अपनी पूरी शक्ति केन्द्रित कर मैं खड़ा हो जाता हूँ तब तीसरा बच्चा जान बचाने के लिए जोरदार चीखने-चिल्लाने लगता है इसलिए कि मेरा एक पैर उसकी कनपटी पर होता है और जब उठता हूँ तब उसकी स्थिति महिषासुरमर्दिनी के चरण तले दबे महिषासुर की भाँति हो जाती है। इसलिए मैं अपना पैर उठाता हूँ और पाता हूँ कि मैं फिर से अधर में लटक गया हूँ। इसी लटकती-तैरती स्थिति में बन्दरगाह पहुँचता हूँ।

बन्दरगाह का माहौल कुछ अलग ही था। कुली दौड़कर आते हैं, फेरीवाले हमारे कानों में बाजे बजाने लगते हैं। विक्टोरियावाला परेशानी में चिढ़ता है, कुलियों में और उसमें हाथापाई शुरू हो जाती है। मामा अकेले डटकर सबका सामना कर रहा था। उसकी हार अब बहुत दूर नहीं थी कि हमें सदू और केसू दूर से आते नजर आये जिससे मामा का पलड़ा भारी हो जाता है। इस शोर-शराबे और हो-हल्ले में हम बन्दरगाह की छपरी में पहुँच जाते हैं आखिर! फिर हमने नौका में प्रवेश कर जगह कैसे पायी और हमारी अगली यात्रा कैसी हुई आदि का किस्सा बहुत ही रोमांचक है, लेकिन उसका वर्णन दूसरे चकल्लस में!

अनुवाद : ह. श्री.साने

होटल : पुराने जमाने के

बचपन में मेरी सीधी-सादी भावना थी कि होटल में सिर्फ खाने के लिए ही जाया जाता है। मेरा आचरण अपनी भावना के प्रति पूरी ईमानदारी निभानेवाला था। उस जमाने में कभी पिताजी के साथ और कभी पिताजी के मुवक्किलों के साथ होटल में जाने का अवसर होता था। बहुत ही ममताभरी आवाज में पूछा करते थे, "क्या खाओगे बेटा तुम?" मैं ताबड़तोड़ और बिना किसी संकोच के कहा करता था कि मैं शकरपारा और बेसन का लड्डू खाऊँगा। जैसे ही मेरे सामने तश्तरियाँ रखी जाती थीं मैं झपटकर खा लिया करता था। और बड़ी एकाग्रता के साथ मैं खाने में जुट जाया करता था। उक्त दोनों पदार्थ घर में भी मेरे प्रिय पदार्थों में से थे और होटल में शीशे के कपाट में मैं इन्हीं को देखा करता था। इसलिए इनको मँगवाने में मुझे कोई हिचक नहीं होती थी। लेकिन इन दो व्यंजनों के अतिरिक्त और भी कई आकर्षक पदार्थ शीशे के कपाट में रखे रहते थे, उनके कुतूहल मात्र से मेरे मुँह में पानी भर आता था।

एक पीला जर्द बड़े चौकोना आकारवाला पदार्थ बहुत आकर्षक लगता था। एक दिन पिताजी का मिजाज खुश देखकर मैंने शकरपारों, बेसन के लड्डू और मैसूर की फर्माइश की, मैसूर के खातिर बेसन का लड्डू छोड़ने के लिए भी मैं कतई तैयार न था। मेरी फर्माइश सुनकर पिताजी ने भौंहें उठायीं और बोले—"सब खा लेगा तू?"

अपनी गरदन जोरदार हिलाकर मैंने हामी भर दी, "हाँ-हाँ जी!" तुरन्त अपनी बात की विश्वासार्हता सिद्ध भी कर दिखायी। वैसे मैसूर का वह बड़ा चौकोना मुझे जरा भारी ही पड़ा लेकिन मैं खा गया अगर अब हारता तो फिर कभी मैसूर की फर्माइश करने काबिल नहीं रहता।

एक दिन पिताजी के एक गुजराती मुवक्किल के साथ होटल में जाने का अवसर आया तब मुझे एक अद्‌भुत रहस्य का भेद खोज पाने का आनन्द मिला, होटल में श्रीखण्ड और पूरी भी मिलती हैं! मैं बहुत चकित और उत्साहित था इस खोज पर। मैंने जी भरकर श्रीखण्ड और पूरियाँ खायीं उस दिन।

जब मैंने यह किस्सा दादीमाँ को सुनाया, मानो बड़ी बहादुरी की हो, तब वह बोली, "घर में कभी कुछ खाने को मिलता है इसका भी मुए को भान नहीं।" फिर पिताजी से मुखातिब होकर बोली, "इसे होटल में नहीं ले जाओ जब-तब, अपच हो

जाता है बच्चों को। ऐसे लाड़ अच्छे भी नहीं हैं।"

मैं इस बात को किंवदन्ती मानकर जरा भी यकीन नहीं करता हूँ कि खाने से बच्चों को अपच हो जाता है, न मुझे यह भी स्वीकार था कि बच्चों को लाड़-प्यार करना अच्छा नहीं होता! उन दिनों मेरी मान्यताओं और विश्वासों का घर में तनिक भी महत्त्व नहीं था इसलिए पिताजी की प्रतिक्रिया जानने के लिए मैंने कान खड़े कर दिये। लेकिन मेरे सौभाग्य से पिताजी ने माँ की बात हँसी में उड़ा दी और मेरा श्रीखण्ड और पूरी सलामत रही। इसका एक परिणाम निश्चित हुआ कि तब से मैंने होटल में श्रीखण्ड-पूरी खाने के जितने भी कीर्तिमान स्थापित किये उनके बारे में दादीमाँ से कभी, कुछ भी नहीं कहा।

उन दिनों इस बात पर मुझे बड़ा ताज्जुब होता था कि होटल में पहुँचकर पिताजी और उनके मुवक्किल फिर से बतियाते ही जाते हैं, खाते कुछ भी नहीं, और तो और स्वादभरे व्यंजनों की भरमार होते हुए भी पिताजी सिर्फ चाय क्यों पी लेते हैं, इस पहेली को भी मैं कभी बुझा नहीं पाया। लेकिन बड़ों की सनकी आदतों से मैं परिचित था, उनके पागलपन के किस्से भी मैं जानता था इसलिए मैंने इसकी ओर शायद ही कभी गम्भीरता से देखा हो, मैं अपने खाने में एकाग्र होता था।

पुराने जमाने के होटलों का रूप और ढाँचा भी मेरी मान्यता के अनुकूल हुआ करता था। होटलों की सजावट इसीलिए होती थी कि लोगों पर यह जाहिर हो कि होटल वह स्थान है जहाँ खाना मिलता है। होटल के प्रवेश द्वार के पास ही एक शीशे लगा बड़ा-सा कपाट रहता है, जो सड़क से चलनेवालों को दिखाई दे, इस कपाट में थालियों में नुकीले ढेर लगाकर शकरपारे, लड्डू, मैसूर, सेव, चिउड़ा जैसे खाद्य पदार्थ रहते थे। इस कपाट के सामने और दरवाजे के पास काउण्टर रहता था, उस पर लेमनलेट, पेपरमिण्ट, चाकलेट आदि रंगीन और आकर्षक और उतने ही स्वादिष्ट पदार्थ मर्तबानों में भरकर ताँता लगाकर रखे रहते थे, उन्हें देखकर ही मैं मन-ही-मन उन्हें खाने का आनन्द उठाने लगता था।

इतनी सारी सजावट देखने पर यह सहज था कि हर सड़क चलते आदमी के पैर होटल की तरफ मुड़ जाते। मेरी हालत तो बहुत बुरी होती थी, जब साथ में माँ होती थी तब वह मुझे होटल के सामने से लगभग घसीटकर ले जाया करती थी। अगर कोई भूला-भटका आदमी समूची सजावट को अनदेखा कर भी आगे न बढ़ जाय इसलिए होटल मालिक एक उपाय करते थे। वह अचूक उपाय था पकौड़ों की कढ़ाही, बिलकुल दरवाजे के सामने और होटल के बाहर। फर्ऽर बजते बड़े स्टोव पर कढ़ाही रखकर अथवा धधकती सिगड़ी पर रखकर एक धड़ंग आदमी पकौड़े तलता नजर आता था, गरम-गरम, लाल-सुनहरे रंग के पकौड़े बहुत बड़े कलछे से निकालकर उतनी ही बड़ी परात में डालता रहता था। परात में बढ़ते जा रहे पकौड़ों के ढेर की ओर सड़क चलते आदमी का ध्यान न जाय यह लगभग असम्भव ही

था। अगर ऐसा कुछ-कुछ मात्रा में हुआ भी तो पकौड़ों की महक उस भले आदमी की नाक में गुदगुदी जरूर पैदा कर देती थी फिर पकौड़ों की राशि की ओर उसकी नजर बरबस आकृष्ट हो जाती थी और उसके मुँह में पानी भी भर आता था और उसकी जीभ भी लपलपाने लगती थी।

ऐसे होटलों में अन्दर पहुँचने पर जो संगीत सुनाई पड़ता था वह भी खाद्यानुकूल होता था। बिस्मिल्लाखाँ की शहनाई और रविशंकर का सितार सुनाने का फालतू काम किसी होटल मालिक ने नहीं किया। कप और तश्तरियों की खनखनाहट, तश्तरियों में बज उठनेवाले चमचों की कटकटाहट और 'चार चिउड़ा', 'छह प्लेट पकौड़े' और 'आठ सिंगल चाय' की पुकार भरा संगीत ही सुनाई पड़ता था। इस संगीत की ध्वनि को कम करने की कोशिश भी कभी किसी ने नहीं की और न इसमें कभी कोई बदलाव ही आया। तश्तरियाँ भी अच्छी-खासी और वजनदार हुआ करती थीं उस जमाने की। होटल में काम करनेवाले छोटे लड़के जिन्हें कभी 'पोज्या' और कभी 'बारक्या' कहा जाता था, उपभोक्ताओं के सामने पड़ी मेज पर उन तश्तरियों को दनादन पटकते जाते थे मानो यही कहने के आवेश में कि 'जी भरकर खाओ, मुओ!' इस आह्वान को स्वीकार कर उपभोक्ता भी सामने रखे पदार्थों का भोग चमचों की कटकट-किनकिन के साथ करते बाज नहीं आते थे, और प्रायः 'और एक प्लेट लाना' का ऑर्डर किया करते थे।

तब 'पोज्या' भी चिल्लाता था "पकौड़ाऽ! एक प्लेट!"

होटल मालिक कभी यह प्रयास भी नहीं करते थे कि 'पोज्या लोग' अपनी सिझाई और ठेठ धातुसम, पीतली आवाज में ऑर्डर को न पुकारें। मुझे यह उल्टा लगता है। इन बच्चों को अपनी फूटे बर्तन की आवाज की भाँति और सिझाई आवाज में चिल्लाने और कप-तश्तरियों की खट-कट-किन जबरदस्ती करने की शिक्षा बाकायदा दी जाती थी। इसका नमूना स्वयं मालिक पेश किया करता था। पहलवानी अंगलेट का काउण्टर पर बैठा आदमी जब दहाड़कर किसी छोरे को डाँटता था तब न केवल कप-तश्तरियाँ बज उठती थीं बल्कि दीवारें तक थर्रा जाती थीं। सामने बैठे ग्राहक की ओर दहाड़नेवाला ऐसे देखता था कि मानो बता रहा हो ऐसे दहाड़कर डाँटना चाहिए इन लौंडों को! इस आदमी का पूरा आचरण और बर्ताव पहलवानी और ऊजड़ ढर्रे का होता था। इस पूरे माहौल में उपभोक्ता को भी यह अपनी नैतिक जिम्मेदारी लगती थी कि वातावरण के अनुकूल वह भी उपभोग करे, खाए।

होटल की सजावट और पूरा माहौल इसी तरह का रखा जाता था कि ग्राहक का ध्यान भी सिर्फ खाद्य-पदार्थों पर केन्द्रित रहे। उस जमाने के किसी भी होटल मालिक ने दीवारों पर चित्रादि लगाने या लटकाने और अन्य तरीके से आकर्षक-मनमोहक सजावट का फालतू काम नहीं किया। अगर कहीं कुछ होता था तो यही कि मालिक की युवावस्था की एक फोटो और गणेशजी की एक तसवीर

लटकी रहती थीं—कभी आमने-सामने और कभी साथ-साथ खानेवाले को प्रायः यही लगता था कि फोटो में बैठा मालिक उसी की ओर देखकर धमका रहा है और संशय होता था कि एक प्लेट पकौड़े खाकर निकलनेवाले की ओर देखकर गणेश सूँड़ के पीछे-से तुच्छतापूर्वक अपनी हँसी बिखेरने की कोशिश कर रहे हैं। शेष दीवारें बिलकुल नंग-धड़ंग रहती थीं, काम करनेवाले छोरे के कपड़े गन्दे, मटमैले रहते थे। कहीं कुछ आकर्षक था तो शीशेवाले कपाट में थालियों में भरकर रखे पदार्थ और पूरे होटल के माहौल को महका देनेवाली उनकी तेलसनी और मसालेदार गन्ध!

खाने के अतिरिक्त अन्य किसी उद्देश्य से कुर्सियों पर बैठे-बैठे दूसरे ग्राहकों के लिए कठिनाई न करने की ताकीद बाकायदा दी जाती थी। कुर्सियाँ भी कुछ इसी ढर्रे की बनती थीं कि बैठनेवाले को सुखकर न लगे। पंखे की शीतल हवा पाने के इरादे से भी होटल में बैठा नहीं जा सकता था, इसलिए कि एकमात्र पंखा अपनी गतिशीलता की साक्षी देने के लिए कुहँ-कुहँ-किच-किच-कट की आवाज ही अधिक करता दिखाई पड़ता था और अगर हवा करता भी हो तो सिर्फ मालिक के मुखातिब होकर। उपभोक्ताओं को बर्फ डालकर ठण्डा जल पिलाने का रिवाज उन दिनों इसलिए नहीं था कि मालिक जानते थे कि ऐसे भी दुष्ट ग्राहक होते हैं कि शीतजल पीकर भूख का शमन करेंगे और मुश्किल से सिंगल चाय पीकर चलते बनेंगे। विपरीत इसके पेयजल सिगड़ियों की आँच से गुनगुना बना रहता था, कभी-कभार उसमें एकाध पोहा तैरता रहता था और राख की परत तो प्रायः तैरती रहती थी। कोई ग्राहक आपत्ति करते कुछ कहता था तो 'पोज्या' वहीं खड़े-खड़े अपनी उँगलियों में झट से पकड़कर तैरते पोहे को गिलास के बाहर कर देता था। ऐसा करते समय ग्राहक की ओर गुस्से से देखता था मानो कहता हो कि पानी का दूसरा गिलास माँगना यहाँ अपराध है। गुस्से के आशय को व्यक्त करनेवाली अपनी नजर की पुष्टि वह गिलास को पटककर करता था, मानो अपनी बात को वजनदार बना रहा हो।

जब, बावजूद इन सारी विपरीतताओं के ग्राहकों की छोटी-मोटी टोली कभी गप्पें हाँकने के इरादे से होटल में जमकर बैठती थी तब छोरा आकर ऊँची आवाज में कहता "फर्माइए साहब! क्या लाऊँ?" इस संकेत को नजरअन्दाज कर कोई बैठने की हिम्मत दिखाता तो उसे उठाकर बाहर कर देने का हौसला रखनेवाली मुद्रा साफ करती थी कि यहाँ बैठना खतरे से खाली नहीं है।

होटल में जाना है तो आखिर खाने के लिए ही तो जाना है, इस धारणा का प्रतिवाद कोई ग्राहक शायद ही करता था, इसलिए कि इस धारणा का नैतिक आधार और जीवन विषयक दर्शन उसे भी मंजूर था। अगर इस धारणा का प्रतिवाद करनेवाला कोई ग्राहक कभी मिलता और अपने को अपमानित मानता तो अपमान को सम्मान में बदल देनेवाले स्वादिष्ट खाद्य पदार्थ किफायती दर पर देकर मालिक उसे खुश करता था। होटल मालिक जिस तरह यह आग्रह रखते थे कि होटल में

'खाने के लिए खाना' इसी तत्त्व के पालन के लिए आएँ, उसी तरह ग्राहकों को स्वादिष्ट और भरपेट खिलाना भी वे अपना नैतिक कर्तव्य मानते थे।

ऑर्डर के बाद पन्द्रह-बीस मिनटों की प्रतीक्षा करने पर ठण्डे पकौड़े और मसाला दोसा सामने रखना उस जमाने में नाजायज था। ऑर्डर पाते ही कढ़ाही से अभी-अभी निकाले गये गरम-गरम पकौड़े आपकी मेज पर उपस्थित किये जाते थे। उस जमाने के पकौड़े भी गुब्बारेदार, ओपदार होते थे, आजकल की भाँति कुम्हलाए, मुरझाये निस्तेज, स्वादहीनता के कारण शर्मिन्दा नहीं होते थे। बिना फूँक मारे आलूबोण्डे का कौर खाना मुश्किल था, बिना फूँक मारे खाने का नतीजा जीभ में छाले पड़ने होना तय था, मानो गरम पदार्थ का अपमान करने का दण्ड हो। घुघरी और पावरोटी का ऑर्डर देते ही गरम-गरम रट्-रट् कर पकती घुघरी, भापयुक्त घुघरी सामने रखी जाती थी, उसमें डुबोकर जब पावरोटी का कौर मुँह में रखा जाता था तब सुख की लहर दौड़ा करती थी पूरे शरीर में। उस जमाने के होटल मालिक सौभाग्य से यह भूले नहीं थे कि भारतीय खाद्य पदार्थ गरम-गरम खाने के लिए बनते हैं।

यह भी सौभाग्य था कि होटल मालिकों ने स्वादिष्ट यानी मसालेदार इस समीकरण को भी रद्दोबदल नहीं किया था। पाश्चात्य खाद्यान्नों की विशेषता होती है कि मुँह में रखकर, धीरे-धीरे चबाते हुए ढूँढ़ना पड़ता है कि इसमें स्वाद कहाँ छिपा पड़ा है। भारतीय खाद्यान्न की विशेषता है कि मुँह में रखते ही स्वाद का अनुभव उतना ही प्रत्यक्ष होता है जितना थप्पड़ खाने का। इससे शर्मिन्दा होने, न होने का सवाल ही नहीं उठता, इसे रुचिभेद मात्र समझना चाहिए। पुराने होटल मालिक इस तत्त्व को अनजाने ही जान चुके थे और पदार्थों को तेलसने और मसालेदार बनाने की भरसक कोशिश करते थे।

तेजतर्रार पदार्थों के खाते ही जीभ में जलन होती है और तब प्याज का खस्ता-चरमरापन, तेल की खुशबू और मसालों का स्वाद उसे विशेष भाता है। भारतीय पाकशास्त्र के इस आद्यविचार का पालन होटलवाले सारे पदार्थों में जलाल हरी मिर्च डालकर करते थे। इससे आलूबोण्डा खाते समय हर कौर के साथ मिर्च का छोटा-बड़ा हिस्सा जीभ को उत्तेजित करता था। घुघरी का चम्मच भर रस जीभ पर छोड़ दें बस मसालेदार तेजतर्रारपन मुँह में ऊधम मचा देता था। भारतीय पाकशास्त्र के मुताबिक प्याज को स्वाद की आत्मा माना गया है, इस नियम के अनुसार सभी पदार्थों में मुब्लग रहता था, नारियल का उपयोग भी आज की तुलना में बड़े पैमाने पर होता था। कुल मिलाकर होटल में जाने का मतलब स्वादों की बेहतरीन होली के त्यौहार-सा था।

भारतीय पाकशास्त्र में खाद्य पदार्थों का विभाजन दो वर्गों में किया गया है, पहला वर्ग है तेज मिर्च-मसालेदार स्वादों का और दूसरा है मीठे पदार्थों का। यह

जितना सहज-स्वाभाविक है कि तेज मसालेदार पदार्थ तेज बनें उतना यह भी कि मीठे पदार्थ मिठास से ओतप्रोत बनें। पुराने जमाने के होटल मालिक इससे वाकिफ थे। और चीनी भी चूँकि आयातित रहती थी, सस्ती थी! इसलिए 'मामानुँ होटल' का श्रीखण्ड इस कदर मीठा रहता था कि जीभ मिठास से ऊब जाती थी 'ताम्बे-होटल' में छह आने में दर्जेदार खाना मिलता था, इसमें रोटी के साथ सिकंजबीन रहता था। होटल में बना बेसन का लड्डू खाने पर जो मिठास चिपक जाया करती थी वह पन्द्रह मिनटों बाद अलग होती थी और जलेबी की टपकती मिठास मुँह से ही नहीं सीधे पसलियों से टकराया करती थी और अच्छी-खासी गुदगुदी कर देती थी।

स्वाद और आस्वाद की ये ही पारिभाषाएँ मुझे स्वीकार थीं अपने बचपन में इसलिए होटल के खाने पर मैं बेहद फिदा रहता था।

उस जमाने के होटलवाले न केवल स्वादिष्ट पदार्थ खिलाते थे बल्कि भरपूर खिलाते थे, जितना तश्तरी में समा सकता था—वही पैमाना था। एक प्लेट पकौड़े का मतलब गिनकर चार पकौड़े देने की किफायतशारी उन्हें कभी रास नहीं आई और अगर कहीं वे ऐसा कुछ भी करते तो खवैये और दिलदार उपभोक्ता भी उन चार पकौड़ों को उसी के मुँह पर फेंककर पैसे दिये बिना निकल पड़ते।

जनाब! उस जमाने के एक प्लेट पकौड़े का मतलब आज के आधे खाने था। उस समय जो रस्सेदार मिक्स्चर मिलता था वह तश्तरी में इतना भरा-सा रहता था कि मेज पर गिराये बिना चम्मच में उठाना मुश्किल रहता था। एक-एक आलूबोण्डा तश्तरी में पर्वत की भाँति फबता था। घुघरी और पावरोटी मँगाने पर पाव देखकर लगता था कि अब किसी हिरण्यकश्यपु का पेट फाड़नेवाले हैं हम थोड़ी ही देर बाद!

और जनाब यह सब नाजो-नखरे सामान्य ग्राहक के लिए माफिक रहते थे, कभी किसी ने जबरदस्ती या बोझ और अनुचित पैसे लूटे जाने का अहसास नहीं किया। दो आने में चार मित्र घुघरी खाकर सुस्ताकर आराम के साथ चले आते थे, चार आने में भरपेट खाना मयस्सर था, इसी दाम में इतवार का फीस्ट भी मिलता था आम के मौसम में, भले मामूली आमों का क्यों न हो लेकिन मनमाना आमरस भी मिलता था। इस तरह उन दिनों वाकई बड़ा मजा था।

और आजकल! बेहाली है चारों तरफ! आलू का पकौड़ा देकर कहेंगे कि आलूबोण्डा है! जिस तरह वरली का टीला धीरे-धीरे सपाट होता जा रहा है उसी तरह टीले की भाँति मिलनेवाली घुघरी भी आजकल सपाट-सी होती जा रही है और भोजन? कुछ न कहें सो अच्छा! आजकल के होटल स्वतन्त्र चकल्लस का विषय हैं

अनुवाद : ह. श्री सान[illegible]

अपने राम चले टेस्ट मैच देखने

और उस दिन मैंने कसम खा ली कि क्रिकेट मैच देखने के चक्कर में नहीं पड़ूँगा।

यह बात नहीं कि क्रिकेट से मुझे काफी लगाव था। दरअसल, खर्चीला खेल और जान का खतरा जान, मैंने बचपन में ही क्रिकेट से मुँह मोड़ लिया था। खुद अपनी तो बात ही छोड़िए, और लोग भी क्रिकेट खेलें, मैं इस पक्ष में भी नहीं था। वजह यह हुई कि मैं एक बार जल्दी में था और बम्बई का क्रॉस मैदान क्रॉस कर रहा था। तभी किसी खिलाड़ी ने घुमाया बल्ला और वह धौल मेरी पीठ पर जमाया है गेंद ने! ऐसा कसकर जमाया कि बस! साँस की डोर टूटते-टूटते बची। तब से मैं इस खेल के सख्त खिलाफ हूँ।

मगर मेरी राय जो भी हो, बम्बई में टेस्ट मैच देखना सम्मान और प्रतिष्ठा का प्रतीक माना जाता है। जो टेस्ट मैच देखने नहीं जाता, उसे बम्बईवासी किसी गिनती में नहीं रखते। टेस्ट मैच के मौसम में जो भी मिलता है, पूछता है, "क्यों? मैच देखने जा रहे हैं न?"

मैं कहता हूँ, "ना बाबा! मुझे तो कोई इण्टरेस्ट नहीं है उसमें।"

इस पर मेरा शुमार गँवारों और अनाड़ियों में करते हुए वह कहता है, "कमाल है! इतना एक्साइटिंग गेम और आपको जरा भी इण्टरेस्ट नहीं? अपन तो भई, पाँचों दिन मैच देखनेवाले हैं। काम तो बहुत सारे पड़े हैं। हमारे जर्मन कोलैबोरेटर डिस्कशन के लिए आनेवाले थे। मैंने साफ कह दिया उनसे कि अपना विजिट पोस्टपोन कर दो। थ्री क्रोर का डील है। मगर नथिंग डूइंग! अपन तो मैच देखेंगे भैया, पाँचों दिन! बिजिनेस कैन वेट!"

मैं बेचारा तीन करोड़ का डील कहाँ से लाता? लेकिन फिर भी मैच देखने नहीं जाता। यानी कितनी नाचीज चीज हुआ न मैं! इसलिए एक दयनीय-सी मुस्कान भर से बात का जवाब दे देता हूँ।

मगर तीन करोड़वाले को इतने से सन्तोष कहाँ? कहता है, "गाडगिल, यू मस्ट एंजाय लाइफ! इस तरह सीरियस रहने से कैसे चलेगा?"

यानी जो टेस्ट मैच नहीं देखता वह लाइफ एंजाय नहीं करता! वह सीरियस, जीवन से ऊबा हुआ, थका-हारा। मैं प्रसन्नता से मुस्करा उठता हूँ, सिर्फ यह जताने के लिए कि मैं वैसा नहीं हूँ। लेकिन, अपने इस प्रयास में कुछ खास सफलता न

पाते देख, किसी-न-किसी बहाने वहाँ से खिसक ही लेता हूँ। और फिर टेस्ट मैच के खत्म होने तक लोगों से नजरें चुराता, छुपता-छुपाता, दिन के उजाले से जैसे बचता-बचाता घूमता हूँ।

अब इन सारी बातों का आदी हो चुका हूँ। जानता हूँ कि कुछ घटनाएँ ऐसी होती हैं, जिन्दगी में, जिन्हें चुपचाप झेलते हुए ही चलना पड़ता है। टेस्ट मैच भी इन्हीं में से एक है। दिल को कड़ा कर लेता हूँ और झेल जाता हूँ टेस्ट मैच का समय! लेकिन एक समय था जब यह अवहेलना मुझे सालती थी। इसलिए एक बार चिढ़कर मैं टेस्ट मैच का टिकट ले ही आया। वैसे यह भी कोई आसान काम न था। केरोसिन प्राप्त करने के लिए जितनी कठिनाइयों का सामना करना पड़ता है, उतनी ही मुश्किलों से गुजरना पड़ा इस टिकट को हासिल करने के लिए।

और फिर अपने राम चले टेस्ट मैच देखने! बम्बईवासी हूँ, भीड़ और धकमपेल का आदी हूँ। मगर उस दिन तो गजब हो गया। कोहनियाँ और एड़ियाँ, छाते, टिफिन के डिब्बे, दूरबीनें आदि हथियार उठा कइयों ने मेरे शरीर के विभिन्न भागों पर वार किये। इस बात को भी आजमाया गया कि ट्रेन की भीड़ में चारों तरफ से आते हुए दबाव से मैं वॉकिंग स्टिक की तरह दुबला-पतला हो पाता हूँ या नहीं! गिरते-पड़ते, ठोकरें खाते मैं स्टेडियम पर पहुँच अपनी जगह बैठ गया तब किसी तरह का उत्साह नहीं बचा था। उदास हो चुका था और यह सोचने लगा था कि क्या ही अच्छा होता, मांस का लोंदा होने की बजाय मैं सख्त, कड़ी गेंद होता! जीवन की आपाधापी में निबाहना तब कितना आसान हो जाता!

थोड़ी देर बाद अम्पायरों की एक जोड़ी ऐसी गम्भीरता से मैदान में उतरी, जैसे किसी सीरियस मरीज की जाँच के लिए डॉक्टर निकल पड़े हों। इसके पीछे-पीछे गेंद को उछालते हुए एक टीम मैदान में दाखिल हुई। कहने का बड़ा मन हो रहा था कि बहुत हो चुका यह खिलवाड़ अब, अब अपना खेल शुरू करो! इसके बाद दूसरी टीम के दो बल्लेबाज बाहर निकले। खेल शुरू करने की जल्दी में वे भी नहीं थे। धीरे-धीरे दस्ताने पहनते हुए वे पिच की तरफ बढ़ रहे थे। आखिरकार जब पिच पर आ पहुँचे, तो सोचा, चलो अब तो खेल शुरू होगा।

मगर कहाँ? महफिल में खाँ साहब के आ बैठते ही गाना शुरू थोड़े ही होता है। तानपूरा उठाया जाता है। तार सुर में लगाने का लम्बा कार्यक्रम चलता है। फिर खाँ साहब दूसरा तानपूरा उठाते हैं, कान से लगाते हैं। तब तक तबलानवाज को भी चुपचाप बैठे रहना पड़ता है। मगर जैसे ही तानपूरे सुर में बोलने लगते हैं, तबलची पर भी जैसे जिन्न सवार हो जाता है। वे हथौड़ा चलाने लगते हैं; पहले दायें पर, फिर बायें पर। फिर खाँ साहब जमकर बैठ जाते हैं। दो-चार नमस्कार इधर-से-उधर उछाल दिये जाते हैं और फिर खाँ साहब शुरू हो जाते हैं। लेकिन इतनी

धीमी आवाज में कि चूँकि उनका मुँह खुला दिखाई देता है इसलिए मान लेना पड़ता है कि उस्ताद गा रहे हैं।

संगीत की महफिल की यही कहानी मैंने क्रिकेट के मैदान में दोहरायी जाती देखी। पहले बल्लेबाज को 'सेण्टर' दिया गया।' गायक तानपूरे को लेकर जितना सजग, सतर्क और आग्रही होता है, उतने ही 'सेण्टर' को लेकर बल्लेबाज और अम्पायर। अम्पायर कमर और घुटने झुकाये 'टूटा हुआ-सा' खड़ा था और स्टम्प पर नाक टिकाकर हाथों से बराबर इशारे किये जा रहा था। बल्लेबाज भी अपना बल्ला कभी इधर, कभी उधर ठोंक-ठोंककर आजमा रहा था। मन कर रहा था चीख पड़ूँ, 'अबे, ज़रा इधर-उधर हो गया बल्ला, तो कौन-सा आसमान टूट पड़नेवाला है बे?' लेकिन मजबूरी थी। कुछ कर गुजरने की गुंजाइश न थी।

आखिरकार मिल गया सेण्टर! मैं भी निश्चित हुआ कि चलो, अब तो खेल शुरू होगा। लेकिन नहीं! इसके बाद गेंदबाज महोदय पर तबलची की तरह भूत सवार हो गया। उन्होंने सिर से टोपी उतार अम्पायर को थमा दी और दोनों बाँहें जोर-जोर से गोल-गोल घुमाने लगे। मैं सोचता रहा, यह सब तो पहले भी निबटाया जा सकता था। इसके बाद वह हाथों से इशारे करता हुआ फील्डरों के स्थान निर्धारित करता रहा। उसकी मर्जी का फील्ड लगने में काफी समय लग गया। तब फिर गेंद उठा, पीठ फेर वह चलता बना! चलता गया, चलता गया, चलता गया। चलता ही गया। मेरी तो समझ में नहीं आ रहा था, यह जा कहाँ रहा है? आधा मैदान पार कर गया, फिर भी चलता ही रहा। मुझे शक हुआ, कहीं किसी बात से नाराज हो यह मैदान छोड़ घर तो नहीं जा रहा? कि तभी वह रुक गया और पैर से जमीन कुरेदने लगा। सन्तुष्ट हो जनाब दौड़ना शुरू करने ही वाले थे कि अम्पायर ने रुकने का इशारा किया। देखता क्या हूँ कि जनाब बल्लेबाज खड़े चारों तरफ नजरें घुमाते हुए फील्ड का जायजा ले रहे हैं। जब उन्हें भी सन्तोष हुआ तो वे अपना 'पोज' लिये खड़े हो गये। गेंदबाज साहब दौड़ने लगे।

मैं अब काफी ध्यान से देखने लगा। क्योंकि रेडियो पर कमेण्टरी सुन-सुनकर मुझे यकीन हो गया था कि ये गेंदबाज बड़े ही चालाक होते हैं। कभी शॉर्ट पिच गेंद फेंकते हैं तो कभी गुड लेंग्थ। कभी इनकी गेंद बेहद उछलती है, तो कभी नाम के लिए! कभी स्विंग हो जाती है, तो कभी अचानक मुड़ जाती है। यह सब कैसे होता है, मैं देखना चाहता था। आँखें फाड़-फाड़कर देख रहा था।

लेकिन मैं बस, इतना ही देख पाया कि गेंदबाज ने बाँह घुमायी। फिर बल्लेबाज ने बल्ला घुमाया। फिर विकेटकीपर हाथ जोड़कर हवा में ऐसे उछला, जैसे बिजली का शॉक लगा हो। और फिर उसने गेंद वापस गेंदबाज की तरफ उछाल दी। अबकी बार लौटती हुई गेंद मैंने जरूर देखी।

इसलिए अनुमान मात्र लगाने के अलावा कोई चारा न था कि गेंद किस तरह

फेंकी गयी होगी। लगता है, गेंदबाज ने जब बाँह जोर से घुमायी थी, उसी समय गेंद भी फेंकी होगी। बल्लेबाज ने ऑफ की तरफ बल्ला घुमाया था, इसका मतलब गेंद ऑफ की तरफ गिरी होगी। बल्लेबाज ने बल्ला उठाया था, अर्थात् गेंद खूब उछली होगी। और गेंद अन्ततः विकेटकीपर के हाथ में पहुँची थी, इसका मतलब बल्लेबाज गेंद खेलने में असफल रहा होगा।

यानी यह संस्कृत कविता का पाठ हो गया। पहले तो बड़ी कठिनाई से इसे पढ़ो। फिर व्याकरण के नियमानुसार शब्दों का क्रम-निर्धारण करो। इसके बाद अर्थ समझो और तब कविता का रस लो। लगातार सात घण्टे इसी प्रकार क्रिकेट का पाठ करने के खयाल से मैं बुरी तरह घबरा उठा।

इस तेज गेंदबाज ने दो-तीन गेंदें फेंकीं। तब जाकर कहीं बल्लेबाज ने एक रन बनाया और दूसरा बल्लेबाज इस तरफ से खेलने के लिए आ खड़ा हुआ। अबकी बार इस दूसरे बल्लेबाज ने 'सेण्टर' लिया। बल्ले से ठोंक-ठोंककर गड्ढा बनाया। मेरी समझ में नहीं आ रहा था कि आखिर हर बल्लेबाज अपने गड्ढे को पहचानता है तो कैसे? और फिर ग्यारहवें खिलाड़ी की कठिनाई की तो बात ही मत सोचिए! ग्यारह गड्ढों में से अपना गड्ढा ढूँढ़ निकालना कोई आसान काम नहीं है साहब! और तब यह सोचकर मुझे बड़ी तसल्ली हुई कि मैं महज एक दर्शक हूँ, ग्यारहवाँ खिलाड़ी नहीं।

क्रीज में गड्ढा बन गया तो उम्मीद बँधी कि अब खेल शुरू होगा, तभी देखा कि फील्डरों के बीच बड़ी हलचल और भागदौड़ मच गयी है। माजरा क्या है? पता चला, यह दूसरा बल्लेबाज खब्बू निकला! फिर एक बार एक मील का लम्बा फासला तय कर गेंदबाज ने गेंद फेंकी। जब तक मैं उस अदृश्य गेंद की गति को समझने की कोशिश करता, खब्बू बल्लेबाज एक रन बनाकर दूसरे सिरे पर पहुँच सुस्ता रहा था। बस, फिर क्या था। फिर एक बार फील्डरों की भागमभाग। कुल मिलाकर इस खब्बू बल्लेबाज ने सबको इस कदर परेशान किया कि कुछ मत पूछिए। मेरी राय में तो क्रिकेट के क्षेत्र में एक नियम बनाना जरूरी है—या तो टीम में एक भी वामहस्त खिलाड़ी न हो या फिर पूरी टीम वामहस्तों की हो।

लम्बी-चौड़ी उबाऊ प्रस्तावना और उसके बाद हर गेंद की गति का पीछा करने की नाकाम कोशिशें! मैं थक गया। खेल में मेरी रुचि तेजी से घटती गयी। इसी समय अन्य दर्शकों ने, उनमें से कुछेक ने मेरा मन बहलाने का जिम्मा उठा लिया। पहले तो मेरे सिर पर मसले हुए कागज का एक गोला आ लगा। फिर पीठ पर केले का छिलका। अब मैं शान्तिपूर्वक नाक पर अण्डे के टूटने का इन्तजार करने लगा। किसी कॉलेज के गुण्डों का गैंग डफली-मँजीरे बजाता हुआ भजन गाने लगा था। भजन के रंग में रँगे भक्तगण कुछ इस कदर जोश में आ गये कि एक जगह बैठकर भजन गाना मुश्किल हो गया। तब पूरी टोली उठकर दर्शकदीर्घा में इधर-उधर

टहलने लगी। जोश कुछ इतना बढ़ गया कि उसे अभिव्यक्ति देने के लिए लड़की को छेड़ना जरूरी हो गया। फिर रोमांचक मारपीट हुई और एक आदमी सीढ़ियों से लुढ़कता हुआ नीचे आ गिरा।

इन रोमांचकारी घटनाओं के दौरान अचानक कुछ लोग चीख उठे, "आउट!" तालियाँ गूँज उठीं। तब मैंने मैदान की तरफ नजर घुमायी, सिर्फ इतना ही देख पाया कि बल्लेबाज वापस जा रहा है। मैंने पास बैठे दर्शक से पूछा, "क्या हुआ?" पता चला स्लिप में एक बहुत ही शानदार कैच लिया गया था। इतनी तेज गति से जा रही गेंद को स्लिप में कैसे कैच कर लिया जाता है, यह देखने की मेरी बड़ी इच्छा थी। मगर मौका हाथ से निकल चुका था।

फिर मैं आँखें फाड़-फाड़कर देखता रहा। लेकिन कुछ देर तक कोई भी रोमांचक घटना मैदान में घटित नहीं हुई। और उसके बाद तो जो कुछ हो रहा था, वह भी एकाएक रुक गया। सारे खिलाड़ी खेल छोड़ पैवेलियन की तरफ जाने लगे। क्या हुआ?—पूछा तो पता चला, ड्रिंक्स के लिए खेल की छुट्टी कर दी गयी है। यानी खेल से ज्यादा समय सव्यापसव्य—दायें-बायें—करने और खेल को रोकने की हरकतें करने में ही बरबाद होता रहा।

मेरा गला भी तो सूख रहा था। लिहाजा मैं भी ड्रिंक्स की तलाश में बाहर चला आया। ड्रिंक्स की सम्भावना नजर नहीं आयी तो बाथरूम हो आया। वहाँ मुझसे पहले चार आदमी 'क्यू' में खड़े थे। जब तक मेरा नम्बर आता, उधर खेल शुरू हो चुका था। मैं दर्शकदीर्घा की सीढ़ियाँ चढ़ने लगा और जोरदार तालियाँ बज उठीं। जब मैं फिर बेवकूफ की तरह पूछ बैठा कि क्या हुआ? तो बताया गया बल्लेबाज ने छक्का मारा है। लो! यह मौका भी हाथ से निकल गया। सूरत पर फिर बारह बज गये! छक्का मारते हुए देखने का कितना तो मन था मेरा।

मैं फिर ध्यान से खेल देखने लगा। इसी चक्कर में भजन मण्डली की चित्ताकर्षक लीलाएँ देखने की इच्छा को रोक रखा। खूबसूरत चेहरों के खुशनुमा नजारों से अपने आपको वंचित रखा। लेकिन—जी हाँ, सही पहचाना आपने! इस दौरान कोई खास घटना घटित नहीं हुई। न किसी का विकेट गिरा, न कैच छूटा और न ही किसी ने छक्का मारा। कहने को दो-चार चौके मारे गये। इसी दौरान धूप मेरी तरफ बढ़ने लगी और बदन को झुलसाने लगी। कनपटियाँ गरम होने लगीं, आँखें जलने लगीं—गला सूखने लगा, मारे पसीने के बदन चिपचिपा हो चला और थकान महसूस होने लगी।

थोड़ी ही देर बाद आसपास के दर्शक उठ-उठकर जाने लगे। पूछताछ करने पर पता चला, लंच का समय होने ही वाला है और चूँकि होटलों में जगह का मिलना बाद में मुश्किल हो जाता है, इसलिए लोग पहले ही उठकर चले जा रहे हैं। मगर मैं अपनी जगह से चिपका बैठा रहा। क्योंकि सुबह से देख रहा था, जरा अपनी

जगह से हटा नहीं, जरा खेल से मेरा ध्यान बँटा नहीं कि कोई महत्त्वपूर्ण घटना हो जाती है। इसके अलावा मैंने यह भी सुन रखा था कि लंच से पहले कोई-न-कोई महत्त्वपूर्ण घटना हो ही जाती है। अक्सर विकेट गिर जाता है।

लेकिन मैंने यह भी देखा कि खाने-पीने के मामले में क्रिकेट खिलाड़ियों का ध्यान कुछ ज्यादा ही होता है। खेल खत्म होने पर रात को ये लोग जो धमाचौकड़ी मचाते हैं, उसके रसीले किस्से तो खूब पढ़-सुन चुका हूँ, मगर मैंने यह भी देखा है कि जैसे-जैसे लंच या चाय का समय नजदीक आता जाता है, खेल से इन लोगों का ध्यान भी उड़ने लगता है। शायद मुलायम मुर्गी की मसालेदार महक या चाय से उठती हुई भाप का नशा दिलो-दिमाग पर छाने लगता है। फिर क्या? धड़ाधड़ आउट! शाम खेल खत्म होते-होते ये लोग भी दफ्तर के बाबुओं की तरह घर जाने के लिए उतावले हो उठते हैं। इनकी इन बुरी आदतों को छुड़ाने का कोई उपाय ढूँढ़ना बहुत जरूरी है। ताज्जुब की बात है, अभी तक इस बात को लेकर विरोधी दल के नेताओं ने लोकसभा में कोई सवाल कैसे नहीं उठाया या सरकार ने ही कोई अध्यादेश जारी क्यों नहीं किया?

लेकिन उस दिन, लगता है सारे खिलाड़ियों ने मेरे खिलाफ साजिश की थी। लंच से पहले एक भी विकेट नहीं गिरा। आखिरी पन्द्रह-बीस मिनटों में मैदान में कोई घटना नहीं हुई। गेंद फेंकी जाती। बल्लेबाज उसे बल्ले से मरियल अन्दाज में रोक लेता या फिर सीधे विकेट कीपर की तरफ बढ़ने की इजाजत दे डालता। समझ में नहीं आ रहा था, क्रिकेट देख रहा हूँ या समान्तर फिल्म!

लंच ब्रेक हुआ तो थके हुए शरीर और ऊबे हुए मन से मैं उठा! स्टेडियम से बाहर निकलते-निकलते दस मिनट लग गये। स्टेडियम के पास जितने होटल थे, सारे हाउस-फुल थे। बाहर भूखे क्रिकेट प्रेमी कतार में खड़े थे। यह हालत देखी तो मैंने फ्लोरा फाउण्टेन का रुख किया! लेकिन मैंने यह जो बुद्धिमानी की थी, वह मुझसे भी पहले कई लोग कर चुके थे! इसलिए फाउण्टेन के होटलों में भी भीड़ थी। तब मैं पैदल चलता हुआ 'काला घोड़ा' तक आ पहुँचा। वहाँ भी निराशा हाथ लगी तो रीगल सिनेमा की तरफ बढ़ा। वहाँ से दो किलोमीटर और आगे बढ़ने पर ईरानी के एक पुराने टूटे-फूटे रेस्तराँ में जगह मिल गयी। सोचा इस तरफ आने की बजाय अगर ठीक उल्टी दिशा में उतना ही चल लेता तो गिरगाँव के किसी होटल में राइस प्लेट ही खा लेता! मगर किस्मत में न था। आठ दिन से शो-केस में रखे बासी केक और ठण्डे पैटिस चुपचाप निगल गया। कड़ी भूख जो लगी थी।

यह लंच खाकर स्टेडियम लौटा तो बीस-पच्चीस मिनट का खेल हो चुका था और, जी हाँ—ठीक पहचाना आपने, एक के बाद एक दो विकेट गिर चुके थे। मेरे पहुँचते ही फिर मणि कौल की 'उसकी रोटी' शुरू!

लंच के बाद मेरी हालत में थोड़ा फर्क आया। धूप और तेज हो गयी थी।

पहले झुलस रहा था, अब धूँ-धूँ करके जलने लगा। भजन मण्डली अब पश्चिमी संगीत की कायल हो चली थी और उसकी ताल पर थिरकने लगी थी। बताना मुश्किल था कि वह कत्थक नृत्य था या कि पश्चिमी नृत्य! मेरे पीछेवाली सीट पर एक शरारती बच्चा आ बैठा था और लगातार आगे की तरफ दुलत्तियाँ झाड़ रहा था। रह-रहकर पीछे मुड़कर गुस्सैल नजरों से उसे घूरना भर मेरे हाथ में बचा था। अब तक बदन पर केले के छिलकों के साथ-साथ सन्तरे के छिलके भी आ गिरने लगे थे।

एक और युगान्त! और चाय का टाइम हो गया! अब चाय के लिए कष्ट उठाने की ताकत बिलकुल नहीं बची थी! इसलिए अपनी जगह पर बैठा रहा! चाय न पीने से हालात में एक फर्क जरूर आया। सिर में दर्द होने लगा। शुरू में दर्द की सूई चुभ रही थी। कुछ समय बाद हथौड़े पड़ने लगे!

चाय के बाद खेल थोड़ा-बहुत रंग लाया जरूर। लेकिन तब तक खेल का रस लेने की मेरी ताकत चुक गयी थी! हौसला पस्त हो चुका था!

खेल खत्म होने के दस-पन्द्रह मिनट पहले मैं बाहर निकला। बस स्टॉप पर एक घण्टा खड़ा रहा। तत्पश्चात् आधा-पौना घण्टा बस में लटकता रहा! घर पहुँचा तो मेरे लिए खड़ा रहना मुश्किल हो चुका था!

मुझे देखते ही बीवी बोली, "क्यों? बड़ा मजा आया होगा न?"

सारी ताकत जुटाकर, होठों पर एक लम्बी-चौड़ी मुस्कान उभारते हुए मैंने कहा, "अरे मत पूछो! कल तुम जाना चाहोगी?"

और वह चतुर नारी तुरन्त बोल पड़ी, "नहीं, नहीं। आप ही जाइए! अपना शौक पूरा कर लीजिए।"

इतना सुनना था कि मैं धड़ाम से बिस्तर पर जा गिरा।

दूसरे दिन इज्जत का सवाल था! सो घर में पड़े रहना नामुमकिन था। इसलिए अपने पिछले अनुभव के आधार पर मैंने तैयारी की। आधा दर्जन सैण्डविच, आधा दर्जन केले, आधा दर्जन सन्तरे, पाव किलो वेफर्स, कैडबरी का एक बड़ा चॉकलेट—सारी चीजों से लैस हो निकल पड़ा! इसके अलावा रास्ते में मूँगफली खरीद लेने का भी इरादा था! प्यास बुझाने के लिए ठण्डे पानी की बोतल और एक थर्मस भर चाय का इन्तजाम किया! पसीना पोंछने के लिए एक मोटा-सा टर्किश तौलिया ले लिया। गेंद और कुल मिलाकर सारा ही खेल ठीक से देख सकूँ, इसके लिए दोस्त से एक दूरबीन भी माँग लाया। और खेल समझने के लिए एक ट्रांजिस्टर! बैठने के लिए कुशन और सिर पर पकड़ने के लिए छाता ले जाने का इरादा था, मगर जनता को एतराज करते देखा तो इरादा छोड़ दिया।

इतनी सारी सामग्री उठा ले जाने के लिए बड़े-से थैले की जरूरत थी। बड़ी मुश्किल से मिला। उससे भी बड़ी मुश्किल पेश आयी थैले को स्टेडियम तक ले जाने

में। बस में इस थैले के साथ घुसना अपने आप में मुश्किल था। चलती बस में एक हाथ से ऊपर का बस का पट्टा पकड़, दूसरे हाथ में थैला सँभालते हुए यात्रा करना बड़ी भारी तपस्या थी!

मगर स्टेडियम पहुँचकर इन सारी चीजों ने बड़ा सुख पहुँचाया। समस्या थी तो बस इतनी कि एक हाथ में दूरबीन और दूसरे हाथ में ट्रांजिस्टर पकड़ने के बाद खाने-पीने की चीजें उठाकर मुँह तक ले जाने के लिए हाथ ही नहीं बचा! दूरबीन से गेंदबाज का बराबर पीछा करना और फिर सहसा उसे बल्लेबाज पर टिका देना बड़े कौशल की माँग करता है, जो मुझसे हो नहीं रहा था! मगर थोड़ी देर बाद सहसा यह खयाल आया कि कान के पास ट्रांजिस्टर बोल रहा हो तो आँखों पर दूरबीन चढ़ाने की कोई जरूरत नहीं है। मैंने दूरबीन गोद में रख दी! और थोड़ी देर बाद यह भी समझ में आ गया कि ट्रांजिस्टर बयान दे रहा हो तो लगातार खेल की तरफ टकटकी लगाने की भी जरूरत नहीं है। इतना समझने की देर थी कि एक हाथ से कान के पास ट्रांजिस्टर पकड़ते हुए दूसरा हाथ मैं बेखटके केलों-सन्तरों-वेफरों पर साफ करने लगा! इससे मेरा समय मजे से कटने लगा।

समस्याएँ सिर्फ दो थीं। एक तो यह कि खाने की चीजें बहुत ही जल्दी खत्म होने लगीं और दूसरे, मेरी दूरबीन थोड़े ही समय में सार्वजनिक सम्पत्ति बन गयी। एक से दूसरे, दूसरे से तीसरे के पास सफर करती हुई वह मुझसे इतनी दूर जा पहुँची कि उसे वापस ले आने के लिए मुझे बड़ा लम्बा सफर तय करना पड़ा! और जब मैं अपनी दूरबीन वापस माँगने लगा, तो मुझी को सन्देह की नजर से देखा जाने लगा, "क्या सबूत है कि दूरबीन आपकी है? मैंने तो इसे उस आदमी से लिया था।"

काफी कोशिश करने के बाद ही मैं दूरबीन पर अपना हक साबित कर पाया और तब दूरबीन को मैंने अपने थैले में छुपा ही दिया। फिर मजे में कमेण्टरी सुनता हुआ एकाग्र हो खाने की चीजों का स्वाद लेने लगा।

सारी चीजें खत्म हुईं तो खयाल आया, ये सारी चीजें लेकर घर पर ही आरामकुर्सी में बैठ कमेण्टरी सुनूँ तो और आराम हो जाय। बात जँच गयी और यह खयाल भी जागा कि इतने अच्छे खयाल का मेरे मन में जागना अपने-आप में मेरी बुद्धिमानी का सबूत है।

दूसरे ही दिन इस खयाल पर अमल किया गया और वह दिन सचमुच बड़े सुख से बीता! एक और नयी बात का पता चल गया कि इस तरह लेटे-लेटे कमेण्टरी सुनते हुए बड़ी गहरी नींद आ जाती है और जब नींद खुलती है, तो मन बड़ी प्रसन्नता का अनुभव करता है।

अब लोग चाहे कुछ भी कहें, मैं मैच देखने स्टेडियम पर कभी नहीं जाता!

अनुवाद : रेखा देशपाण्डे

मेरे पाठक : चन्द रोमांचकारी अनुभव

मेरे पाठक वैसे तो अच्छे हैं। अच्छे मतलब, बहुत ही अच्छे! अजी, मेरा लिखा पढ़ते हैं जनाब! क्या बताऊँ! कई बार लगता है मेरा अपना लिखा पढ़ते समय मैं खुद इतना उकता जाता हूँ, तो फिर लोगों का क्या हाल होता होगा? फिर भी पढ़ते हैं बेचारे! सोचते होंगे, गरदन अकड़ जाती है, फिर भी लिखता रहता है यह बेचारा, तो चलो पढ़ ही लेते हैं। यही नहीं, इनमें से कुछ लोग तो मेरी किताबें खरीदकर पढ़ते हैं। बड़े चाव और प्यार से मुझे दिखाते हैं और उन पर मेरे हस्ताक्षर लेते हैं। अब बोलिए।

परसों एक पाठक ने मेरे नाम पाँच रुपये इनाम में भेज दिये, क्योंकि उसे मेरा उपन्यास 'दुर्दम्य' पसन्द आया। मैं तो गद्गद हो उठा। यानी कहने की बात यह कि पाठक हम लेखकों के बड़े नाज उठाते रहते हैं। हाँ, नाज उठाते हैं तो डाँट-डपट भी सुनाया करते हैं!

एक बार एक विद्वान् पाठक ने 'दुर्दम्य' में मिली तथ्यों की गलतियाँ सुनाकर मुझे यूँ आड़े हाथों लिया था कि मत पूछिए। एक और पाठक ने मुझे सरे-राह फटकारते हुए कहा था—

"आजकल आप हमारे बण्डू पर कहानियाँ बिलकुल नहीं लिख रहे हैं, इसका क्या मतलब हुआ? इस बार दीवाली विशेषांक में बण्डू को होना चाहिए!"

आगे उसने 'समझे? वर्ना देख लेंगे...' नहीं कहा। मगर उसके हाव-भाव और सुर से मैं जान गया था कि इस बार बण्डू पर नहीं लिखा, तो दादर में घूमना खतरे से खाली नहीं होगा।

आजकल के बालपाठक तो बेहद चतुर और ढीठ हो गये हैं। मुझे नर्वस कर डालते हैं। हम लोग जब छोटे थे, उस समय किसी लेखक के सामने पड़ने पर हमीं नर्वस हो जाया करते थे। मुझी को देखिए न!

एक बार तात्या साहब केलकर[1] को नजदीक से देखने का मौका हाथ लगा। मैं यहाँ खड़ा, तो चार गज के फासले पर पगड़ी-उपरने में सजे स्वयं तात्यासाहब! इतने महान् साहित्यकार होते हुए हमारी-आपकी तरह गपशप किये जा रहे थे। मैं तो दंग रह गया। टकटकी बाँधे उनकी तरफ देखता ही रह गया था। उधर उनकी गरदन में हरकत हुई नहीं कि इधर मेरी गरदन में हरकत! उधर वे मुस्कराये नहीं,

कि इधर मैं मुस्कराया! फिर मन में एक साहसिक विचार आया! सोचा, क्यों न आगे बढ़कर उनसे उनकी कहानी 'मेरी रेलगाड़ी कैसे छूट गयी' को लेकर कुछ सवाल किये जायँ? या फिर सीधे उनके लेख 'साहित्य क्या है?' को लेकर ही कुछ पूछा जाय! उस समय मेरी उम्र थी बारह-तेरह साल की! लेकिन खूब पढ़ा करता था। मन में वह साहसिक विचार उपजा और मैं धीरे-धीरे उनकी तरफ खिसकने लगा। अब मुश्किल से दो गज का फासला बचा होगा। जैसे-तैसे अपनी झेंप मिटाते हुए सवाल करने ही वाला था कि तात्या साहब बोल पड़े।

"अरे बेटे, खड़े क्यों हो? बैठो तो!"

और मैं बैठ गया! मुझे अहसास हुआ कि मैं बहुत छोटा हूँ और फिर तात्या साहब से इतना बड़ा सवाल करने का मेरा साहस जवाब दे गया।

आजकल के बच्चे ऐसे नहीं हैं। वे मुझी को नर्वस कर डालते हैं! एक बार कुछ यूँ हुआ, रविवार की दोपहर थी। मैं जरा लेटा सुस्ता रहा था। तभी दरवाजे की घण्टी बजी! दरवाजा खोला तो बारह-तेरह साल का एक चण्ट लड़का खड़ा था। मैंने पूछा, "क्या काम है?"

वह टकटकी लगाये मेरी ओर देखता हुआ बोला, "मैं आपको देखने आया हूँ।"

"मुझे? देखने?"

मैं चकरा गया! बचपन में स्कूल में मास्टरजी जब खड़ा कर देते थे, तब मैं बेचैनी में कमीज के छोर नीचे खींचता रहता था, कोट-टोपी बार-बार ठीक करता रहता था। अब भी कुछ उसी तरह की हरकतें मैं करने लगा!

वह उसी तरह टकटकी लगाये मुझे देख रहा था। बोला, "हमारी कोर्स की किताब में आपका लिखा पाठ है। इसलिए आपको देखना चाहता हूँ।"

"लेकिन तुम हो कौन? कहाँ से आये हो?" मैं अभी तक उसी असमंजस और घबराहट की स्थिति में खड़ा था!

वह रूखी-सी आवाज में बोला, "मैं.......मैं, जलगाँव का रहनेवाला हूँ!"

"जलगाँव से आये हो? आओ, आओ, बैठो, बैठो, पहले अन्दर तो आओ। हाँ, बैठ जाओ। तुम अकेले जलगाँव से यहाँ आये हो? साहित्यकारों को देखने?"

मैं घबरा उठा था, सोच रहा था, इतना छोटा बच्चा जलगाँव से अकेला यहाँ आया होगा, तो अब उसे वापस घर भेजने का इन्तजाम करना होगा! बेचारे माँ-बाप उधर भाग-दौड़ कर रहे होंगे।

वह हँस दिया। बोला, "वह बात नहीं। मैं यहाँ छुट्टियों में मामा के घर आया हूँ। वहीं से यहाँ चला आया।"

"अच्छा, अच्छा!" मैंने अपना पसीना पोंछा! खयाल आया, यह लड़का जरूर सोच रहा होगा कि जनाब की खोपड़ी में अक्ल की जरा कमी है। मैं फिर कुर्ते के

छोर खींचता हुआ ऐसे खड़ा हुआ जैसे स्कूल में मास्टरजी के सामने खड़ा हुआ करता था। तब फिर मुझे खयाल आया, मेरे कपड़े बहुत बेढंगे लग रहे हैं और कुर्ते पर ठीक सामने दाग लगा है। सोचा, इससे पहले कि यह बच्चू देख ले, झट अन्दर जाकर दाग धो डालूँ! लेकिन इसी समय मैंने देखा, बच्चाजी आँखें फाड़-फाड़कर उस दाग की तरफ ही देख रहे हैं। मैं चुपचाप कुर्सी पर बैठ गया। टाँगें फैलाते हुए यह जताने की कोशिश की कि मुझे किसी बात की परवाह नहीं होती। फिर टाँगें समेट ढंग से बैठने की कोशिश भी की। मगर सहज होने में नाकामयाब रहा! कोई बारह साल का लड़का आपको यूँ आँखें फाड़-फाड़कर देखता रहे, तो आप भी ढंग से, सहज हो नहीं बैठ सकते।

मुझे तो उससे डर लगने लगा। लगा, अब यह कहेगा, खड़े हो जाओ, अपने गिर्द घूमकर दिखाओ। यही क्या, शैतान यह भी कह सकता है कि कुर्ता उठाकर अपनी तोंद दिखाओ!

उसके अवलोकन को रोकने के इरादे से मैंने पूछा, "बेटे, कौन-सा पाठ है तुम्हारी किताब में?"

"क्यों? आपको नहीं पता?" अविश्वास के साथ उसने पूछा। मेरे मन में एक सन्देह झाँक गया कि हो न हो इस लड़के को यकीन हुआ जा रहा है कि मैं बड़ा बावला, बेहूदा किस्म का आदमी हूँ।"

मैंने जल्दी-जल्दी सफाई दी, "वह बात नहीं। मेरे लिखे कई पाठ अलग-अलग कक्षाओं की कोर्स की किताबों में लिये गये हैं। इसलिए याद नहीं आ रहा कि कौन-सा पाठ कौन-सी किताब में है!"

उसने मुझे मेरी उस कहानी का नाम बताया, जो उसकी कोर्स की किताब में ली गयी थी। इस पर मैंने कहा, "अच्छा, अच्छा! अब याद आया!"

इसके बाद मैं बेहूदा ढंग से हँस दिया। क्योंकि उसके नाम बताने पर भी मुझे वह कहानी याद नहीं आ रही थी। फिर अचानक डर के मारे मेरा दिल बैठ गया। सोचा, अब अगर यह कहानी को लेकर कुछ सवाल करने लग गया तो फजीहत की नौबत आ जाएगी। सौभाग्य से उसने ऐसी कोई हरकत नहीं की। शायद अब तक वह मुझे पर्याप्त देख चुका था या फिर उसे यकीन हो चला था कि मुझमें देखने जैसा कुछ है नहीं; क्योंकि अब वह जाने के लिए उठा और उसने हस्ताक्षर के लिए अपनी ऑटोग्राफ बुक मेरे सामने बढ़ा दी। मैं बड़ी शान से नये पन्ने पर हस्ताक्षर करने लगा, तभी अचानक उसने मेरी सारी शान को कुचलते हुए कहा, "यहाँ नहीं, यहाँ! आपकी जगह यह है।"

उसने मुझे नये पन्ने पर हस्ताक्षर करने से मना कर दिया और मुझसे पहलेवाले

1. बीसवीं सदी के आरम्भिक दौर के प्रसिद्ध मराठी साहित्यकार।

पन्ने के पीछे हस्ताक्षर करवाया। उसने मुझे मेरी जगह दिखा दी। मेरा चेहरा उतर गया। झेंप मिटाने के लिए मैं फिर बेहूदगी से ठहाका लगाते हुए बोला, "अच्छा-अच्छा! तो यह रही मेरी जगह!"

मैं हँसा, मगर वह नहीं हँसा। एक बार घूरकर उसने मुझे देखा और अपनी ऑटोग्राफ बुक समेट चला गया।

तब से मुझसे मिलने आनेवाले बच्चों से मैं तो डरने लगा हूँ।

लड़के तो फिर भी ठीक हैं। मगर लड़कियाँ बड़ी जबरदस्त होती हैं। पक्की छँटी हुई होती हैं। हमेशा हुजूम बनाकर घूमती हैं और पूरे हुजूम के हुजूम का सामना करना बड़ा मुश्किल होता है।

एक बार रविवार को यूँ ही टाँगें फैलाकर पेपर पढ़ रहा था। इसी समय घण्टी बजी। मुझे लगा, मेरे जूते ले भागा हुआ मोची आ ही गया। उसकी खूब खबर लेने के इरादे से मैं दरवाजा खोल, चीख उठा, "क्यों बे मोची?"

और वहीं रुक गया। देखता क्या हूँ, सामने तीन स्कूली गुड़ियाँ खड़ी हैं। मेरा मुँह खुला का खुला रह गया। इतने में तीनों एक सुर में बोल पड़ीं, "हम लोग गंगाधर गाडगिल से मिलने आयी हैं।"

चेहरे पर मुस्कराहट ले आने की कोशिश करते हुए मैंने कहा, "अच्छा, अच्छा। आओ, आओ। क्या काम है?"

"गंगाधर गाडगिल कहाँ हैं?"

"मैं ही तो हूँ गंगाधर गाडगिल।" मैंने खुलकर हँसने की कोशिश की मगर वे कुछ-कुछ शक की निगाहों से मुझे देखती रहीं। मिलने आयी लड़कियों पर यूँ दहाड़ते हुए दरवाजा खोलनेवाला यह आदमी सुप्रसिद्ध साहित्यकार गंगाधर गाडगिल हो सकता है, इस पर उन्हें यकीन ही नहीं हो रहा था।

उनकी आँखों में झलक रहे उस अविश्वास को नजरअन्दाज करते हुए मैं फिर मुस्करा दिया और बोला, "आओ, आओ बैठो तो! काम क्या है?"

वे अब कुछ तय नहीं कर पा रही थीं कि कहाँ बैठें, कैसे बैठें इसलिए मैंने कहा, "आओ! यहीं, सोफे पर बैठ जाओ।"

बात उन्हें जँची नहीं। वे जाकर दीवान पर बैठ गयीं। उस पर भी दो जनी इस तरह एक किनारे बैठ गयीं कि तीसरी के लिए उस छोर पर जगह ही नहीं बची। उसने दोनों से कहा, "खिसक जाओ न उस तरफ! खिसको।"

मैंने उससे कहा, "तुम यहाँ बैठ जाओ। इस तरफ जगह है।"

उसे मेरा सुझाव रास नहीं आया। अपनी सहेलियों को खिसकने पर मजबूर कर वह वहीं दीवान के उस छोर पर जैसे-तैसे सिमटकर बैठ गयी।

"अच्छा, बोलो। क्या काम है?" मैंने फिर संवाद का श्रीगणेश करना चाहा।

इस पर, एक-दूसरी को कोहनी मारते हुए "तुम बोलो न, तुम बोलो" वाली

हरकत हुई और फिर एकाएक तीनों ऊँचे सुर में बोल पड़ीं—

"हम...., स्कूल की छात्राएँ हैं। दसवीं 'बी' में पढ़ती हैं।"

फिर इस खयाल से कि तीनों एक साथ बोल रही हैं, तीनों झेंप गयीं। तब फिर उनमें से एक ने आगे कहा, "हमारी किताब में आपका पाठ है। इसलिए हम लोग आपसे साक्षात्कार करने आयी हैं।"

"साक्षात्कार!" मैं चौंक उठा।

"हमारी टीचर ने कहा है।" तीनों निर्णायक सुर में बोल पड़ीं।

टीचर ने एक बार कह दिया तो बस, उनके आगे किसी का बस नहीं चल सकता इस बात का उन्हें पूरा यकीन था।

"साक्षात्कार? लेकिन किस खुशी में?"

"हमारी क्लास की भित्ति-पत्रिका है। उसके लिए! दसवीं की सारी डिविजनों की भित्ति-पत्रिका प्रतियोगिता है, हम चाहती हैं कि इनाम हमीं को मिले।" उनमें से एक लड़की ने कहा।

"पिछले साल 'ए' डिविजन को मिला था। इसलिए टीचर ने कहा, अबकी बार 'बी' डिविजन को मिलना ही चाहिए। इसीलिए आपसे साक्षात्कार करना चाह रही हैं हम लोग।"—दूसरी ने और जानकारी दी।

मैं तो सकते में आ गया था। दसवीं 'बी' को इनाम जिता देने की जिम्मेदारी मुझ पर आ पड़ी थी। साक्षात्कार ठीक नहीं हुआ तो स्कूल में और खासकर दसवीं 'बी' की सारी लड़कियों के बीच मेरी इज्जत मिट्टी में मिल जाएगी। मैं सीना तान एकाग्र मन से साक्षात्कार के लिए तैयार हो बैठ गया।

कापी खोल, पहला सवाल किया गया। मैंने अपनी राय में तुरन्त एक हास्यपूर्ण जवाब दे डाला। मगर मेरी बात का वह असर नहीं हुआ, जिसकी मुझे उम्मीद थी। बल्कि लड़कियाँ कुछ बेचैन-सी लगने लगीं।

मैंने घबराकर पूछा, "क्यों? क्या हुआ? क्या हुआ?"

"आप जो हैं न, इतनी तेज रफ्तार से मत बोलिए। धीरे-धीरे बोलिए क्योंकि हमें लिखना है।"

हास्य पैदा करने का मेरा सारा हौसला एकबारगी ठण्डा हो गया और सारे जवाब बेस्वाद हो गये। मुझे यकीन हो चला कि दसवीं 'बी' को अब इनाम मिलने से रहा। मैं हैरान-परेशान हो उठा।

आखिरकार साक्षात्कार खत्म हुआ और मैंने चैन की साँस ली। लड़कियाँ भी अपनी लेखन-सामग्री समेटने लगीं। तभी उनमें से एक हैरान-सी होती हुई बोल पड़ी, "हाय राम! इनसे सन्देश लेना तो भूल ही गये।"

"हाय राम!" दूसरी ने सिर पकड़ लिया। अब अगर तीसरी सिर न पकड़ती तो लड़कियों के कबीले से बाहर कर दी जाती।

मैंने ऊबकर कहा, “अब और सन्देश की क्या जरूरत है? साक्षात्कार कर लिया, वही बहुत है।”

“हाय राम! टीचर ने कहा जो है!”

“हाँ, टीचर ने कहा है।”

“और उन्होंने कहा है कि भित्ति-पत्रिका के कागज पर आपकी अपनी लिखावट में सन्देश हो।”

टीचर ने कहा है, तो होना ही चाहिए, ऐसी उनकी अटूट श्रद्धा थी। साफ जाहिर था कि जब तक सन्देश नहीं मिलता, ये मेरा पीछा नहीं छोड़ेंगी। इसलिए कहा, “ठीक है। लाइए, अपना कागज।”

उन्होंने कागज मेरे सामने ऐसे रखा मानो कोई बहुत बड़ी कीमती चीज रख रही हों और फिर मुझे घेरकर यह देखने के लिए खड़ी हो गयीं कि मैं क्या सन्देश लिखता हूँ।

उनमें से एक बोली, “लिखावट अच्छी होनी चाहिए, हाँ! हमारी स्पर्द्धा में लिखावट के लिए मार्क्स होते हैं।”

“और एक बार लिखकर काटना-मिटाना नहीं। टीचर को बिलकुल अच्छा नहीं लगता।”

मैं बेहद सहम गया। अब कागज पर पेन टिकाने तक से डर लगने लगा मुझे। क्योंकि मेरी लिखावट माशाअल्ला है और बिना काटे-पीटे मैं तो लिख ही नहीं सकता।

जिस किसी तरह सन्देश लिखकर दे दिया। लड़कियों का वह हुजूम दफा हो गया।

इसके बाद क्या हुआ, मुझे नहीं पता। मगर पूरा शक है कि दसवीं ‘बी’ को इनाम नहीं मिला होगा और दसवीं ‘बी’ की छात्राओं में मेरी कोई इज्जत नहीं बची होगी।

एक और लड़की तो मेरी जान की प्यासी निकली। हुआ यह कि किताब-मेले में मुझे बुलाया गया था किताबों पर हस्ताक्षर करने के लिए। लोग आ रहे थे। किताबें खरीद रहे थे। उन पर मेरे हस्ताक्षर ले रहे थे। मैं अपने आपसे बड़ा खुश था। बड़ा सुहाना समाँ था। इसी समय यह बिटियारानी आ दाखिल हुई। शायद उसे कुछ पता नहीं था कि क्या हो रहा है। भीड़ देख घुस गयी होगी या फिर किसी ने कह दिया होगा, किताब-मेला है, तो यूँ ही चली आयी होगी। वहाँ शायद किसी ने कह दिया होगा, गंगाधर गाडगिल आये हैं और किताबों पर हस्ताक्षर कर रहे हैं। उसे बात कुछ जँची नहीं होगी। उसने थोड़ी-बहुत बहस भी की होगी। उसके बाद तपाक् से

उठ मेरे पास चली आयी और मुझसे पूछने लगी—

"आप क्या गंगाधर गाडगिल हैं?"

"हाँ, क्यों?"

सुना तो आँखें घुमाती हुई और इतना बड़ा मुँह खोलती हुई आश्चर्य से वह बोली, "हायऽऽऽ! इसका मतलब अभी आप हैं! मैं तो समझती थी आप मर चुके हैं।"

यह सुना तो मैं सन्न रह गया। होश आया तो उससे पूछा, "क्यों भई, मुझसे भूल तो नहीं हुई?"

इस पर वह शरमा गयी। हथेलियों में मुँह छुपा बोली, "ऐसी बात नहीं। मगर हमारी कोर्स की किताब में आपका एक पाठ है। वह कहानी मुझे बहुत अच्छी लगती है। इतनी अच्छी लगती है, इतनी अच्छी लगती है कि मुझे यूँ ही लगा कि..."

उसके खयाल में, कोर्स की किताबों में जिनके पाठ होते हैं या जो अच्छे लेखक माने जाते हैं, जाने-माने होते हैं, वे सारे स्वर्ग सिधार चुके होते हैं। हालाँकि उस समय मुझे उसका यह खयाल पसन्द नहीं आया, मगर बाद में सोचने पर लगा, उसकी बात काफी हद तक सही है। क्योंकि जब तक किसी साहित्यकार की मौत नहीं हो जाती, लोग उसकी खुलकर तारीफ नहीं करते और उसे अच्छे लेखकों की गिनती में तो नहीं ही रखते। इसलिए इधर अक्सर लगने लगा है कि फट् से मर जाएँ और देखें, लोग मेरी कितनी तारीफ करते हैं। मगर फिर डरता हूँ कि कहीं मरकर भी लोगों ने महान् साहित्यकार नहीं माना तो कहाँ जाऊँगा? लोगों का कोई भरोसा थोड़े है? इसलिए जी रहा हूँ।

अलबत्ता स्कूल की दुनिया में यह खयाल जड़ें पकड़ चुका है कि जिनके पाठ कोर्स की किताबों में होते हैं उन साहित्यकारों को स्वर्गीय ही होना चाहिए। कम-से-कम उस रास्ते पर काफी आगे बढ़ चुका होना चाहिए। क्योंकि मुझे भाषण के लिए आमन्त्रित करने आये एक हेडमास्टरजी का भी यही खयाल था। वे जब आये उस समय मैं घर पर नहीं था। अन्दर आकर बैठते ही वे मेरी पत्नी से पूछने लगे, "गाडगिल साहब का घूमना-फिरना तो जारी है न? मेरा मतलब, भाषण के लिए बाहर गाँव जा सकते हैं न?"

पत्नी मारे अचरज के उनकी तरफ देखती ही रह गयी। तब हेडमास्टरजी अपनी बात समझाने लगे, "मेरा मतलब, अब तो काफी उम्र हो चली होगी उनकी। इसलिए पूछा, घूम-फिर तो लेते हैं न?"

पत्नी बोली, "जी हाँ, उम्र तो बढ़ ही रही है। लेकिन अभी उतनी ज्यादा भी नहीं हुई है। अभी भी हर रोज काम पर जाते हैं। बराबर बाहर गाँव भी जाते रहते हैं।"

"तब तो बड़ी ताज्जुब की बात है! क्योंकि मैं जब स्कूल में पढ़ रहा था, उस समय हमारी किताब में उनका एक पाठ था। उस समय थोड़ी-बहुत उम्र तो उनकी हो ही चली होगी। अब मैं स्कूल का हेडमास्टर बन गया हूँ। मतलब कितने साल गुजर गये। बूढ़े कैसे नहीं होंगे। स्वाभाविक-सी बात है।"

इस पर मेरी पत्नी अपराधी सुर में बोली, "लेकिन अभी वे उतने बूढ़े नहीं हुए हैं।"

सौभाग्य से मैं उस समय वहाँ था नहीं। वर्ना मुझे उससे भी ज्यादा अपराधीपन महसूस करना पड़ जाता।

मुझ पर जो बीतती है, उसका जिम्मेदार हमारा शिक्षा विभाग है। कोर्स की किताबों में मेरा साहित्य उसने उस समय शामिल कराया, जब मैं काफी जवान था। कम-से-कम अब से उसे ऐसी भूल नहीं करनी चाहिए। उसे चाहिए कि अब वह हम जैसे बूढ़े साहित्यकारों का साहित्य ही पाठ्यक्रम के लिए चुने। इससे युवा लेखक नाराज हो जाएँगे। लेकिन इस नीति के पीछे यही पवित्र उद्देश्य है कि मुझ पर जो बीती, वह उन पर न बीते। इसलिए उनकी नाराजगी को नजरअन्दाज करना होगा।

मैं समझता था पुलिस विभाग को साहित्य से कोई सरोकार नहीं होता। लेकिन पुलिस विभाग ने बड़ी तत्परता से मेरी गलतफहमी दूर कर दी।

एक बार ऐसा हुआ कि मैं जल्दी से कहीं पहुँचने की फिराक में गाड़ी तेज चला रहा था। रफ्तार की सीमा बहुत नहीं, तो भी काफी हद तक पार कर चुका था। सड़क पर बाकी गाड़ियों को पीछे छोड़ देने के जो नियम हैं, उनसे मेरा ध्यान हटा जा रहा था। मोटरवालों को पकड़ने के लिए जो पुलिस अधिकारी ताक में बैठे रहते हैं, उनमें से एक ने ठीक इसी समय मुझे देख लिया। बस, फिर क्या था, जोरदार भोंपू बजाती हुई उसकी मोटरसाइकिल मेरा पीछा करने लगी। मैं इस कदर घबरा उठा कि घबराहट में गाड़ी सड़क के एक तरफ खड़ी कर बदन चुराये चुपचाप बैठा रहा। थोड़ी देर बाद इन्स्पेक्टर साहब आये और इससे पहले कि वे मेरी खबर लेना शुरू कर दें, मैं खुद अपराधी सुर में बोला—

"गलती हो गयी बाबा। मुझे ऐसा नहीं करना चाहिए था। अब आप जो ठीक समझें सजा दीजिए।"

"गलती हो गयी मतलब?..." चूँकि मैंने पहले ही अपना गुनाह कबूल कर लिया था इसलिए इन्स्पेक्टर साहब की आवाज ऊँची तो नहीं उठी, फिर भी मुझे सुनाये बगैर वे नहीं रहे। फिर उन्होंने ड्राइविंग लाइसेंस माँगा। उस पर मेरा नाम पढ़ा तो चौंककर बोले, "क्या? आप...आप ही प्रसिद्ध साहित्यकार गंगाधर गाडगिल हैं?"

और भी अधिक सिमटकर मैंने हामी भरी। फिर बेहूदगी से हँस दिया। और करता भी क्या? एक खयाल यह भी आया कि क्यों न कहू दूँ 'नकली गंगाधर गाडगिल हूँ' मगर मेरी तस्वीर लाइसेंस पर लगी हुई थी।

इन्स्पेक्टर साहब ने सिर पर हाथ मारा। सिर पर टोपी थी, फिर भी हाथ मारा और कमर पर हाथ रखते हुए बोले, "गाडगिल साहब, आप जैसे लोग ऐसा करने लगेंगे तो हम पुलिसवाले क्या करें? बताइए, क्या करें?"

मैंने सिमटने की एक और नाकामयाब कोशिश की। नाकामयाब इसलिए क्योंकि पहले से ही पूरी तरह बदन चुराये बैठा था। अब और की सम्भावना नहीं बची थी। मैं फिर बेहूदगी से हँस दिया!

इन्स्पेक्टर साहब देर तक बौखलाये हुए गरदन हिलाते रहे। फिर लाइसेंस मेरे हाथ में ठूँस हाथ मटकाते हुए चले गये।

तब से मैं पुलिसवालों से इस कदर खौफ खाने लगा हूँ, कि मत पूछिए। सामने पुलिस अधिकारी दिखा नहीं कि अपने-आप अपना बदन चुरा लेता हूँ। आवागमन के नियमों का पालन तो इस सख्ती से करता हूँ कि बाकी मोटरवाले मुझसे चिढ़ते हैं।

एक बार मैं पैदल कहीं जा रहा था। इतने में एक विशाल खाकी पोशाक ने मेरा रास्ता रोका। मैं बुरी तरह चौंक उठा। देखता क्या हूँ एक विशालकाय सब-इन्स्पेक्टर मेरे सामने खड़ा है! माजरा क्या है, मैं कुछ समझ नहीं पा रहा था। मुझसे आवागमन के किसी नियम का भंग हुआ या मैं हाथ मटकाता होठों-होठों में कुछ बुदबुदाता अपने आपसे बात करता चला जा रहा था? क्योंकि कई लोगों का कहना है कि मैं ऐसा करता हूँ।

अपनी मँजी हुई आवाज में इन्स्पेक्टर साहब ने कहा, "आप गंगाधर गाडगिल हैं न?"

मैंने सहमी हुई-सी हामी भरी।

"अच्छा हुआ, मिल गये! मुझे आपसे मिलना था।"

"क्यों? क्या बात है?" काँपती हुई आवाज में मैंने पूछा।

"अजी आपका बण्डू! हा, हा, हा, हा! अपन तो बड़े खुश हैं बण्डू से, बड़ा मजा आता है! याद आता है न? हा-हा-हा-हा," इन्स्पेक्टर साहब काफी देर तक हँसते रहे थे।

फिर मेरा भी चेहरा खिल उठा। थोड़ी देर हम दोनों बण्डू को लेकर बातें करते रहे। अन्त में इन्स्पेक्टर साहब ने पूछा, "क्यों? आजकल आप बण्डू की कहानियाँ क्यों नहीं लिखते?"

"आजकल मूड नहीं बनता," मैंने कहा।

"मूड नहीं बनता? यह क्या बात हुई? आप बण्डू की कहानियाँ नहीं लिखेंगे तो कैसे चलेगा?" इन्स्पेक्टर साहब हालाँकि अभी बड़े प्रेम से बात कर रहे थे, लेकिन

उनकी मँजी हुई आवाज की वजह से मुझे ऐसा लग रहा था मानो धमका रहे हों।

मैंने यूँ-ही सा जवाब दिया और हाथ मिलाना चाहा, तो उसी समय खडाड्-से कोई आवाज उठी, जैसे फिल्म में खम्भा तोड़न्त सिंह के प्रकट होते समय आती है। मैं बेहद चौंक उठा। देखा, इन्स्पेक्टर साहब ने खडाड्-से पैर पटक मुझे सैल्यूट किया था। फिर भयंकर हास्यध्वनि करते हुए वे चले गये। तब से पुलिसवालों से मैं और भी अधिक डरने लगा। जानते हैं? उनके डर से कभी-कभार मैं बण्डू की कहानियाँ भी लिख देता हूँ।

हालाँकि मुझे यकीन हो गया था कि पुलिस विभाग साहित्य पर अपनी नजर रखे रहता है, लेकिन मैं समझता था यह काम सिर्फ अधिकारियों तक ही सीमित होता है। कभी सोचा ही नहीं कि हवलदार वगैरह भी साहित्य की खबर रखते होंगे। लेकिन पिछले दिनों सान्ताक्रूज हवाई अड्डे के एक हवलदार ने मेरी यह गलतफहमी दूर कर दी।

हुआ यह, कि मैं जब दिल्ली से बम्बई पहुँचा तो रात हो चुकी थी। हवाई अड्डे पर हवलदार तैनात होते हैं कि रात के समय टैक्सीवाले यात्रियों के साथ धोखाधड़ी न करें, बुरा व्यवहार न करें। हवलदार हर टैक्सी का नम्बर और सवारी का नाम नोट कर रखते हैं। जिस टैक्सी में मैं बैठा था, उसे हवलदार ने रोक दिया। जैसे ही अपना नाम बताया, वे बोले—

"गंगाधर गाडगिल? यानी साहित्यकार?"

मेरे 'हाँ' में सिर हिलाते ही हवलदार खुश होते हुए बोले, "अच्छा हुआ, मिल गये। आप जैसे ही किसी का इन्तजार था।"

"वह क्यों?"

"आपसे एक सवाल करना था। यह प्रायोगिक रंगमंच क्या बला है?"

मैं बुरी तरह गड़बड़ा गया। क्योंकि मैं खुद ठीक से नहीं जानता कि प्रायोगिक रंगमंच क्या बला है। और जो थोड़ा-सा जानता हूँ, वह टैक्सी में बैठे-बैठे, खिड़की से झाँक रहे हवलदार को समझाना मेरे बस की बात न थी। मैंने हकलाते हुए कहा, "वह सब ढंग से बताना होगा। यहाँ इस तरह कैसे बताऊँ?"

"बता दीजिए। थोड़े में बता दीजिए। इस बारे में आपका लिखा हुआ कुछ पढ़ा था, इसलिए पूछ रहा हूँ।" बड़े ही आश्वासक सुर में हवलदार बोले।

हवलदार इतना सब कुछ पढ़ते हैं, ऐसे-ऐसे विषयों में रुचि लेते हैं, देख उनके प्रति मन में आदर जाग उठा। समझ नहीं पा रहा था कि अपनी आदर भावना उन पर कैसे प्रकट करूँ। असमंजस में वहीं खड़ा रहा और पीछे से आ रही टैक्सियों ने हॉर्न बजा-बजाकर दुनिया सिर पर उठा ली। खूब शोर मचा।

हवलदार सिर खिड़की से बाहर निकाल, तनकर खड़े हो गरज उठे, “चुप रे, चुप!”

बस, सारे टैक्सीवाले चुप! हवलदार का यह रोब देख, आदर भाव दुगुना हो गया और मैंने प्रायोगिक रंगमंच के बारे में जो कुछ भी मैं जानता था, वह सब उन्हें बता दिया। हवलदार ने बड़े प्यार से विदा ली और मेरी जान छूटी।

जिस तरह मैं यह जान गया हूँ कि पुलिस विभाग साहित्य पर नजर रखे हुए है, उसी तरह यह भी पहचान गया हूँ कि आजकल की जवान लड़कियाँ न सिर्फ साहित्य पढ़ती हैं, बल्कि बला की ढीठ और वाहियात हो चली हैं। पिछले दिनों एक लड़की ने मुझे खत लिखा कि—

“आपका बण्डू मुझे बेहद पसन्द आया। इसलिए फैसला कर लिया कि पति बण्डू जैसा ही होना चाहिए। और ऐसा ही पति मुझे मिल गया है। मैं उसे आपको दिखाना चाहती हूँ। कब ले आऊँ?”

वह नहीं आयी। शायद उसके बण्डू ने कहा होगा, “धीस इज टू मच हाँ!”

यह वाहियातपन तो फिर भी हल्का-फुल्का ठहरा! दूसरी एक लड़की ने तो कमाल कर दिया था। मैंने अपने एक हास्यलेख में लिखा है कि मैं और मेरे दोस्त जिन दिनों स्कूल में पढ़ रहे थे, उन दिनों शान्ता आपटे से और बाद में चलकर मीनाक्षी से इश्क किया करते थे। चुड़ैल को यह बात अच्छी तरह याद थी। क्योंकि एक दिन दूरदर्शन पर फिल्म ‘दुनिया ना माने’ दिखायी गयी थी। जैसे ही फिल्म खत्म हुई, फोन की घण्टी बजी।

“हैलो, गंगाधर गाडगिल हैं?”

“जी हाँ, बोल रहा हूँ। आपकी तारीफ?”

“मैं? मुझे शान्ता आपटे कहते हैं।”

“शान्ता आपटे?” पल भर के लिए मैं चकरा गया।

“जी हाँ, शान्ता आपटे।”

“शान्ता आपटे? कौन-सी शान्ता आपटे?”

“कमाल करते हैं आप तो? पहचाना नहीं? स्कूल के दिनों में ‘दुनिया ना माने’ देख इश्क नहीं करने लगे थे मुझसे?”

अब समझा। पूछा, “क्यों? शान्ता आपटे जी, आप परलोक से इस धरती पर कब उतरीं? और किसलिए?”

“फिल्म देखने आयी थी—‘दुनिया ना माने।’ आपकी याद आयी सोचा, आपसे बात कर लूँ। आप इतना प्यार करते थे, तो दो बातें मैं भी कर लूँ, आपको भी तसल्ली हो जाय। लेकिन आप मुझसे इश्क किया करते थे, यानी क्या किया करते

थे? उस समय तो हाफ पैण्ट पहना करते थे न आप?"

सौभाग्य से इस सवाल का जवाब देने की नौबत नहीं आयी, क्योंकि उसने फोन रख दिया था। छिः, देखा यह वाहियातपन? हम जब छोटे थे तब प्रेम कितना पवित्र, महान्, कितना विशुद्ध हुआ करता था। आज के युवा उसे क्या समझें?

थोड़े में, आजकल की लड़कियाँ बड़ी ही वाहियात हो चली हैं, बिलकुल गयी-गुजरी हो चली हैं।

अनुवाद : रेखा देशपाण्डे

विदेश मन्त्रालय में मेरे कारनामे

सवेरे दाढ़ी बना रहा था! उसी समय फोन की घण्टी बज उठी। बीवी ने फोन उठाया और वह चीख उठी, "अजी सुनिए तोऽऽ, इन्दिरा गाँधी का फोन है।"

दाढ़ी बनाते वक्त फोन पर बात करना मुझे अच्छा नहीं लगता! फोन पर बात करते-करते गाल पर साबुन सूख जाता है और बोलने में तकलीफ होने लगती है। इसलिए मैंने बीवी से कहा, "कह दो कि दाढ़ी बना रहे हैं, थोड़ी देर बाद फोन करें।"

"आप भी कमाल करते हैं," बीवी बोली।

मैंने आँखें तरेरकर उसकी तरफ देखा, तो उसने चुपचाप मेरा सन्देश फोन पर सुना दिया। घर में मेरा अच्छा-खासा रोब है!

थोड़ी देर बाद इन्दिरा गाँधी ने फिर फोन किया, पूछने लगीं, "क्या हाल हैं? तबीयत तो ठीक है?"

मैंने कहा, "कल रबड़ी जरा ज्यादा ही खा गया था। इससे हाजमा जरा बिगड़ा हुआ है! बाकी सब ठीक है।"

"रबड़ी?" उन्होंने आश्चर्य प्रकट किया।

"हाँ! और नहीं तो क्या! जब से दूध की कीमतें बढ़ गयी हैं, सरकार का दूध बिक नहीं रहा। इस समस्या को दूर करने के लिए आजकल हम लोग ज्यादा दूध लिया करते हैं और बराबर रबड़ी बनाया करते हैं," मैंने समझाया।

"इसका मतलब देश की भलाई के लिए ही आप रबड़ी खा रहे हैं।" उनके सुर में आदर, कौतुक साफ झलक रहा था।

"और नहीं तो क्या!" मैंने फिर कहा, "देश की भलाई का ही तो खयाल बराबर रहता है मन में!"

"ऐसा है तो फिर तो आपको मन्त्रिमण्डल में आना चाहिए। बोलिए, कब आ रहे हैं आप?" उन्होंने कहा!

"जरूर आता! आखिर देश की भलाई ही तो चाहता हूँ। लेकिन मन्त्रियों को बन्द गले का कोट पहनना पड़ता है। गले के पासवाला बटन मैं अपने-आप लगा नहीं पाता। और बीवी बटन कुछ इस तरह लगाती है कि गरदन की चमड़ी फँस जाती है..."

इन्दिराजी हँस दीं और बोलीं, "उसकी चिन्ता छोड़िए। राष्ट्रपति गिरि के कोट

का बटन लगाने में माहिर एक सिपाही भारत सरकार के पास है। उसे आपकी सेवा में भेज देती हूँ।"

गिरि की गरदन के आकार का खयाल करते हुए मानना पड़ा कि सिपाही को वाकई गले का बटन लगाने में महारत हासिल होगी! मैंने कहा, "ठीक है! लेकिन कौन-से विभाग का मन्त्री बनूँ?"

"कौन-सा विभाग पसन्द है आपको? खाद्य मन्त्रालय?"

"ना जी ना! मृणाल गोरे जैसी महिलाओं से पाला पड़ता है। बड़ी खूँखार महिला हैं! खाद्य मन्त्री का खाना-पीना हराम कर देती हैं, जीना मुश्किल कर देती हैं। वह झंझट नहीं चाहिए।" मैंने तुरन्त झटक दिया!

"तो फिर वित्त मन्त्री बनेंगे?"

"माइ गॉड! मुद्रास्फीति और मुद्रास्फीति पर वे बोझिल, मुश्किल चर्चाएँ! क्रेडिट स्क्वीज और न जाने क्या-क्या! उस पर सरकारी तिजोरी में बार-बार आता वह घाटा! फिर हिसाब का यूँ लिखा जाना कि घाटा नजर न आए। बहुत बुद्धिमानी की जरूरत पड़ती है। अपने बस का काम नहीं है।"—मैंने साफ कह दिया।

"तो फिर विदेश मन्त्रालय कैसा रहेगा?"

"जरूर-जरूर! कोई हर्ज नहीं। लेकिन यशवन्तरावजी विदेश मन्त्रालय ही तो सँभाल रहे हैं न..." मैंने याद दिलाया तो बोलीं—

"वे अब दूसरे मन्त्रालय की जिम्मेदारी उठाना चाहते हैं। एक के बाद एक सारे मन्त्रालयों के चक्कर काट परिक्रमा पूरी करने का इरादा है उनका! उन्होंने ही तो आपके नाम का सुझाव दिया है।"

"तो फिर कोई हर्ज नहीं।"

"थैंक्यू! कब आ रहे हैं आप?"

"देखिए, हमारे दर्जी का कोई भरोसा नहीं है। आज-कल के वादे करते-करते आराम से पन्द्रह दिन गुजार देता है। इसलिए, जैसे ही बन्द गले का कोट उससे सिलकर आ जाएगा, मैं आ जाऊँगा!" मैंने आश्वासन दिया!

यथासमय बन्द गले के कोट में बन्द हो मैं दिल्ली पहुँच गया। मेरे पहुँचते ही विदेश मन्त्रालय के सचिव तेजी से मेरे पास आये और कहने लगे, "माननीय मन्त्री महोदय, यूनाइटेड नेशंस की मीटिंग के लिए आपको अभी न्यूयॉर्क जाना होगा।"

मैंने हँसकर कहा, "चिन्ता मत करो। मैंने बैग भरकर तैयार रखे हैं।"

लेकिन इस पर कागजों का भारी-भरकम पुलिन्दा मेरे सामने रखते हुए वे बोले, "आपको वहाँ भाषण देना होगा और उसके लिए ये कागजात देखने पड़ेंगे।"

मैंने जोर से हँसकर पुलिन्दा परे हटा दिया और कहा, "न, न, इसकी कोई जरूरत नहीं। हमारी विदेश नीति की सारी बारीकियों से भलीभाँति वाकिफ हूँ मैं।"

फिर तुरन्त हवाई जहाज में बैठ मैं न्यूयार्क के लिए रवाना हो गया। वहाँ आणविक हथियार विरोधी चर्चा में किये अपने भाषण में मैंने कहा, "भारत शान्तिप्रिय देश है। आजादी के बाद के पच्चीस वर्षों में हमने सिर्फ छह बार सेना बम का प्रयोग किया है, इस बात पर हमें गर्व है। बाकी देश, खासकर बड़े देश, हमारे नक्शे-कदम पर चलने लग जाएँ, तो सारी दुनिया में शान्ति का राज हो जाय।

"बड़े देश बराबर आणविक हथियारों का संचय किये जा रहे हैं, यह बड़ी चिन्ता की बात है। एक बहुत ही साधारण-सी बात है कि भविष्य में भी यदि वे इसी नीति के अनुसार चलते रहेंगे तो सारी दुनिया का विनाश हो जाएगा। मुझे तो इस बात पर अचरज होता है कि ये लोग यह बात समझते क्यों नहीं? वे चाहें तो मैं यह बात उन्हें समझाने के लिए तैयार हूँ। माना कि मैं बहुत व्यस्त रहता हूँ और आनेवाले छह महीनों का मेरा कार्यक्रम पहले से तय है, फिर भी विश्व की भलाई के लिए मैं किसी तरह समय निकाल लूँगा। हाँ, अगर वे चाहें तो! क्योंकि हमारा देश कभी किसी को बिन माँगी सलाह नहीं दिया करता। याद रहे!

"यहाँ मैं सिर्फ इतना ही कहना चाहूँगा कि आणविक हथियार रखनेवाले देश फौरन उन्हें नष्ट कर दें। मैं यह भी बताना चाहूँगा कि आणविक हथियारों को फौरन नष्ट न कर, धीरे-धीरे क्रम से नष्ट किया जाएगा, तब भी भारत इस बात का विरोध नहीं करेगा, क्योंकि भारत एक उदारमना देश है।

"दुःख की बात तो यह है कि हमारी दोस्ती की यह सलाह न मानते हुए कुछ-एक बड़े देश भारत द्वारा किये गये अणु विस्फोट का विरोध कर रहे हैं।"

और यह कहते समय मैंने आँखें तरेर दीं और भारतीय संवाददाताओं को घूरते हुए ऊँची आवाज में कहने लगा, "भारत एक महान् देश है। शान्तिपूर्ण कार्य के लिए अणुविस्फोट का उसे पूरा अधिकार है। कोई अगर भारत से यह अधिकार छीनना चाहेगा तो भारत इसे कभी बरदाश्त नहीं करेगा।"

दूसरे दिन हमारे सेक्रेटरी चिन्तित मुद्रा और हाथ में न्यूयार्क टाइम्स का ताजा अंक लिये मेरे पास आये। बोले, "सर, आपके भाषण की रपट मुश्किल से दो लाइनों में दी गयी है।"

मैंने अर्थपूर्ण मुस्कान बिखेरते हुए कहा, "नवभारत टाइम्सवाली खबर देखिए, तब बोलिए। न्यूयार्क टाइम्स से हमें क्या लेना-देना! हमारे लिए तो नवभारत टाइम्स ही सबसे महत्त्वपूर्ण है।"

और जैसी कि मैंने उम्मीद की थी, नवभारत टाइम्स के पहले पृष्ठ पर मेरे भाषण की खबर छा गयी थी। गर्व से मैंने नवभारत टाइम्स अपने सेक्रेटरी को दिखाया।

फिर पूछा, "अब बोलिए। आगे क्या प्रोग्राम है?"

"सर अब हमें खाड़ी के सभी देशों के प्रमुखों से मिलना है। हमें यह बात उनके गले उतारनी है कि..."

"समझ गया, समझ गया। हमें उनके गले यह बात उतारनी है कि भारत एक इस्लामी देश है, इसलिए इसे इस्लामी देशों की परिषद में शामिल करना चाहिए। यही न? चलिए, चलते हैं। दाढ़ियाँ सहलाने में मेरा कोई सानी नहीं मिल सकता। इन्दिरा गाँधी के दाढ़ी नहीं है, वर्ना..."

और फिर कार्यक्रम के अनुसार मैंने खाड़ी के देशों का धुआँधार दौरा किया। बगदाद के हवाई अड्डे पर उतरते ही मैंने कहा, "खाड़ी के देशों का पूरा अधिकार है कि वे तेल के भाव चाहे जितने बढ़ा दें। मुझे तो ताज्जुब होता है कि इस मामले में विकसित पश्चिमी देशों को आखिर शिकायत हो तो क्यों? सच बात तो यह है कि अरसे तक पश्चिमी देशों ने खाड़ी के देशों का शोषण किया है, उनके यहाँ से तेल का अपहरण किया है। अब उन्हें उसका बदला तो चुकाना ही होगा।"

सऊदी अरब में दावत के अवसर पर मैंने कहा, "इजरायलियों ने फिलिस्तीनियों की भूमि हथिया ली है। मैं उन्हें ताकीद करता हूँ कि वे फौरन फिलिस्तीन की भूमि को खाली कर अपना रास्ता नापें।"

ट्यूनिस की प्रेस कॉन्फ्रेंस में मैंने कहा कि, "इजरायल धर्म की बुनियाद पर खड़ा देश है और इस तरह धर्म की बुनियाद पर राष्ट्र का निर्माण दरअसल बड़ी दकियानूसी मान्यता है।"

पता चला मेरा भाषण इस्लामी राष्ट्र प्रमुखों को बहुत पसन्द आया। इसलिए सीरिया पहुँचते ही मैंने ऐलान किया कि इजरायल फौरन सीरिया की सारी भूमि वापस कर दे तथा बचा हुआ इजरायल यासर अराफात को सौंप दे।

मेरे इस भाषण का प्रभाव बड़ा ही अनुकूल रहा। हालाँकि भारत को इस्लामी राष्ट्र के रूप में तुरन्त मान्यता नहीं मिली, फिर भी इस्लामी राष्ट्रों की परिषद में निरीक्षक की हैसियत से उपस्थित रहने की अनुज्ञा भारत को मिल गयी।

इसके लिए बाकी किसी ने नहीं, तो न सही; भारतीय समाचार-पत्रों ने सम्पादकीय लिखकर मुझे जरूर शाबाशी दी।

इस महान् कार्य को पूरा करते ही मैंने सेक्रेट्ररी से पूछा, "अब बताइए, कहाँ का दौरा करना है?"

सेक्रेटरी ने कहा, "सर, अब हमें फिर एक बार खाड़ी के देशों का दौरा करना है यह माँग लेकर कि वे हमें तेल उधार दें।"

सुनते ही मेरी तो हिम्मत ही जवाब दे गयी। मैंने कहा, "माना कि दाढ़ियाँ सहलाने में माहिर हूँ, लेकिन अभी-अभी वही काम करके आ रहा हूँ। अभी मुझे थोड़े आराम की जरूरत है। इसलिए कुछ दिनों के लिए हम कोई दूसरा काम करते हैं। फिर उसके बाद..."

सेक्रेटरी हँसकर बोले, "ठीक है। ठीक है। तब फिर हम भारत-सोवियत मित्रता को मजबूत बनाने का काम करते हैं।"

"वाह! बढ़िया बात!" मैंने खुशी से ताली बजाकर कहा, "कब चलना है मास्को? आज या कल?"

"परसों चल देंगे तो?" जवाब में सेक्रेटरी पूछ बैठे।

मैंने कहा, "हरगिज नहीं। मैं जनता का सेवक हूँ। इस तरह समय बरबाद करने का मतलब है जनता के साथ धोखा! मैं ऐसा नहीं कर सकता।"

"लेकिन सर, यहाँ भी कई काम पड़े हैं।" वे बोले।

"न, न! विदेश मन्त्री के लिए स्वदेश में रहना शोभा नहीं देता। हमें कल ही रवाना हो जाना चाहिए। भारतीय संवाददाताओं को तुरन्त इत्तला कर दीजिए।" यह कहकर मैं तुरन्त एक दिन के दौरे पर निकल पड़ा।

मास्को के हवाई अड्डे पर सोवियत विदेश मन्त्री मेरे स्वागत के लिए आ खड़े थे। उन्होंने बड़े प्रेम से मुझे गले से लगाकर मेरे दोनों गाल चूमे। टी.वी. के कैमरे मौका चूक गये देख उन्होंने फिर मुझे गले लगाकर मेरे दोनों गाल चूमे अबकी बार टी.वी. वाले मौका नहीं चूके।

घण्टे-भर आराम कर हम लोग समझौते के लिए जमा हो गये। उनकी तरफ से बारह और मेरी तरफ से बारह प्रतिनिधि थे। समझौते की मेज पर सजाने के लिए मैं हिन्दुस्तान से गुलाब के फूल ले गया था।

पहले मैं और सोवियत विदेश मन्त्री अकेले में मिले। असली समझौता तो उसी समय हो गया था।

मैंने कहा, "हमें तीस लाख टन गेहूँ की जरूरत है। आप हमें यह गेहूँ कर्ज के रूप में दे दें। ये गेहूँ हम चालीस सालों की चालीस किस्तों में वापस कर देंगे। सूद लेना चाहें तो प्रतिवर्ष दो प्रतिशत के हिसाब से सूद लें।"

इस पर सोवियत विदेश मन्त्री ने सरासर इनकार करते हुए कहा, "असम्भव! नामुमकिन! क्योंकि इस साल अमरीका हमें पर्याप्त गेहूँ देने के लिए राजी नहीं है। पिछले साल जो गेहूँ हमने आपको दिये थे, वे अमरीका से ही आये थे।"

"तो फिर हमें कम-से-कम रासायनिक खाद ही दे दीजिए।" मैंने कहा!

"जी नहीं, हमीं लोग खाद की कमी महसूस कर रहे हैं।"

"तो फिर केरोसिन ही सही! मृणाल गोरे हमें बहुत तंग कर रही हैं!" मैंने गिड़गिड़ाकर कहा!

"न, न! निर्यात करने जितना केरोसिन हमारे यहाँ नहीं है! उसके लिए तो आपको खाड़ी के देशों से ही बात करनी होगी!" सोवियत विदेश मन्त्री ने साफ कह दिया!

"ऐसा भी क्या! अरबों की दाढ़ियाँ सहला-सहलाकर मेरे तो हाथ दुखने लगे हैं!" मैं कुछ और गिड़गिड़ाया!

इस पर सोवियत विदेश मन्त्री सामने रखे कागजात समेटने लगे!

"लेकिन भारत-सोवियत दोस्ती..."

"बेशक भारत-सोवियत दोस्ती कायम है!" बड़े प्यार से मुस्कराते हुए वे बोले!

"लेकिन अखबारवालों को कुछ तो बताना पड़ेगा न!" मैंने अपनी मुश्किल उनके सामने रख दी!

"ठीक है, ठीक है! उसके लिए हम आपको एक लाख टन गेहूँ देंगे! लेकिन दो साल में वापस करना होगा!" वे बोले!

"और केरोसिन? मृणाल गोरे तो..."

"ठीक है। थोड़ा केरोसिन भी दे देंगे। मगर अन्तर्राष्ट्रीय मूल्य पर।"

"बाप रे! यानी खाड़ी के देश जो कीमत वसूल करते हैं..."

"जी हाँ, वही! चलिए। समझौता हो गया।" फिर प्यार से मुस्करा दिये सोवियत विदेश मन्त्री।

मैंने घबराकर घड़ी में देखा। कहा, "अभी तो सिर्फ पाँच मिनट हुए हैं। समझौते की बातचीत तो तीन घण्टे चलनेवाली थी।"

इस पर सोवियत विदेश मन्त्री ठहाका लगाकर हँस दिये। बोले, "आप नये-नये मन्त्री बने हैं। समझौते किस तरह किये जाते हैं। आप नहीं जानते। अब आप उस तरफवाले दालान में चलिए। वहाँ आपके सोने का इन्तजाम किया गया है। तीन घण्टे आराम से सोइए। पाँच बजे आपको जगाया जाएगा। तब हम दोनों हँसते-मुस्कराते बाहर आएँगे और पत्रकारों को बताएँगे...."

"लेकिन वह संयुक्त पत्रक..."

"उसकी चिन्ता मत कीजिए। उसकी छपी हुई धाराएँ हमारे पास तैयार हैं। इस बार हमें धारा नम्बर बारह पर हस्ताक्षर करने हैं।" इतना कहकर सोवियत विदेश मन्त्री कागज समेट चलते बने।

फिर मैं भी तीन घण्टे आराम से सो लिया। मेरे साथ आये बारह प्रतिनिधियों ने भी सोवियत प्रतिनिधियों के साथ जलपान किया, चाय पी और दो घण्टे वे भी सो लिए।

ठीक पाँच बजे हम सबको जगाया गया। फिर सोवियत विदेश मन्त्री के साथ हँसता-मुस्कराता हुआ मैं बाहर निकला। बाहर निकलने की देर थी कि उत्सुक पत्रकारों ने हमें घेर लिया। कैमरे के फ्लैश पर फ्लैश चमक उठे।

"बातचीत कैसी चल रही है?" प्रावदा के प्रतिनिधि ने पूछा।

"बड़े ही मित्रतापूर्ण वातावरण में चल रही है।" मैंने एक चौड़ी मुस्कान के साथ जवाब दिया।

"क्या आप बता सकेंगे कि समझौते की बातचीत के दौरान क्या बातें हुईं?"—भारतीय पत्रकार ने सवाल दाग दिया।

"काफी महत्त्वपूर्ण मुद्दों पर बातचीत हुई हैं।" मैंने मुस्कराकर कहा।

"क्या यह कहा जा सकता है कि समझौते की बातचीत सफलता के लक्ष्य की ओर बढ़ रही है?" प्रावदा के प्रतिनिधि ने फिर पूछा।

"अगर आप ऐसा कहना चाहें तो आपको कौन रोक सकता है?" सोवियत विदेश मन्त्री ने हास्य पैदा करने के इरादे से कहा।

उनकी इस बात पर हम सब जी भरकर हँस दिये, टी.वी. के कैमरे ने यह वाकया नोट किया। तब फिर पत्रकार खुशी से चहकते, उछलते लौट गये।

शाम छह बजे भारत-सोवियत मित्रता संगठन की तरफ से आयोजित सभा में मेरा भाषण था। भाषण में मैंने जोर देकर कहा कि सोवियत-भारत मित्रता अटूट रहेगी। इस पर पाँच मिनट तक तालियाँ गूँजती रहीं। फिर मैंने कहा कि दुनिया की कोई भी ताकत भारत-सोवियत मित्रता को तोड़ नहीं सकती। इस पर दस मिनट तक तालियों की आवाज गूँजती रही। मेरा हौसला कुछ और बढ़ गया और मैंने हिन्द महासागर में नौसेना का प्रवेश करा शान्ति को खतरा पैदा करनेवाले देशों को सख्त शब्दों में ताकीद की। इतना सुनना था कि श्रोता उठ खड़े हुए और हिन्दी में नारे लगाने लगे, "भारत-सोवियत दोस्ती अमर रहे।"

भारत के प्रति सोवियत देश के इस प्रेम के दर्शन कर मैं गद्‌गद हो उठा और जो भी सामने पड़ा उसी को गले लगाने लगा। गले लगने-लगाने का यह कार्यक्रम हालाँकि बड़ा ही सुखद था, फिर भी इसे जल्दी ही समेटना पड़ा, क्योंकि रात सोवियत विदेश मन्त्री की तरफ से मेरे और मेरे प्रतिनिधिमण्डल के लिए प्रीतिभोज का आयोजन किया गया था। प्रीतिभोज के दौरान सोवियत विदेश मन्त्री ने पन्द्रह बार सद्‌भावना के प्रतीक स्वरूप 'टोस्ट' के प्रस्ताव रखे। फिर मैंने भी सोलह बार 'टोस्ट' के प्रस्ताव रखे। इससे मुझे कुल इकतीस गिलास टमाटर का रस पीना पड़ा और मेरा जी मिचलाने लगा।

अन्त में सोवियत विदेश मन्त्री हमारी दोस्ती से इतने गद्‌गद हो उठे कि लगातार पन्द्रह मिनट तक मुझसे हाथ मिलाते रहे। और इतनी जोर से हाथ मिलाते रहे कि हाथ तो हाथ, मेरा पूरा शरीर जोर-जोर से हिलता रहा।

दूसरे दिन सवेरे जागा तो अपच की खट्टी डकारों से बेजार था। सारा बदन दर्द कर रहा था। और हाथ ऐसे लटक रहा था मानो जड़ से उखड़ चुका हो। बड़ी मुश्किल से उठ बैठा।

तभी सेक्रेटरी आये और कहने लगे, "सर, अब हमें यूरोप जाना है..."

अनुवाद : रेखा देशपाण्डे

॥ आर्थिक नवलकथाएँ ॥

धर्म–घुन लगा और प्रगतिशील

हमारा हिन्दू धर्म किस कदर दकियानूसी और प्रतिगामी रहा था! कितनी जातियाँ, कितनी उपजातियाँ, कितने सम्प्रदाय! कुछ मत पूछिए! सावरकर ने तो लिखा है तेलियों में भी दो जातियाँ हुआ करती थीं–एक-बैले और दो-बैले! अपने कोल्हू में एक बैल जोतनेवाला अपने आप को दो बैल जोतनेवाले तेली से अलग जाति का माना करता था। किसी दिन किसी एक-बैले ने अगर अपने कोल्हू में दो बैल जोत दिये, तो उसे जाति से बाहर कर दिया जाता होगा। अलग-अलग जातियों में आपस में रोटी-बेटी के आदान-प्रदान की मनाही थी। न कभी एक साथ बैठकर रोटी खा सकते थे, न आपस में शादी-ब्याह रचा सकते थे। एक पेशे का आदमी भूलकर भी दूसरे पेशे का काम नहीं कर सकता था। कुम्हार नाई का काम नहीं कर सकता था। बढ़ई कुम्हार का काम नहीं कर सकता था। और वे जो महाभयंकर ब्राह्मण थे न, वे तो हाथ से कोई काम करते ही न थे। बस, मन्त्र पाठ करते थे और समाज का शोषण करते थे। करते जाते थे समाज का शोषण, फूलती जाती थीं उनकी तोंदें!

कुछ लोगों का कहना है कि यह जाति-व्यवस्था उतनी कठोर, उतनी सख़्त नहीं थी, जितनी समझी जाती है। क्योंकि ऐसा होता तो समाज में समय-समय पर जो परिवर्तन हुए वे कभी न हो पाते। परिणामस्वरूप, यह समाज में सदियों से अपनी हस्ती बरकरार रखे हुए हैं, वह कब का अतीत के गर्त में खो चुका होता। मगर प्रगतिशील समाजवादी विचारधारा रखनेवाले हम-आप जैसे लोगों को ऐसी दकियानूसी बातों पर ध्यान नहीं देना चाहिए। प्रगतिशील और समाजवादी लोग अगर न रुचनेवाले विचारों पर गौर करने लगे तो हो चुकी सामाजिक क्रान्ति!

छोड़िए, जो बीत गयी सो बात गयी अब उस घुन लगे अतीत के सोच में पड़ने से फायदा भी क्या है! अब हम एक नयी समाज-व्यवस्था का निर्माण करने में लगे हुए हैं। विषमता को खत्म करने जा रहे हैं। और विषमता को उखाड़ फेंकने के काम में मजदूर आन्दोलन सबसे आगे है। अब नयी, प्रगतिशील क्रान्तिकारी जाति व्यवस्था और नये व्रत-नियम उभर रहे हैं। इस सन्दर्भ में मजदूर आन्दोलन ने इधर जो तरक्की की है, उसे देख पहले तो आप दंग रह जाएँगे और फिर गद्गद हो जाएँगे। कहेंगे, 'धन्य हो, धन्य हो, मजदूर आन्दोलन धन्य हो।'

मिसाल के तौर पर हमारे बैंक कर्मचारियों को ही लीजिए! उन्होंने एक नयी,

प्रगतिशील; बड़ी सख्त जाति-व्यवस्था का निर्माण कर रखा है। क्लर्कों की अलग जाति है, टाइपिस्टों की अलग! खाता (लेजर) लिखनेवालों की अलग जाति और कैशियरों की अलग! हरकारे अलग होते हैं और दफ्तर में चपरासी का काम करनेवाले अलग! बड़ी लम्बी फेहरिस्त है, जिसे देख, घुन लगे सनातन धर्म के माननेवाले भी शर्म से गड़ जाएँगे! मन-ही-मन पछताएँगे कि यह बात पहले हमने क्यों नहीं सोची!

कर्मचारियों की इन जातियों के काम भी निर्धारित हैं और चाहे दुनिया इधर-से-उधर हो जाय, एक जाति का कर्मचारी दूसरी जाति के काम में भूलकर भी हाथ नहीं बँटाएगा। भले ही फिर काम पड़ा रहे। भले ही खर्च बढ़ जाय या घाटा उठाना पड़े, काम का हर्जा हो और ग्राहक चीखता-चिल्लाता रहे। मगर इस प्रगतिशील जाति-व्यवस्था की दीवारें हरगिज नहीं टूटेंगी।

हरकारे से टेबल-कुर्सी साफ करने के लिए कहिए, वह साफ इनकार कर देगा। चपरासी हरकारे का काम करने से मना कर देगा। क्लर्क टाइपिस्ट का काम हरगिज नहीं करेगा और टाइपिस्ट क्लर्क की कलम को हाथ नहीं लगाएगा। पैसे देनेवाला कैशियर पैसे लेने से इनकार कर देगा और पैसे लेनेवाले कैशियर से पैसे देने के लिए कहकर देखिए, वह 'अब्रह्मण्यम्' कहते हुए मुँह मोड़ लेगा। किसी अफसर से यह कहना कि 'जरा यह लेजर यहाँ से वहाँ रख दीजिए' उतना ही बड़ा पाप है, जितना किसी दशग्रन्थी ब्राह्मण से बुहारी लगाने के लिए कहना। यह फेहरिस्त भी काफी लम्बी खिंच सकती है। लेकिन क्या फायदा? इतना कह देना काफी है कि कर्मचारी वर्ग ने काफी सोच-समझकर इस जाति-व्यवस्था का निर्धारण किया है।

बैंक कर्मचारियों की इस प्रगतिशील जाति-व्यवस्था को तोड़ने के लिए बैंकवाले एक तरकीब किया करते हैं। नये कर्मचारी की नियुक्ति करते समय वे उसे महज क्लर्क या महज टाइपिस्ट की हैसियत से नियुक्त नहीं करते; बल्कि क्लर्क टाइपिस्ट या कैशियर क्लर्क की हैसियत से करते हैं। उद्देश्य एक ही आदमी से दो काम करवा लेना होता है। लेकिन बैंक डाल-डाल, तो कर्मचारी पात-पात! वे एक ही दिन में कुछ समय के लिए क्लर्क और कुछ समय के लिए टाइपिस्ट बनने से साफ इनकार कर देते हैं। दिन की शुरुआत अगर वह क्लर्क के काम से करता है, तो दिन-भर वह यही कहता हुआ काम करता है कि 'आज मेरी जात क्लर्क है। आज मैं टाइपिस्ट का काम नहीं करूँगा।' इस तरह कर्मचारी बैंकवालों को खूब छकाते हैं।

सच तो यह है कि हमारे बैंक कर्मचारियों के प्रगति के कदम इससे भी आगे बढ़ चले हैं। मान लीजिए, किसी एक टेबल पर कोई कर्मचारी काम कर रहा हो और वहाँ का काम खत्म हो जाय, तो वह वहीं खाली बैठा रहेगा! किसी दूसरे टेबल के काम में हाथ बँटाने के लिए कहा जाय तो वह साफ इनकार कर देता है, यह कहकर कि 'आज' मैं इस टेबल से बँधा हुआ हूँ! आज दूसरे टेबल से ताल्लुक नहीं

रख सकता! इसी तरह लेजर कीपर भी सिर्फ एक ही लेजर के प्रति वफादार होता है। दो-दो लेजरों का काम निभाकर वह अपने-आपको हरजाई साबित करना नहीं चाहता। सतयुग में प्रभु रामचन्द्र ने एक पत्नी व्रत का निर्वाह किया था, उसी प्रकार आज कलियुग में ये आधुनिक रामचन्द्र एक टेबल व्रत या एक लेजर व्रत का निर्वाह किया करते हैं।

कुछ बेवकूफ, दकियानूसी लोग सवाल उठाते हैं कि जाति-भेद और व्रत-नियमों के इस चक्रव्यूह में फँसे काम का क्या होता है? कोई भी प्रगतिशील आदमी तुरन्त समझ जाएगा कि इस तरह का कोई सवाल उठाया जाना अपने आप में दकियानूसीपन का सबूत पेश करना है! क्योंकि भारतीय समाजवाद का यह मौलिक सिद्धान्त है कि कर्मचारी काम करने के लिए नहीं, काम कर्मचारी के लिए है। बल्कि काम का इन्तजाम ही इसलिए किया गया है ताकि कर्मचारी सुविधापूर्वक जी सकें। अब काम कम होता है! बाहर से आये हुए चेक वसूल होने में जहाँ चार-छह दिन लगते थे, अब तीन-चार हफ्ते भी लग सकते हैं। पासबुक समय पर भरे नहीं जाते! उनमें कभी-कभी गलतियाँ रह जाती हैं। लेकिन इन मामूली बातों पर कहाँ तक ध्यान दें? समाज में क्रान्ति आ रही है—क्या यह बात अपने आपमें अधिक महत्त्वपूर्ण नहीं है?

इन नयी रूढ़ियों, व्रत-नियमों की वजह से बैंक कर्मचारियों में नयी उमंग जागती है। नया उत्साह जागता है और सामाजिक विषमता के खिलाफ वे एक के बाद एक लड़ाइयाँ लड़ते ही जाते हैं!

लेकिन यह मत समझिए कि इतने भर से कर्मचारियों को सन्तोष हो जाता है! भगवान के दरस के लिए प्यासे भक्तों की तरह हमारे कर्मचारी भी सदा प्यासे होते हैं—और वेतनवृद्धि के लिए तड़पते रहते हैं। इसलिए बैंक कर्मचारी बराबर नयी-नयी माँगें रखते हैं। बैंक उन्हें मकान खरीदने के लिए कम सूद पर ऋण देते हैं। कम सूद इतना कम है कि लगभग नहीं के बराबर! बैंक कर्मचारियों की माँग है कि इस ऋण में वृद्धि की जाय। इस माँग को वे मनवा लेंगे इसमें कोई शक नहीं! लेकिन इतने से क्या होता है? माँगें तो कई हैं। उनका कोई अन्त नहीं।

ग्राहक इन सारी बातों से नाराज हैं। वे कहते हैं, "आप लोग हड़ताल करते हैं। 'नियमानुसार काम' के आन्दोलन छेड़ देते हैं। लेकिन इससे हमें असुविधा होती है। हमारे काम धरे रह जाते हैं। आपके वेतन में वृद्धि होती है तो अन्ततः उसका सारा बोझ तो हमारे ही सिर पर आ जाता है। इसका कुछ बन्दोबस्त कीजिए। ज्यादा वेतन के बदले में हमें कम-से-कम बेहतर सेवा तो दीजिए।" कुछ जमाकर्ता तो माँग भी रखते हैं कि कर्मचारियों की भाँति हमें भी मकान के लिए कम सूद पर ऋण दिया जाना चाहिए। क्योंकि बैंक एक तरफ जहाँ अपने कर्मचारियों पर निर्भर करता है, वहीं दूसरी तरफ वह हम लोगों पर भी निर्भर करता है। क्योंकि हमारी जमा

राशियों के दम से तो बैंक का धन्धा है!

कुछ विचारकों का कहना है कि सभी बड़े बैंक अब सार्वजनिक सम्पत्ति बन गये हैं। इसलिए इन्हें मिलनेवाला लाभ अब कुछ एक पूँजीपतियों का लाभ नहीं, बल्कि जनता का लाभ है। इसलिए उसे जनता के लिए, और खासतौर पर गरीब वर्ग के लिए खर्च किया जाना चाहिए! सारा-का-सारा रुपया वेतन के रूप में बाँट देने से कैसे चलेगा?

वैसे इस देश में विचारकों और ग्राहकों को कोई नहीं पूछता। लेकिन जब वे बार-बार एक ही बात की रट लगाते रहते हैं, तो लगता है, कभी-कभी उनकी भी एकाध बात सुन ली जाती है। या यह भी हो सकता है कि नयी जाति-व्यवस्था और व्रत-नियमों का निर्वाह इसी तरह जारी रहा, तो एक दिन बैंकों का दिवाला पिट जाएगा, इस बात से बैंकों के संचालक डर गये हों। इसीलिए बैंक कर्मचारियों और बैंकों के बीच जो नया समझौता हुआ है, उसके तहत जाति-व्यवस्था और व्रत-नियमों को खत्म कर देने के लिए दोनों पक्ष राजी हो चले हैं।

लेकिन क्या वाकई ऐसा हो रहा है? होने जा रहा है? अब तक तो यही देखा गया है कि समझौते की इस तरह की धाराएँ अक्सर कागज पर ही दर्ज रह जाती हैं! उन पर कभी अमल नहीं किया जाता! कानूनन छुआछूत अब नहीं रही, मगर रोजमर्रा के व्यवहार में वह अब भी बरकरार है। यहाँ भी ऐसा ही तो नहीं होनेवाला? क्या कर्मचारी सहयोग देंगे? यूनियनवाले गुर्राकर बैंक संचालकों को कहीं डरा तो नहीं देंगे? समझौते की धाराओं पर अमल करने का साहस क्या बैंक के अफसर कर पाएँगे? या सोचेंगे; जाने दो, इस चक्कर से तो दूर ही रहना भला! खामख्वाह गाली-गलौज, गन्दी नारेबाजी, धकमपेल और मारधाड़ का सामना कौन करे?

अनुवाद : रेखा देशपाण्डे

खो-खो का खेल

तीज के त्यौहार का मौसम आ गया। दशहरा आया, दीवाली आ गयी। फसल के पकने के दिन आ गये—दिन आ गये किसानों और व्यापारियों के। इसलिए बढ़ाइए कीमतें और कर दीजिए गायब बाजार से चीजों को। क्योंकि चीजों को गायब कर दिये बगैर ग्राहक के पैसों को हड़प नहीं किया जा सकता। अजी, कमाल करते हैं! यह तो हमारा बरसों से चला आ रहा चलन है भई! माना कि पिछले दो साल से यह रिवाज नहीं पाला गया, मगर इसका मतलब यह थोड़े न हुआ कि हम अपने रस्मो-रिवाजों को हमेशा के लिए भुला ही दें? बढ़ाइए, बढ़ाइए, मीठे तेल की कीमतें बढ़ाइए। मूँगफली का तेल हो जाय बारह रुपये किलो। क्योंकि आनेवाले दिनों में इसे और भी बढ़ाना है। गायब कर दीजिए केरोसिन को। लगने दीजिए लाइनें राशन की दुकान पर। कह दीजिए, तेल खत्म हो गया और बाहर बेचिए इसे दो रुपये लीटर के भाव में। देखा, एक लीटर के चौवन्ने पैसे ज्यादा मिल गये कि नहीं? यानी मुफ्त की कमाई! गैस सिलिण्डर भी गायब कर दीजिए। हाँ, कोई हाथ पर पाँच रुपये ज्यादा टिका दे तो दे दीजिए उसे चुपके से! अजी, डरते क्यों हैं? इस तरह ग्राहक से डरा थोड़े ही जाता है? बल्कि ग्राहक को ही डराया जाता है जनाब! करने दीजिए भागदौड़ उसे! होने दीजिए परेशान! इस काम में हम तो महारत हासिल कर ही चुके हैं। हमारी भारत सरकार ने टटपूँजिया अर्थव्यवस्था पैदा कर पिछले तीस वर्षों से हमें यह सुनहरा मौका दिलवा दिया है और फिर प्रधानमन्त्री चरणसिंह हमारे परममित्र जो हैं! वे वित्तमन्त्री हुए नहीं, कि कीमतें बढ़ने लगीं। तब फिर इस तरह पीछे क्यों हट रहे हैं साहब? खूब हाथ मारिए!

कौन कहता है ऐसा? दुष्ट जमाखोर व्यापारी? लेकिन हमारे मोहन धारिया उनका बन्दोबस्त तो कर चुके हैं। मीठे तेल के आयात की जो इजाजत उन्हें दी थी, वह तो वापस ले ली गयी है। अब तेल का आयात सिर्फ सरकार का स्टेट ट्रेडिंग कॉर्पोरेशन कर रहा है। धारिया ने सार्वजनिक वितरण व्यवस्था भी कर दी है। धारिया और फर्नाण्डिस! दोनों ही जनता के हित के लिए बराबर चिन्तित! जब सत्ता में थे, तब बराबर नयी से नयी, बेहतर से बेहतर योजनाओं की घोषणाएँ किया करते थे। वजह, जनहित की यही चिन्ता! फर्नाण्डिस साहब ने जिला उद्योग केन्द्र शुरू किये और ग्रामीण क्षेत्रों में छोटे उद्योगों का जाल फैलाने का प्रबन्ध किया। जाल अभी

फैला तो नहीं है लेकिन फैल जाएगा और गरीबों के रोजगार का मसला भी हल हो जाएगा। उधर धारिया ने भी सार्वजनिक वितरण व्यवस्था का प्रबन्ध कर इन्हीं सारे गरीबों को आवश्यक वस्तुएँ उचित दामों में दिलवाने का प्रबन्ध भी करवा दिया है। गाँव-गाँव, मोहल्ले-मोहल्ले सरकार की मान्यता प्राप्त दुकानें सज चुकी हैं। उनमें आवश्यक बाईस (या बत्तीस?) चीजें बिकती हैं। उचित दाम, सरकार की ओर से निर्धारित! दुकान में जाओ और अच्छा माल उचित दामों में खरीद ले आओ। महाराष्ट्र में वैसे भी इस तरह की दुकानें पहले से बहुतायत में थीं, अब और नयी दुकानें हो गयी हैं। फुटपाथ पर चलते समय वे जो लकड़ी के बक्से आपका रास्ता रोकते हैं? अजी, बक्से कहाँ? वे तो धारिया की उचित दामोंवाली दुकानें हैं! कहने का मतलब यह कि महाराष्ट्र और खासकर बम्बई में सार्वजनिक वितरण व्यवस्था पहले से जारी है।

अरे, तो फिर केरोसिन क्यों नहीं मिल रहा? एक महिला राशन की दुकान में यह पूछने गयी कि केरोसिन है भी या नहीं। पता चला, केरोसिन है। वह दौड़ी-दौड़ी घर चली गयी और केरोसिन का डिब्बा लिये भागी-भागी वापस आयी। पता चला, इस बीच केरोसिन खत्म हो गया! कई दिनों से डिब्बा खाली था, खाली ही रह गया। उसका कहना है कि सिर्फ तीन व्यक्तियों को केरोसिन दिया गया और केरोसिन खत्म हुआ। केरोसिन भी बड़ा नटखट हो गया है आजकल। देखते-देखते खत्म हो जाता है! मुलुण्ड की एक दुकान में इस केरोसिन ने ऐसी ही शरारत की। बस, छुप गया! दुकानदार को ढूँढ़े नहीं मिला। इसलिए उसने बोर्ड लगा दिया 'केरोसिन नहीं है।' लेकिन ग्राहक ऐसे माननेवाले थोड़े ही थे? बोले, 'केरोसिन है। हम ढूँढ़ते हैं।' घुस गये दुकान में और ढूँढ़ ही निकाला उस शरारती केरोसिन को! कहते हैं, कई हजार लीटर केरोसिन निकाला। इस पर इस नटखट केरोसिन की शरारत देखिए, यह सरकारी दुकान से गायब हो जाता है और फिर रास्तों की खाक छानता घूमता है, गाड़ियों में! लीटर के दो रुपये दिये नहीं कि चुपचाप आपके डिब्बे में उतर आता है।

धारिया बेचारे सीधे-सादे, साफ दिल समाजसेवक ठहरे! उन्हें क्या पता सरकार की मान्यता प्राप्त दुकानों में केरोसिन ऐसी शरारतें किया करेगा? उन्होंने तो सोचा था कि सरकारमान्य दुकानें खोल देंगे, उन्हें माल की आपूर्ति कराएँगे और कीमतें निर्धारित कर देंगे कि बस, वितरण का मसला हल! व्यापारी होंगे तो हुआ करें लुच्चे! सरकारी व्यवस्था तो ईमानदार होती है! यही सब सोच धारिया ने सार्वजनिक वितरण व्यवस्था शुरू की। लेकिन केरोसिन नटखट निकला। वे बेचारे क्या करें?

केरोसिन की देखा-देखी अब मीठा तेल भी शरारतों पर उतर आया है। उसके दाम भी तेजी से बढ़ रहे हैं। मूँगफली के भाव हो गये हैं बारह रुपये किलो। आपूर्ति में वृद्धि करने के लिए विदेशों से खास तौर से पाम तेल मँगवाया तो वह भी महँगा

हो गया। यह सब क्या है? माना कि देश में पर्याप्त तेल का निर्माण नहीं हो पा रहा। लेकिन इसीलिए तो विदेशों से तेल के आयात का प्रबन्ध किया कि नहीं? इस बीच व्यापारियों को भी तेल के आयात की इजाजत दे दी गयी थी। लेकिन वे भी ऐसे चालाक निकले कि यहाँ खरीदकर वे उसे फिर विदेशों में बढ़ी हुई कीमतों में बेचने लगे। यह देखा तो धारिया नाराज हो उठे। उनका क्या है! वे तो बहाना ढूँढ़ते रहते हैं नाराज होने के लिए। सच बात यह है कि वे बराबर नाराज ही रहते हैं। तो हुआ यह कि तेल को लेकर धारिया नाराज हो उठे और उन्होंने व्यापारियों से आयात के परवाने वापस ले लिये। तेल के आयात का एकाधिकार उन्होंने स्टेट ट्रेडिंग कॉर्पोरेशन को दे दिया। एकाधिकार पर हमारी बड़ी श्रद्धा जो है! अजी, सार्वजनिक क्षेत्र का एकाधिकार तो समाजवाद का अटूट हिस्सा है, साहब! एकाधिकार बुरा होता है सिर्फ निजी क्षेत्र में। धारिया को आशा थी कि इस तरह स्टेट ट्रेडिंग कॉर्पोरेशन को एकाधिकार दिये जाने पर तेल के मूल्य स्थिर हो जाएँगे। क्योंकि स्टेट ट्रेडिंग कॉर्पोरेशन सरकारी संस्था है। वह थोड़े ही लाभ कमाने की कोशिश करेगी?

लेकिन फिर यह क्या हुआ? क्या स्टेट ट्रेडिंग कॉर्पोरेशन के पास तेल नहीं है! न-न ऐसा कुछ नहीं है। बिलकुल नहीं। कॉर्पोरेशन के डिरेक्टर श्री मिश्रा खुद कह रहे हैं कि तेल की कमी के दौरान देश को तेल जरूरत पूरी करने जितना माल देश में है। डरने की कोई बात नहीं। अब जब इतना बड़ा आदमी आश्वासन दे रहा है, तो लोगों को आश्वस्त हो जाना चाहिए कि नहीं? उन्हें चाहिए कि अपने-अपने घरों में चुपचाप जाकर बैठ जायँ बहुत तो कड़ाही में तेल डाल कचौरी ही तल लें। लेकिन नहीं, ये उठते हैं और दुकान में जाकर तेल की माँग कर बैठते हैं। उस पर तेल ऐसा नटखट कि मिश्रा के इतना कहने के बावजूद महँगा होता जा रहा है।

आखिर बात क्या है? स्टेट ट्रेडिंग कॉर्पोरेशन का तेल बाजार में नहीं रहा तो क्यों? कहाँ रुक गया है वह? मद्रास की खबर यह है कि ऐसा धारिया की सार्वजनिक वितरण व्यवस्था की वजह से हो रहा है। ऐं? क्या मतलब? यह व्यवस्था तो धारिया ने जनता के हित के लिए की थी न? मद्रास की खबर यह है कि दक्षिण के राज्यों में स्टेट ट्रेडिंग कॉर्पोरेशन का तेल सिर्फ सार्वजनिक वितरण व्यवस्था द्वारा ही बेचा जाएगा। और यह व्यवस्था अभी ठीक से कारगर ही नहीं हो रही। यानी स्टेट ट्रेडिंग कॉर्पोरेशन का तेल सरकारमान्य दुकान में ले जाने और वहाँ उसे बेचने के लिए जो प्रबन्ध होना चाहिए, वही नहीं हो पाया है। सरकारी काम है। उसमें साल-दो साल तो लग ही जाएँगे। चिट्ठी-पत्रियों के उत्तर मिलने में तीन-तीन महीने लग जाते हैं। फिर इतने बड़े प्रबन्ध में अगर साल-दो साल लग जाएँगे तो इसमें ताज्जुब की कौन-सी बात है? तब तक ग्राहकों को धीरज तो रखना ही होगा। खामख्वाह चिल्लपों मचाने से क्या होगा? और सुनेगा भी कौन?

दक्षिण में जो हालत है, क्या यही हालत बम्बई और महाराष्ट्र में है? श्री हँसमुख उपाध्याय हमारे नगर आपूर्ति विभाग के मन्त्री स्टेट ट्रेडिंग कॉर्पोरेशन से तेल लेकर जनता को दिलवाना उनका काम है। इसलिए लोग जाकर उनसे पूछने लगे कि तेल के दाम क्यों बढ़े? इस पर श्री उपाध्याय ने साफ-साफ बता दिया कि खाद्य तेल की कमी के लिए स्टेट ट्रेडिंग कॉर्पोरेशन ही जिम्मेदार है। महाराष्ट्र में इस संस्था के पास 80 हजार टन तेल की माँग पहले से ही रखी गयी थी फिर भी स्टेट ट्रेडिंग कॉर्पोरेशन ने थोड़ा भी तेल हमें नहीं दिया। इतना कहकर आगे उन्होंने संस्था पर यह आरोप भी लगाया कि यह संस्था इस इन्तजार में है कि तेल के भाव और बढ़ें। भाव बढ़ने पर तेल बेचकर खूब लाभ कमाने का इस संस्था का इरादा है। शरद पवार भी उन्हीं की हाँ में हाँ मिला रहे हैं। उनका कहना है कि जब तक स्टेट ट्रेडिंग कॉर्पोरेशन टेण्डर्स मँगवाकर तेल बेचना अर्थात् ज्यादा से ज्यादा दामों पर तेल बेचना बन्द नहीं करती, तब तक तेल के दाम घट नहीं सकते।

लो! यानी मद्रास से ठीक उल्टी खबर है बम्बई की! यह उसे दोष दे रहा है, वह इसके मत्थे इल्जाम दे रहा है। कोयले की बाबत भी तो यही हुआ था--कोल इण्डिया रेलवे को दोषी ठहरा रही थी और रेलवे कोल इण्डिया को! एक-दूसरे को दोषी ठहराने का यह सिलसिला अभी जारी है और इस चक्कर में महाराष्ट्र की कोयले की आपूर्ति में बढ़ोतरी हो ही नहीं रही है। इस अनुभव के बावजूद शरद पवार ने अभी आशा नहीं छोड़ी है। वे फौरन चल पड़े दिल्ली! अब दिल्ली में कुछ हो न हो, तसल्ली तो हो जाती है, श्रेय तो मिल जाता है बहुत कुछ कर चुकने का!

और व्यापारियों का क्या हाल है? उनका क्या कहना है? आखिर उन्होंने क्यों दाम बढ़ा दिये? उनका कहना है, "दाम निर्धारित करनेवाले हम कौन होते हैं? हम थोड़े ही सरकार हैं? मूल्य तो बाजार में तय होते हैं। जितनी माँग, जितनी आपूर्ति, उतनी कीमतें! एक तो देश में खाद्य तेल की कमी! उस पर बरसात देर से शुरू हुई। और जब शुरू हुई तो जम के हुई! बाढ़ आयी और फसल को नुकसान पहुँचा। इससे बाजार में कीमतें बढ़ गयीं। हमारा क्या है? बाजार में जो मूल्य निर्धारित होते हैं, उन्हीं पर माल खरीदते हैं और दो-चार प्रतिशत खर्च, लाभ आदि का रखकर बेच डालते हैं! कीमतें कम करना हमारे हाथ में थोड़े ही है? न ही हमारे हाथ में सरकार की तरह जनता का असीम धन है कि घाटा उठाकर माल कम कीमतों पर बेच सकें।

"लेकिन हम बताते हैं भाव कम करने का तरीका। स्टेट ट्रेडिंग कॉर्पोरेशन तेल बेचना शुरू कर दे। माल की आपूर्ति में वृद्धि होते ही कीमतें अपने आप घट जाएँगी। लेकिन अगर स्टेट ट्रेडिंग कॉर्पोरेशन खुद जमाखोरी पर उतर आएगी तो माल की कीमतें कैसे घटेंगी? दरअसल, स्टेट ट्रेडिंग कॉर्पोरेशन को आयात का एकाधिकार देने की वजह से ही यह घपला हुआ है। हमारी मानिए तो आयात का खुला परवाना हमें दे दीजिए। हम लोग तेल ले आते हैं और लोगों को बेचते हैं।

"भूल जाइए यह सार्वजनिक वितरण व्यवस्था का पागलपन! यह महँगी व्यवस्था किसी काम की नहीं! माल बेचने की जिम्मेदारी हमें सौंप दीजिए। लाइए, हम कम खर्च में माल देश के कोने-कोने में पहुँचा आते हैं।"

खो-खो का यह खेल यूँ ही जारी है। स्टेट ट्रेडिंग कॉर्पोरेशन राज्य सरकार को दोष दे रही है, राज्य सरकार कॉर्पोरेशन को और व्यापारी इन दोनों को! बेचारा ग्राहक किसकी बात को सच माने? किस पर विश्वास करे? क्योंकि अब वह भलीभाँति जान चुका है कि सार्वजनिक क्षेत्र की स्टेट ट्रेडिंग कॉर्पोरेशन जैसी संस्थाएँ ग्राहक को लूटती हैं। हमारे नेता कितने ईमानदार हैं, कितने गुणवान हैं, इससे भी वह भली-भाँति परिचित हो चुका है। और वह यह भी जानता है कि, हालाँकि आमतौर पर व्यापारी थोड़ा-बहुत लाभ कमाते हुए ठीक व्यवहार करते रहते हैं, मगर बाजार में माल की कमी की स्थिति पैदा होते ही वे जमाखोरी करने लग जाते हैं।

ऐसे में क्या कोई नहीं जो ग्राहक का तारनहार हो? अगस्त में दो टैंकर आनेवाले थे; नहीं आये। इसीलिए केरोसिन की कमी की स्थिति पैदा हो गयी। सफाई और मरम्मत के लिए रिफाइनरी बन्द थी, इसलिए गैस नहीं मिल रही थी। और स्टेट ट्रेडिंग कॉर्पोरेशन या सार्वजनिक वितरण व्यवस्था—दोनों में से किसी एक ने घपला कर दिया। इससे मीठा तेल महँगा हो गया। ग्राहक क्या उलझनों को इसी तरह सुलझाने की कोशिश करता हुआ बैठा रह जाय?

ग्राहक का तारनहार अगर कोई है तो वह खुद ग्राहक ही है। ग्राहक अगर अपना संगठन बना ले, तो ये सारे मारे डर के काँपने लग जायँ। अब चुनाव आ रहे हैं। लोग वोट माँगने आएँगे। तभी इन्हें खरी-खरी सुनानी होगी। ग्राहक शक्ति की झलक दिखा देनी होगी! क्यों? क्या खयाल है?

अनुवाद : रेखा देशपाण्डे

यूनो : आधुनिक वामन अवतार

यूनो! यूनाइटेड नेशंस आर्गनाइजेशन! संयुक्त राष्ट्र संघ! बड़ा संगीन मामला है जनाब! कितनी सारी कमेटियाँ, कितनी काउंसिलें, कितने आयोग, कितनी परिषदें–कुछ मत पूछिए! और यह भी मत समझिए कि इतना काफी है। नहीं जनाब। इस यूनो को घेरकर कितनी सारी स्वायत्त अन्तर्राष्ट्रीय संस्थाएँ भी खड़ी हैं, एक वर्ल्ड बैंक है, जो हमें बराबर ऋण देता रहता है (वैसे इसके और भी दो नन्हे-मुन्ने हैं), फिर इण्टरनेशनल मोनेटरी फण्ड, इण्टरनेशनल लेबर आर्गनाइजेशन, वर्ल्ड इण्टरनेशनल प्रॉपर्टी आर्गनाइजेशन (मतलब?–क्या जाने क्या मतलब!)–कुल मिलाकर सोलह स्वायत्त संलग्न संस्थाएँ हैं। हरेक का बजट अलग, ताम-झाम अलग! लेकिन यह सब है भी बहुत जरूरी! क्यों? क्या खयाल है? आखिर अन्तर्राष्ट्रीय संगठन हैं! कोई मजाक थोड़े ही है?

इन महान् विश्व संगठनों का कार्यक्षेत्र भी दिनोंदिन बढ़ता जा रहा है। आखिर कैसे न बढ़ेगा? सारी दुनिया आगे बढ़ रही है। उसकी समस्याएँ गम्भीर-से-गम्भीर होती जा रही हैं। नयी समस्याएँ सिर उठा रही हैं। अविकसित राष्ट्र तरक्की के लिए उत्सुक हैं। ऐसी हालत में इन संस्थाओं के कार्यक्षेत्र का फैलाव भी लाजिमी है।

अब इतना बड़ा फैलाव है, तो खर्च भी बड़ा ही होगा। जानते हैं 1948 में यूनो तथा इन स्वायत्त संलग्न संस्थाओं का कुल खर्च कितना था? लगभग ढाई करोड़ डॉलर अर्थात् दो हजार करोड़ रुपया। है न मामला संगीन? सदस्य देशों में से बीस-तीस को छोड़कर बाकी देशों के राष्ट्रीय बजट भी इससे कम हैं। और हर साल यह खर्च बढ़ता ही जा रहा है। 1950 में यूनो का (स्वायत्त संलग्न संस्थाएँ छोड़कर) खर्च था सात करोड़ डॉलर। 1960 में यह खर्च था लगभग पन्द्रह करोड़ डॉलर और 1978 में वह हो गया नब्बे करोड़ डॉलर से कुछ ऊपर। यानी अब तक वह यकीनन एक सौ करोड़ डॉलर तक पहुँच चुका होगा। रुकिए, रुकिए! और सुनिए, यही काफी नहीं है! क्योंकि यह रहा महज आम बजट पर होनेवाला खर्च!

इसके अलावा यूनो कुछ कार्यक्रम ऐसे भी बनाता है, जो खुशी-खुशी मिले दान की राशि से आयोजित किये जाते हैं। मगर यह खुशी का मामला भी बेहद फैलता जा रहा है। 1950 में इन आयोजनों पर पाँच करोड़ डॉलर खर्च किये गये थे। 1960 में पन्द्रह करोड़ और 1978 में नब्बे करोड़! लगातार वृद्धि हो ही रही है।

स्वायत्त संलग्न संस्थाओं पर जो खर्च किया जाता है वह अलग और वर्ल्ड बैंक, इण्टरनेशनल मोनेटरी फण्ड आदि संस्थाएँ जो ऋण प्रदान करती रहती हैं वह हिसाब भी अलग। 1978 में ऋण देने के लिए इन संस्थाओं के पास करीब चार सौ करोड़ डॉलर की राशि होगी। जी हाँ! क्योंकि 1974 में वर्ल्ड बैंक तथा उसके दो नन्हे-मुन्नों ने करीब 3 हजार करोड़ डॉलर के ऋण दिये थे। बड़ों की हर बात बड़ी होती है।

विश्व के विकास-कार्य में इतना बड़ा खर्च होता है, यह देखकर दिल भर आता है। द्वितीय विश्वयुद्ध के बाद दुनिया जब बहुत पिछड़ी हुई थी, तब लीग ऑफ नेशंस तथा संलग्न संस्थाओं का कुल खर्च मुश्किल से 9 करोड़ डॉलर था। उसकी तुलना में देखा जाय, तो अब हमने काफी तरक्की कर ली है। और गौर करें, इसमें से ज्यादातर रुपया अविकसित देशों पर लगाया जाता है, जिनमें से एक हमारा देश भी है। तो कुल मिलाकर दुनिया काफी तरक्की कर रही है।

इस खर्चे की एक और विशेषता यह भी है कि काफी हद तक यह खर्च वेतन के बँटवारे में लग जाता है। आप तो जानते ही हैं, बेरोजगारी किस कदर बढ़ गयी है। लोग नौकरी की तलाश में दर-दर भटकते फिर रहे हैं। ऐसे में यूनो किसी कामधेनु की तरह लोगों को नौकरियाँ प्रदान करता रहता है। कहते हैं, यूनो के कुल खर्च का सत्तर प्रतिशत उन लोगों पर होता रहता है, जिन्हें नौकरियाँ दी जाती हैं। यूनो तथा स्वायत्त संलग्न संस्थाओं ने मिलकर 44000 लोगों को नौकरियाँ दी हैं। नौकरियाँ भी हजार-पाँच सौ की आलतू-फालतू नहीं, बल्कि अच्छा-खासा वेतन, रहने की जगह, यात्रा की सुविधा! बस, खूब लुटाया है धन उन पर! किसी तरह की कोई कमी नहीं। यहाँ के किसी अनुसन्धान संस्थान में 2000 रुपये वेतन पानेवाला अर्थशास्त्री यूनो में जाते ही 2000 डॉलर या उससे भी अधिक कमाने लगता है। इससे गरीबी हटाने में काफी मदद मिलती है। कम-से-कम उस एक आदमी की गरीबी तो हट ही जाती है।

उस पर यात्रा का शौक भी पूरा हो जाता है। क्योंकि 1970 में यूनो एवं स्वायत्त संलग्न संस्थाओं के कुल 684 कार्यालय थे, जो अलग-अलग 179 शहरों में बिखरे हुए थे। यही देखिए न, हेड ऑफिस (प्रधान कार्यालय) जेनेवा में हो और कार्यालय नैरोबी में, तो साल में कम-से-कम दो बार नैरोबी-जेनेवा यात्रा हो ही जाती है। फिर नैरोबी में रहते हुए सिर्फ नैरोबी का काम थोड़े ही देखना है? अफ्रीका के कम-से-कम दस-बीस देशों का काम नैरोबी कार्यालय को करना पड़ सकता है। इसके लिए उन देशों की यात्राएँ करनी पड़ती हैं। बीच-बीच में अन्तर्राष्ट्रीय एवं प्रादेशिक कॉन्फ्रेंसेस लेनी पड़ती हैं, समितियों की सभाओं के आयोजन करने पड़ते हैं। ये सब के सब नैरोबी में तो नहीं किये जा सकते! कभी सिडनी में तो कभी मास्को में यानी सफर तो हर हालत में करना ही पड़ेगा, है कि नहीं?

सभा, सम्मेलन, परिषद आदि का यूनो में बड़ा महत्त्व है। क्योंकि बगैर इनके अन्तर्राष्ट्रीय सामंजस्य स्थापित हो तो कैसे? इसलिए सभा, सम्मेलनों का सिलसिला बना ही रहता है। बरसों पहले यानी 1975 में न्यूयार्क में नियमित रूप से होनेवाली सभाओं की संख्या 2000थी। जेनेवा की आबोहवा अपेक्षाकृत अच्छी है, इसलिए उस वर्ष वहाँ कुल 4000 सभाएँ सम्पन्न हुईं। ऐसी बात नहीं कि बाकी शहरों को पूरी तरह नजरअन्दाज ही कर दिया गया हो। 1000 सभाएँ अन्य शहरों में भी सम्पन्न हुईं। अन्तर्राष्ट्रीय सामंजस्य की तो धूम मच गयी, धूम! 1975 में यूनो के कुल खर्च का 20 प्रतिशत इन सभा-सम्मेलनों पर खर्च हुआ।

अन्तर्राष्ट्रीय स्तर पर सभा होनी हो तो कॉन्फ्रेंस हॉल भी वैसा ही आलीशान चाहिए। एक साथ अलग-अलग भाषाओं में अनुवाद का प्रबन्ध भी वहाँ होना चाहिए। विभिन्न भाषाओं में कई-कई विवरण प्रस्तुत करने पड़ते हैं। बस, कुछ मत पूछिए! कहते हैं, इकानामिक एवं सोशल काउंसिल की एक सभा के लिए ग्यारह हजार पृष्ठों का विवरण प्रस्तुत करना पड़ा था। विभिन्न भाषाओं में उनके अनुवाद भी करने पड़े। इस कार्य में पाँच लाख डॉलर खर्च हुए। 1966 में न्यूयार्क में विवरण की पचास करोड़ प्रतियाँ निकालनी पड़ी थीं। जेनेवा में निकाली गयी प्रतियों की संख्या तो इतनी ज्यादा है कि मुझे तो अभी तक यकीन ही नहीं आ रहा।

इन सभा-सम्मेलनों की वजह से अन्तर्राष्ट्रीय सामंजस्य स्थापित होता ही है। दूसरे, इसके साथ हवाई यातायात, होटल व्यवसाय, टैक्सीवाले, छापाखाने, कागज मिलें आदि उद्योग भी तरक्की कर जाते हैं। विश्व के उत्पादन में बढ़ोतरी होती है और बेरोजगारी घटती है। 'तरक्की' और क्या होती है आखिर?

मगर यूनो की जनरल एसेम्बली को यह सब रास नहीं आया। उसे लगा यह खर्च हद से ज्यादा हो रहा है। इसलिए इस खर्च पर नियन्त्रण रखने के लिए एक कमेटी की स्थापना की गयी। अपने आप में इसका नाम ही था 'कमेटी ऑन कॉन्फ्रेंसेस!' जाहिर है, इस कमेटी की भी कई सभाएँ हुई होंगी। मगर सौभाग्य से फल कुछ नहीं निकला। तीन साल तक खर्च को नियन्त्रित करने के प्रयास कर चुकने के बाद कमेटी ने भी हार मान ली। वैसे यह कमेटी अभी भी बनी हुई है और लगता है, इसकी सभाएँ भी होती रहती हैं। जो भी हुआ अच्छा हुआ। कमेटी को अपने काम में सफलता मिलती, तो दुनिया की सारी अर्थव्यवस्था डगमगा जाती। कई उद्योग ठप पड़ जाते और बेरोजगारी का आलम होता।

जनरल एसेम्बली और सदस्य राष्ट्रों को इसी तरह बीच-बीच में दौरे पड़ते रहते हैं और वे खर्च में कटौती करने के प्रयास शुरू कर देते हैं। उसके लिए योजना भी बनायी जाती है। इसके बावजूद यूनो आदि संगठनों पर हो रहा खर्च सौभाग्य से बढ़ ही रहा है। आखिर आधुनिक वामन जो ठहरे!

एक अच्छी बात यह है कि जनरल एसेम्बली की कुल बाईस कमेटियाँ हैं जो

स्वतन्त्र रूप से सक्रिय हैं। इन कमेटियों को एक बात का फैसला करने का पूरा-पूरा अधिकार है कि वे नये कार्यक्रम हाथ में लें या नहीं, नये संगठन बनाएँ या नहीं। और इससे भी अच्छी बात यह है कि इन्हें इस बात की जरा भी चिन्ता नहीं करनी पड़ती कि नयी-नयी योजनाओं के लिए धन कहाँ से लाएँ! यह जिम्मेदारी पाँचवीं कमेटी या सही मायनों में जनरल एसेम्बली की होती है। लेकिन पाँचवीं कमेटी अन्य कमेटियों की सिफारिशों में टाँग अड़ाने की खामख्वाह कोशिश नहीं करती! वह सिर्फ हिसाब लगाकर बता देती है कि किस योजना में कितना धन लगेगा। मामला तब जनरल एसेम्बली के सम्मुख आता है। मगर एसेम्बली के पास इतनी मामूली बातों पर ध्यान देने की फुरसत ही नहीं होती। इसलिए बजट का प्रस्ताव जैसा सामने रखा जाता है, वैसा-का-वैसा पारित कर दिया जाता है। इसीलिए विश्व के विकास कार्यों के लिए धन का दरिया बराबर बहता रहता है, बहता ही रहता है।

इस धन का अधिकांश बड़े देशों को देना पड़ता है। इसलिए वे जरा नाराज भी रहते हैं, रूस तो बराबर इस बात को लेकर हल्ला मचाता रहता है और खर्च में कटौती की माँग करता रहता है। लेकिन किसी के कानों पर जूँ नहीं रेंगती। उसकी वजह यह है कि यूनो में अविकसित देश बहुसंख्या में हैं और वे यही समझते हैं कि विकास-कार्यों में जितना धन खर्च किया जाय, अच्छा ही है। बल्कि उनकी राय में तो यह खर्च अपेक्षाकृत कम ही है। इसलिए ऐसे देश धड़ल्ले से नयी योजनाएँ और नये संगठन बनाने के निर्णय करते रहते हैं।

इससे एक बहुत ही अच्छी बात हुई है। अकेले यूनो के चार-चार, पाँच-पाँच संगठन एक ही क्षेत्र में काम करते मिल जाते हैं। स्वायत्त संलग्न संस्थाएँ उसी क्षेत्र में काम कर रही होती हैं, सो अलग! कुल मिलाकर विकास-कार्यों की धूम मची रहती है, धूम!

मिसाल के तौर पर हिन्दुस्तान के औद्योगिक विकास का क्षेत्र लीजिए! इस क्षेत्र में वर्ल्ड बैंक तथा उसके दो नन्हे-मुन्ने काम कर रहे हैं। मगर ऐसा भी नहीं कि एशियन डेवलपमेण्ट बैंक इस तरफ ध्यान ही नहीं देगा। यूनाइटेड नेशंस डेवलपमेण्ट प्रोग्राम की जिम्मेदारियों का क्षेत्र भी इस कदर फैला हुआ है कि किसी की मजाल नहीं यह कहने की कि इसमें हिन्दुस्तान का औद्योगिक विकास नहीं समा सकता! यूनिडो नामक संगठन का तो काम ही अविकसित देशों का औद्योगिक विकास करना है। यूनेप संगठन पर्यावरण सम्बन्धी समस्याओं के लिए स्थापित किया गया है।

औद्योगिक तरक्की के साथ बढ़ते प्रदूषण की वजह से यह संगठन भी भारत के औद्योगिक विकास से जुड़ गया है। 'इकानामिक एण्ड सोशल कमीशन फार एशिया एण्ड पैसिफिक' अपने नाम से ही जाहिर करता है कि इसका भारत के आर्थिक विकास से बड़ा नजदीकी रिश्ता है। और फिर यह भी कैसे हो सकता है

भला कि 'कमीशन आन ट्रांसनेशनल कॉर्पोरेशंस' विदेशी कम्पनियों की बाबत भारत की नीति में दखल न दे?

इकानामिक एण्ड सोशल काउंसिल की छह स्टैण्डिंग कमेटियाँ हैं। उनमें से कम-से-कम तीन कमेटियाँ इस बात का दावा कर सकती हैं कि उनका भारत के औद्योगिक विकास से सम्बन्ध है। विशेषज्ञों की समितियों में से भी कम-से-कम तीन समितियाँ ऐसा दावा कर ही सकती हैं।

इतना सारा हंगामा मचा हो और सोलह स्वायत्त संलग्न संस्थाएँ चुप्पी साधकर बैठी रहें, यह कैसे हो सकता है भला? वर्ल्ड बैंक का जिक्र तो हो ही चुका है। इसके अलावा आइ.एल.ओ., यूनेस्को, गैट आदि संस्थाएँ भी चुप नहीं बैठतीं।

और देख लिया आपने? कितनी सारी अन्तर्राष्ट्रीय संस्थाएँ भारत के औद्योगिक विकास के प्रयासों में जी-जान से लगी हुई हैं। ये सारी संस्थाएँ स्वतन्त्र रूप से अपने-अपने प्रयासों में लगी रहती हैं। इसलिए इनमें आपसी सामंजस्य स्थापित करने के लिए यूनो को अलग से विभिन्न संस्थाओं का गठन करना पड़ता है। आपसी सामंजस्य स्थापित हो भी गया है। लेकिन अब सामंजस्य स्थापित करनेवाली इन विभिन्न संस्थाओं के कार्यों में आपसी सामंजस्य कैसे स्थापित किया जाय, यह एक नया सवाल नये सिरे से उभरा है।

कई लोग शिकायतें करते रहते हैं कि संस्थाएँ इतनी अधिक हो गयी हैं कि इनमें धन की बरबादी हो रही है। विकास-कार्यों में प्राथमिकता का क्रम भी गड़बड़ा गया है।

यूनाइटेड नेशंस डेवलपमेण्ट प्रोग्राम के प्रशासक ने खुद यह शिकायत की है कि जो भी सीमित साधन हमारे पास हैं, उनका अनुत्पादक उपयोग हो रहा है।

हो सकता है। ऐसा भी हो सकता है। माना, लेकिन साथ ही कितने सारे लोगों के लिए सुविधा हो गयी है। कितने विशेषज्ञ, कितने प्रशासक, कितने राजनीतिज्ञ इस बहाने विदेश-यात्रा कर आते हैं। कितनों को अच्छी नौकरियाँ मिल जाती हैं। कितने ही ऐरे-गैरे प्रतिष्ठा को प्राप्त हो जाते हैं। कितने ही लोग अपनी पसन्द की योजनाएँ आगे बढ़ा देते हैं। कितनी संस्थाएँ धन की वर्षा में सराबोर हो उठती हैं। अजी जनाब, इन विभिन्न संस्थाओं में घुसकर अपना स्थान बना लेने और उनसे पैसा ऐंठने की भी अपनी एक तकनीक है और सुनते हैं, भारतीय उसका प्रयोग करने में बड़े माहिर हैं।

ऐसी परिस्थितियों में इस बढ़ते जाते खर्च पर रोक लगाये तो कौन और कैसे? लिहाजा यह आधुनिक वामन दिनोंदिन इसी तरह दुनिया को नापता जाएगा।

अनुवाद : रेखा देशपाण्डे

समाजवादी भस्मासुर

भस्मासुर निर्माण करने की प्रथा इस भारतवर्ष में पुरातन काल से चली आयी है। यह पुरातन परम्परा हम लोगों ने आधुनिक समाजवादी भारत में भी जारी रखी है। फर्क है तो सिर्फ इतना, कि भोलेनाथ के स्थान पर अब भारत का जनताजनार्दन विराजित है। इस भोले-शंकर को प्रसन्न करने के लिए हर चुनाव में अनेकानेक राजकीय पक्ष उग्र तपस्या करते हैं। इस तपस्या की उग्रता क्या बताएँ? भागना-भगाना, मारकाट, आगजनी जैसे सहयोग के अनेक मार्गों का अवलम्ब इस तपस्या में किया जाता है। सैकड़ों करोड़ रुपयों की घृतधाराएँ इस यज्ञकुण्ड में डाली जाती हैं। 'सच और झूठ', 'अच्छा और बुरा' के बारे में ये प्रत्याशी इतना बावेला मचाते हैं कि हम मान जाते हैं कि भई यह जो 'जगन्मिथ्या' कहा है, वह ठीक ही कहा है। इस तरह की उग्र तपस्या के बाद जनताजनार्दन किसी एक पर प्रसन्न होकर उसके माथे पर अपना वरदहस्त रख देता है और अपना सारा कर्तुमकर्तुम सामर्थ्य उसे दे डालता है। भोला जनताजनार्दन बेचारा उम्मीद करता है कि उसके द्वारा दिये गये इस सामर्थ्य का उपयोग सत्ताधारी भूतल पर स्वर्ग लाने के लिए और दरिद्रता से ग्रस्त देश में खुशहाली के नन्दनवन के निर्माण के लिए करेंगे।

इस तरह की कर्तुमकर्तुम शक्ति प्राप्त होने के बाद सत्ता के सिंहासन पर आरूढ़ राज्यकर्तागण विभिन्न संघटना-रूपी राक्षसों को निर्मित करते हैं। ये आज्ञाकारी राक्षस इष्ट कार्य करेंगे ऐसा आश्वासन दिया जाता है; और मतपेटिका से निकले ये राक्षस बडे ही होते जाते हैं। सारे समाजजीवन को राहु-केतु जैसे ग्रस लेते हैं।

'सार्वजनिक क्षेत्र' एक ऐसा ही राक्षस है, जो सत्ताधीशों ने भारत में निर्मित किया है। पूँजीवाद को और इस देश की दरिद्रता को भस्म करने के लिए इस राक्षस की योजना की गयी है; और इसीलिए किसी के भी मस्तक पर हाथ रखकर उसको भस्म करने, कर देने का सामर्थ्य इस राक्षस को दिया गया है। पूँजी की बड़ी-बड़ी राशियाँ उसके सामने खुराक के तौर पर डाली जा रही हैं।

यह खुराक यह राक्षस तत्परता से हजम कर रहा है। आज तक तीस हजार करोड़ से अधिक पूँजी उसने हजम की है; और फिर भी उसकी भूख है कि बढ़ती ही जा रही है। वह भूख मिटाने में ही यह 'सार्वजनिक क्षेत्र' नाम का राक्षस इतना

मशगूल है कि गरीबी हटाने के लिए उसे फुर्सत ही नहीं है। उल्टे, बकासुर को उसकी खुराक पहुँचाकर हमारे पूर्वज जिस तरह मस्त हुए थे, वैसा ही हाल आज भारत की जनता का हुआ है। सत्ताधीश कहते हैं, "सब कुछ ठीक-ठाक चल रहा है। अब इसकी भूख मिटी है और इसने अपना काम शुरू किया है!" लेकिन नये बजट का दिन जब निकट आने लगता है, तब इस बकासुर का असली रूप और असल कार्य दिखाई देता है। अबकी बार भी वही होने लगा है।

तुम्हारे-मेरे स्वामित्व की कोयले की खदानें, लगता है, पाँच सौ करोड़ रुपयों से भी अधिक रकम एक साल में खाक कर रही हैं। क्योंकि वह रकम वसूल करने के लिए भारत सरकार ने कोयलों की कीमतों में 7 जनवरी, 1984 को पच्चीस प्रतिशत की वृद्धि की है—यह वृद्धि कोई कम तो नहीं है! राष्ट्रीयकरण के पूर्व कोयले की दर प्रति टन्न उनतीस रुपये थी, अब बढ़कर वह हो गयी है एक सौ तिरासी रुपये। 1970 के बाद बाकी दरें तिगुनी हो गयीं। लेकिन कोयले की दरें छहगुनी हो गयीं। देखा कितना लाभ हुआ है राष्ट्रीयकरण का! लेकिन दर की इस वृद्धि के कारण कोयला-खदानों को हर वर्ष पाँच सौ करोड़ रुपयों की ज्यादा खुराक मिलेगी। लेकिन यह मत समझना कि उसका सवाल हल हो गया और बकासुर की क्षुधाशान्ति हुई। क्योंकि कोयला खाते के सचिव ने हाल ही में स्पष्ट रूप से कहा है कि इतनी दर-वृद्धि के बाद भी कोयला-उद्योग थोड़ा घाटे में ही चलेगा। अन्दाजा है कि यह घाटा 1983-84 साल के लिए एक सौ तीस करोड़ रुपयों का होगा। एक सौ तीस करोड़ रुपये पाँच सौ करोड़ रुपयों से कम ही तो हैं। अब इस 'कम' को आगे 'अधिक' होना समाजवादी भारत में कोई नया अनुभव नहीं है। इस वर्ष जैसे मजदूरों के वेतन में वृद्धि हुई और अन्य साधन सामग्री की कीमतों में भी वृद्धि हुई, वैसी ही अगले साल होगी और फिर कोयले की दर में वृद्धि होगी ऐसा मानकर चलने में कोई गलती नहीं है। कोई आपत्ति नहीं है। यानी आपकी और मेरी आपत्ति हो सकती है, लेकिन उसे पूछता कौन है? बकासुर के पास अन्न के रूप में जाने का संकट पुराणकाल में जब किसी व्यक्ति पर आता था, तो क्या उस रोते हुए व्यक्ति पर कोई तरस खाता था? करता था कोई उसकी चिन्ता, परवाह? और शिकायत करने से भी क्या लाभ? समाजवाद को बलिष्ठ बनाने के लिए इस तरह का आत्म-बलिदान करना ही पड़ता है।

लेकिन यह मत समझना कि मामला यहीं खत्म हो गया। पुरानी मराठी फिल्म 'कूँकू' (सिन्दूर) में एक दृश्य था : फोटो के लिए कतार में बैठे बच्चों में से एक छोरवाला बच्चा पासवाले बच्चे के घुटने पर चपत मारता है। वह पासवाला बच्चा उसके बाद बैठे बच्चे के घुटने पर चपत मारता है। इस तरह तेजी से बढ़ती यह चपत कतार के दूसरे छोर तक पहुँच जाती है। वही बात इन बढ़नेवाली कीमतों की भी है। कोयले की दर में वृद्धि होने से रेलवे खाते का व्यय पैंसठ करोड़ रुपयों से

बढ़नेवाला है। इस्पात उद्योग को 87.23 करोड़ रुपयों का भार वहन करना होगा और सीमेण्ट उद्योग को 36.76 करोड़ रुपयों का भार वहन करना पड़ेगा। इस भार के कारण सीमेण्ट की दर में प्रति टन पन्द्रह या सत्रह रुपयों की वृद्धि करने का विचार चल रहा है। वही बात इस्पात के बारे में होगी। फिर बाकी दरें भला इस दौड़ में पीछे कैसे रहेंगी? इस प्रकार सारे के सारे बकासुर अपनी क्षुधापूर्ति के लिए उद्यत हो जाने पर तुम्हारी-हमारी बदहाली की ओर भला कौन गौर करेगा?

यह कैसे हो सकता है कि रेल-खाता कोयला-खाते के पीछे रहेगा? लोग नुक्ताचीनी करते हैं कि सार्वजनिक क्षेत्र में स्पर्धा नहीं होती। हाँ, मण्डी में स्पर्धा नहीं होती; लेकिन घाटा उठाने में तो बड़ी जबरदस्त स्पर्धा दिखाई देती है। इस होड़ में तो सार्वजनिक क्षेत्र का कोई भी उद्योग पीछे नहीं रहना चाहता। इसी कारण तो अभी से अनुमान लगाये जा रहे हैं कि 1983-84 साल में रेल-खाता चार सौ करोड़ का घाटा उठानेवाला है। अब आप पूछेंगे, अभी पिछले साल ही तो रेल के किराये में वृद्धि हुई थी, फिर भला यह घाटा कैसे? बात दरअसल यह हुई, कि किराया बढ़ने से यात्रियों की संख्या में गिरावट आयी। इतना ही नहीं, माल का परिवहन भी घटा। उत्पादन में चार से पाँच प्रतिशत की वृद्धि हो रही है और परिवहन कम हो रहा है : ऐसी कुछ विचित्र-सी स्थिति दिखाई देती है। अब आप ही बताइए, इन हालात में रेल-खाता भला क्या कर सकता है? क्या किराया फिर से बढ़ने का डर लग रहा है आपको? लेकिन रेल का फिलहाल तो ऐसा कोई विचार नहीं है। पिछले रेल-संकल्प में अन्दाजा लगाया गया था कि दो सौ करोड़ का मुनाफा होगा। लेकिन उस लाभ को अब रेल-खाता तिलांजलि देनेवाला है। उसी प्रकार, सरकारी पूँजीनिवेश के सूद के रूप में रेल-खाता प्रतिवर्ष सरकार को विशिष्ट धनराशि देता है। कहा जा रहा है कि इस साल यह राशि रेल द्वारा नहीं दी जाएगी। यह सब इसलिए करना है ताकि रेल के किराये में वृद्धि टाली जा सके। जनता के लिए कितनी हमदर्दी! लेकिन इतने में खुश मत होना, क्योंकि किसी-न-किसी मार्ग से ये चार सौ करोड़ रुपये तुम्हारे ही बटुए से वसूले जानेवाले हैं, क्योंकि पुरानी पटरियों के स्थान पर नयी पटरियाँ लगाने के लिए दो सौ करोड़ का अनुमानित लाभ अब उपलब्ध नहीं होगा। यह राशि देनी पड़ेगी सरकारी तिजोरी से। अन्यथा जान की बाजी लगाकर ही रेल का सफर करना होगा। वित्तमन्त्री को रेल-खाते से राशि न मिलने पर वित्त-संकल्प का अपेक्षित घाटा और भी बढ़ेगा। उसे वसूलने के लिए मन्त्री महोदय कर का बोझ और बढ़ाएँगे। इस तरह, किसी-न-किसी मार्ग से ये चार सौ करोड़ रुपये जनता से ही वसूले जाएँगे।

रेल को श्रेय प्राप्ति होगी तो सिर्फ किराया न बढ़ाने की; लेकिन उसकी भी कोई शाश्वती नहीं है। यह सब सत्यापसत्य करने के बाद भी सूचित किया जा रहा है कि किराये में वृद्धि होने की सम्भावना है।

जिस पर जनता का स्वामित्व है, वह इस्पात उद्योग भी दिखा रहा है कि घाटा उठाने के मामले में वह भी कोई पीछे नहीं है। अनुमान है कि यह उद्योग भी 1983-84 साल में चार सौ करोड़ रुपयों का घाटा उठानेवाला है। ऐसे अनुमान हमेशा सच ही सिद्ध होते हैं। वास्तव में तो घाटे की राशि और भी अधिक होने की आशंका है। क्योंकि कोयले की कीमत अब पच्चीस प्रतिशत बढ़ी है। इस कारण इस्पात का लागत-खर्च बढ़ेगा, और अगर कीमत में वृद्धि नहीं की, तो घाटे में भी वृद्धि होगी।

यह मत समझ लेना कि इस्पात की कीमतें बढ़ी नहीं हैं। 1982-83 साल में कीमतों में की गयी वृद्धि के कारण 'सेल' नामक, इस्पात निर्मित करनेवाली संस्था ने 1983-84 में चार सौ करोड़ की प्राप्ति का अनुमान लगाया था। वह दर-वृद्धि अगर न होती, तो 'सेल' को इस वर्ष (1983-84) आठ सौ करोड़ का घाटा उठाना पड़ता। क्या कहते हैं—दिल घबराने लगा है? चक्कर आने लगा है? बेहोश पड़नेवाले हो? भाई साहब, इस तरह घबराने से कैसे चलेगा? हमीं ने तो गरीबी हटाने के लिए इस भस्मासुर की निर्मिति की है। क्या फरमाते हैं आप—"गरीबी नहीं, पूँजी ही विनष्ट हो रही है?" होने दीजिए! होने दीजिए! समाजवाद का स्वर्ग निर्मिति करने के लिए यह त्याग हमें करना ही पड़ेगा।

अब क्या सुझाव है आपका—घाटा उठाने के लिए कीमतों में वृद्धि करो? इस इलाज का प्रयोग तो हमेशा ही चलता आया है। 1980 से अगस्त 1983 के कालखण्ड में विभिन्न प्रकार के इस्पात की कीमतें 61 से लेकर 260 प्रतिशत तक बढ़ाई गयीं। कीमतों में वृद्धि करने के लिए बार-बार सम्मति माँगने का झंझट न उठाना पड़े, इसलिए 1982 के अप्रैल महीने में कीमतों पर जो नियन्त्रण था, वह पूर्णतया उठा लिया गया और उसके बाद तत्परता से इस्पात की दर में तीन बार वृद्धि की गयी। 1981 के फरवरी से पहले भारत के लघु-उद्यमी को इस्पात की जो कीमत चुकानी पड़ती थी, वह जापान के लघु-उद्यमी को चुकानी पड़नेवाली इस्पात की कीमत के बराबर थी। लेकिन अब भारत ने जापान को कीमतों और दरों के मामले में पीछे छोड़ दिया है। 1983 के अगस्त में भारत का लघु-उद्यमी इस्पात के लिए जो कीमत दे रहा था, वह जापान में इस्पात की जो कीमत थी, उससे अस्सी प्रतिशत अधिक थी। क्यों, है न बहादुरी?

विद्युत् मण्डलों (इलेक्ट्रिसिटी बोर्ड्स) की अवस्था का क्या बखान करें? वहाँ तो घुप्प अँधेरा छाया हुआ है। उस अँधेरे में जो महाभारत छिपा है वह इस छोटे से लेख में कैसे समा सकेगा? तो, अन्य कुछ बातें यहाँ बता देता हूँ। आपको शायद भनक भी न होगी कि चमड़े का व्यापार करनेवाली 'टॅनरी एण्ड फूटवेअर कॉर्पोरेशन' नामक, एक जनता के स्वामित्ववाली संस्था है। लेकिन आपको भनक हो न हो, पूँजी का भस्म करने का उद्योग यह संस्था निरलस भाव से कर रही है। आज तक इस

छोटी संस्था ने 28.5 करोड़ रुपयों का भस्म कर दिया है। यह पूँजी भस्मसात करने में ही इस संस्था की इतनी ऊर्जा व्यय हो चुकी थी, कि रक्षा विभाग की ओर से माल की जो माँग की गयी थी, उसकी आपूर्ति यह संस्था कर न सकी। माल की आपूर्ति न होने के कारण उकताकर रक्षा मन्त्रालय ने अपनी आवश्यकताएँ निजी क्षेत्र के उत्पादकों द्वारा ही पूरी करा लेने का निर्णय लिया। यानी ऐसी बात नहीं है कि 'टॅनरी एण्ड फूटवेअर कॉर्पोरेशन' में माल का उत्पादन ही नहीं हुआ; बात दरअसल यह है कि यह माल (शायद माल के स्तर के कारण) कोई खरीदना ही नहीं चाहता! अगस्त, 1984 के अन्त तक चार करोड़ रुपयों का अनबिका माल इस संस्था के गोदामों में सड़ रहा था—लेकिन क्या हुआ, वह भी तो तुम्हारी-हमारी राष्ट्रीय सम्पत्ति है!

कलकत्ता की 'नेशनल इंस्ट्रुमेण्ट्स' संस्था में तो ऐसी परिस्थिति है कि नुकसान के कारण, व्यवसाय करने के लिए उसके पास धन ही नहीं है। यह विपत्ति दूर करने के लिए सरकार ने 1983-84 में तिरानवे लाख रुपयों की व्यवस्था की। इस कारण यह व्यवसाय बड़ी ही तेजी से चला होगा, क्योंकि धन्धे के लिए और पैंतीस करोड़ रुपयों की माँग इस संस्था ने सरकार से की है।

'साइकिल कॉर्पोरेशन ऑफ इण्डिया' नामक संस्था का व्यवसाय भी इसी तरह तेजी से चला है। आज तक का उसका नकद घाटा ही 6.55 करोड़ रुपयों का है। इस संस्था की चलती पूँजी की आवश्यकता पूर्ण करने के लिए मार्च, 1983 तक सरकार ने 3.5 करोड़ रुपये दिये। इस साल भी व्यवसाय जोरों पर ही होगा; क्योंकि इस साल, यानी 1983-84 साल चलती पूँजी के लिए 1.32 करोड़ रुपये इस संस्था को दिये गये हैं। अपनी ये राष्ट्रीय स्वामित्ववाली संस्थाएँ बड़ी ही चालू लगती हैं। चलती पूँजी उड़ाने में उनकी कोई बराबरी नहीं कर सकता।

फिर भी इन भस्मासुरों ने जो धनराशि भस्म की है, वह कम ही है। 1983-84 के पहले छह महीनों में इन सारे भस्मासुरों ने मिलकर केवल एक सौ तेरह करोड़ रुपयों का नुकसान किया है। आप पूछेंगे, 'यह कैसे?' इसका कारण यह है कि सार्वजनिक क्षेत्र के कुछ उद्योग अच्छा लाभ अर्जित करते हैं। इन उद्योगों में से एक है तेल-उद्योग। आज विश्व में तेल की कीमतें उसके लागत-खर्च (cost) से बहुत ही अधिक हैं। भारत की तेल की आवश्यकता देखी जाय, तो उसका 50 से 60 प्रतिशत तक उत्पादन देश में ही होता है। वह भी अधिक कीमत लगाकर देश की जनता को बेचा जाता है। अरब राष्ट्र भारतीयों को कम कीमत में तेल बेचते हैं। भारत भी आयातित तेल की कीमत और देश में उसका जो लागत-खर्च है, उस खर्च के बीच की कीमत में तेल बेच सकता है। लेकिन वह भूल हम नहीं करते। कीमतें बढ़ाना हमारे समाजवाद के अनुकूल है, कीमतें घटाना नहीं। अन्तर्राष्ट्रीय मण्डी में कीमतें अधिक होने पर हम उन्हें नहीं घटाते। आयात पर कर वसूल करते हैं, या

आयात भी बन्द कर देते हैं। 1980-81 में तेल निर्मित रसायन की कीमतें अन्तर्राष्ट्रीय मण्डी में बढ़ीं, तब हमने भी तत्परता से उनमें वृद्धि की। लेकिन विश्वव्यापी मन्दी के कारण जब अन्तर्राष्ट्रीय कीमतें घटीं, तब हमारी कीमतें अपनी जगह से टस-से-मस नहीं हुईं। स्टेट ट्रेडिंग कॉर्पोरेशन ने विदेश से खाद्य तेलों की खरीद 4500 रुपये प्रति टन की कीमत देकर की; लेकिन देश में वही तेल उसने 8000 रुपये से लेकर 8500 रुपये प्रति टन कीमत लगाकर बेचा। इसी कारण इस संस्था ने एक वर्ष में 200 करोड़ रुपयों का मुनाफा कमाया। यह रकम तुम्हारे-हमारे खीसे से ही तो गयी! यानी तुम्हारी-हमारी धनराशि का भस्म हुआ, लेकिन सार्वजनिक क्षेत्र के उद्योगों के कुल नुकसान में थोड़ी कमी आ गयी। लोगों की कल्पना हो गयी है कि यह भस्मासुर जितना भयानक लगता है, उतना है नहीं। अरे, ऐसा क्यों सोच रहे हैं आप—चुनाव करीब आ गये हैं! अगर जनतारूपी भोलेनाथ ने अपनी तीसरी आँख खोली, तो इस राक्षस का क्या होगा?

कुछ लोग शिकायत करते हैं कि सार्वजनिक क्षेत्र के उद्योग अपनी क्षमता का सौ प्रतिशत उपयोग नहीं करते हैं। इस शिकायत पर एक लाजवाब बहाना इन भस्मासुरों ने ढूँढ़ निकाला है। वे कहते हैं, "क्या करें भाई साहब, मजबूर हैं हम। हमारे कारखानों के यन्त्र पुराने हो गये हैं। उनकी जगह पर नये यन्त्र लगा दीजिएगा, और फिर देखिएगा हमारा कमाल!" इसके लिए ऊर्जा उद्योग ने पाँच सौ करोड़ रुपयों की माँग की है। ऐसी ही माँगें इस्पात, रेल आदि उद्योगों की भी हैं। अनुमान है कि इसके लिए प्रतिवर्ष 2000 करोड़ रुपयों के आसपास खर्च होगा। संक्षेप में, माँग कुछ ऐसी है कि अगर आप अधिक उत्पादन चाहते हैं तो करो करोड़ों रुपये भस्म! देखा, ये भस्मासुर धन का, पूँजी का भस्म करने के कैसे नये मार्ग ढूँढ़ लेते हैं?

आप पूछेंगे, ये भस्मासुर खुद के माथे पर हाथ रखकर क्यों नहीं भस्म हो जाते? इसका कारण केवल यही है कि हम सब उन्हें अपनी जेब की धनराशि का भस्म करने का मौका देते हैं। अगर जनताजर्नादन क्षुब्ध हुआ और उसने होश में आकर सारे तथ्य जान लिये, तो ये भस्मासुर अपने-आप भस्म हो जाएँगे। स्वयं ही किये नुकसान के बोझ से उन्हीं के हाथ उनके माथे पर पड़ेंगे।

लेकिन निकट भविष्य में ऐसा होने की कोई सम्भावना नजर नहीं आती। कारण यही, कि यह जनताजर्नादन भोला है। भस्मासुर उसे अनेक वर्षों से ठगते आये हैं, और वह है कि बेचारा बार-बार ठगता ही रहा है।

अनुवाद : विलास गिते

गुटनिरपेक्ष राष्ट्र सम्मेलन : लफ्फाजी और माँगें

कुछ भी कहिए, दिल्ली की हाल की शान देखकर दिल भर आता है। नाज से सीना इतना तन जाता है कि शर्ट के बटन टूटने लगते हैं। इसीलिए तो दिल्ली में पहनने के लिए मैंने ढीले-ढाले शर्ट सिलाये हैं। क्या शान है दिल्ली की! क्या जगमगाहट! चौड़े रास्ते, नये-नये बनाये ओवरब्रिज, आलीशान रजवाड़े-सी इमारतें, इन्द्रप्रस्थ स्टेडियम, फुहारें छोड़ते फव्वारे, जगमगाती दीपमालाएँ, एशियाड के लिए लाई गयी लक्झरी बसें, सैनिक-संचलन! भाई साहब, शाहजहाँ तो दूर रहा, इतना सब करना कुबेर के भी बस की बात नहीं थी! वह भी कर्ज के पहाड़ के नीचे दब जाता। लेकिन स्वतन्त्र भारत की समाजवादी सरकार यह सब बिलकुल सहजता से कर रही है; और यह देखने के बाद हम भूल जाते हैं कि इस देश के अनेक गाँवों में पीने के पानी जैसी प्राथमिक सुविधाएँ भी नहीं हैं। जय समाजवाद! यह सब देखकर स्वर्गस्थ बापूजी को परम सन्तोष होता होगा!

किसी अन्तर्राष्ट्रीय सम्मेलन या क्रीडास्पर्धा के वक्त दिल्ली कुछ इस तरह जगमगाने लगती है, कि बस पूछिए मत! आँखें चौंधिया जाती हैं। आजकल तो दिल्ली में ऐसे अन्तर्राष्ट्रीय मेले सदा ही लगते रहते हैं। चार मास पूर्व एशियाई खेल सम्पन्न हुए। मार्च में गुटनिरपेक्ष राष्ट्र सम्मेलन का समारोह हुआ। उसके बाद अब जून में वहाँ अफ्रो-एशियाई सम्मेलन सम्पन्न होनेवाला है। फिर नवम्बर में...जाने दीजिए। पूरी सूची बनाता रहा तो आपकी आँखें चौंधिया जाएँगी।

यह 'गुटनिरपेक्ष राष्ट्र सम्मेलन' एक बड़ा मामला है। भाई साहब, एक सौ एक राष्ट्रों के महाराजा, सुल्तान, अध्यक्ष और पन्तप्रधान इस सम्मेलन में सम्मिलित हुए। उनके विमानों की इतनी भीड़ हो गयी, कि आप जैसे यात्रियों को लानेवाले विमानों के दिल्ली में उतरने पर पाबन्दी ही लगानी पड़ी। फिर भी अतिथियों के विमानों को उतरने के लिए हवाई अड्डे की जगह अपर्याप्त सिद्ध हुई। कितने बड़े-बड़े लोग आये थे! क्यूबा के फायडेल कैस्ट्रो, फिलिस्तीनी मुक्ति संगठन के यासर अराफात जैसी एक-से-एक जबरदस्त हस्तियाँ वहाँ मौजूद थीं। इस सम्मेलन की अध्यक्षता कर रही थीं भारत की पन्तप्रधान इन्दिरा गाँधी! स्वतन्त्र समाजवादी भारत की यह शान दूरदर्शन पर देखकर हजारों भारतवासियों की आँखें खुशी से भर आयी होंगी।

इन सारे अतिथियों का दिल्ली में बहुत ही अच्छा आतिथ्य किया गया था। निवास की व्यवस्था आलीशान होटलों में या सरकारी बँगलों में की गयी थी। रास्ते सजाये गये थे। कारों और लक्झरी बसों के काफिले इन अतिथियों की सेवा में चक्कर लगा रहे थे। ये लक्झरी बसें कौन-सी संस्था चला रही थी, जानते हैं आप? 'दिल्ली ट्रांसपोर्ट कॉरपोरेशन'। बहुत ही बड़ी संस्था! 1980-82 के दरम्यान इस संस्था ने कुल अस्सी करोड़ रुपयों का घाटा उठाया था। सरकारी संस्था है न वह! कोई निजी संस्था थोड़े ही है, लोगों को चूसकर मुनाफा कमानेवाली? और अगर सरकारी संस्था घाटा नहीं उठाती, तो उसका भला समाजवाद में क्या स्थान?

कहते हैं, इस गुटनिरपेक्ष राष्ट्र सम्मेलन के आयोजन पर तीस करोड़ रुपये खर्च हुए। एक सौ एक राष्ट्रों के सम्मेलन पर इतना खर्च ज्यादा थोड़े ही हुआ? कितना महान् कार्य इस खर्च से सिद्ध हुआ! ये जो अमेरिका और रूस नाम के बड़े राष्ट्र हैं, उन्होंने सारी दुनिया में अराजकता लाने की ठानी है। उन्होंने अपने-अपने भिन्न राष्ट्रों के बड़े गुट बनाये हैं। इन दो गुटों की आपस में सदा ठनी रहती है। सारे राष्ट्रों को हर गुट अपने गुट में सम्मिलित कराने की कोशिश करता रहता है। अब्ज-अब्ज डॉलर और रूबल ये गुट शस्त्र-स्पर्धा पर खर्च करते रहते हैं। उनके पास इतने आणविक अस्त्र हैं कि पूरे विश्व को वे एक बार नहीं, अनेक बार नष्ट कर सकते हैं। लेकिन फिर भी पागलों जैसी उन्होंने शस्त्र-निर्मिति जारी रखी है। अब इन्हें कोई क्या कहे? कोई तो चाहिए जो इन्हें फटकारे!

तो यह काम करता है गुटनिरपेक्ष राष्ट्र सम्मेलन। इस सम्मेलन के राष्ट्र इन बड़े राष्ट्रों के गुटों से कहते हैं, "हम किसी भी गुट में सम्मिलित नहीं होंगे। अपन राम अलिप्त रहेंगे, गुटनिरपेक्ष रहेंगे और तुम्हें बुद्धिमानी के पाठ पढ़ाएँगे।" इसके आगे कहते हैं, "अरे पागलो! इतना सारा धन युद्ध-सामग्री की निर्मिति पर खर्च न करो, वह धन हमें दो। अगर तुमने ऐसा किया, तो विश्व का विनाश टल जाएगा और हमारे देशों में तुम्हारे ही शोषण के कारण जो गरीबी फैली है, वह भी हम हटा सकेंगे।" कितना सीधा मामला है! लेकिन वह समझने की अक्लमन्दी इन बड़े राष्ट्रों में और उनके गुटों में नहीं है। समृद्धि है, सामर्थ्य है, लेकिन समझदारी नहीं है।

"इसके विपरीत, हमारे सम्मेलन के जो एक सौ एक गुटनिरपेक्ष राष्ट्र हैं, उनके पास न तो उतना सामर्थ्य है और न ही समृद्धि (अपवाद हैं तो बस अरब राष्ट्र)। लेकिन समझदारी बहुत है। नैतिक सामर्थ्य भी है। जनाब, भारत के पास तो अक्लमन्दी और नैतिक सामर्थ्य का भण्डार ही है। इतने सारे वर्ष हम वही तो इकट्ठा कर रहे हैं!" तो, यह बुद्धिमानी बड़े राष्ट्रों को सिखाने का सत्कार्य यह सम्मेलन करता है। ये बड़े राष्ट्र अपनी सम्पत्ति गुटनिरपेक्ष राष्ट्रों को देने में आनाकानी करते हैं। लेकिन हम हैं कि अपनी सारी समझदारी, अक्लमन्दी, बुद्धिमानी उन्हें सिखाने पर तुले हैं! वे सीखने से लाख इनकार करें, कान बन्द कर लें—हम उन्हें पाठ दिये

ही जाते हैं। उन्हें बार-बार कहते रहते हैं, "तुम मूर्ख हो, स्वार्थी हो, तुमने हम पर जुल्म ढाया है, अब भी ढा रहे हो। यह सब बन्द करो। हमें बड़ी-से-बड़ी धनराशि देकर अपने पापों का परिमार्जन करो।" कितना उदात्त है हमारा औदार्य!

ये गुटनिरपेक्ष राष्ट्र तटस्थ हैं, अलिप्त हैं। रूस से भी अलिप्त हैं, अमेरिका से भी अलिप्त हैं। लेकिन अलिप्त होने के बावजूद वे बायीं तरफ, यानी रूस की तरफ, झुके हुए हैं। अब बायीं तरफ झुकने से दायाँ पाँव जमीन से ऊपर उठता है और दायीं ओर स्थित अमेरिका पर लत्ता-प्रहार होता है। यह तो स्वाभाविक रूप से घटनेवाली बात है। इसमें गुटनिरपेक्ष राष्ट्रों का भला क्या दोष? और रूस तो बेचारा समाजवादी देश है। भला समाजवादी देश किसी राष्ट्र का शोषण कर सकता है? कभी किसी राष्ट्र पर आक्रमण कर सकता है? उल्टे, ऐसा राष्ट्र उपनिवेशवाद का हमेशा विरोध करता रहता है। वह स्वभावतः ही शान्ततावादी होता है। इसीलिए रूस के प्रति अगर गुटनिरपेक्ष राष्ट्रों को स्नेह लगे, तो भला उसमें अचरज क्या है? उल्टे अमेरिका पड़ा पूँजीवादी देश। स्वाभाविक ही वह उपनिवेशवादी, शोषक, आक्रामक और युद्ध-प्रवण होगा ही। तो क्या उसे खरी-खरी न सुनाएँ। इस फटकारने से तटस्थता कैसे नष्ट हो सकती है?

जब फायडेल कैस्ट्रो गुटनिरपेक्ष राष्ट्र सम्मेलन के अध्यक्ष थे, तब तो उन्होंने कहा था, "रूस तो गुटनिरपेक्ष राष्ट्रों का स्वाभाविक मित्र है।" वे तो वैसा प्रस्ताव भी पारित कराना चाहते थे। कहते हैं कि तब इन पूँजीवादी राष्ट्रों ने बड़ा शोर मचाया था कि ये राष्ट्र तटस्थ नहीं, रूस के गुट के हैं। इसलिए इस सम्मेलन ने वैसा कोई प्रस्ताव पारित नहीं किया। लेकिन अपने खुले निवेदन में इजरायल और दक्षिण अफ्रिका का निषेध किया। इसके अलावा दक्षिण अमेरिकी राष्ट्रों के अन्तर्गत मामलों में दखलअन्दाजी करने के लिए अमेरिका का सोलह बार जिक्र किया गया। तब सिंगापुर जैसे कुछ देशों ने पूछा, "अफगानिस्तान, कम्पूचिया और पौलेण्ड के बारे में क्या हमें चुप रहना चाहिए? वहाँ क्या नर-संहार, अत्याचार और आक्रमण नहीं हुआ? क्या रूस उसके लिए उत्तरदायी नहीं है?" तो, सिंगापुर जैसे देशों की तसल्ली की खातिर अफगानिस्तान आदि देशों का भी जिक्र किया गया। लेकिन रूस का नाम निर्देश करके उसे दोष नहीं दिया। रूस पड़ा बेचारा शान्तिप्रिय, उपनिवेशवाद-विरोधी और समाजवादी राष्ट्र! उसने अफगानिस्तान में सेना भेजी तो क्या हुआ? उसके सामने और कोई पर्याय ही नहीं बचा था। अफगानिस्तान में अगर रूस के अनुकूल सरकार आयी और वहाँ और किसी ने दखल-अन्दाजी नहीं की, तो रूस अपनी सेना वहाँ से वापस बुलाने को राजी है। भला सेना रखे बिना अगर अफगानी सरकार रूस की कठपुतली बनना स्वीकार करती है, तो सेना रखने की जरूरत ही क्या? देखा न कितनी समझदारी है?

लेकिन वह जाने दो। दिल्ली में आयोजित गुटनिरपेक्ष राष्ट्र सम्मेलन का बल

आर्थिक प्रश्नों पर था। ये बेचारे गुटनिरपेक्ष राष्ट्र कर्ज में जैसे डूब गये हैं। आवश्यक चीजों को आयात करने के लिए भी उनके पास धन नहीं है। कीमतें बढ़ रही हैं, बेकारी बढ़ रही है, लेकिन उसमें इन राष्ट्रों का कोई भी दोष नहीं है। वहाँ के राज्यकर्तागण सज्जन और सरल हैं। उन्हें तो बहुत लगता है कि अधिक धन खर्च करें और लोगों का कल्याण करें, लेकिन सिर्फ लगने से क्या होता है? खर्च करने के लिए विदेशी मुद्रा नहीं है। उसके मूल में है पश्चिमी राष्ट्रों की मूर्खता, स्वार्थ और युद्धप्रवणता। गरीब राष्ट्रों से माल खरीदना और उनकी मदद करना पश्चिमी देशों के हित में ही है। उससे इन विकासशील देशों की उन्नति होगी, वहाँ की बेकारी की मात्रा कम होगी। इन्दिरा गाँधी ने तो अपने भाषण में स्पष्ट रूप से कहा, "हमारे नहीं, अपने हित के लिए हमारी मदद करो।" लेकिन ये पश्चिमी राष्ट्र अपना हित भी समझ नहीं पा रहे हैं!

अब भारत का मामला देखिए। हम इन पश्चिमी राष्ट्रों से कहते हैं, "हमारा कपड़ा खरीदो।" वे कहते हैं, "हम तुमसे कपड़ा खरीदेंगे, लेकिन कम मात्रा में। ज्यादा खरीदा तो हमारी मिलें बन्द हो जाएँगी, बेकारी बढ़ेगी।" कितना स्वार्थ! अरे, बेकारी बढ़ी तो अन्य उद्योग शुरू करो और बेकारों को काम दो। हमें क्यों मुसीबत में डाल रहे हो? आर्थिक सहायता की याचना की, तो ये पश्चिमी देश कहते हैं, तीस साल तुम्हारी आर्थिक सहायता करके हम थक गये हैं और अब हमारे पास ही धन नहीं है। देखो, अरब राष्ट्र सम्पन्न हो गये हैं। उनसे आर्थिक सहायता माँगो।—वाह भई वाह! तीस साल सहायता की तो कौन-से बड़े उपकार किये? जब हम तुम्हारे उपनिवेश थे, तब तुमने हमारा शोषण किया, तभी तो हम गरीब हो गये। इस पाप का प्रायश्चित्त करने के लिए तुम्हें हमारी सहायता करनी ही होगी। 'कितनी सहायता' पूछते हो? हम माँगेंगे उतनी! कितने साल? हमारा विकास होने में जितने साल लगेंगे, उतने साल! और, अरब राष्ट्रों से हम सहायता बिलकुल नहीं माँगेंगे। वे हमारी तरह गुटनिरपेक्ष और तटस्थ राष्ट्र हैं। हम तुमसे ही आर्थिक सहायता माँगेंगे और तुम्हें वह करनी ही पड़ेगी। और देखिए, सहायता देते वक्त ज्यादा शर्तें मत रखना। हमारे निजी मामलों में दखलअन्दाजी करने का तुम्हें क्या अधिकार? अन्तर्राष्ट्रीय मुद्रा-कोष से हमने पाँच सौ करोड़ डॉलर का ऋण लिया, तब कितनी शर्तें रखीं तुमने! क्या यह तुम्हें शोभा देता है? बड़ी दादागीरी कर रहे हैं ये विकसित राष्ट्र! कहते हैं, अगर ऋण की आवश्यकता है तो विश्व के बाजार में चालू दर से लो। साख होने पर ही ऋण मिलेगा। तभी तो फायडेल कैस्ट्रो ने सन्तप्त होकर कहा, "हम तुम्हारे ऋण वापस नहीं करेंगे।" वाह रे हिम्मत!

तटस्थ राष्ट्रों के निवेदन में इन विकसित पूँजीवादी राष्ट्रों की अच्छी खबर ली गयी है। उसमें स्पष्ट रूप से कहा गया है कि आज की आर्थिक मन्दी इन प्रमुख विकसित राष्ट्रों में ही शुरू हुई और वहाँ से विश्व-भर में फैली। इस कारण आर्थिक

विकास अवरुद्ध हुआ, बेकारी बढ़ी। ऐसी परिस्थिति में विकसित देशों ने केवल अपने हित का विचार करने की संरक्षक नीति अपनायी। इसी कारण गरीब विकासशील राष्ट्रों का विदेशी मुद्रा के आय-व्यय का सन्तुलन नष्ट हुआ। उनकी आयात बढ़ी और निर्यात कम हुई। ऋण के पर्वत खड़े हो गये। माल को उचित दर मिलना बन्द हुआ। जो माल आयात करना था, उसकी कीमतें बढ़ीं। एक महा-अरिष्ट का मुकाबला करने की नौबत आ गयी। इन गरीब राष्ट्रों की सहायता करने पर ही अपनी आर्थिक स्थिति में सुधार आएगा, यह तथ्य मानने को विकसित राष्ट्र अनुकूल नहीं हैं। इसलिए अब अन्तर्राष्ट्रीय आर्थिक व्यवस्था में ही परिवर्तन लाना है। उसके लिए एक सम्मेलन आयोजित करना है। स्वाभाविक ही है कि इस सम्मेलन में तटस्थ या गुटनिरपेक्ष राष्ट्रों का और उसके समाजवादी दोस्त का बहुमत होगा। उस बहुमत के बल पर एक बार सारी अन्तर्राष्ट्रीय आर्थिक व्यवस्था ही बदल देने के बाद विकसित देशों का सारा अहंकार काफूर हो जाएगा।

क्रान्ति क्या होती है? उत्तर आसान है। अन्तर्राष्ट्रीय अर्थव्यवस्था का एक आधार-स्तम्भ है अन्तर्राष्ट्रीय मुद्राकोष (इण्टरनेशनल मॉनिटरी फण्ड)। आजकल इस कोष पर अधिकार है गिने-चुने बड़े राष्ट्रों का। यह अधिकार नष्ट करके वहाँ प्रजातन्त्र लाने के बाद यह कोष प्रचुर मात्रा में अन्तर्राष्ट्रीय मुद्रा उपलब्ध करा सकेगा। सारे विकासशील राष्ट्रों को उनकी आवश्यकतानुसार प्रचुर ऋण देगा। उस ऋण की सहायता से चाहे जो माल, चाहे जिस देश से विकासशील राष्ट्र खरीद सकेंगे। अमेरिका नहीं कह सकेगा कि डॉलर के बदले ही माल मिलेगा। अन्तर्राष्ट्रीय मुद्रा के बदले चाहे जो माल उन्हें बिना कोई शिकायत किये देना पड़ेगा। जैसे द्रौपदी की थाली ही विकासशील देशों के हाथ में होगी। फिर पैसा-ही-पैसा और विकास-ही-विकास!

आजकल होता यह है कि भारत जैसे विकासशील देश को अन्तर्गत मुद्रा की कोई कमी कभी महसूस नहीं होती। बस, रिजर्व बैंक को इशारा करो, पैसे सरकार के खाते में जमा हो जाते हैं। इसके कारण विकास पर प्रचुर मात्रा में रुपये (केवल रुपये) खर्च करना मुमकिन हो जाता है। उसी कारण हमारी प्रगति कितनी तेजी से हो रही है, देख रहे हैं न आप? गरीबी तेज रफ्तार से हट रही है। लेकिन अन्तर्राष्ट्रीय मण्डी में रुपये देकर काम नहीं चलता। रुपये देकर वहाँ कोई खरीद नहीं हो सकती। अन्तर्राष्ट्रीय मण्डी में खरीद के लिए विदेशी मुद्रा की आवश्यकता होती है। यह विदेशी मुद्रा प्राप्त करने के लिए या तो अपना माल बेचना पड़ता है या ऋण लेना पड़ता है! वह भी बड़ी मात्रा में। अन्तर्राष्ट्रीय मुद्रा प्राप्त करने की आजकल सुविधा नहीं है; लेकिन अन्तर्राष्ट्रीय मुद्राकोष (आई.एम.एफ.) के स्वरूप में अपेक्षित क्रान्ति होने के बाद यह असुविधा दूर हो जाएगी। चाहे जितनी विदेशी मुद्रा प्राप्त हो सकेगी; और उसके बाद—विकास-ही-विकास!

विश्व बैंक (वर्ल्ड बैंक) के स्वरूप में भी इसी तरह के परिवर्तन की आवश्यकता है। आजकल इस बैंक पर भी हुकूमत है सम्पन्न और साहूकार राष्ट्रों की। ऋण लेनेवाले बहुसंख्य राष्ट्रों की उस पर हुकूमत नहीं है। इसीलिए बड़ी मात्रा में ऋण नहीं मिल सकता। विकास ठप्प हो जाता है। इसलिए, इस बैंक का भी प्रजातन्त्रीकरण करना है ताकि बड़ी संख्या में जो विकासशील राष्ट्र हैं, उनकी हुकूमत बैंक पर हो सकेगी। सूद की दर भी अपेक्षाकृत कम रहेगी और कर्ज लौटाने का तकाजा भी नहीं होगा। अगर ऐसा हुआ, तो पूँजी की प्रचण्ड बाढ़ इन गरीब, तटस्थ, गुटनिरपेक्ष और विकासशील राष्ट्रों की ओर बढ़ने लगेगी। उनका अधिक विकास होगा। यह कल्पना इतनी अच्छी है, कि अपने देश के सारे बैंक भी हमें ऋण माँगनेवाले लोगों के हाथ में सौंपने चाहिए, ताकि उन्हें चाहे जितना ऋण मिल सके, उनकी पाँचों उँगलियाँ घी में हो सकें। क्यों, करना चाहिए न यह काम?

विश्व बैंक में क्रान्ति लाने के बाद विश्व-व्यापार में क्रान्ति लानी चाहिए। यह क्रान्ति लाने के लिए करना यह होगा कि विकसित देशों ने विकासशील देशों से की जानेवाली आयात पर जो प्रतिबन्ध लागू किये हैं, उनकी संख्या कम करनी पड़ेगी। इतना ही नहीं, विकासशील देशों से की जानेवाली आयात पर कुछ खास सहूलियतें जारी करानी पड़ेंगी। इससे भी आगे विकसित देशों से कहना होगा कि वे विकासशील देशों के लिए अपनी अर्थव्यवस्था में ही परिवर्तन लाएँ। उदाहरण के लिए, अगर भारत में वस्त्र-उद्योग का विकास हुआ, तो विकसित देश अपना वस्त्र-उद्योग बन्द कर दें और भारत से वस्त्र खरीदें। अपने वस्त्र-उद्योग के बेकारों के लिए कोई दूसरा उद्योग शुरू करें। उपनिवेश-काल में उन्होंने भारत के हथकरघे बन्द करवाकर अपनी मिलों का कपड़ा हमारे माथे पर मारा था, उसका इस तरह प्रायश्चित्त करें!

सारांश, आर्थिक क्षेत्र में विकसित देश बार-बार खुद का क्षौरविधि-हजामत करा लें! उसके बाद विश्व की अर्थव्यवस्था में क्रान्ति आ सकेगी। लेकिन रूस को यह हजामत नहीं करानी पड़ेगी, क्योंकि उसने इस अन्तर्राष्ट्रीय आर्थिक व्यवस्था से कोई सम्बन्ध ही नहीं रखा है। उसकी अपनी स्वतन्त्र समाजवादी अर्थव्यवस्था है। वह समाजवादी होने के कारण आदर्श है ही—उसमें सुधार लाने का कोई सवाल ही नहीं उठता!

अन्तर्राष्ट्रीय आर्थिक व्यवस्था में क्रान्ति लाने के लिए शायद थोड़ा समय लगेगा। कई विकासशील राष्ट्रों की दशा तो ऐसी हो गयी है, कि उतने समय तक धीरज रखना उनके लिए सम्भव नहीं है। उनके लिए त्वरित कुछ उपाय करना आवश्यक है, यह माँग भी गुटनिरपेक्ष राष्ट्र सम्मेलन ने की है। ये उपाय यानी ऋण माफ करना, या उनकी वसूली मुल्तवी करना। कम दर के सूद से नये ऋण देना। टेक्नॉलॉजी उपलब्ध करा देना वगैरह-वगैरह...

कैसी लगी यह लफ्फाजी और कैसी लगीं ये माँगें? हम तटस्थ राष्ट्र भले ही गरीब हैं, हमारी अर्थव्यवस्थाएँ मरणासन्न हैं, लेकिन लफ्फाजी में हम पीछे न हटते हैं न हटेंगे। जय बलभीम!

अब इस लफ्फाजी का नतीजा क्या होगा? वह अलग बात है। क्योंकि ये विकसित देश बिलकुल संवेदनाहीन बने हुए हैं। वे हमारी कुछ सुनना ही नहीं चाहते। वे कहते हैं कि उनका आर्थिक विकास तटस्थ देशों के विकास पर कतई निर्भर नहीं है। तटस्थ राष्ट्र भले ही गरीबी से झगड़ते रहें; विकसित राष्ट्रों का विकास होता ही रहेगा। यह बात भी वे अस्वीकार करते हैं कि तटस्थ राष्ट्रों पर अन्याय हुआ है। वे कहते हैं कि हमने तुम्हें बहुत सहायता और बहुत सहूलियतें दी हैं। इतना ही नहीं, सब प्रकार का माल और उसका व्यापार ध्यान में लें, तो पलड़ा विकासशील राष्ट्रों की ओर ही झुका हुआ है यह भी वे आँकड़ों के आधार के साथ बताते हैं। इसके अलावा उनका दावा है कि यह बात सरासर झूठ है कि तटस्थ राष्ट्रों का विकास विदेशी सहायता के अभाव के कारण अवरुद्ध हुआ है। उनका विकास अवरुद्ध होने के कारण हैं गलत आर्थिक नीतियाँ और आर्थिक क्षेत्र में अपात्रता। तटस्थ राष्ट्रों में से कुछ राष्ट्र उचित नीतियाँ अपनाकर तेजी से औरों को पीछे छोड़ गये हैं। विदेशी सहायता के कारण विकासशील देशों की कुचकामी अर्थव्यवस्थाएँ किसी तरह टिकी हुई हैं। इसलिए यह सहायता बढ़ाने में कोई मतलब नहीं है। जितना हो सके, वह कम ही करनी चाहिए। विकासशील राष्ट्रों से नीति के पाठ लेना तो विकसित राष्ट्रों को एकदम नामंजूर है।

देखा? अब ऐसे अड़ियलपन से क्या लाभ? क्या हमारी लफ्फाजी हमीं सुनें, तालियाँ बजाएँ और फिर चने खाने बैठें? शायद ऐसा ही होगा। इस पर इतना ही कहा जा सकता है कि भई चने चबाने की तो हमें आदत है ही। और चने ही खाने पड़ेंगे इसलिए लफ्फाजी करने का मौका भला क्यों हाथ से जाने दें?

लेकिन यह शिकायत अब नहीं की जा सकेगी कि ये तटस्थ राष्ट्र सिर्फ लफ्फाजी करते हैं और माँगें सामने रखते हैं। क्योंकि दिल्ली में सम्पन्न सम्मेलन में परस्पर-सहायता से आत्मनिर्भर होने का फैसला किया गया और खुद की समस्याओं का समाधान खुद ही ढूँढ़ लेने की कोशिश भी की गयी।

उदाहरण के लिए कम्पूचिया की समस्या का समाधान ढूँढ़ने की कोशिश हुई। परिणाम? कुछ भी नहीं। ईरान-इराक युद्ध रोकने की भी कोशिश हुई। उससे भी कुछ निष्पन्न नहीं हुआ।

फिर इन तटस्थ राष्ट्रों ने परस्पर विकास के लिए एक कोष निर्माण करने का निश्चय किया। योजना हर एक राष्ट्र को पसन्द आयी। मुसीबत थी तो केवल यही, कि इस कोष में देने के लिए किसी के भी पास पैसे ही नहीं थे। वैसे अरब राष्ट्रों के पास थे; लेकिन यह बहाना बताकर कि तेल की कीमतों में गिरावट आने

के कारण पैसे देना उन्हें मुमकिन नहीं होगा, उन्होंने इनकार कर दिया।

और भी कुछ कोशिशें हुईं। उनका परिणाम क्या निकला, वह एक अलग बात है।

लेकिन हम निराश थोड़े ही होंगे? हम लफ्फाजी और माँगें करते ही रहेंगे। निवेदन प्रकाशित करते ही रहेंगे; क्योंकि भगवान श्रीकृष्ण ने हमें उपदेश दिया है, "कर्मण्येवाधिकारस्ते..."

अनुवाद : विलास गिते

॥ भाषण ॥

विनोद और समीक्षा : एक महीन चुम्बन

यह एक बहुत ही औचित्यपूर्ण अवसर है कि पहला विनोदी साहित्य सम्मेलन पार्ला निवासियों द्वारा आयोजित हो और प्रस्तुत आयोजन पु. ल. देशपाण्डे सभागृह में होने से इसमें निश्चय ही औचित्य का निर्वाह हुआ है। लेकिन एक बड़ा अनौचित्य भी इस समय हुआ है और वह है कि इस सम्मेलन के उद्‌घाटन का काम पु. ल. देशपाण्डे के हाथों न करवाकर गंगाधर गाडगिल के हाथों करवाना। बावजूद इसके आपका अभिनन्दन करता हूँ कि आपने औचित्यभंग के कारण विनोद सिद्ध किया है।

समीक्षकों की प्रायः यह शिकायत रहती है कि मराठी साहित्य में विनोद-निर्मिति गम्भीरता के साथ नहीं हो पाती, वह फूहड़, उथला और गैरजिम्मेदार भी होता है—इस तरह का आरोप समीक्षक बड़े आवेश के साथ करते हैं। यह बहुत खुशी की बात है कि समीक्षकों के इस आरोप से बाइज्जत बरी होने का उपाय आपने विनोदी साहित्य सम्मेलन का आयोजन कर किया। वजह यही कि महाराष्ट्र का यह दृढ़ विश्वास है कि साहित्य सम्मेलन में प्रस्ताव पारित करने पर सारे सवाल चुटकियों में हल होते हैं, फिर वह समस्या सीमा की हो अथवा नामान्तर की। इसीलिए आजकल इस बात पर बड़ा आग्रह किया जाता है कि सम्मेलन में साहित्य न भी हो तो स्वीकार है लेकिन प्रस्ताव अवश्य होने चाहिए। अब हमारे इस आशय का प्रस्ताव पारित करने की कमी है कि "मराठी विनोदी साहित्य वाकई गम्भीर साहित्य होता है।" हम समीक्षकों के आरोप से मुक्त हो जाएँगे।

वर्तमान भारतीय समाज की बहुत बड़ी आवश्यकता है कि विनोदी साहित्य गम्भीर हो। इस समाज की चालीस प्रतिशत जनता खाली पेट रहकर आक्रोश करती है कि वह दारिद्र्य रेखा के नीचे है। सरकार करोड़ों रुपया खर्च कर इसे दारिद्र्य रेखा के ऊपर उठाने की कोशिश लगातार करती है लेकिन माई की लाल जनता चूँ तक नहीं करती, ऊपर उठने की बात तो बहुत दूर रही। इसलिए लाइलाज होकर सरकार गम्भीरता के साथ सोचने लगी है कि प्राप्त परिस्थिति में दारिद्र्य रेखा को अधिक नीचे खींचना चाहिए, अन्य कोई उपाय नहीं है। अपने देश में बहुआयामी अन्याय अनन्त रूपों में अनन्त लोगों पर ढाया जाता रहा है और ऐसा व्यक्ति शायद ही मिलेगा कि जिस पर किसी-न-किसी प्रकार का अन्याय न हुआ हो। समाजवाद का उद्‌घोष करनेवाले अपने देश में कामगारों-मजदूरों पर भारी मात्रा में अन्याय हो

रहा है और चार-छह कदमों पर मजदूरों का एक-न-एक मोर्चा दिखाई देता है। एक स्त्री की देखरेख में जिसका कारोबार नियन्त्रित है उस देश में स्त्री को हर समय घोर अन्याय का शिकार होना पड़ रहा है। जिस प्रदेश का मुख्यमन्त्री किसान हो उस प्रदेश में किसानों पर इस कदर अन्याय होता है कि बेचारे बैंकों के ऋण से मुक्त ही नहीं हो पाते। सबसे बड़ा अन्याय तो तब होता है जब परिवार नियोजन कार्यक्रमों के सफल निर्वाह के लिए अन्तर्राष्ट्रीय पुरस्कार पानेवाले अपने देश की जनसंख्या बेशुमार बढ़ती ही जाती है! प्रादेशिक अन्यायों की गिनती किसी महाभारत से कम नहीं होगी। विदर्भ पर इतने अन्याय होते रहे हैं कि जब कभी मैं विदर्भ में पहुँचता हूँ तब ढाये जा रहे नवीन अन्यायों के हालचाल पूछने पड़ते हैं। मराठवाड़ा की जनता भी अपने ऊपर होनेवाले अन्यायों की बात जोर-शोर के साथ करने लगी है। हाल ही मैंने पढ़ा कि कोंकण की किसी तहसील पर भयानक अन्याय हुआ है। इस तहसील के लोग इसलिए गुस्सा हुए थे कि किसी समाचार-पत्र ने अतिवृष्टि के कारण हुए जानोमाल के नुकसान की जानकारी देते समय पासवाली तहसील के अधिक नुकसान होने की खबर छापी थी।

यह बड़ी खुशी और सन्तोष की बात है कि जिन पर अन्याय हुआ है उन पर अनुदानों और रियायतों की खैरात करने के लिए सरकार हमेशा कटिबद्ध रहती है। इसीलिए महाराष्ट्र में एक प्रकार की होड़ सबके सिर पर सवार है कि अपने ऊपर हुए अन्याय के निकटतम रूप को सरकार के सामने पेश किया जाय। परिणाम में रियायतों और अनुदानों में वृद्धि होती है और जितनी मात्रा में यह वृद्धि होती है उतनी ही मात्रा में अन्यायग्रस्तों की तादाद में भी बढ़ौती होती जा रही है। सरकार के सामने पेचीदी समस्या है कि इतने सारे अन्यायों के निराकरण के लिए धन कहाँ से लाए। परिणामतः अपने आपको अन्यायग्रस्त मानकर अन्तर्राष्ट्रीय संस्थाओं को अपील की जा रही है कि वे अन्याय को दूर करें।

ऐसी गम्भीर स्थिति में आप स्वाभाविक रूप से स्वीकार करेंगे कि हल्का-सा विनोद कर हँसना निश्चय ही अशोभनीय है। अपने समाज की वर्तमान शोचनीय परिस्थिति को देखते हुए व्यथित भाव से सामाजिक प्रतिबद्धता के आग्रही एक समीक्षक महोदय ने प्रतिज्ञा की है, पण्डित भीमसेन जोशी के गायन का आनन्द जब तक सामान्यजन नहीं उठा पाते हैं तब तक वे भी उस गायन को नहीं सुनेंगे। कुछ दिनों पहले आश्रमवासी महानुभावों ने प्रतिज्ञा की थी कि शादी भले वे कर लें लेकिन 'ऐसा-वैसा' कुछ भी और कतई नहीं करेंगे। उच्च आदर्शों की परम्परा को ध्यान में रखकर विनोदी लेखकों को प्रतिज्ञा करनी चाहिए कि वे मात्र मनबहलाव के लिए विनोदी साहित्य नहीं लिखेंगे। विनोद के साथ आँसुओं का मेल अनिवार्यतः होगा। विनोदी साहित्यकारों को चाहिए कि वे समाज की पीठ पर निर्मम और कड़ककर कोड़े लगायें। उन्हें चाहिए कि वे विद्रोह का नारा बुलन्द करें। मात्र विनोद के लिए

विनोद के ढर्रे का साहित्य लिखने पर उन्हें स्वेच्छया पाबन्दी लगा लेनी चाहिए। इस प्रतिज्ञा प्रतिपादन के समर्थन में हमेशा श्रीपाद कृष्ण कोल्हटकर और पु. ल. देशपाण्डे का हवाला दिया जाता है। चार्ली चैपलिन को उद्धृत करते समय समीक्षक गद्गद हो जाते हैं, लेकिन इतने पर सन्तोष करना गलत होगा। विनोदी लेखकों को चाहिए कि अभिजात संगीत और नृत्य पर पाबन्दी लगाने की जोरदार आवाज वे उठाएँ। उन्हें कहीं सुगन्धित गुलाब मिले और सुन्दर अरुणोदय भी दिखाई दे तो इनका भी निषेध करना चाहिए।

हल्की-फुल्की-सी हँसी के झोंकों में विहरनेवाले लेखकों को यह प्रश्न सताता होगा कि आखिर गम्भीर विनोद का निर्माण कैसे हो? मेरा सुझाव है कि वे इस मामले में हिन्दी फिल्मों को अपना आदर्श बना लें। हिन्दी फिल्मों में नाच-गाना, मौज-मजा वगैरह सब कुछ और काफी मात्रा में रहता है, बावजूद इन सबके फिल्म का अन्त सात्त्विक और सत्पक्ष की जीत में होकर हमें गहरी नैतिकता का गम्भीर सबक सिखाया जाता है। नाट्य-कला में पटु कुछ मराठी व्यक्तियों ने भी इस समस्या का समाधान बड़ी चतुराई के साथ किया है। धनलक्ष्मी, सस्ती और बाजारू फिल्मों में काम करने के बाद वे सराय को ध्वस्त कर—धर्मशाला को उध्वस्त कर अपनी सामाजिक प्रतिबद्धता के नारे को बुलन्द रखते हैं। इन प्रतिभावान महानुभावों से मराठी विनोदी लेखकों को सीखने लायक कई सबक मिल सकते हैं।

इस सन्दर्भ में गम्भीर साहित्य के सर्जक अभिनन्दन के पात्र हैं, वे काफी आगे बढ़ चुके हैं। आजकल की दस-बीस पंक्तियोंवाली कविता में समाज की पीठ पर कम-से-कम दस-बीस कोड़े तो लगाये जाते ही हैं। कहानियों-उपन्यासों में पथराव, वज्राघात, सलाखों को गरम कर उनसे दागने जैसे जालिम काण्ड इस कदर होते हैं कि थोड़ी देर के लिए पाठक सम्भ्रमित हो जाता है कि वह औरंगजेब का कैदी सम्भाजी है अथवा सीधा-सादा सामान्य और बेचारा पाठक? इसके अतिरिक्त कोड़े लगाकर समाज की पींठ छीलने के लिए आयोजित किये जानेवाले सम्मेलनों की बात तो और ही है।

इन सबका निर्वाह ईमानदारी के साथ करनेवाले विद्रोही साहित्यकारों का एक बहुत बड़ा और प्रभावशाली गुट बन चुका है। शेष विद्रोही साहित्यकार कभी-न-कभी प्रस्थापित हो जाते हैं परन्तु उक्त कोटि के साहित्यकार शाश्वत विद्रोही होते हैं। ये विद्रोही विदेशों की यात्रा कर आने, इनकी पुस्तकों को विश्वविद्यालय के पाठ्यक्रमों में निर्धारित करने, समस्त पुरस्कारों और गौरवों से इन्हें विभूषित किये जाने और सम्मेलनों के अध्यक्षपद को विभूषित करने के बावजूद विद्रोही बने ही मँडराते हैं। अन्य साधारण लेखक जब एकाध-दो पुरस्कार प्राप्त करता है तब अनजाने में ही प्रस्थापित कहलाता है, बेचारा समझ नहीं पाता कि विद्रोही से कब और कैसे प्रस्थापित हो गया। फिर वह चाहे जितना रोये-गिड़गिड़ाये कि मैं प्रस्थापित नहीं हूँ

लेकिन एक बार उसे प्रस्थापित घोषित कर उसके माथे पर प्रस्थापित की मुहर जड़ देने के बाद तथाकथित विद्रोही मण्डली उसे फिर से अपनी बिरादरी में शामिल नहीं कर लेती। इस सजा का सीधा-सा कारण इतना ही है कि उसे शाश्वत विद्रोही बने रहने का गुर याद नहीं होता। इस मामले में विनोदी लेखक सबसे अधिक पिछड़े हुए हैं। उन्हें अब चाहिए कि जाग्रत होकर शाश्वत विद्रोही बने रहने और दिखने के गुर को वे हासिल करें।

विद्रोही होने का अभिप्राय अपने को हमेशा अन्यायग्रस्त घोषित करते रहने से है। मजेदार और दुर्भाग्य की बात है कि पाठक विनोदी लेखक पर कभी अन्याय नहीं होने देते। विपरीत अन्याय के करने के वे उस पर बेहद खुश होते हैं। ऐसे लेखकों की किताबें फटाफट छपती और बिकती भी हैं। तब क्यों कहें कि इन पर अन्याय हो रहा है? लेकिन इतने माल से क्या होता है, इस तरह निराश न हों, यद्यपि पाठक अन्याय नहीं होने देते तथापि समीक्षक तो अन्याय करने पर तुले रहते हैं। अव्वल तो वे विनोद पर लिखना मुनासिब नहीं समझते और जब हम सौन्दर्यशास्त्र जैसे किसी भारी ग्रन्थ को देखते हैं तब पता चलता है कि मुश्किल से दो-चार पन्ने लिख मारे होते हैं विनोद के नाम! लड्डू खाकर विदूषक को अपच की तकलीफ कैसे हुई इसके परे हास्यरस की चर्चा नहीं हो पाती। गंगाधर गाडगिल नामक बेमुरव्वत समीक्षक ने तो हद कर दी। उनकी मान्यता है कि विनोदी साहित्य कभी उच्च स्तरीय साहित्य हो ही नहीं सकता। प्रभाववादी समीक्षा के बारे में जितना भी कहे उतना कम ही है। अव्वल तो ऐसा स्तरीय समीक्षक समीक्षा लिखने से कतराता है और दूसरे अगर किसी ने ऐसी प्रभाववादी समीक्षा लिखने का हौसला दिखाया तो पाठक के लिए वह समस्या बन जाती है कि इस पुस्तक में आखिर विनोद कहाँ है? इससे लेखक की दृढ़ धारणा बन जाती है कि विनोदी साहित्य लिखना कभी वह जानता ही नहीं था! इन समीक्षकों के पास विनोदनाशक जबरदस्त रसायन होता है और अपनी प्रभाववादी समीक्षा के एक ही झटके में समूचे विनोद को जड़ समेत उखाड़कर नष्ट कर देते हैं। आधुनिक साहित्य से वे सहज भाव से निष्कर्ष निकालते हैं कि इसमें विनोद के नाम पर निरा फूहड़पन है। इसलिए आज यह जरूरी हो गया है कि विनोद्र को दी जानेवाली फाँसी की सजा के विरुद्ध इस मूलभूत हक को भंग करनेवाली सजा के विरुद्ध सर्वोच्च न्यायालय में अर्जी दायर की जाय।

बचपन में अपने शिक्षक के साथ विनोदी फिल्म देखने की नौबत आयी थी। फिल्म के दृश्यों को देखकर हम सब हँसते थे, इतने हँसे कि पेट में बल पड़ गये कि सहसा शिक्षक ने कड़ककर कहा 'ऐसा क्या धरा है इसमें कि अट्टहास करते बाज नहीं आ रहे हो?' दो-चार बार उनकी कड़क सुनकर हमें भी लगने लगा कि इस फिल्म में हँसने लायक कुछ भी तो नहीं है और शेष सारी फिल्म हमने मनहूसी में देख डाली।

समीक्षक के और हमारे शिक्षक के सवाल में कोई अन्तर नहीं है। इस प्रश्न

का उत्तर देने के प्रयास में विनोद खिसक जाता है और कुछ अलग बात ही पकड़ में आती है। फिर विनोद की उपपत्ति के नाम पर वे गलत-सलत बातें प्रतिपादित करते रहते हैं। एक प्रसिद्ध समीक्षक की मान्यता है कि मनुष्य स्वभाव की दुष्टता में से विनोद का निर्माण होता है। अन्य चिन्तक की धारणा है कि विनोद के कारण चूँकि मनुष्य अपने को श्रेष्ठ मानता है—वह हँसता है। तीसरे समीक्षक की मान्यता है कि अपेक्षाभंग और चकमा खा जाने की स्थिति के कारण हास्य की निर्मिति होती है। चौथे समीक्षक का कहना है कि जब मन तनावग्रस्त होता है और सहसा तनाव ढीला पड़ जाता है तब हास्य का निर्माण होता है। पाँचवें विद्वान् का कथन है कि विनोद की जननी विसंगति है। किसी की धारणा के अनुसार विनोद का मूलस्रोत मनुष्य की क्रीड़ा प्रवृत्ति में है तो किसी के अनुसार विनोद अतिरिक्त मानसिक शक्ति के निकास का एक उपाय है। संस्कृत साहित्यशास्त्र में हास्य को रस मानकर सारे प्रश्नों को समाप्त-सा मान लिया गया है। खैर! विनोद की समस्त उपपत्तियों की फेहरिस्त अगर मैं रटने लगूँ तो डर है कि हास्य विनोद के लिए एकत्रित आप सब ऊबकर जम्हाइयाँ लेने लगेंगे।

सोपानदेव चौधरी की एक कविता में नायक अपनी नायिका को चुम्बित करना चाहता है कि वह मुँह पर आँचल खींच लेती है। परिणामतः नायक को 'कपड़छना महीन-चुम्बन' मिलता है। मुझे लगता है उक्त सभी समीक्षकों की और उक्त नायक की स्थिति में कोई फर्क नहीं है। यद्यपि सभी हास्य-लेखक दो-टूक दावा करते हुए कहते हैं कि उनका हास्य एकदम निश्छल है तथापि यह अस्वीकार नहीं किया जा सकता कि विनोद में दुष्टता बिलकुल ही नहीं होती। लेकिन इसका अभिप्राय यह नहीं कि सब प्रकार की दुष्टता में से विनोद का जन्म होता है और सब प्रकार के विनोद में दुष्टता निहित होती है। सामनेवाले को मूर्ख और खुद को सयाना मानने की भावना का निर्माण एकाध विनोद के प्रसंग से सम्भव है। लेकिन अपनी मूर्खता का पता चलने पर भी मनुष्य हँसता है। यह सही है कि विनोद में क्रीड़ा प्रवृत्ति निहित होती है। परन्तु यह भी ध्यान में रखना चाहिए कि क्रीड़ा प्रवृत्ति से हमेशा विनोद ही निर्मित नहीं होता, कभी क्रिकेट का मैच भी बन सकता है। अब यह बात अलग होगी कि कोई यह दावा करे कि क्रिकेट मैच भी एक विनोद का मामला होता है। यह सही है कि सर्वोच्च न्यायालय द्वारा फाँसी की सजा की वैधता घोषित किये जाने पर कुछ लोगों का मानसिक तनाव बढ़ा और कुछ लोगों का कम हुआ लेकिन इससे यह निष्कर्ष नहीं निकाला जा सकता कि प्रस्तुत निर्णय करते हुए न्यायालय ने विनोद किया है। लेकिन इसका यह मतलब कतई नहीं कि सर्वोच्च न्यायालय कभी विनोद करता ही नहीं। विसंगति के कारण जिस तरह विनोद फूट पड़ता है उसी तरह कभी-कभी शोकात्यिका भी। यह सिद्ध किया जा सकता है कि हास्य एक रस है परन्तु यह भी उतना ही सही है कि उत्कट भावना और विनोद परस्पर मेल नहीं खाते। कुल मिलाकर विनोद

निर्मिति के लिए आवश्यक है कि उक्त सभी कारणों से हास्यकारक प्रसंग घटित हो जाएँ। संक्षेप में, विनोद की उपपत्ति ठीक उसी तरह सिद्ध करना सम्भव है जिस तरह बुद्धिमान मनुष्य को होशियार मानने पर सिद्ध की जाती है।

चार्ल्स लैम्ब नामक विनोदी लेखक ईस्ट इण्डिया कम्पनी में नौकर था। एक दिन जब वह अपने दफ्तर जा रहा था उसकी कोलरिज नामक एक कवि और समीक्षक से रास्ते में मुलाकात हुई, चूँकि कोलरिज समीक्षक था, एक बार बोलना शुरू कर देता तो रुकने का नाम नहीं लेता था, और तो और श्रोता खिसक न जाय इसलिए श्रोता के कोट का बटन पकड़े रहता और वक्तव्य भी जारी रखता था। अपनी आदत का मारा कोलरिज लैम्ब के कोट का बटन पकड़कर बोलने लगा, पन्द्रह मिनट हुए, धीरे-धीरे आधा घण्टा बीत गया लेकिन कोलरिज बोले जा रहा था, लैम्ब का धैर्य छूटता जा रहा था, आखिर उसने कोट का बटन तोड़ दिया और दफ्तर के लिए चल पड़ा। लैम्ब जब शाम को दफ्तर से लौट रहा था उसने पाया कि कोलरिज उसी लगन से बटन थामे बोल रहा है।

मुझे लगता है कि चार्ल्स लैम्ब ने जो काम किया वही काम विनोदी लेखकों को करना चाहिए। अगर उन्हें यह प्रतीक्षा रहेगी कि कभी-न-कभी समीक्षक विनोद की सही-सही उपपत्ति करेंगे तो उन्हें हमेशा के लिए रुक जाना पड़ेगा और समीक्षक कभी उपपत्ति नहीं करेंगे। इसलिए समीक्षकों की ओर से न्याय पाने की उम्मीद किये बिना अपनी-अपनी गति और मति से विनोद निर्मिति के काम में जुट जाना चाहिए। मुझे विश्वास है कि प्रस्तुत सम्मेलन के आयोजक इस यथार्थ को भलीभाँति पहचान पाये हैं। इसीलिए इस आयोजन में एक भी संगोष्ठी समीक्षकों को अर्पित नहीं है।

प्रस्तुत सम्मेलन न केवल साहित्यकारों का है बल्कि इसमें व्यंग्य चित्रकार भी आमन्त्रित हैं। मेरे ड्राइंग टीचर का दावा था कि मैं जन्मतः एक व्यंग्य चित्रकार हूँ, इसका कारण शायद यह था कि चाहे जिस किसी वस्तु को अंकित करने का प्रयास मैं करता अन्त में वह व्यंग्य चित्र बन जाता था। इसलिए मैं मानता हूँ कि व्यंग्य चित्रकारों के सामने मैं साधिकारिक रूप में अपना वक्तव्य दे सकूँगा लेकिन मैं यह साहस इसलिए करना नहीं चाहता कि जब कल आमन्त्रित व्यंग्य चित्रकार अपने चित्रों की प्रस्तुति यहाँ करेंगे तब मेरी आज की ऊटपटाँग बातों का परिणाम क्या होगा इससे मैं वाकिफ हूँ। इसलिए मैं उन्हें छेड़ूँगा नहीं।

लेकिन लगे हाथों उनकी प्रशंसा करने का लोभ मैं संवरण नहीं कर सकता। अन्य कई बातों की सिद्धि के साथ-साथ व्यंग्य चित्रकारों ने स्त्री-मुक्ति आन्दोलन में अपना जो सक्रिय सहयोग प्रदान किया है वह निश्चय ही अभिनन्दनीय और प्रशंसनीय है। इस क्षेत्र के कार्यकर्ता स्त्री को पुरुष के एकाधिकार और चौके-बरतन से मुक्ति दिलाने में प्रयत्नशील हैं लेकिन उन्हें अपने वस्त्रों से मुक्ति दिलाने का महत्त्वपूर्ण कार्य अभी शेष था और यह हमारा सौभाग्य है कि व्यंग्य चित्रकार इस

काम में सोत्साह लग गये हैं। हम पाते हैं कि व्यंग्य चित्रों में अंकित स्त्रियाँ अपने वस्त्रों से क्रमशः मुक्ति पाती जा रही हैं। उनके आवरण एक-एक के क्रम से अदृश्य होते जा रहे हैं। हाल ही में मैंने वह व्यंग्य चित्र देखा जिसमें मछली पकड़ने के लिए पानी में डाली बंसी में किसी का अन्तःप्रावरण फँसकर ऊपर लटक आया था, मैंने घबराकर चित्र में अंकित महिला की ओर देखा, सौभाग्य से वह पानी में थी, लेकिन यह भी एक समस्या थी कि इस तरह वह कब तक पानी में रह पाएगी? कभी-न-कभी वह निकलकर बाहर आएगी ही और इसी आशा में कई युवकों ने वह चित्र काटकर सँभालकर रखा था। इस प्रकार व्यंग्य चित्र चिरन्तन मूल्य प्राप्त कर रहे हैं; इससे बढ़कर अधिक सन्तोष की बात और क्या हो सकती है? और...लेकिन यहीं रुकता हूँ क्योंकि मुझे लगता है कि मैं गहरे पानी में उतरता जा रहा हूँ।

आजकल के सारे सम्मेलन अखिल भारतीय स्तर के होते हैं। सौ-पचास ग्रामवासियों का अपने गाँव में आयोजित सम्मेलन भी अखिल भारतीय होता है। यह खुशी की बात है कि इस विशाल दृष्टिकोण को स्वीकार करने के लिए भारतीय रेल जनता को प्रोत्साहित करती है। लेकिन मुझे आश्चर्य इस बात का है कि विशाल दृष्टिकोण का फैलना नजरअन्दाज कर प्रस्तुत सम्मेलन का आयोजन कैसे सम्भव हो पाया है। शायद विनोदी साहित्यकार अपने को अखिल भारतीय कहलाने में संकोच का अनुभव करते होंगे, इसलिए कि वर्तमान युग में मराठी देश की सीमाओं के ऊपर उठकर दिन-ब-दिन वैश्विक बनता जा रहा है। कल तक बोकेशियो के नाम से जानी-पहचानी कथा स्वाभाविक रूप में आज की ग्रामीण कथा बन जाती है। कल जिस चुटकुले को अँग्रेजी पत्रिका में पढ़ा था वही आज समूचे मराठी अभिनिवेश के साथ अपने यहाँ के किसी साप्ताहिक में दिखाई देता है। विनोद को लेकर अपना-पराया, मेरा-तेरा जैसा संकुचित दृष्टिकोण अब नहीं है। उदार वैश्विक दृष्टि निश्चय ही अभिनन्दनीय है।

आज मैं घोषित करता हूँ कि प्रथम विनोदी साहित्य सम्मेलन का उद्घाटन हुआ है। इस वाक्य पर मैं रुकनेवाला था लेकिन सहसा मुझे वामन मल्हार जोशी स्मरण हो आये हैं, वे अपने विद्यार्थियों को कहते थे कि बिना प्रमाण के कोई कथन न किया जाय और जब किसी के कथन को सुनते थे तब कड़ककर उसे सप्रमाण सिद्ध करने की ताकीद दिया करते थे। गुरुजी की इस बात से विद्यार्थिनियाँ डरती थीं और एक विद्यार्थिनी ने शिवाजी के सम्बन्ध में सजग और सँभलकर कथन किया, 'शिवाजी कदाचित् जन्मा था और बहुधा मर गया' यही आदर्श मानकर मेरा कथन है कि कदाचित् प्रथम और शायद विनोदी भी इस साहित्य सम्मेलन का मैं उद्घाटन करता हूँ।

(विलेपार्ले, मुम्बई में दि. 1 अक्तूबर, 1990 को सम्पन्न हुए मराठी हास्य-व्यंग्य साहित्य सम्मेलन के अवसर पर किया गया उद्घाटन-भाषण)

अनुवाद : ह. श्री. साने

॥ परिशिष्ट ॥

एक समकालीन का स्वागत

कहते हैं कि लक्ष्मी और सरस्वती में परम्परागत विरोध है। जिस पर सरस्वती कृपा करती हैं वह लक्ष्मी की कृपा से वंचित रह जाता है और जो लक्ष्मी का कृपापात्र होता है उससे कला, साहित्य और चिन्तन की देवी सरस्वती दूर ही रहती हैं। कभी-कभी ही अपवाद मिलते हैं, बहुत कम, जहाँ लक्ष्मी और सरस्वती दोनों कृपालु हों। उन बहुत गिने-चुने अपवादों में हैं हमारे मित्र श्री गंगाधर गाडगिल। एक ओर तो वे बहुत अच्छे कथाकार और पैने व्यंग्यकार के रूप में बहुचर्चित हैं, दूसरी ओर वे अर्थशास्त्र के गहरे अध्येता, अर्थशास्त्र के सम्पन्न अध्यापक, कुछ प्रमुख औद्योगिक प्रतिष्ठानों के परामर्शदाता तथा आर्थिक समस्याओं पर अपने मौलिक चिन्तन और लेखन के लिए प्रख्यात हैं। हिन्दी के पाठकों के समक्ष उनकी कुछ सशक्त कहानियाँ भी आ चुकी हैं, उनके परिकल्पित पात्र बण्डू के कारनामों पर उनके हास्य-रेखाचित्र भी आ चुके हैं और सबसे ज्यादा पढ़ी जानेवाली, आर्थिक परिस्थितियों को लेकर लिखे गये उनके व्यंग्य लेख 'आर्थिक नवल कथाएँ' भी आ चुकी हैं। हिन्दी का सजग पाठक मराठी के इस विशिष्ट लेखक की प्रतिभा के अनेक आयामों से भलीभाँति परिचित है।

एक प्रश्न कभी-कभी उनके पाठकों के एक वर्ग द्वारा उठाया गया है। वह यह कि वे इतने अच्छे कहानीकार हैं। फिर वे गम्भीर स्तर की कहानियों की ही रचना क्यों नहीं करते। मनोरंजक हास्य या व्यंग्य-लेखन क्यों करते हैं? इसका उत्तर देते हुए वे कहते हैं—"इस सवाल का एक सीधा जवाब यह है कि गाम्भीर्य और हास्य में ऐसा कोई अन्तर्विरोध नहीं है कि एक के साथ दूसरा आ ही न सके। वस्तुस्थिति यह है कि मानव-स्वभाव में ही गाम्भीर्य के साथ एक हास्य वृत्ति विद्यमान रहती है—एक प्रकार का सहअस्तित्व। स्वाभाविक भी है क्योंकि हँसी और आँसू दोनों ही मानव जीवन की (अनिवार्य) अनुभूतियाँ हैं।"

हास्य और व्यंग्य दोनों ही मानव जीवन और परिवेश की असंगतियों की पहचान से उपजते हैं। हास्य में अधिकतर बाहरी असंगतियाँ ऐसे चित्रित की जाती हैं कि वे श्रोता या पाठक का सहज मनोरंजन करती हैं। जो उन परिस्थितियों से गुज़रे हैं और उनकी पीड़ा को भोग चुके हैं वे लोग उन्हीं या उन जैसी परिस्थितियों को हास्य-लेखक की निगाह से देखते हैं। वे भी महसूस करते हैं जिन परिस्थितियों

पर हम झल्लाते या दुखी होते हैं, उन पर रोना ही जरूरी नहीं है, उन पर हँसा भी जा सकता है और हँसकर हल्का हुआ जा सकता है। इसीलिए हास्य कथाओं, या हास्य सीरियलों या कार्टून कथाओं के हास्योत्पादक नायकों से पाठक की एक अनूठी आत्मीयता कायम हो जाती है। हम उन पर हँसते भी हैं और कहीं उनको प्यार भी करने लगते हैं। अपने परिकल्पित नायक बण्डू को लेकर गंगाधर गाडगिल ने जो हास्य कथाएँ लिखी हैं वे यही प्रभाव छोड़ती हैं—एक निर्मल आत्मीयता भरा हास्य। उसके बारे में वे कहते हैं—"बण्डू एक पढ़ा-लिखा" मध्यमवर्गीय युवक है। उसकी पत्नी है स्नेहलता। बण्डू बहुत बुद्धिमान या चतुर नहीं है पर अपने इस अभाव को नहीं जानता और अपनी स्वयं आरोपित बुद्धिमत्ता पर खुद ही मगन है। वह बुद्धिमान न हो पर उत्साही बहुत है और खुशमिजाज है। उसके इरादे नेक हैं और हर काम वह कुशलतापूर्वक करना चाहता है। यही सदाशयता उसे एक के बाद एक अनेक संकटों में डालती रहती है। लेकिन इन संकटों के बीच वह बुद्धिपूर्वक रास्ता न भी निकाल पाए पर अपने अदम्य उत्साह में कमी नहीं आने देता। लेकिन पत्नी स्नेहलता से उसके छोटे-मोटे झगड़े रोज होते रहते हैं। स्नेहलता ज्यादा चतुर और कुशल है और लगभग हर मामले में बण्डू से वह असहमत रहती है। हर बार इस घरेलू खटपट में वह बण्डू से बीस पड़ती है पर बण्डू महोदय यह मानने को तैयार ही नहीं हैं। उनका दृढ़ विश्वास बना रहता है कि वे विजेता हैं और घर में उनकी ही चलती है।

बण्डू के कई दोस्त भी हैं एक से एक झक्की। वे स्कूल में साथ पढ़े हैं, और जैसे स्कूल में वे एक-दूसरे का साथ देते थे वैसे ही अब भी वे एक-दूसरे की हित-चिन्ता और साथ-साथ सुख-दुःख बँटाने का उत्साह उन सबके लिए बजाय समस्याओं का समाधान देने के और भी अधिक समस्याएँ एक-दूसरे के लिए पैदा कर देता है। उनकी समस्याएँ कम हो जायँ यदि वे अपनी-अपनी समस्याएँ पहले सुलझाएँ, मगर नहीं वे सच्चे मित्र हैं और सच्चा मित्र पहले मित्र की विपत्ति पर ध्यान देता है। यहीं से नयी विपत्तियाँ शुरू हो जाती हैं पर इसमें उनकी मित्रता का क्या कसूर! मजे की तो बात यह है कि इसमें न बण्डू का कसूर है, न स्नेहलता का, न मित्रों का, मगर स्थितियाँ ऐसी बनती जाती हैं कि नयी-नयी असंगतियाँ उजागर होती हैं और पाठकों का मनोरंजन होता चलता है। लेकिन ध्यान देने की बात यह है कि यह सारा मनोरंजन केवल हल्का मनोरंजन नहीं है। मध्यमवर्ग की अनेक विषमताओं, अभावों, मानसिकताओं को लेखक बारीकी से चित्रित करता चलता है। उसकी पकड़ मध्यमवर्ग की जीवन स्थितियों पर बहुत मजबूत है।

उनकी कुछ अन्य प्रकार की रचनाओं में भी इस विनोदवृत्ति का उपयोग हुआ है। कुछ आत्मकथात्मक शैली में लिखे हुए मनोरंजक अनुभव जिन्हें वे 'फिर क्या'

कहते हैं। पर और भी अधिक आकर्षक उपयोग हुआ है उनकी यात्राकथाओं में। यात्रा विवरण सभी देशी भाषाओं में पिछले दिनों लिखे गये हैं, पर इन यात्रा विवरणों में संसार के अनेक देशों, अनेक समाज पद्धतियों, तथा अनेक विश्व प्रसिद्ध पुराने और नये महानगरों का विवरण देते हुए लेखक बीच-बीच में चुटकियाँ लेता चलता है। उन चुटकियों में प्रत्यालोचना या व्यंग्य नहीं है, एक हल्की छेड़छाड़ है जिसे अमूमन चुहलबाजी कहा जाता है। इन विवरणों के साथ आप इन प्रख्यात विदेशी नगरों की सैर करते हैं पर उनके वैभव, उनके पुराने इतिहास, उनकी रीतिनीति से कहीं आतंकित नहीं होते, हँसते-खेलते अन्य सारी दुनिया की सैर कर आते हैं। पर इन मनोरंजक पात्रों और परिस्थितियों के रोचक विवरण से आपमें एक अहसास और जागता है—कि मनुष्य कमोबेश हर जगह एक-सा है। सामान्य जन में वैसी ही अच्छाइयाँ हैं, वैसी ही बुराइयाँ। मानवीय करुणा भी, और छोटी-छोटी धूर्तताएँ भी। आप हँसते-हँसते इस मेले का पूरा जायजा लेते चलते हैं।

हास्य-व्यंग्य का अत्यन्त गम्भीर और रूखे विषय के साथ अनूठा सामंजस्य देखने को मिलता है उनकी 'आर्थिक नवलकथा' में। एक जागरूक निष्पक्ष अर्थशास्त्री होने के नाते देश की आर्थिक स्थितियों, योजनाओं, तथा सरकारी नीतियों में कितनी असंगतियाँ हैं और वे किस तरह देश को नुकसान पहुँचा रही हैं, तथाकथित आर्थिक विशेषज्ञों में वास्तविक समस्याओं के प्रति कितना अज्ञान है, तथा राजनीतिक पार्टियाँ जनता को भरमाने तथा वोट बटोरने के सिलसिले में कैसे मोहक नारे देती हैं, तथा उनकी वजह से सारी आर्थिक प्रगति लक्ष्यहीन और गतिहीन हो जाती है, इसका विनोदपूर्ण विवेचन इन कथाओं में किया जाता रहा है। ये मराठी में भी लोकप्रिय हुईं और अनूदित होकर हिन्दी में भी। यह विधा गाडगिलजी की अपनी मौलिक सूझ है। इसकी सृजन-प्रक्रिया के बारे में उनका कहना है कि "मेरी हास्य-व्यंग्य रचनाओं में से एक अलग विधा है, आर्थिक नवलकथा। उनमें पैना व्यंग्य है। मैं पेशे से अर्थशास्त्री हूँ।

आर्थिक चिन्तन और अर्थनीति के नाम पर हम वर्षों से जितनी मूर्खतापूर्ण गलतियाँ करते रहे हैं उन्हें देखकर मुझे वितृष्णा भी होती रही और कुण्ठा भी।... हम आर्थिक दौड़ में उन कई देशों से बुरी तरह पिछड़ गये जो पहले हमसे ज्यादा विपन्न थे। लेकिन हमने अपनी गलतियों से कभी सबक नहीं लिया, उल्टे हम बेकार के बहाने या अधकचरे शब्दाडम्बरों से अपनी असफलता को ढकने की कोशिश करते रहे।...मैं इन सबके प्रति इतना विक्षुब्ध होता रहा कि अन्त में अपने विक्षोभ को और नहीं रोक पाया। लेकिन फिर मुझे याद आया कि जो लोग सामने खड़ी वास्तविकताओं को भी नहीं देख पा रहे हैं, उन पर गुस्सा होने से भी कोई लाभ नहीं। विवेकपूर्ण तर्कों का उन पर कोई असर नहीं होगा। मैंने सोचा कि ठीक है, शायद उनकी खिल्ली उड़ायी जाय तो उन्हें कुछ होश आए। किसी तरह से हो, पर

उन्होंने जो झूठा आर्थिक प्रभामण्डल अपने चारों ओर बुन रखा था उसकी असलियत उघाड़कर उनके असली रूप को बेनकाब करने को मैं कृत संकल्प था। वे जो यह दावा कर रहे हैं कि उनकी आर्थिक नीतियाँ क्रान्तिकारी हैं और उनका आधार वैज्ञानिक है, इस दावे का खोखलापन उजागर होना ही चाहिए।

और मैं यह दिखाना चाहता था कि गरीबों के प्रति उनकी सारी हमदर्दी सच्ची नहीं है, केवल अपने निज के लिए अधिकाधिक सत्ता और वैभव के बेशर्म लोभ को पूरा करने का एक छिपा साधन मात्र है। मुझे विश्वास था कि यदि सामान्यजन के सामने यह बात सम्प्रेषणीय ढंग से रखी जाय तो वे इसे जरूर समझेंगे। आर्थिक नीति के इन छद्म निर्धारकों का दोमुँहापन और छल सबके सामने नुमाया हो जाएगा...और वास्तव में यही हुआ। कुछ लोग जरूर मुझ पर रुष्ट हुए लेकिन व्यापक तौर पर पाठकों ने ये आर्थिक नवलकथाएँ पढ़ीं। उनमें अन्तर्निहित व्यंग्य का मजा भी लिया पर असल में मैं जो कहना चाहता था उसे भी पाठकों ने समझा। नियोजित अर्थनीति के नाम पर जो झूठे दावे किये जा रहे थे, वे कितने खोखले हैं इसे पाठकों ने बखूबी समझा।...आर्थिक नवलकथाएँ लिखने से न केवल मेरा मन संचित विक्षोभों से मुक्त हुआ, बल्कि एक नये प्रकार का सृजनात्मक आनन्द मुझे इनकी रचना में मिला। कठिनाइयाँ अनेक थीं, जिन विषयों पर मैं बात करना चाहता था वे शुष्क और नीरस विषय थे। मैंने परम्परागत पारिभाषिक शब्दावली के बजाय सरल भाषा अपनायी, आवश्यकतानुसार कुछ नये शब्द भी गढ़े और मैंने पाया कि यह लेखन केवल अर्थशास्त्रियों में ही चर्चित नहीं हुआ वरन साधारण पाठक में भी लोकप्रिय हुआ, क्योंकि ये समस्याएँ वास्तव में उन्हीं के जीवन से सम्बद्ध थीं। हाँ, शैली जरूर मैंने ऐसी रखी जिसमें आर्थिक बारीकियाँ समझने के साथ-साथ इन असंगतियों पर हँसाना और व्यंग्यात्मक फब्तियाँ कसना भी शामिल था।...इन नवलकथाओं की रचना में मुझे भी इतना मजा आया कि उनमें व्यक्त होनेवाली कटुता और क्रोध कम होता गया, परिस्थितियों की असंगतता पर हँसाने की क्षमता बढ़ती गयी।

मैंने धीरे-धीरे यह भी पाया कि क्रोध और कटुता हास्य के क्षेत्र में बहुत नहीं चल पाते। अन्ततोगत्वा ये अर्थनीति बनानेवाले भी तो मनुष्य हैं और इनमें भी मानवीय कमजोरियाँ—लोभ, अज्ञान, अहंकार और प्रदर्शनप्रियता, वगैरह हैं जो साधारणतया मानव चरित्र में पायी जाती हैं। फिर इन पर क्रोध क्या करना? इन पर तो हँसा ही जा सकता है। ये आर्थिक नवलकथाएँ पहले मराठी में छपकर लोकप्रिय हुईं और फिर अनूदित होकर हिन्दी पाठकों तक भी पहुँचती रहीं। बल्कि हिन्दी पाठकों की प्रतिक्रिया और भी आत्मीय और प्रेरक रही।"

लेकिन हास्य, व्यंग्य या आर्थिक नवलकथाओं तक उनका लेखन सीमित नहीं। उनका गम्भीर लेखन है जिसकी वजह से मराठी कथा साहित्य में उनका एक विशिष्ट

स्थान बना। उनकी कहानियाँ उनके पूर्ववर्ती कथाकारों की कथाकृतियों से इतनी भिन्न थीं कि उन्होंने मराठी कहानी की धारा को एक नया ही मोड़ दे दिया।

उस समय मराठी कहानियाँ परम्परागत ढंग की होती थीं। उनके कथानक सामान्य होते थे। शिल्प भी रूढ़िगत था। आरम्भ, मध्य और अन्त का एक बँधा-बँधाया ढाँचा। एक निश्चित विधि से एक विशिष्ट चरम बिन्दु तक पहुँचने का ढंग।

कहानियों के पात्र भी बिलकुल इकहरे थे। अच्छे हैं तो अच्छे ही अच्छे, बुरे हैं तो केवल बुरे। हर मनुष्य का चरित्र धूपछाँही होता है। उसमें श्याम और श्वेत का मिश्रण होता है, इस तथ्य को कहानी में सम्यक् रूप में ग्रहण नहीं किया जाता था। चरित्र की आन्तरिक जटिलताएँ, मनोवृत्तियों का अन्तर्विरोध उनमें लगभग नहीं के बराबर चित्रित होता था। उन पात्रों के निर्माण में गठन तो था पर स्वाभाविक मानव-जीवन में जो आन्तरिक उलझनें होती हैं, वे बहुधा उपेक्षित रह जाती थीं। मन के अन्दर छिपे गहरे भावावेश, अवचेतन मन की दबी कामनाएँ, स्मृतियाँ या धारणाएँ इन पुरानी कहानियों में नहीं थीं। और शरीर की भी एक भूमिका होती है; शरीर की भी एक मंशा होती है, उसके इंगित संकेत और सम्प्रेषण होते हैं। उनको पुरानी कहानी बहुधा चित्रित नहीं करती थी। घटनाक्रम और पात्रों के घात-प्रतिघात तो कहानियों में आते थे, लेकिन 'मूड' और मनःस्थितियों को कथावस्तु नहीं बनाया जाता था। इसीलिए उन कहानियों की भाषा विवरणात्मक होती थी। गहरी पैठवाली भाव गहनता उसमें नहीं होती थी। वह यथासम्भव एक काल्पनिक सौन्दर्य-बोध से प्राप्त होती है। पर जीवन में सौन्दर्य कुरूपता से मिला-जुला होता है। इस जटिलता को बहुधा उपेक्षित कर दिया जाता था।

गंगाधर गाडगिल ने जो कहानियाँ लिखीं उनमें एक ऐसा नयापन था जिसमें इस पुरानी कहानी के ढाँचे को छोड़कर विषयवस्तु, कथागठन और कथाभाषा को एक बिलकुल अलग स्तर पर स्थापित किया। कई कहानियाँ तो ऐसी थीं जिनमें रूढ़िगत कथानक था ही नहीं और जिनमें था भी उनमें बाहरी घटनाचक्र के साथ आन्तरिक संवेदनाएँ, विचार-शृंखलाएँ, दिवास्वप्न, फन्तासी को भी कहानी में स्थान दिया गया। कथावस्तु की परिधि का भी विस्तार हुआ। छोटे बच्चे, जीवन से कटे हुए बूढ़े, जटिल मानसिकतावाली स्त्रियाँ, विभिन्न वर्गों और आजीविकाओंवाले लोग, और उनकी बाह्य परिस्थितियाँ, तथा आन्तरिक मनोजगत्—इससे कथा-शैली केवल विवरणात्मक न रहकर गहराई में उतरी और जहाँ विवरणात्मक ही थी वहाँ भी उसके कई नये स्तर और नये आयाम उभरे। जीवन की व्यापकता में कुरूपता को भी संगत स्थान देकर एक नये सौन्दर्यबोध को उभारा गया। मराठी में उनके समकालीन अनेक प्रतिष्ठित कथाकार हैं जिनके कृतित्व के अनेक ढंग और अनेक आयाम हैं, पर गंगाधर गाडगिल का अपना एक अनूठा रंग है।

यह प्रसन्नता की बात है कि इस बहुआयामी विशिष्ट मराठी लेखक के कृतित्व से हिन्दी पाठक भी परिचित हो रहा है। आशा है समग्र भारतीय कथा-साहित्य के परिवेश में उनके कृतित्व का सही आकलन होगा और उसे समुचित प्रतिष्ठा मिलेगी, जिसका वह अधिकारी है।

बम्बई —धर्मवीर भारती

4 मार्च, 1991

णाणं

पयासयं

वीर नि.सं. 2470

ई.सन् 1944

भारतीय ज्ञानपीठ